열정능력자

Eight Keys to Greatness : How to Unlock Your Hidden Potential
Copyright ⓒ 1999 by Gene N. Landrum
Korean Translation Copyright ⓒ 2006 by Dulnyouk Publishing Co.

Korean edition is published by arrangement with Prometheus Books
through Duran Kim Agency, Seoul.

이 책의 한국어판 저작권은 Duran Kim 에이전시를 통해 Prometheus Books와의 독점계약으로 도서출판 들녘에 있습니다.
저작권법에 의해 한국 내에서 보호받는 저작물이므로 무단전재와 복제를 금합니다.

열정능력자
ⓒ들녘 2011

초 판 1쇄 발행일 2006년 2월 1일
개정판 2쇄 발행일 2011년 5월 20일

지 은 이 진 랜드럼
펴 낸 이 이정원
책임편집 나혁진

펴 낸 곳 도서출판 들녘
등록일자 1987년 12월 12일
등록번호 10-156
주   소 경기도 파주시 문발리 출판문화정보산업단지 513-9
전   화 마케팅 031-955-7374 편집 031-955-7381
팩시밀리 031-955-7393
홈페이지 www.ddd21.co.kr

ISBN 978-89-7527-968-3(13800)
값은 뒤표지에 있습니다. 잘못된 책은 구입하신 곳에서 바꿔드립니다.

• 이 책은 2006년 2월에 출간된 『위대함에 이르는 8가지 열쇠』를 수정, 보완한 책입니다.

열정능력자

진 랜드럼 지음 · 김미형 옮김

들녘

차례

들어가기에 앞서 · 11

들어가는 글 · 19

1
카리스마
설득력 있는 의사소통 능력 · 61

카리스마의 힘 ｜ 카리스마란 무엇인가? ｜ 어떻게 카리스마를 가질 것인가? ｜ 위대한 지도자들과 대중과의 관계 ｜ 카리스마적 힘의 역사적 사례 ｜ 카리스마의 어두운 면－복음전도사들과 사이비 교주들 ｜ 카리스마의 긍정적인 면 ｜ 카리스마에 대한 남녀의 차이 ｜ 카리스마의 문화적인 뉘앙스 ｜ essentials point

2
승부 근성
무조건 이기고 싶은 욕구 · 97

상대를 넘어뜨리고 싶은 욕구 ｜ 경쟁심은 왜 우리에게 필요한가? ｜ 강한 욕구와 자극 이론 ｜ 마키아벨리화한 인격 ｜ 한꺼번에 여러 가지 일하기 ｜ 경쟁에 사로잡힌 인물들 ｜ 지나친 승부욕의 어두운 면 ｜ 호전성과 남녀의 차이 ｜ essentials point

3
자신감과 자아 존중감
세상 사람들이 자기를 따르리란 믿음 · 129

위대한 인물들은 무서울 정도로 확고한 자아상을 가진다 | 행운의 여신은 낙천주의자에게 미소 짓는다 | 낙천주의란 무엇인가? | 어떻게 하면 자신감을 가질 수 있을까? | 자부심의 어두운 면-폭력 | 자아 존중감에 대한 성 차이 | 자신감에 대한 문화적 차이 | essentials point

4
의욕
추월차선으로 달리는 일 중독자 · 153

일 중독에 빠지지 않고는 못 배기는 사람들 | 마니아적 성격과 건강 | 성 심리와 리비도의 힘 | 조증 또는 하이포마니아란 무엇인가? | 조울증(양극성 장애) | 일 중독자들 | 의욕적 인격을 보이는 사례들 | 마니아적 행동의 부작용 | essentials point

5
직관
나무를 보면서 숲을 보는 안목 · 183

전체적인 비전 – 위대함에 이르는 영묘한 약 ｜ 비저너리들은 보통사람들과 어떤 점이 다른가? ｜ 보다 창조적인 사람이 되는 방법 ｜ 직감을 해체시키려 하기보다 계발시켜야 한다 ｜ 직감이 뛰어난 인물들 ｜ 비전을 좇는 사람들의 그늘 – 인생은 판타지가 아니다! ｜ 남녀의 성적 차이를 나타내는 말 – "여자들은 직관적이다" ｜ 직관을 보는 문화적 관점 ｜ essentials point

6
반항
비범한 성공 뒤에 숨어 있는 돌출 행동 · 219

기발함 – 위대함에 이르는 명약 ｜ 어리석음은 때로 그 값을 치른다 ｜ 남들과 다르기 때문에 성공한 사람들 ｜ 인습파괴적인 행동의 부작용 ｜ 남다른 것도 괜찮다 ｜ 일탈 행위와 남녀의 차이 ｜ essentials point

7
모험
엄청난 위험을 감수하는 도전 의식 · 247

기꺼이 하고 싶은 일을 하고 살라 | 모험가, 안정 도모형, 능력 미달 경영자 | 미지의 환경에서 느끼는 평안함 | 위험과 보상의 상관곡선 | 신체적 · 재정적 · 정신적 위험 | 기업가 정신, 모험을 감행하려는 정신 | 낙관주의와 비관주의 | 두려움이 지배하면 개혁은 중단된다 | 오로지 두려움이 적일 뿐 위험은 결코 적이 아니다 | 남성 호르몬 테스토스테론 | 가진 것을 모두 다 걸고 승부수를 띄우는 인물들 | 레버리지 – 최후의 모험 | 모험의 그늘 | 위험을 감수할 때의 긍정적인 면 | 남녀의 차이에 따른 위험 감수 | essentials point

8
끈기
끝까지 포기하지 않는 집념 · 283

인내의 열매는 달다 | 끈기 있는 사람들은 왜 특별한가? | 끈기는 어디서 나올까? | 가장 집념에 찬 인물 | 집념의 어두운 측면 | 끈기에서 나타나는 남녀의 차이 | essentials point

9
성공은 위대함의 유산
성공은 타고나는 게 아니라 학습되는 것 · 313

천성인가, 학습인가 | 내면의 프로그램을 다시 설계해보자 | 성공과 실패는 각인된다 | 천성 대 양육 | 융의 집단무의식 | 지능지수(IQ) | 사회·경제적 영향 | 정규 교육과 성공과의 관계 | 위대함과 형제관계 | 부모의 영향-맹목적 사랑과 피동성 | 정처 없이 떠돌아다니는 생활과 잦은 여행 | 책에서 만난 신화적 영웅과 정신적 스승들 | 마스크를 쓴 신화 | 시련-창조성의 어머니 | 프리고지네의 소산구조 이론 | essentials point

10
창조적 천재와 위대함 · 361

그들은 위대함을 획득한 것일까? | 그들의 인생은 성공적이었을까? | 명예, 부 그리고 행태 | 세부적인 것들로 진땀 흘리지 않는 비저너리들 | 성공으로 가는 길 | 무엇이 그들을 계획대로 움직이게 했나? | 성공한 그들은 정말 행복했을까? | 나이와 성공 | 예언적 존재 | 결론

위대함에 대한 자가 진단 · 397

감사의 말 · 400

| 들어가기에 앞서 |

나는 무엇이 천재를 만드는가에 대한 광범위한 연구를 통해 여덟 가지 특징들이 성공의 계기라는 확신을 가지게 되었다. 여덟 가지 특징에는 카리스마, 승부 근성, 자신감, 의욕, 직관, 반항, 모험, 끈기가 있다.

48명의 인물들이 '위대함의 비결'이 무엇인가를 밝히기 위해 등장한다. 이 책에는 다수의 인물들을 광범위하게 인용했지만, 그들 가운데 40명은 위대함에 이르는 여덟 가지 비결을 입증하기 위해 특별히 인용했다. 역사적 인물들과 동시대 인물들을 우리와 경쟁할 만한 가치가 있는 모델로 삼는다면, 이 책은 독자들에게 성공의 실마리를 풀 수 있는 통찰을 줄 것이다.

승자는 과거의 성공을 되새기면서 또 다른 성공을 부르지만, 패자는 실패의 경험을 되새기면서 실패만 부른다. 지나가는 말이라도 "저 아이 정말 대단하네, 분명히 큰 인물이 될 거야"라는 말의 긍정적 효과는 상당히 오래 지속된다. "저 아이는 자라서 깡패가 되려나"라는 말이 주는 부정적 여파도 상당히 오래간다. 어떤 점쟁이가 프로이트의 부모에게 이 아이는 위대한 인물이 될 거라고 말했다. 그들은 프로이트를 특별하게 대우하며 키웠다. 점쟁이의 말은 자기 실현적 예언이었다. 환경과의 상호작용은 아이가 성공한 인생을 살 것인지, 실패한 인생을 살 것인지를 결정하는 중요한 관문이 된다. 다시 말해, 위대함과 어리석음은 타고나는 것이 아니라 학습된다는 점이다. 성공과 실패 가운데 어느 길의 주인공이 되느냐에 따라 위대함과 어리석음이 결정된다. 이 책은 어린 시절의 영향이 여덟 가지 '성공의 핵심요소'라고 부르는 것들에 어떤 결과를 미치는지 보여주기 위해 그 인과관계를 살펴보기로 한다. 출생 순서, 자영업을 하는 부모, 정처없이 떠돌던 어린 시절, 부모의 맹목적인 사랑, 책과 판타지 세계에서 만난 정신적 스승, 교육, 게임광, 추상적인 문제해결 능력, 시련과 같은 주제들을 통해 이 점을 보여줄 것이다.

한 분야의 정상에 도달한 예술가, 사업가, 인권운동가, 정치인, 과학자, 운동선수들에게는 특정한 직업과 분야를 뛰어넘어 여덟 가지 특징들이 나타난다. 여덟 가지 특징들을 각각 하나의 장으로 할애하여, 다양한 인물들이 어떤 특성을 나타내는지 설명하려 한다. 랭킹 북에 따르면 생존했던 이들 가운데 10명—아인슈타인, 마르크스, 다윈, 마오쩌둥, 프로이트, 나폴레옹, 히틀러, 테레사 수녀, 마틴 루터 킹 목사, 에디슨—은 가장 영향력 있는 인물로 손꼽힌다. 나머지 사람들은 특정 분야에 상당한 영향력을 발휘했기 때문에 선택되었다. 마리 퀴리는 여성 과학자로, 도스토옙스키는 심리소설가로, 빌 게이츠는 지구촌 최고의 부자로, 베이브 디드릭슨 제어라이어스는 가장 뛰어난 운동선수라는 이유로 선택하게 되었다. 각 장에 등장하는 인물들은 분야별, 시대별, 성별, 인종별로 대표성을 띠기 때문에 신중하게 선정됐다. 예술가 30퍼센트(12), 사업가 20퍼센트(8), 인권 분야 13퍼센트

(5), 정치가 15퍼센트(6), 과학/기술 분야 18퍼센트(7), 그리고 두 명의 운동선수가 포함되었다. 40명 가운데 31명이 20세기에 위대한 성공을 이루었다. 그들 가운데 20퍼센트가 동시대인으로, 아직 생존해 있거나 최근에 세상을 떠났다. 아홉 명의 인물들은 19세기에 활동했던 인물들이고, 예카테리나 여제만이 18세기 인물이다.

각 장은 여덟 가지 특징 가운데 하나의 특징을 다루며 다양한 분야, 성, 인종, 민족 집단에서 그 특징이 가장 잘 드러나는 인물들을 다룬다. 1장은 카리스마와 효과적인 소통능력을 다루고 있다. 나폴레옹, 히틀러, 테레사 수녀, 프레드 스미스처럼 주목할 만한 대화능력을 가진 인물들은 그들의 카리스마를 잘 활용해왔다. '직관'을 다루는 5장에서는 다윈, 아인슈타인, 프로이트, 니콜라 테슬라, 조셉 캠벨이 우뇌의 비전을 활용하는 방법을 보여주면서, 그 점이 그들의 성공에 어떤 도움을 주었는가를 설명한다. 7장 위험을 무릅쓴 '모험'에서는 마리 퀴리, 하워드 휴즈, 아멜리아 에어하트, 테드 터너, 베리 고디 주니어가 어떻게 벼랑 끝 전술을 구사하여 부와 명성의 세계로 도약했는지를 보여준다. 1장에서 8장까지 위대함의 특성을 살펴본 후 9장에서는 여덟 가지 기질을 획득하기 위한 본질적이고 필수적인 요인들을 다룬다. 10장에서는 종교, 정치, 리비도, 사회·경제적 요인과 다른 요인들의 영향을 세부적으로 분석하면서 지금까지의 연구 결과를 정리하기로 한다.

여러분은 어떤 기준으로 이들을 선정했는지 궁금해할 수도 있다. 자기 분야에 지대한 영향을 끼치거나 획기적인 방법으로 그 분야를 변화시킨 인물이 아니면 연구 대상이 될 수 없다. 모든 인물들은 여섯 개의 분야에서 활동하면서 여러 영역을 교차하기도 하고 뛰어넘기도 했는데 모두에게 대단히 높은 평가를 받았다. 즉, 시각예술과 행위예술(피카소와 이사도라 덩컨), 모험적 기업가 정신(휴즈와 빌 게이츠), 인권 분야(마가렛 미드와 마틴 루터 킹 목사), 정치(마르크스와 마오쩌둥), 과학과 기술(아인슈타인과 퀴리), 스포츠(마이클 조던과 베이브 디드릭슨 제어라이어스) 분야다. 〈표-1〉은 이들이 활동한 분야와 인구학적 자료가 어떻게 관련되는지 한눈에 보여준다.

〈표-1〉 분야별 인구 통계학적 자료

분야 또는 영역	여성	남성	미국인이 아닌 경우	흑인	합계
시각예술과 행위예술	4	8	2	1	12
기업	1	7	1	1	8
인권운동	4	1	2	1	5
정치	2	4	5	0	6
과학/기술	1	6	5	0	7
스포츠	1	1	0	1	2
합계	13	27	15	4	40

선택 기준

이 책에서 다루고 있는 인물들은 자기 분야에서 최고의 자리에 올랐거나 최소한 10년 이상 그 자리에 머물렀다. 이들은 눈에 띌 만한 방식으로 세상을 변화시켰거나 자신의 노력으로 그들이 속한 직업세계의 판도를 바꾸었다. 다시 말해, 이 책은 세습과 결혼으로 권력을 얻은 인물들은 다루지 않는다. 그래서 인디라 간디, 캐서린 그레이엄, 도널드 트럼프, 앨리노어 루스벨트, 다이애나 황태자비와 같은 인물들을 제외시켰다. 루스벨트와 그레이엄은 성공적인 리더이긴 하지만, 운이 좋게도 힘 있는 남편을 만난 덕분에 너무나 많은 관문을 쉽게 통과했다. 도널드 트럼프는 부동산 제국을 상속받았다. 인디라가 권력의 부상을 꾀하는 데는 아버지 네루의 후광이 결정적이었다.

사회적·도덕적·윤리적·종교적 기준은 인물들을 선별하는 과정에서 전혀 고려하지 않았다는 점을 강조하고 싶다. 또한 개인의 성적 취향, 정치적 정당성, 도덕적이거나 종교적인 관점과 같은 기준은 선별 과정에 영향을 주지 않았다. 도덕이나 윤리적 잣대가 아니라 자기 분야에서 최고의 위치로 올라섰다는 사실만이 기준이 되었다. 바로 이런 이유에서 히틀러, 마오쩌둥, 휴즈와 같은 인물들이 포함되었다. 자기 분야의 정상에 올라 괄목할 만한 방식으로 세계를 변화시켰다면 일반적인 정치적·종교적·도덕적 기준에도 불구하고 고려의 대상이 되었다. 히틀러는 학살과 파괴에 기초한 게르만 우월주의를 제창했지만, 20세기에 미친 그의 영향력은 엄청나다. 그에 대한 논란이 분분하지만 가장 열렬한 비판주의자들조차도 그가 여러 면에서 세상을 바꾸었다는 점은 인정한다. 20세기 지도자들에게 가장 큰 영향력을 행사한 인물들 속에는 항상 그가 있었다. 예카테리나 여제, 마오쩌둥, 나폴레옹, 휴즈는 여러 면에서 비뚤어지고 악마적이며 파괴적이었다. 그러나 이 책은 최고의 자리에 올라 세상을 변화시킨 사람들에 관한 것이므로 그들도 당연히 포함되었다.

천재성, 위대함, 성공이란 무엇을 말하는가?

미국의 『웹스터 사전』에서는 창조적 천재를 '다른 사람에게 좋거나 나쁜 쪽으로 영향을 주는 사람' 또는 '창조적 활동에서 특별한 지적능력을 표현하는 힘'이라고 정의한다. 또한 천재를 '지능지수가 상당히 높은' 사람, 즉 우리가 IQ라고 알고 있는 인지적 사고능력이 높은 사람으로 정의하는데, 이는 미국이 오랫동안 위대함의 비결을 양적인 의미로 판단해왔음을 보여준다. 나는 이런 식의 정의를 받아들이지 않는다. 이는 현실 세계에서 성취되는 일들과는 전혀 무관하다. 테스트를 얼마나 잘 해내는가는 중요하지 않다. 멘사의 가입 조건은 IQ 140 이상, 승승장구하는 사람들로 제한된다. 이 책에 나오는 걸출한 인물들 대부분은 인지적 엘리트 집단에 소속될 자격이 없는 사람들이다. 우리가 받아들여야 하는 사실은 천재는 숫자로 표시될 수 없다는 점이다.

'다른 사람에게 좋은 쪽으로나 나쁜 쪽으로 영향을 주는 사람'이라는 첫 번째 정의가 이 책에서 사용할 천재의 개념이다. 거듭 말하거니와 질적인 세계에 살고 있는 우리에게 양적인 정의는 적절하지 않다. 양적으로 지능을 측정하는 방식이 결여하고 있는 점을 열거하자면 끝이 없다. 그래서 하버드 대학의 하워드 가드너 교수는 여덟 가지 다중지능에 대한 사례를 만들어 그 주제에 대해 많은 저술을 하고 있다. 예일 대학 심리학과의 로버트 스턴버그 교수는 세상에서 성취를 얻어내려면 '성공적인 지능'이 필요하지만, 성공적인 지능은 양으로 측정되지 않는다고 주장한다. 그는 이렇게 적고 있다. "지능이 테스트로 측정될 수 있다는 관념은 신화에 불과하다." 좀더 나아가 "지능과 IQ는 변할 수 있다"고 한다. "당신의 진정한 지능은 테스트 점수가 아니라 자신의 재능을 계발하려는 의지에 있다"는 스턴버그의 말은 나의 전제와 일치한다. 이 전제를 증명해줄 인물은 앙리 푸앵카레Henri Poincaré다. 그는 친구인 알프레드 비네가 개발한 IQ테스트를 두 번이나 받았으나 매우 낮은 점수가 나왔다. 그럼에도 아인슈타인과 다른 과학자들은 그를 가장 위대한 수학 천재로 여긴다.

따라서 위대함은 수치와는 거리가 멀다는 점에서 이 책은 출발한다. 다른 사람들이 나무를 보는 지점에서 숲을 볼 줄 아는 능력, 다른 사람들이 업무에 대해 불충분한 설명을 하고 있을 때 효과적으로 전달할 수 있는 능력, 다른 사람들이 포기하고 싶다는 생각에 시달릴 때 다시 일어서서 기회를 만들 줄 아는 능력이 바로 위대함이다. 당신을 바보라고 말하는 전문가 집단에 도전할 줄 아는 자신감이 무엇보다 중요하다. 자신의 꿈을 향해 가진 재산을 전부 털어넣을 수 있는 능력도 위대함이다. 근시안적인 사람들이 당신을 조롱해도 그들과 다른 능력이 있다면 위대하다. 모든 일이 헛수고로 보여도 인내하면서 열심히 일하는 능력도 위대함이다.

한 인물을 연구할 때, 적어도 10권 정도의 2차 서지목록을 활용했고, 아울러 3권 가량의 자서전이나 평전을 인용했다. 참고자료의 진술이 서로 엇갈려 논란이 생기는 부분, 예를 들어 예카테리나 여제의 성적 취향에 관한 부분은 적어도 세 가지 이상의 자료를 참고했다. 도스토옙스키, 마리 퀴리, 니콜라 테슬라, 하워드 휴즈, 월트 디즈니 같은 인물들을 다룰 때 그들이 경험한 신경쇠약, 조증, 양극성 성격장애와 같은 민감한 사안에 대해서는 위대한 인물의 이미지를 훼손시키지 않기 위해 세심한 주의를 기울였다.

위대함에 이르는 여덟 가지 비결

착각일 수도 있지만, 나는 기업가와 창조적 천재의 비밀을 밝혀냈다고 생각한다. 방대하게 축적된 자료들이 대략적으로 제시된 원리들을 증명해줄 것이다. 모든 법칙에는 항상 예외가 있게 마련이지만 예외적인 것들을 빠짐없이 다루려고 노력했다. 성공의 비결은 성격이며, 성격은 인종, 성별, 교육, 민족 등의 영역을 초월한다는 것이 나의 가설이다.

| 들어가는 글 |
창조적 천재들은 기꺼이 남들과 다른 삶을 산다!

위대한 사람들은 뭔가 남다르지만, 그들의 독특함에도 일정한 유형이 있다. 일단, 대부분의 위대한 사람들은 자기만의 렌즈로 세상을 보며 일반적인 사람과는 다른 동기와 의욕을 보인다. 그들은 항상 자신이 무엇을 해야 할지 안다. 그들도 종종 자기가 무엇을 하는지 모를 때도 있지만 위험한 정도는 아니다. 도리어 위기가 그들을 활기차게 만드는 계기가 된다. 보통사람들은 일상적인 상황에서 벗어나면 다음에는 어떤 일이 벌어질까 하는 두려움에 떨지만 위대한 사람들은 정반대다. 새로운 경험이 될 기회를 찾느라 이리저리 뒤지고 다닌다든가, 아니면 무리에서 이탈하는 기회를 성공의 발판으로 삼는다.

위대한 사람들은 왜 이런 성향을 보일까? 그들은 미지의 세계에 대한 두려움이 존재하지 않는, 일정한 틀이 느슨해진 상태를 즐기기 때문이다. 그들은 어려운 환경에서도 가능성을 모색하고 도전한다. 이런 경험들은 그들을 행복하게 만들고 강화시킨다. 근시안적인 사람들이 공포심을 느끼는 것과는 달리, 비저너리(visionary, 실현 불가능한 것을 꿈꾸는 사람)들은 위기가 닥치면 흥분을 감추지 못한다. 상상력을 잘 활용하는 리더들은 불확실성을 새로운 세계를 개척할 기회로 본다. 보통사람들은 쭉 뻗은 고속도로와 같이 평탄한 삶에서 길을 잃었다는 생각이 들면 꼼짝하지 못하고 포기해버린다. 결국 그들은 극도의 공포심을 느끼고 경악한다. 왜 그럴까? 평범한 사람들은 안전해야 한다고 의식하기 때문에 내면에 공포가 자리잡게 된다. 아쉽게도 위대한 비저너리들이 추진하는 혁신은 많은 사람들이 가는 길에서는 찾을 수 없다. 위대한 사람이 되려는 당신은 때로 길을 잃고 헤매기도 한다. 그러나 그곳은 위대한 자들이 머무는 곳이다. 그리고 바로 그곳이 이 책의 핵심이다.

미지의 세계를 창조적인 기회로 여겨라

창조적이고 혁신적인 인격체는 미지의 환경과 불확실한 현실에서 더욱더 강해진다. 체제의 속박에서 벗어나 자유로움을 느끼기 때문이다. 사회 구조로부터 수많은 간섭을 받는 보통사람들은 그들을 이해하지 못하며 패배자라고 부른다. 그들은 남들이 패배자라고 부를 때조차도 감정의 복원력이 좋고 강한 자긍심으로 무장되어 있다. 바로 이 점 때문에 비저너리들이 사회 일탈자로 보이거나 거만해 보이기도 한다.

지난 200년 동안 위대한 기술 발명과 예술 혁신은 사회의 중심에서 이탈한 주변부에서 일어났다. 자기 분야에서 벗어나거나 새로운 세계에 대해 응답하는 과정에서 얻은 경험의 산물이 바로 혁신이다. 이 책에 나오는 인물들은 모두 어느 정도는 에고마니아이면서 사회체제에서 벗어난 비저너리라고 할 수 있다. 그들은 기를 쓰고 살아남아야 했다. 그렇지 않으면 안전으로 무장한 근시안적인 사람들의 끊임없는 비웃음으로 치명상을 입을지도 모르기 때문이다.

따라서 혁신주의자들의 성격은 미래에 대한 확고한 비전과 강한 자기 존중감, 그리고 반항심이라 할 수 있다. 그 같은 사례들은 무수히 많다. 예카테리나 여제, 마오쩌둥, 넬슨 만델라를 제대로 알지 못하면서도 많은 사람들이 그들을 추종한다. 왜 그럴까? 이 일탈자들은 미래에 대한 청사진을 가지고 있기 때문에 최고에 이르는 길을 잘 알고 있으며, 대중들을 설득시키기에 충분한 카리스마와 낙관적 태도를 지니고 있다. 마리아 몬테소리, 테레사 수녀를 따르는 무리들과 마가렛 미드의 제자들과 마틴 루터 킹 목사의 추종자들, 루퍼트 머독과 테드 터너의 직원들, 마이클 조던의 동료들도 그런 이유로 그들을 따랐을 것이다. 비저너리는 자기가 무슨 일을 하는지 제대로 알지 못해도 두려움이 자신의 앞길을 가로막는 일만은 용납하지 않는다. 그들은 미지의 세계를 창조적인 기회로 여기고 개척해왔다. 뛰어난 리더들은 이런 모험들을 유쾌하게 받아들인다. 추종자들에게는 두려움이 추진력이 되지만 리더에게는 기회가 추진력이 된다. 추진한 일의 결과가 실패했을 때 이보다 더 명확한 대비는 없다.

추종자들의 대부분이 좌뇌 우세형(상당히 구조적이고 분석적인 유형)—서구 인구의 85퍼센트가 여기에 속한다—에 가까우며 낯선 환경에서는 그들의 능력을 제대로 발휘하지 못한다는 점에 주목할 필요가 있다. 세계를 총체적으로 파악할 수 있는 비저너리들은 15퍼센트에 불과하며 우뇌 우세형인 이들은 나무와 숲을 통합시킬 수 있다. 이들에게 위대한 통찰이 가능한 이유는 한 가지 차원으로 자신을 가두지 않기 때문이다. 그들은 외향적일 수도 있는 내향성을 지닌다. 다시 말해, 그들은 단순히 숫자만 보는 것이 아니라, 숫자 너머에 있는 세계에서 새로운 기회를 본다. 이런 능력이 있기 때문에 기성체제의 기득권

층과 구분되며, 창조적이고 지도적이다. 창조적인 유형의 사람들은 낯선 환경을 탐색하는 자유로운 느낌을 좋아한다. 아인슈타인이 학교를 싫어한 것도, 고등학교에서 퇴학을 맞은 것도 바로 이런 이유에서다. 한쪽은 기성체제를 선호하고 다른 쪽은 길을 잃더라도 스스로 탐색하기를 즐긴다는 데 차이가 있다.

위대함은 타고나는 것이 아니라 만들어진다

이 책은 특별해지고 싶지만 그 방법을 모르는 사람들을 위해서 썼다. 이 책은 또 특별한 사람이 되려면 뭔가 유전적으로 위대한 기질을 타고나야 한다고 믿는 사람들을 위해서 썼다. 나는 상당히 출세한 사람들—대통령, 수상, 베스트셀러 작가, 노벨상 수상자, 인기 가수와 배우, 비행기 조종사, 회사의 중역 같은 사람—은 그들에게 부와 명성을 가져다준 신비한 재능이 있을 것이라고 믿고 있었다. 이런 논리에 엄청난 잘못이 있음을 깨닫기까지 상당히 오랜 시간이 걸렸다. 나는 아인 랜드와 스티븐 킹의 말에 공감한다. "작가는 타고나는 것이 아니라 만들어진다." 위대함에는 유전적인 기질이란 있을 수 없다. 또한 위대한 존재가 되는 데 너무 늦은 때란 있을 수 없다!

아이들을 평범한 존재로 키우고 있다

훌륭한 뜻을 품은 부모와 교사들은 자녀와 학생이 장차 위대한 존재가 되기를 바라지만, 실제로는 자신들이 의식하지 못하는 사이에 아이들을 평범한 존재로 키우고 있다. 학교는 학생들을 정형화된 틀에 가두려 하는데, 이는 정치적으로는 타당할지 몰라도 자신을 실현하기 위한 능력을 키워나가는 데 부족함이 많다. 현재의 기성세대는 관료적 체제에 순응하는 어른으로 되기를 강요받아왔다. 이런 유형의 사람들은 사회에 쉽게 편입하겠지만, 창조적이고 혁신적인 생활에는 전혀 어울리지 않는다. 특히 지금처럼 급변하는 사회에는 말이다. 교사들은 아이들이 로봇처럼 성장하기를 원함과 동시에 다른 로봇을 일깨우고 동요시키는 로봇이 될까 두려워한다. 하지만 세상을 변화시킨 다윈, 프로이트, 로브슨, 몬테소리는 평안한 세상에 대변혁을 일으킨 장본인들이다. 어린 세대들에게 규칙을 따르라고 주입시키는 교육은 단지 지나간 것들을 재생산하는 것에 지나지 않으며, 21세기에서 원하는 비전 있는 리더가 되기에는 부적합하다. 주입식 교육은 체계적으로 만들어진 세상에 어울리는 사회인을 양산할 뿐이며, 관료적 통치를 극대화시킨다. 변화가 없는 정태적情態的인 사회에서는 그런 사람을 받아들이지만 역동적인 세계에서는 그렇지 않다.

대중이 모여 있는 곳에서 당장 다른 곳으로 떠나라!

모든 혁신은 대중이 가기를 꺼리는 주변적인 곳에 있다. 우리의 아이들에게 리더가 아닌 추종자가 되기를 가르치고, 그런 성인으로 자라게 하는 무리들이 터를 잡은 곳에는 승리란 존재하지 않는다. 우리의 교육체제의 현실은 어떠한가? 평범함이라는 질서정연한 상자에 아이들을 가두고, 역할 모델을 판박이처럼 찍어내는 프로그램을 답습하지 않던가.

아이들의 인생이 일단 평범함에 물들면 그들을 비저너리로 변화시키기란 무척 어렵다. 어떤 방식으로든 내적인 비전이 제약을 받게 되면 미래의 성공에 장애가 생기게 된다. 제약을 그대로 믿기 시작하면 남은 인생은 그것을 목표로 삼아 실현하며 살아가게 된다. 아이들의 신념체계가 자신이 아는 세계와 안전한 것으로만 설정되면 평범함의 세계에서 그 아이들을 구하기에는 너무 늦다. 그러므로 아이들이 인생을 위대함으로 이끌어가도록 틀을 잡아주어야만 한다.

위대함을 프로그램한다

어떻게 리더십, 우수성, 창조성, 혁신성을 길러서 위대해질 수 있을까? 위대한 인물이 될 수 있는 자가측정법은 이 책의 마지막 부분에 나와 있다. 그에 따른 위대성 지수도 함께 제시해두었다.

위대한 사람들이 가진 것은 과연 무엇인가? 바로 그들만의 특별한 신념체계. 이 책에 나오는 인물들은 어린 시절부터 자신을 특별하다고 여겼다. 자신이 어떻게 그런 생각을 하게 되었는지, 왜 그랬는지, 또 그게 무슨 말인지도 몰랐다. 그러나 그들은 자신이 특별한 사람이기 때문에 스스로 북을 울리고 그 소리에 발 맞춰 행진해야 한다고 느꼈다. 그들은 스스로 남들보다 더 능력 있고, 더 많이 알고 있으며, 좀더 직관이 발달했고, 자신의 능력을 활용하는 법을 알고 있다고 믿었다.

나의 연구는 위대하고 특별한 존재의 비밀을 풀기 위한 목적으로 진행되었다. 그 결과, 위대한 사람들은 성공이 새겨진 길을 가고 실패하는 사람들은 실패로 물든 길을 간다는 확신을 가지게 되었다. 나는 이 책을 통해 그들이 자신도 의식하지 못하는 사이 그들의 의식 속에 위대함을 어떻게 새겨 넣었는지 알아본 다음, 위대한 특성들이 부와 명성을 쌓는 데 어떤 기여를 했는지 보여주고자 한다. 이 책은 위대한 인물들이 걸어간 길을 추적하면서 위대함을 배우는 형식을 취한다. 먼저 이 연구의 발단이 된 부분부터 살펴보기로 하자.

천재들의 고향 실리콘 밸리

나는 20년 동안 실리콘 밸리의 창의적이고 독창적인 기업가들과 일해왔다. 그들은 실리콘 밸리를 20세기 기술혁명의 중심으로 우뚝 서게 한 디지털 혁명의 주역들이다. 실리콘 밸리는 샌프란시스코 남쪽에 있으며, 그곳 주민들은 '골드러시'의 정신을 이어받고 있다. 나는 그들의 창조적 과정에 대한 호기심이 일었고, 마침내 실리콘 밸리에서 뛰어난 천재들을 만났다. 이 시대에 가장 진보한 기술을 가진 천재들의 고향이 바로 이곳이다.

나는 휴렛 팩커드, 페어차일드, 탠덤, 인텔, 아타리, 내셔널 세미 컨덕터, 애플, 선 마이크로시스템스가 세계적인 성공을 거두는 과정을 지켜보았다. 이 회사들을 이끄는 도전적 기업가들은 전통적 사업방식을 교란시키는 별종들이었으며, 계속해서 기존 시장의 제품들을 변화시키는 데 성공하고 있다. 이들은 파괴적 소명을 띤 괴짜들이었다. 100년 전통의 금전등록기, 사무용 계산기, 카드식 장부 기록기, 계산대, 펀칭 카드 시스템, 아케이드 게임, 전화 시스템, 타자기와 같은 전자계산 시스템을 파괴한 장본인들이다.

이들 기업가들은 내가 중서부와 남부에서 보았던 기업가들과 완전히 달랐다. 그들은 다르게 생각하고 다르게 행동한다. 처음에는 그들의 성격과 창조성, 혁신, 기업가 정신이 하나로 단단히 엮여 있다는 생각을 미처 하지 못했다. 실리콘 밸리를 떠난 후에야 그들이 내가 배웠던 방식이나 다른 사람들이 행동하는 방식과는 근본적으로 다르다는 점을 깨닫게 되었다.

실리콘 밸리의 모험적 기업가

도대체 어떤 힘이 그토록 수많은 창조적이고 혁신적인 기업가들을 농사를 짓던 그 땅으로 이끌었을까? 꽃과 열매의 땅, 캘리포니아로 그토록 다양한 집단을 끌어들인 힘은 과연 무엇일까? 미래의 모험적 기업가를 꿈꾸는 젊은이들이 느닷없이 그 자리에 등장한 지 20년도 안 되는 짧은 기간에 전자 혁명이 이루어졌다. 이 놀라운 힘은 대체 어디에서 나왔을까?

천재가 천재를 끌어들이는 매력이 있는 것은 아닐까. 우리의 역사는 이와 비슷한 사건들로 점철되어 있다. 1965년에서 1990년까지 실리콘 밸리에서 일어난 일들은 2,500년 전 그리스 문명이 황금기를 구가했던 시대와 다르지 않다. 호메로스의 『일리아스』와 『오디세이아』(대략 B.C. 750년경)의 배경이 된 바로 그 시대다. 어떻게 그렇듯 수많은 지적知的 거장들이 한 시대, 한 장소로 모여들었을까? 그 후 2,000년 동안 그토록 많은 사람들이 그들의 지혜를 신봉하고 그들의 사상을 인용하기도 했던 위대한 거장 소크라테스, 비극작가 아이스킬로스, 플라톤, 소포클레스, 알렉산드로스 대왕, 히포크라테스, 아리스토텔레스가 어떻게 같은 장소를 거닐 수 있었을까? 변화를 주도하던 소규모의 지적인 집단이 출현했다가 200년이 지난 후 사라지면서 서쪽에서는 또 다른 집단이 일어나 로마제국의 길을 열었다. 이와 비슷한 지적 혁명은 중세 시대가 완전한 막을 내리는 15세기와 16세기, 우리에게 르네상스로 알려진 시대에도 일어난다. 지적이고 창조적인 이 시대에는 뉴턴, 데카르트, 셰익스피어, 레오나르도 다 빈치, 갈릴레오, 라파엘로, 미켈란젤로가 살아 숨쉬었다.

이제 여기에 덧붙여 1965년과 1995년 30년 동안 실리콘 밸리는 반도체와 컴퓨터 산업에 의한 지식과 통신의 황금시대를 이끌었다고 역사에 기록될 것이다. 이 시대는 빌 휴렛과 데이비드 팩커드(휴렛 팩커드의 창립자들), 윌리엄 샤클리(트랜지스터), 로버트 노이스(인텔), 라이너스 파울링(노벨 화학상 수상), 알렉산더 폰티토프(암펙스), 놀랜 부시넬(아타리), 스티브 위즈니악과 스티브 잡스(애플 컴퓨터)를 비롯한 수많은 인물들을 배출해냈다. 이들은 이곳으로 이주하여 역사의 현장에 있으면서 통신혁명의 중요한 역할을 수행했다.

이들 대부분은 전통을 경멸했다. 이들은 〈포춘〉이 선정한 500개 기업이 있는 동부 지역의 현실 안주주의 본능을 무시했다. 이 비저너리들은 새로운 패러다임으로 가는 수단으로 기술을 선택해 인류에게 기회의 문을 열어주었다. 이들은 퍼스널 컴퓨터를 일시적 유행으로 판단해 미래가 없다고 말한 IBM 기술자들과, 비슷한 태도를 보인 다른 전문가들의 견해를 무시했다. 그들은 특별한 모험을 감행했고 새로운 관념을 발전시켰으며 규범에서 벗어나는 것을 두려워하지 않았다. 이들 대부분은 아이비 리그 입학을 거절당했을 게 틀림없다. 그들은 전형적인 비즈니스맨과는 거리가 먼 괴짜들이었고, 모범적인 비즈니스맨의 예리함을 그다지 중요하게 생각하지 않았다. 이 비저너리들은 산업계에서 활동하는 전문가들을 무시했고 현실을 보는 자신의 비전을 따랐다.

심리학자 알프레드 아들러는 『우월성과 사회적 관심』에서 "성격은 사회적 배경으로부터 완전히 자유로울 수 없다"고 성격의 변화에 대해 몇 가지 의미심장한 의견을 제시했다. 산안드레아스 단층을 들여다보는 것처럼 실리콘 밸리의 비저너리를 예측할 수 있다면, 그들에게는 부정적인 수식어—정신병자, 잔혹성, 악마적 본성, 물불을 가리지 않는 성격, 마키아벨리주의자—가 뒤따를 게 분명하다.

실리콘 밸리에는 이 세상 그 어느 곳에서도 볼 수 없는 새로운 사업이 생겼다가 도산한다. 모든 사람이 창업자가 될 수 있으며 수천 가지 일들을 시도한다. 많은 사람들이 연구소와 실험실 바깥에서 사업을 시작하며, 서로 비슷한 창조적 발명품들이 뜨겁게 각축전을 벌이는 곳이다. 지적인 자극을 주고받을 수 있다는 점이 이 지역의 매력 가운데 하나다. 이런 환경은 전염성이 강해, 실리콘 밸리에서 아무리 보수적인 경리 담당자라고 해도 중서부 지방이나 남부의 요란한 기업가보다 훨씬 모험적이고 유연하다.

이 비저너리들이 나폴레옹, 마르크스, 마오쩌둥, 히틀러와 비슷하다는 점은 말할 필요도 없으며, 에디슨, 피카소, 퀴리, 아인슈타인과는 닮은꼴이라고 할 수 있다. 그들은 하워드 휴즈, 메리 케이 애쉬, 루퍼트 머독, 베리 고디 주니어, 테드 터너의 작업 스타일을 흉내내고, 니콜라 테슬라, 마리아 몬테소리, 마가렛 미드, 마틴 루터 킹 목사의 열정을 지녔다. 그들은 비즈니스를 전쟁으로 생각하고 마이클 조던과 베이브 디드릭슨 제어라이어스 못지않은 승부 근성을 가지고 일했다.

우뇌 지배적인 비저너리들

실리콘 밸리의 비저너리들은 예산, 양적인 분석, 의례적인 조직구조를 무시함으로써 경영자 과정에서 신봉하는 모든 가치들을 교란시킨다. 어떻게 보면 그들은 전략가들이라기보다 철학자에 가깝다. 그들은 경영자 과정에서 신봉하는 예산, 수익모델, 효율적인 조직구조와 같은 교의에 집착하지 않는다. 가장 눈에 띄는 차이점은 일을 계획하는 방식이다. 비저너리들은 세부적인 일들을 계획하기를 선호하지만 일의 실행에서는 질적이고 아날로그적인 접근법을 좋아한다. 이 방법은 경영자 과정에서 배운 것과는 정반대다. 경영자 과정에서 가르치는 모토는 "모든 일을 숫자로 계량화하여 실행하라!"는 것이다. 그러나 성공한 비저너리들이 숭배하는 대상은 제단에 바쳐진 숫자가 아니다. 그들은 양적으로 계획하고 질적으로 실행한다. 역동적인 세계에서는 이 접근방식이 옳다고 증명되었다. 숫자란 바람처럼 너무 쉽게 변하는 탓에, 기획에서는 어떤 것에 질적인 접근이 필요한지를 따져보고, 실천은 유동적인 상태로 두어야 한다. 안정이 아닌, 기회가 그들이 숭배하는 신이다. 그들은 특수한 취향을 지닌 일반론자이며, 대다수 사람들과는 달리 좌뇌와 우뇌를 통합적으로 사용할 줄 안다. 이에 대한 적절한 사례로 예산을 들 수 있다. 자금과 인적 자원의 운용을 계획하는 것이 예산이지만 비즈니스의 실행에서는 이것을 무시한다. 이 점은 예산을 세우면 이를 반드시 따라야만 하는 것으로 여기는 일반 리더들의 태도와 대조를 이룬다.

비저너리들은 일을 하는 방식도 보통사람들과 다르다. 차별화가 그들의 성공 비결이다. 자신의 꿈을 좇는다는 점에서 그들은 특별한 존재이며, 사람들은 그들을 괴짜라고 부른다. 살아남기 위해 그들은 거만한 낙천주의자가 되어야 했다. 그렇지 않았다면 기성체제라는 괴물에게 잡아먹혔을 것이다. 비저너리가 되고 나면 과격한 불복종자가 되기란 아주 쉽다.

이 책에 등장하는 위대한 비저너리들은 대체로 어릴 적부터 체제에 순응적이지 않았으며, 자신의 특별함으로 스스로를 소모시키기는커

녕 그것으로 성공을 꾀했다. 근대 무용의 어머니 이사도라 덩컨이 가장 훌륭한 예다. 게다가 덩컨 역시 실리콘 밸리 근처에서 성장했다는 점이 흥미롭다. 그녀는 〈뉴욕 타임스〉와의 인터뷰에서 이렇게 말했다. "나는 혁명가다. 예술가라면 누구나 세상에 이름을 남길 만한 일을 해야 한다." 이렇듯 그녀의 내적 확신은 세상 사람들의 회의적 눈초리를 제압할 수 있는 결정적인 힘이 되어주었다. 또한 반항적인 그녀의 이미지는 무용에서도 혁신적인 수단이 되었다. 덩컨의 확고한 태도와 반항적인 라이프 스타일이 없었더라면 무용의 세계를 바꾸는 일은 불가능했을 것이다. 인습을 무시하는 정신 세계가 부와 명성을 부르는 핵심요소가 되었다.

괴짜들

보통사람에게는 평균적인 성공이 찾아오지만 일반 상식에서 벗어난 사람들은 기이한 성공을 이룬다. 이러한 결과를 관통하는 한 가지 사실은, 위대한 인물들이 과격할 정도로 남의 말을 잘 듣지 않았다는 점이다. 그들은 비정상적인 비전을 추구하며 자기가 몸담고 있는 분야의 전통과 제도를 부정했다. 다윈, 아인슈타인, 피카소, 디즈니, 터너를 생각해보라. 그들은 모두 불복종자들이었으며 자기 영역의 전통적 규범을 완전히 무시했다. 그런 점들이 그들을 유명하게 만들었지만, 그 점 때문에 종종 심한 비탄에 빠지기도 했다. 제임스 미처너는 이렇게 말한다. "다니던 학교에서마다 쫓겨났다. 난 보통사람들이라면 감당하기 어려울 정도로 대단한 외톨이였다." 미처너의 상황과 거의 같은 인물이 이 책에는 수없이 등장한다. 아인슈타인도 고등학교에서 퇴학당했으며 아인 랜드는 세상의 모든 이념들과 한판 전쟁을 치렀다.

위대한 사람들은 남들과 다르다. 보통사람들은 단순한 결과만을 양산하지만, 승부욕과 자신감에 넘치며 의욕적이고 집념 어린 사람들은 한번 했다 하면 비정상적인 성공을 창출한다. 만약 당신이 세계를 변화시키고 싶다면 괴짜라는 소리를 듣는 데 익숙해져야 한다. 당신이 위대한 창조자, 혁신가, 모험적 기업가가 되고 싶다면 괴짜라는 놀림과 조롱을 두려워해서는 안 된다. 탁월한 대화능력과 노동 윤리, 열정, 무모함을 가지고 인습을 거스를 수 있는 인물만이 그 분야의 정상에 오른다. 그런 사람들만이 이런 일들을 해낼 자격이 있다.

인사 담당 부서에서는 체제에 잘 적응하는 사람, 즉 보수적이고 신에 대한 경외심을 가지며 전통을 존중하고 보존하며 조직에 개인의 정체성을 기꺼이 바쳐 승화시키는 사람을 이상적인 경영자와 관리자로 규정한다. 그러나 실리콘 밸리에서 과연 그런 사람을 찾을 수 있을까? 실리콘 밸리에서 원하는 비전 있는 인물은 어떤 사람들일까? 신보다 더 강한 자아를 가진 자, 천사처럼 매력적인 자, 물불을 가리지 못해 참을성은 없지만 승부 근성이 강한 자, 다른 사람의 말은 듣지 않아도 스스로의 목소리에 귀 기울이는 괴팍한 사람들이다. 그들은 이블 크니블(1970년대 유명한 모터사이클 스턴트맨)과 같은 모험적 성향을 가졌다. 그러나 무엇보다 중요한 것은 그들은 총체적 비전을 가졌으며 가능성과 기회를 잡으려 하고, 결코 만족할 줄 모르는 탐욕의 소유자들이라는 점이다.

대기업은 왜 변화를 주도하지 못하나?

제너럴 일렉트릭(GE), 웨스팅하우스, 발리, IBM은 왜 이 역사적인 시기에 비약적인 혁신을 이루지 못했을까? 그들은 무엇보다 인적 자원과 기술적 노하우를 가진 집단이었다. 기술과 자금력, 심지어 특허권을 가진 집단이 혁신적 신제품을 생산하는 일이 드물다는 사실은 사뭇 역설적이고 당황스럽기까지 하다. 기업에서 힘 있는 지도자들이 혁신에 부적절한 이유는 무엇인가? 기술혁신을 선도해야 할 사람들이 그런 관념을 파악하기까지 왜 그토록 오랜 시간이 걸리는 걸까? 왜 항상 위대한 혁신은 돈도, 전문성도, 조직력도 없는 젊은이들의 독창성에 의지하는 걸까?

대기업은 분기별 보고서에 너무 많은 정력을 쏟는다. 그리고 자산 보호에만 힘을 기울인다. 그렇기 때문에 그들은 결코 새로운 것에 지속적인 힘을 모으지 못한다. 결국 전통의 한계에 머무는 회사들은 비약적인 기술 습득을 이루지 못한다.

수천 명의 GE 전기 기술자들과 웨스팅하우스의 세계적인 동력발전 시스템이 집적회로 방식을 선도하지 못한 까닭은 무엇일까? 슬롯머신, 아케이드, 핀볼게임을 고안한 세계 제일의 게임 제조회사 발리가 비디오 게임을 개발하지 못한 이유는 무엇인가? 그 가운데서도 가장 이상한 일은 컴퓨터 산업을 완전히 장악한 IBM이 어떻게 실리콘밸리 출신의 히피(스티브 잡스)가 지난 4년 동안 개인용 컴퓨터 업계를 선도하도록 놔두었을까 하는 것이다. 이 질문에 대한 해답은 지난 1980년 IBM 기술자가 기자들에게 말한 것에서 찾을 수 있다. "우리는 이런 일이 일어나지 못할 거라고 생각했다. 전혀 말도 안 된다고 생각했기 때문에 우리에게는 몹시 충격적이다."

시장을 지배하는 거대 기업에서는 대체 무슨 일을 하고 있는가? 그들은 자기중심적인 좁은 울타리 안에 갇혀 있으며, 자신들은 오류가 없다는 독선에 가득 차 있다. 장기적인 희생을 대가로 하고 단기간의 충성을 맹세하는 식으로, 오만함이 근시안적 세계의 중심에 서 있다. 현재의 행복을 위해 미래를 희생시키는 사람에게는 미래란 없다. 당장의 만족은 창조 과정의 독이다. 지금은 행복하겠지만, 그 대신 엄청난 대가를 지불해야 한다. 기업의 리더에게 가장 중요한 일은 자산관리다. 안전은 신성불가침 영역이 되지만 커다란 위험 없이는 위대한 승리도 없다. 분기별 수익이 시장 점유율이나 장기적인 회사의 성공보다 중요해지면, 그 회사는 역사 속의 퇴물로 사라져버리게 된다.

  경영학 책들을 주욱 훑어보면 미국 최고 경영자들의 85퍼센트가 분기별 실적, 주가 수익률에 따라 보너스를 받는 것으로 보상체계가 이루어진다는 사실을 알게 된다. 그들의 인센티브는 장기간의 혁신에서 나오는 게 아니라, 단기간의 결산과 연결되어 있다. 그들은 오로지 숫자와 결과를 신처럼 숭배하고 있으며, 이런 태도는 모든 창조적 성장과 대립하게 된다. 이 보상체계는 경영자들로 하여금 자신의 현재 이익을 위해 회사의 미래를 저당 잡히는 꼴이다. 그들은 단기간의 성과에 따라 움직인다. 그래서 그들은 단기간의 이익을 희생하면 장기적 성공이 보이는 분야일지라도 자금 지원을 거부한다. 한치 앞을 내다볼 수 없는 역동적 세계에서 이것은 재앙이다. 왜 그럴까? 자사의 상품이 구식이 되지 않으려면 누군가에게 새로운 상품을 만들 수 있도록 보장해줘야 한다. 모든 일의 비약적 발전은 그 어떤 것에도 안주하지 않는 사람들, '자신의 치부를 가리는' 것을 두려워하지 않는 사람들, 보다 나은 미래를 위해 현재를 기꺼이 희생하는 사람들에게서 나온다. 불행하게도 모든 관료주의의 폐해는 확실한 현재를 위해 미지의 내일을 희생하는 데 있다. 미국이 가전제품 시장에서 일본과 미래 지향적인 아시아 국가들에 패한 원인이 바로 여기에 있다. 근시안적이고 오만한 사고방식은 실패를 가져온다. 카를 융은 상당히 이른 시기인 1935년에 다음과 같은 말을 할 정도로 통찰력을 가졌다. "어떤 대기업에서 존경받는 개인일지라도 편협하고, 어리석고, 사나운 동물의 지능과 도덕을 가졌다. 큰 조직일수록 구성원의 맹목적인 어리석음은 불가피하다."

조직과 개인이 지나치게 행복하고 편안해지면 그 조직과 개인은 곧 나태해진다. 그들은 악명 높은 기업병으로 알려진 NIH(무사안위 증후군, the not-invented-here syndrome)에 걸리게 된다. 이런 조직은 지나치게 방어적이며 자신의 이익만 챙긴다. 그 조직의 리더가 조직원들에 대한 심리적 투자를 하지 않으면 그들은 스스로의 가능성을 볼 수 없다. 그들은 지나치게 안정적이어서 위험을 감수하려고 하지 않는다. 그들은 비즈니스에서 위험을 감수하지 않으면 아무런 이익을 얻을 수 없다는 점을 이해하지 못한다. 위험과 보상은 제로섬 게임이다. 기업에서 위험을 제거하면 그와 동시에 잠재력을 제거하는 것이다. 그래서 자산이라는 안락의자에 앉아 서서히 죽어가는 자신을 지켜보느니 어떤 위험이라도 감수하는 편이 훨씬 낫다.

이 교훈은 비즈니스 세계뿐 아니라 예술·정치·스포츠·인권 분야에 적용해도 마찬가지다. 오프라 윈프리는 법인의 대표가 조심해야 할 점들을 가장 잘 이해하고 있다. 「래리 킹 라이브 쇼」에 출연한 오프라는 토크쇼의 시청률 1위를 계속 유지할 수 있겠느냐는 질문에 이렇게 말했다. "나는 항상 넘버 10인 것처럼 행동한다. 내가 넘버 1이 될 수 있는 이유가 바로 거기에 있다. 1등이라고 생각하는 순간 이미 10등이 되어버릴지 모르는 일이다." 핵심을 찌르는 말이다!

NBC, UPI, IBM, Pizza Hut이 아닌 이유는 무엇인가?

위대한 인물을 움직이는 힘은 무엇인가라는 문제를 연구하면서 테드 터너, 프레드 스미스(페더럴 익스프레스, 약칭은 페덱스), 소이치로 혼다, 톰 모나건(도미노 피자), 빌 리어(리어 제트), 빌 게이츠(마이크로소프트)와 같이, 실리콘 밸리 바깥의 인물을 조사하기 시작했다. 그러고 나서 메리 케이 애쉬(메리 케이 화장품), 프랭크 로이드 라이트, 하워드 휴즈, 월트 디즈니를 연구했다. 첫 번째 그룹을 살펴보면서 그들의 행동에 일정한 유형이 존재하는지, 이들이 힘과 명성을 얻는 기회를 왜 다른 기업의 리더들은 보지 못하는지 그 이유를 찾아보았다. 새내기 기업가들에게는 허용된 창조성이 역설적이게도 기존의 기업인들에게는 허용되지 않는 특별한 이유가 과연 있는 것일까?

테드 터너

방송사들은 케이블 방송을 개척하기에 가장 좋은 위치에 있다. 전직 빌보드 세일즈맨이던 터너는 24시간 뉴스 방송을 시작하기 전에는 방송에 대해 전혀 몰랐다. 그래서 다른 방송사와 언론 매체에서는 그의 생각을 '농담' 정도로 웃어넘기며 곧바로 붕괴할 것이라 예상하면서, 대부분 "말도 안 되는 소리다"라고 했다. 터너 자신도 전 재산을 CNN에 투자하기 전에는 텔레비전 방송에 대해 잘 알지 못했다고 털어놓았다. 그는 기자들에게 "내 평생 뉴스를 본 시간이 100시간도 안 된다"고 말했을 정도다. 케이블 방송의 대부 터너는 자신의 전 재산 1억 달러를 그의 꿈에 쏟아부었다. 만약 CNN이 실패할 경우 애틀랜타 브레이브스, 애틀랜타 호크스, 케이블 방송국(TBS, 슈퍼스테이션)을 포함한 당시 그의 제국을 모두 잃을 수도 있었다. 그러나 그는 24시간 뉴스 채널은 지구촌을 형성하는 데 반드시 필요하다는 판단을 했다. 그에게는 자신의 돈을 몽땅 털어넣을 만한 배짱이 있었다. 그가 위험한 사업에 뛰어들 용기가 없었거나 그의 비전이 미약했다면 아마 성공하지 못했을 것이다.

프레드 스미스

유산으로 물려받은 전 재산을 하루 만에 배달되는 물류 시스템에 투자한 프레드 스미스는 당시 20대의 베트남 참전 용사였다. 미국의 우체국은 왜 이런 가능성을 알지 못했을까? 바로 고전적인 마케팅 전문가들의 편협함이 문제였다! 80년 동안 이 업무를 독식해온 UPS는 어느 날 아침에 일어나 보니, 페덱스FedEx라는 신생회사가 자신의 고객을 몽땅 빼앗아갔다는 사실을 깨달았다.

빌 게이츠

어떻게 빌 게이츠가 IBM 컴퓨터의 운영체계를 소유하게 되었을까. IBM의 경영자들은 빌 게이츠에게 PC복제의 인허가를 내줄 당시만 해도 그의 가능성을 보지 못했고, 그가 자신들을 따라잡을 거라고는 상상하지 못했다. 애플 컴퓨터와 스티브 잡스의 실수로 빌 게이츠는 세계에서 가장 엄청난 부자가 될 수 있었다. 빌 게이츠와 IBM과의 관계는 다윗과 골리앗 이래 가장 흥미진진한 얘깃거리가 되어버렸다. 마이크로소프트의 스톡옵션은 IBM을 능가한다. 이런 경이로운 현상이 겨우 15년 만에 벌어졌다는 사실은 아이러니하다. 빌 게이츠는 비전과 무모함이 바로 위대함으로 가는 승차권이라는 사실을 웅변적으로 보여준다.

톰 모나건

피자헛은 1980년대 어느 날, 대단한 자본도 없고 특별한 교육도 받지 못한 톰 모나건이란 기업가에게 추월당했다. 피자헛의 경영진은 가정으로 배달되는 피자는 일시적 유행이라고 생각했고 이것을 시장의 한 부분으로 인정하지 않았다. 배달 피자가 시장에 뛰어들자 시장은 훨씬 통제하기가 어려워졌다. 8,000개나 되는 매장을 가진 피자헛은 초기에 이 성가신 경쟁자를 전멸시킬 수도 있었다. 하지만 그들은 지나치게 여유만만했다. 그들은 모나건이 확고한 기반을 닦을 수 있도록 내버려두었다.

하지만 피자 소비자들의 구매방식과 식습관이 극적으로 변화하면서 일어난 라이프 스타일을 미리 간파한 모나건은 강도 높은 노동과 독창성으로 도미노 피자를 창업했고, 미국에서 가장 큰 피자 회사로 키웠다. 맞벌이 가정의 요구에 맞는 상품을 개발했기 때문에 그는 성공했다. 피자헛은 가정용 배달 피자 시장에서 확실한 선두자리를 도미노 피자에게 내줄 때까지도 그런 사실을 받아들이지 못했다.

영세한 규모와 자금 부족에 시달리는 주변부 출신의 기업가들이 이룬 성공 이야기는 정치·예술·인권·과학·스포츠 분야에도 있다. 세계를 변화시킨 최고의 정치지도자 가운데 위대한 기업가에 견줄 만한 인물로는 나폴레옹, 골다 메이어, 히틀러, 마가렛 대처가 있다. 예술 분야에서는 이사도라 덩컨, 마리아 칼라스, 오프라 윈프리, 마돈나, 마이클 잭슨이 있다. 마리아 몬테소리, 아멜리아 에어하트, 마가렛 미드는 인권에 대한 식견을 넓혀주었고 과학 분야에서는 아인슈타인, 니콜라 테슬라가 있다(〈표-2〉와 〈표-3〉 참조).

나는 그들의 발전에 중요하게 작용한 아홉 가지 요인에 따라 인물들을 나열했다. 출생순서를 가장 먼저 다루기로 한다. 사실 출생순서

〈표-2〉 여성 비저너리의 공통적인 특징

인물	출생 순서	자영업 (아버지)	교육	외향성 내향성	성격 유형	위험 감수	하이포 마니아	종교	부모/형제 죽음
예카테리나 여제	많이	자영업	H.S	E+	A+	Yes++	경조증	무	경험
애거서 크리스티	많이	자영업	H.S	I	B	No	조울증	유	경험
마리 퀴리	막내	자영업	Ph.D	I	A+	Yes+	경조증	무	경험
이사도라 덩컨	막내	자영업	5학년	E	A+	Yes+++	경조증	무	경험
아멜리아 에어하트	많이	자영업	H.S	E	A+	Yes+++	경조증	무	경험 없음
마가렛 미드	많이	자영업	Ph.D	E	A++	Yes+	경조증	유	경험
마리아 몬테소리	많이	비자영업	M.D	내외향적	A++	Yes+	없음	유	경험 없음
아인 랜드	많이	자영업	B.A	I-	B	Yes	경조증+	무	경험 없음
앤 라이스	둘째	비자영업	M.A	I	A+	No	경조증+	무	경험
헬레나 루빈스타인	많이	자영업	H.S	E	A++	Yes+	없음	무	경험 없음
마가렛 대처	둘째	자영업	법학	E	B	Yes	경조증+	유	경험 없음
테레사 수녀	막내	자영업	H.S	I	B	Yes	경조증++	유	경험
베이브 D. 제어라이어스	여섯째	자영업	H.S	E	A++	Yes+	경조증+	무	경험 없음
여성 합계(13)	7 54%	11 85%	6 46%	8 62%	9 69%	11 85%	11 85%	5 38%	7 54%
남성 합계(27)	18 59%	26 96%	13 48%	15 56%	23 85%	26 96%	24 89%	9 33%	23 85%
합계	23	37	19	21	34	37	35	14	30
100%	58%	93%	48%	53%	85%	93%	88%	35%	75%

* 하이포마니아 : 지나치게 낙천적이며 수면에 대한 필요를 느끼지 못한다. 조증 또는 다행증을 동시에 보인다(미국 심리학회의 정의).
* +, - 기호는 다양한 특징을 보이는 강도를 나타낸다.
* H.S 고등학교, M.D 의학박사, B.A 문학사, B.A 이학사를 나타낸다.
* E(Extrovert)- 외향적, I(Introvert)- 내향적

〈표-3〉 남성 비저너리의 공통적인 특징

인물	출생 순서	자영업 (아버지)	교육	외향성 내향성	성격 유형	위험 감수	하이포 마니아	종교	부모/형제 죽음
오노레 드 발자크	맏이	자영업	B.A	E+	A+++	Yes+	조울	유	경험
나폴레옹 보나파르트	다섯째	자영업	B.S	내외향적	A+++	Yes++	조울	무	경험
조셉 캠벨	맏이	자영업	B.S	E	B	No	없음	영적	경험
찰스 다윈	다섯째	자영업	B.S	I	B	Yes	없음	무	경험
월트 디즈니	맏이	자영업	H.S	I	A+	Yes	조울	유	경험
표트르 도스토옙스키	둘째	자영업	H.S	I	A+++	Yes+++	조울	유	경험
토머스 에디슨	맏이	자영업	3학년 중퇴	E	A++	Yes++	조울	무	경험
알베르트 아인슈타인	맏이	자영업	Ph.D	I	B	Yes	없음	무	경험 없음
지그문트 프로이트	맏이	자영업	M.D	E	A	Yes+	조증	무	경험
빌 게이츠	둘째	자영업	H.S	I	A++	Yes++	조증++	무	경험
베리 고디 주니어	일곱째	자영업	H.S	E+	A+++	Yes+++	조증++	무	경험 없음
어니스트 헤밍웨이	둘째	자영업	H.S	내외향적	A+++	Yes+	조울	무	경험
아돌프 히틀러	맏이	비자영업	11학년	I-	A	Yes+++	조울	무	경험
소이치로 혼다	맏이	자영업	8학년	E+	A++	Yes+++	조증++	무	경험
하워드 휴즈	맏이	자영업	11학년	I-	A+++	Yes+++	조울	무	경험
마이클 조던	넷째	비자영업	B.A	내외향적	A+++	Yes+++	조증++	무	경험 없음
스티븐 킹	맏이	자영업	B.A	I	A+	Yes++	조증	유	경험
마틴 루터 킹	맏이	자영업	Ph.D	E	A+	Yes+	조증++	유	경험
마오쩌둥	맏이	자영업	H.S	I	A+++	Yes+++	조울	무	경험
카를 마르크스	둘째	자영업	Ph.D	I	A	Yes+++	조증	무	경험
제임스 미처너	맏이	자영업	M.A	I	B	Yes+	조울	유	경험
폴 로브슨	여덟째	자영업	법학	E	A++	Yes++	조증	유	경험
프레드 스미스	맏이	자영업	B.S	E	A+	Yes+++	조증	무	경험
니콜라 테슬라	셋째	자영업	H.S	I	A+++	Yes+++	조울	무	경험
테드 터너	맏이	자영업	H.S	내외향적	A+++	Yes+++	조울	무	경험
마크 트웨인	막내	자영업	3학년	E+	A++	Yes+++	조울	무	경험
프랭크 로이드 라이트	맏이	자영업	11학년	E	A+	Yes+++	조증+	유	경험 없음
합계	16	26	13	15	23	26	24	9	23
	100%	59%	96%	48%	56%	85%	96%	89%	33%	85%

는 중요한 요인이지만 심리학자들은 그리 중요하게 다루지 않는다. 하지만 출생순서는 한 사람이 가족이라는 틀 안에서 어떻게 대접받았는지를 알 수 있는 중요한 지침이 된다. 이에 대해서는 9장에서 다시 상세하게 다룰 것이다. 아버지의 직업 또한 상당히 중요하다. 이 인물들의 93퍼센트는 부모가 자영업자였다. 특별히 메리 케이 애쉬와 이사도라 덩컨은 어머니가 자영업을 했고, 나머지는 아버지가 자영업 출신이다. 이 자료에 따르면 대학 졸업 유무나 외향적 성격은 그리 중요하지 않다. 오히려 A유형 성격(84퍼센트), 위험 감수(96퍼센트), 조증 성격(90퍼센트)의 요인이 비저너리가 되기 쉬워 중요하게 작용한다. 이와 대조적으로 종교는 중요한 요인이 되지 못했다. 단지 38퍼센트만이 특정 종교를 선택하여 규칙적인 종교생활을 했다. 종교생활보다는 그들이 인생에서 겪은 시련이 훨씬 중요하게 작용했다. 70퍼센트 이상이 21세가 되기 전에 부모나 형제자매의 죽음을 경험했는데, 이러한 정신적 충격이 그들의 인격에 엄청난 영향력을 끼친 것으로 판단된다.

창조적 천재들의 비밀 – 성격

"내 인생의 밑바닥에는 인격의 비밀이라는 한 가지 화두가 늘 깔려 있었다"고 카를 융은 말한다. 그리고 "개인의 무의식적 행위는 획득한 것이다"고 말한다. 그는 "기업가와 실업계의 거물, 사색가, 주식 중개인, 정치인은 외향적 직관유형"이라고 보았다. 외향성이 곧 창조성의 핵심이 아니란 점을 명심해야 한다. 창조적 남성들은 약간 내성적이고, 창조적인 여성들은 외향적인 경향이 있다. 아마도 여성들은 승진과 진입을 가로막는 벽을 깨는 행동을 해야 한다고 믿었기 때문인지도 모른다. 남성 지배 사회에서 여성들은 부엌을 뛰쳐나와 중역실에서 자신의 목소리를 내도록 강요받았기 때문에 그런 생각을 한 것으로 보인다.

이 책의 인물들은 대부분 한 사람 앞에 놓인 장애물이나 나무를 보기보다는 전체적인 그림, 즉 숲을 보는 경향이 뚜렷하다. 융도 세계를 보는 방식에 대해 감각(나무) 대 직관(숲)으로 설명한다. 이것은 인생을 디지털(마이크로, 미시적) 방식으로 볼 것인가 아니면 아날로그(매크로, 거시적) 방식으로 볼 것인가의 문제이기도 하다. 사물을 직관적으로 보는 사람은 주로 인생의 큰 그림을 보는 우뇌 지배적인 인물인 반면, 사물을 감각적으로 파악하는 사람은 좌뇌 지배적이며 미시적으로 생각한다.

융은 인격유형을 의사결정 방식에 따라 사고형(합리적), 감정형(정서적)으로 분류하고, 선호하는 행동유형에 따라 인식형(자발적)과 판단형(구조적)으로 나눈다. 내가 연구한 대부분의 인물들은 사고형과 판단형이었다. 이런 요소들을 모두 결합시키면 연구 대상의 대부분이 직관적 사고형에 가깝다. 심리학자들은 이런 기질을 프로메테우스적 성격이라고 부른다. 프로메테우스는 제우스를 거역하고 천상의 불을 훔쳐 인류에게 가져다준 그리스의 신이다. 따라서 프로메테우스는 도전정신의 고귀한 상징이며 창조적 비전을 지닌 사람들에 대한 은유이기도 하다.

프로메테우스적 성격

이런 인물들은 창조와 탐구의 자유를 위해 체제를 부정하는 타이탄족이다. 그들은 기술의 자유를 획득하기 위해 반역을 꾀하지만 프로메테우스가 그랬듯이, 불복종에 대한 대가를 혹독하게 치러야 했다. 프로메테우스에 대한 형벌로, 제우스는 그를 바위에 사슬로 묶고 독수리를 보내서 영원한 생명을 가진 간을 쪼아 먹게 했다. 이렇듯 그들은 전통을 중시하는 사람들에게서 멸시와 조롱을 당해야 했고, 살아남기 위해 반항해야 했다.

프로메테우스적인 기질의 특징은 지식과 자산을 캐내려는 생래적인 욕구로 설명할 수 있다. 이들은 새로운 논리와 독창성으로 인생의 가능성과 기회를 끊임없이 찾는다. 이들은 대략 전체 인구의 12퍼센트를 차지하지만, 그들을 정의하는 몇 가지 세밀한 요소들을 적용한다면 그 비율을 1퍼센트로 떨어뜨릴 수도 있다. 프로메테우스적인 기질의 약점은 다른 사람에 대한 무관심과, 세부적인 것들을 부주의하게 다룬다는 데 있다.

프랭크 로이드 라이트 같은 인물이 전형적인 유형이다. 그는 아주 특별한 공간을 연출하는 뉴욕의 구겐하임 미술관과 펜실베이니아 언덕의 낙수장—아마도 미국에서 가장 유명한 주거용 건축물일 것이다—과 같은 유토피아적인 건축물을 설계했지만 지붕이 새고 배수시설이 제대로 작동하지 않는 결함을 보였다. 라이트는 세부적인 사항들로 진땀을 흘리는 일이 결코 없었다. 그는 누군가가 자신의 뒤를 따라다니면서 사소한 일들을 챙겨줘야 한다고 생각한다. 대부분의 비저너리들에게 이런 성향이 있다. 빌 게이츠도 일찌감치 자신의 그런 점들을 알아차리고 자신이 미래를 준비하는 동안 세부적인 일을 챙길 사람을 고용했다. 또 프로메테우스적인 성격은 공중에다 멋진 집을 짓지만 막상 집이 다 지어지면 그곳으로 들어가 살지는 않는다. 그들은 이미 또 다른 영감에 사로잡혀 있다. 그가 진행하던 프로젝트의 '마지막 손질'은 다른 누군가의 힘으로 완성된다.

왜 성격이 중요한가?

자신의 능력을 알면 스스로 준비하여 성공할 수 있다. 자신의 능력과 약점을 제대로 알지 못하면 실패할 일에 희망을 걸고, 부적절하거나 아주 나쁜 상황에서 일을 시작하게 된다. 스스로를 성공할 수 있는 위치에 배정하는 것이 무엇보다 중요하다. 그래야만 자신과 다른 사람과의 관계를 적절히 파악해 비로소 성공을 이룰 수 있다. 대부분의 사람들은 돈을 많이 버는 직업을 선택하며, 여러 가지 갈등을 이기지 못하거나 해고되어야만 그 일을 그만두는 경향이 있다. 자신의 성격을 잘 안다면 이런 함정에 빠질 위험을 피해갈 수 있다.

당신이 이제 막 학교를 졸업하고 으리으리한 호텔의 접수계 직원으로 일하는 자리를 제안받았다고 가정해보자. 그런데 당신이 내성적인 성격이라서 사람을 상대하는 일보다는 주어진 업무에 충실한 타입이라면 사람을 상대하는 하루 여덟 시간은 그야말로 고역이다. 당신이 그런 일을 맡는다면 형편없는 일솜씨로 엄청난 두려움과 스트레스에 시달릴 게 뻔하다. 왜 그럴까? 억압된 공격성과 누적된 스트레스가 당신의 내면을 서서히 파괴해버리기 때문이다. 본질적으로 당신은 실패하는 인생의 경로를 설정한 것이다.

내향적인 사람들이 하루아침에 외향적으로 바뀔 수는 없다. 내향적인 사람들은 컴퓨터 앞에 앉아 일하는 자리에 있어야 한다. 반대의 경우에도 그런 결과가 나온다. 외향적인 사람을 컴퓨터 앞에 앉혀놓으면 똑같은 좌절을 겪을 게 뻔하다. 외향성의 백분율(퍼센트)이 75에 해당하는 사람들은 업무 가운데 4분의 3을 사람들을 상대하는 자리가 가장 적합하다. 내향성의 백분율이 75에 해당하는 사람들은 사람들을 상대하는 일보다 업무 시간의 4분의 3을 일 자체에 몰두해야 하는 자리가 가장 잘 어울린다.

이런 사례는 대부분의 사람들에게 상당히 명확하게 다가온다. 좌뇌 지배적인 당신이 주로 우뇌를 사용해야 하는 일자리를 수락해야 할 때는 해답이 그리 명쾌하지 않다. 달리 뚜렷한 이유도 없이 경영자들은 MBA(경영자 수업과정) 출신에게 계량적 업무— '분석에 온몸이 마비될 정도로'—를 다루는 부서에다 배치한다. 그 부서에서 기획과 예산안을 다루거나 신상품을 출시해야 하는 브랜드 매니저나 상품 개발자로 일하게 한다. 시장의 잠재력은 보지 못하고 오직 재정 상태에만 초점을 맞춘 경영자들의 편견 때문이다.

가장 통탄스러운 사례는 1970년대 중반 매킨토시 제품의 시장 출시를 거절한 팰러앨토 연구소에서 찾을 수 있다. 그들은 다른 기업들보다 몇 년 앞서 획기적인 개인용 컴퓨터를 개발하고도 수십억 달러를 잃었다. 신제품을 제조하고 시판하기에 앞서, 그들에게는 늘 어마어마한 숫자에 지배받는 회사의 경영자에게 제품의 예측 판매율을 제시해야 할 책임이 있었기 때문이다. 당시 제록스(팰러앨토 연구소를 지휘하던)의 경영자는 한 분야에서는 유능한 경영자였는지 몰라도 모험적 기업가 정신과는 거리가 먼 인물이었다. 결국 그는 단번에 수십억 달러를 벌어들일 히트상품을 놓치고 말았다.

이와 비슷한 몰락은 날이면 날마다 기업세계에서 일어난다. 그 세계에 종사하는 수많은 사람들도 마찬가지다. 몰락을 피할 비책은 인재를 적재적소에 두는 것이다. 숫자에 지배받는 사람은 숫자를 다루는 일을 해야 하고, 비저너리에게는 다양한 기회를 접할 수 있도록 해야 한다. 새로운 상품을 개발해야 할 책임을 재정지향적인 경영자에게 맡기는 것은 어처구니없는 실책이다. 신입사원들도 단박에 알아차리는 일이 중역실에서는 잘 보이지 않는다. 그렇다면 과연 제록스의 핵심 경영진들이 연구 개발된 새로운 제품의 시장출시를 숫자의 영역이 아닌 다른 차원에서 보았을까? 그렇지 않았다. 제록스의 경우는 이사회가 재앙에 가까운 결정을 내렸다. 재정적 안정에만 귀를 기울였다. 비저너리한 경영자가 그 자리에 있었더라면 시장에서 실패할지도 모를 신제품을 출시할 수 있었을까? 아마도 그랬을 것이다! 실수하지 않는 사람은 새로운 일을 시도하지 않는다. 새로운 것을 추구하지 않는 기업은 도태되고 만다. 이사회는 기업의 예산을 다루는 자리에 창조적 유형의 경영자를 배치하는 어리석음은 즉시 알아차렸지만, 보수적인 경영자를 혁신적인 자리에 앉힘으로써 벌어지는 실수에 대해서는 제대로 파악하지 못했다. 그들은 진취적인 의사결정으로 본 손실에 대해서만 알아차릴 뿐, 배짱이 없어서 놓친 손해에 대해서는 절대로 주목하지 못한다.

자신이 성공한다고 설정하라!

자신의 인생을 실패로 계획하지 말라. 성공을 계획한다면 성공할 수 있다. 어떻게? 대부분의 사람들은 '나무'와 같이 세부적인 것, 또는 '숲'과 같은 큰 그림을 다루면서 편안함을 느낀다는 사실을 인식해야 한다. 어느 쪽을 선호해도 옳거나 그르거나를 따질 수 없다. 어떤 사람들은 안정을 선택하고 또 어떤 사람들은 미지의 것으로 성공을 추구하려 한다. 두려움 때문에 지배적인 의사결정을 하는 사람이 있는가 하면, 설렘과 흥분으로 결정을 내리는 사람도 있다. 어떤 사람은 체계적이고 조직적인 환경이 더 어울리지만 느슨하고 비조직적인 환경이 어울리는 사람도 있다. 성공에 결정적인 작용을 하는 것은 자신이 그 일에 적합한가의 문제다.

성공의 또 다른 차원은 의사결정 방식에 있다. 어떤 사람들은 합리적인 의사결정을 선호하지만, 감정적인 것에 근거한 의사결정을 좀더 편안해하는 사람들도 있다. 다시 말하지만 의사결정 방식에는 옳고 그름이 없으며, 단지 이것 아니면 저것에 대한 선호가 있을 뿐이다. 혁신을 추구하는 사람들에게는 합리적인 의사결정이 훨씬 잘 어울리며 그들은 숲, 즉 전체를 본다는 연구 결과가 있긴 하다. 나무, 즉 부분을 보는 사람들은 정서적이고 감정적인 의사결정을 선호하며 체계적인 환경과 잘 어울린다. 정부, 병원, 내각 또는 관료직에서 그런 사람들을 쉽게 만날 수 있다. 영국 작가인 호레이스 월폴은 이런 말을 즐겨했다. "인생은 느끼려는 사람에겐 비극이고 생각하려는 사람에겐 희극이다."

당신은 조심성이 많은 편인가, 아니면 예상치 못한 위험을 감수하는 편인가? 이미 알고 있는 사람이나 사물을 선호하는가, 아니면 미지의 세계나 인간이 가지고 있는 가능성을 좋아하는가? 감정적인 결정을 내리는가 아니면 이성적인 결정을 내리는가? 이런 부분에 대한 자신의 선호를 알기 전까지는 가장 적절한 위치에 자신을 포진시켜 성공을 거두기가 힘들다. 다시 말해 자신의 성격에 가장 잘 맞는 자리에 자신을 두라는 뜻이다. 자신의 능력과 취약점, 동기와 좌절 그리고 무엇보다 당신을 둘러싼 세계를 다루는 방식과 선호도를 명확하게 인식하는 것이 중요하다. 공간에 대한 지각능력이 떨어진다면 항공 관제사를 직업으로 갖는 것은 적절하지 못하다. 월급에 대한 불확실성을 감당할 수 없다면 기업가가 될 수 없다. 만약 당신이 비저너리라면 서류를 뒤적이는 일에 성공과 실패를 내맡기는 사무직 노동자가 되어서는 안 된다. 아무리 돈과 권력에 마음이 끌린다고 해도 실패를 가져다주는 일에 몰두할 수는 없지 않은가. 단기간의 편의 때문에 자신을 소모하기에는 인생이 너무 짧다.

당신도 위대한 인물이 될 수 있다

　새로운 개념을 파악할 수 있는 평균 이상의 지능을 가지고 있고, 자신의 꿈을 이룰 강한 의지만 있다면 당신은 분명 위대한 사람이 될 수 있다. 다윈을 위대한 창조적 천재로 생각하지만, 그를 가르쳤던 선생님들은 상당히 평범한 학생이었다고 평가한다. 자기 성찰적인 면이 워낙 강했던 다윈은 자서전에서 자신의 평범함을 이렇게 고백한다. "영리한 아이들은 재빨리 이해하고 재치도 있었지만, 내게는 그런 영민함이 없었다." 다윈은 자신의 그런 모습을 오히려 유리하다고 생각했다. 그는 영리한 사람들은 "위대한 발견을 이루는 경우가 드물다"는 확신을 가지고 있었고 내가 다루려는 주제도 바로 그런 인물들의 재발견이다.

　다윈의 끝없는 호기심과 연구에 대한 열정은 생물학의 혁명을 가져왔다. 그는 결코 '특출한 재능'을 타고나지 않았다. 그는 선천적인 것과는 거리가 먼 근면성, 직관적 사고, 학문에 대한 열정으로 세상을 변화시켰다. 진화론의 아버지는 가족과 친구들의 멸시와 조롱에도 꿋꿋했으며 어떠한 위험도 감수하려는 혁명적인 인물이었다. 그의 탐구심은 그를 비글호에 승선하도록 이끌었고 결국 그를 갈라파고스 군도群島로 인도했다. 그런 탐구심이 있었기에 섬에 서식하는 조류를 관찰하면서 자연도태설을 창안해냈다.

　토머스 에디슨과 월트 디즈니는 다윈보다도 더 '평범'했다. 에디슨의 정규 교육기간은 3개월이 고작이었고, 어떤 사람들은 그가 정상에도 못 미치는 지능을 가졌을 거라고 추측한다. 그러나 '먼로 파크의 마법사'로 알려진 그는 열정과 집념으로 인생과 기술의 진리를 탐구했다. 그는 새로운 프로젝트를 착수할 때면 거기에 관한 글을 몽땅 탐독했다. 그런 근면과 성실성이 그를 역사적인 발명왕으로 만들었다. 그는 모든 면에서 스스로 이룬 사람이다. 에디슨은 기자들에게 "나는 책을 읽지 않았다. 아예 서재를 몽땅 읽어 치웠다"고 말했다.

'월트 아저씨' 디즈니는 독학으로 성공한 또 다른 사례다. 디즈니는 고등학교도 마치지 못했으며 만화가로 취직해서도 재능이 모자란다는 이유로 일주일 만에 해고당했다. 그래서 디즈니는 성공한 뒤에도 디즈니 스튜디오에서 '예술'이라는 단어를 허락하지 않았다. 왜 그랬을까? 그는 어떤 전문가보다 자신이 일하는 분야가 '예술'이 아님을 잘 알고 있었기 때문이다. 디즈니가 만드는 세계는 오락적인 세계, 아이나 어른이 좀더 행복해지고 싶어 이 세상을 탈출해서 가보고 싶은 판타지의 세계다. 디즈니와 에디슨 두 사람은 세상의 모습을 변화시킨 창조적 천재다.

이사도라 덩컨은 무용 강습조차 받지 않고도 무용의 세계를 변혁시킨 인물이다. 그녀가 받은 교육이라고는 초등학교 5년 교육이 전부다. 〈생각하는 사람〉을 조각한 오귀스트 로댕은 이 예술적 천재를 만난 뒤 언론에 이렇게 말했다. "세계가 알고 있는 여성들 가운데 가장 위대한 여성은 이사도라다." 로댕 같은 천재적 예술가가 교육도 제대로 받지 못하고 사회적 신분도 비천한 이사도라를 이렇듯 칭찬한 동기는 무엇이었을까? 이유는 명쾌하다! 덩컨은 눈만 뜨면 박물관과 도서관으로 달려가 미술, 그리스 고전, 철학, 음악을 공부했다. 그녀는 어떤 주제에 대해서 누구와도 대화를 나눌 수 있을 정도로 공부하는 아마존 여전사였다. 바로 그 점이 그녀를 위대하게 만들었다.

덩컨이 공연한 「자유의 춤」을 보고 로댕이 그녀에게 사로잡힌 이유도 바로 그녀의 해박한 예술적 지식에 있다. 그녀의 춤에는 니체의 철학과 아프로디테의 이미지가 결합되어 있어 그의 관심을 끌기에 충분했다. 덩컨은 프로메테우스적인 창조성으로 그리스 고전을 춤으로 만들었다. 바로 그 점 때문에 로댕은 열광했다. 그렇다면 어떻게 그렇듯 짧은 시간에 덩컨은 해박해질 수 있었을까? 덩컨은 세계적인 문화의 중심지에서 시간을 보냈다. 그녀가 가는 모든 도시의 첫 방문지는 미술관과 도서관이었다. 시카고, 뉴욕, 런던, 파리, 베를린, 로마, 아테네……. 가는 곳마다 그녀는 가슴으로 문화를 느끼는 법을 터득했다. 또한 프랑스어, 독일어, 헝가리어, 러시아어, 이탈리아어를 독학으로 배웠다. 그런 이유로 덩컨은 20세기 초 가장 많은 책을 읽은 여성 가운데 한 사람이 되었다.

덩컨은 아테네로 향하던 중 아크로폴리스가 내려다보이는 언덕에 충동적으로 자신의 무용학교를 세우기로 하고, '댄스의 신전'이라는 이름을 짓는다. 덩컨은 프랑스에 있을 때 루브르에서 많은 시간을 보내면서 운동에너지의 성질을 알아내기 위해 인체를 공부했다. 아테네의 뒤를 이어 베를린, 런던, 뉴욕, 상트페테르부르크에 자신의 댄스 스쿨을 연다. 아무렇게나 걸친 하얀 가운과 맨발은 그녀의 상징이었다. 덩컨은 굳이 성공으로 가는 문을 억지로 열 필요가 없었다. 위대한 사람이 되는 비결을 다른 사람들이 배울 수 있도록 자신의 우아한 맨발로 문을 걷어차기만 하면 되었다.

영광의 대가는 무엇인가?

위대한 인물들의 삶을 들여다보면 그 영광의 대가는 엄청나다. 그들은 남다른 삶을 살았고, 그 때문에 정상의 자리에 오를 수 있었지만 그들이 선택한 길은 예상했던 것보다 훨씬 많은 대가를 치러야 했다.

승리를 위해 과연 그럴 만한 가치가 있었을까? 아멜리아 에어하트, 베이브 제어라이어스가 제 명을 다하지 못한 것처럼 나폴레옹, 발자크, 히틀러, 헤밍웨이, 마틴 루터 킹 목사의 삶도 혹독한 값을 치렀다. 나폴레옹은 51세의 나이로 죽고 발자크는 50대에 이미 기력이 소진되었다. 헤밍웨이와 마찬가지로 히틀러도 자살로 생을 마감했다. 어느 누구도 가보지 못한 곳을 가보고 싶다며 영웅적인 시도를 서슴지 않았던 아멜리아 에어하트는 서른아홉의 나이에 죽었다. 누구도 감당할 수 없는 일을 하려 했던 베이브 제어라이어스는 마흔넷에 죽었다. 카를 마르크스는 조국을 떠나 망명자로 죽었다. 한 시대를 상징하는 마이클 조던은 환호하는 대중들 때문에 식사도 즐기지 못했고 원정 경기 중에 추수감사절과 크리스마스가 끼어 있으면 호텔방에서 혼자 외로움을 달래야 했다. 다윈은 평생을 두려움과 싸우며 살아야 했다. 어린 시절부터 교육받았던 목사로서의 세계관과 자신이 이룬 진화론 사이에 끊임없는 갈등을 느껴 그 때문에 평생을 죄의식에 시달려야 했다. 또한 디즈니는 여덟 번이나 신경과민으로 고통받았다. 이렇듯 이 책에 등장하는 인물들 대부분이 신경증에 시달렸으며, 열정적인 삶으로 말미암아 자살을 시도한 사람들이 반이나 된다. 이런 고통스런 일화가 이 세상을 정복한 사람들의 얘기로 들리는가?

누가 카를 마르크스처럼 조국도 없이 살고 싶을까? 무솔리니와 히틀러를 피해 인도까지 가서 살아야 했던 마리아 몬테소리의 유랑생활은 또 어떠한가? 그 누구도 제임스 미처너처럼 5년마다 거주지를 바꿔가면서 살고 싶지는 않을 것이다. 위대한 사람과 천재들은 이렇듯 엄청난 대가를 치르면서 살았다.

시대에 따른 정규 교육과 성공의 척도

이상하게 들릴지 모르겠지만, 지난 세기를 살았던 인물들이 최근에 태어난 사람들보다 훨씬 더 많은 교육을 받았다. 19세기 인물들 가운데 3분의 2가 대학을 졸업한 반면, 20세기에 배출한 인물 중 3분의 2는 대학을 졸업하지 못했다. 오늘날 우리는 대학 교육을 성공과 연결 짓거나 성공에 이르는 필수 관문으로 여긴다. 우리와 동시대를 살고 있는 인물들은 그들이 활동하고 있는 비즈니스 세계, 예술과 인권 분야, 연예계에서 그다지 많은 교육을 받지 않고도 자신의 자리를 확고히 했다는 점을 지적하고 싶다.

정규 교육은 성공에 그리 결정적인 요인이 되지 못한다. 비록 매우 제한적인 연구 결과이지만 대학졸업장의 혜택 없이 최고의 자리에 오를 수 있다는 사실은 상당히 흥미롭다. 그러나 거기에는 불변의 진리가 존재한다. 정규 교육을 얼마나 받았든 간에 성공하려면 해당 분야의 지식을 꼭 갖춰야 한다는 점이다. 그들은 분야를 막론하고 자기 분야에서 독보적인 지식을 소유한 사람들이다. 애거서 크리스티와 다윈은 극도로 예민한 관찰력으로 세상을 정복할 수 있었다. 혼다는 엔진에 대해 모르는 게 없었고, 라이트는 자신의 건축 브랜드로 후학들을 가르쳤고, 휴즈는 비행기를 설계했으며, 디즈니는 장편 애니메이션을 창작했고, 터너는 위성방송에 혁명을 가져왔다. 필요한 것은 졸업증서가 아니라 지식과 통찰력임을 이들은 분명히 보여주고 있다. 이 점에 대해 빌 게이츠는 결정적인 단서를 제공한다. 컴퓨터 업계의 최고 지식인인 그도 하버드 대학을 단 한 학기만 다녔다.

여기서 한 가지 흥미로운 경향을 발견할 수 있다. 20세기 전반에 태어난 인물들은 1950년 이후에 학교를 다닌 세대보다 정규 교육을 더 많이 받았다. 그들이 성공한 분야를 살펴보면 그리 놀라운 일도 아니다. 20세기에 학교를 다닌 인물은 모두 27명이며, 그 가운데 3분의 2가 대학과 고등학교를 졸업하지 못했다. 이들 가운데 마오쩌둥, 애거서 크리스티, 프랭크 로이드 라이트, 이사도라 덩컨, 혼다, 하워드 휴즈, 월트 디즈니가 포함된다. 대학을 졸업한 20세기 인물들 중 절반은 박사학위를 받거나 법학을 공부했다. 거기에는 아인슈타인, 마리 퀴리, 폴 로브슨, 마가렛 미드, 마가렛 대처, 마틴 루터 킹 목사가 있다.

앞에서도 말했지만, 19세기 출신의 11명은 정규 교육 수준이 훨씬 높다. 프로이트, 마르크스, 몬테소리는 박사학위를 취득했다. 프로이트와 몬테소리는 의학을 공부했으나 그들이 기여한 분야는 각각 심리학과 교육학이다. 다윈은 목사가 되기 위해 케임브리지의 크라이스츠 칼리지에서 생물학과는 전혀 동떨어진 신학을 공부했지만 결국 진화에 관한 혁명적인 연구 성과를 이루었다. 폴 로브슨도 컬럼비아 대학에서 법학으로 학위를 취득했지만 셰익스피어 전문 배우가 되는 데는 별 도움이 되지 못했다. 토머스 에디슨과 니콜라 테슬라는 대학에 가지 않았다. 에디슨은 석 달 동안의 학교 교육이 전부다. 두 사람은 광범위한 독서를 통해 스스로 공부했다. 에디슨은 기자들에게 이렇게 말했다. "내가 학교를 다녔다면 이런 연구를 해냈을 거라고 생각하는가? 대학에서 공부한 과학자들은 연구 대상을 학교에서 배운 대로만 보려 하기 때문에 자연의 위대한 비밀을 놓치고 만다."

성공의 역설

성공한 사람들은 10대 시절을 상당히 평범하게 보낸 것처럼 느껴진다. 누구나 그렇듯이 자신이 대단한 공헌을 할 거라고 기대한 사람은 드물다. 빌보드 세일즈맨이던 테드 터너가 ABC, CBS, NBC를 제칠 거라고 예견한 사람은 아무도 없었다. 프레드 스미스의 운송 시스템은 훨씬 더 충격적이다. 그의 말이 실현될 거라고 생각한 사람은 아무도 없었다. 오히려 USPS(미국 우체국)와 UPS가 그 일을 했어야 한다고 생각했기 때문이다. 젊은 베트남 참전 용사가 그 일을 해내리라고 그 누가 상상했겠는가?

진화론, 백열등, 정신분석 이 모든 것이 이상하기는 마찬가지다. 괄목할 만한 이 모든 혁신이 해당 분야의 주변부에서 이루어졌다면 누가 믿을까? 사실 이런 혁명적 성과들은 대학에서 공부한, 빈틈없이 명민한 학자들에게서 나왔어야 한다. 그러나 이렇게 믿기 힘들 정도의 놀라운 성과는 제대로 훈련받지 못했지만 예리한 관찰력을 지닌 비저너리에게서 나왔다는 사실을 명심하라.

위대함의 비결

행운, 개인적인 자질, 별난 경험, 타이밍 등 무수한 요인들이 한 사람을 최고의 자리로 이끈다. 그래서 어떤 사람의 성공 비결을 단 한 가지로 단정 짓는 것은 상당히 위험한 일이다. 나는 이 책에 나오는 인물들이 곤경을 이겨내고 자기 분야에서 최고의 자리에 오른 적절한 사례임을 확신한다. 수백 권의 자서전과 평전을 읽는 행위는 나에게 일종의 계몽이었다. 단순한 우연이라고 보기에는 그들의 행동에 매우 많은 유사점들이 있었다. 마오쩌둥, 다윈, 프로이트, 애거서 크리스티, 테드 터너, 스티븐 킹의 어린 시절을 읽을 때면 상당히 유사한 모습을 보여주었다. 또한 나폴레옹, 발자크, 다윈, 테슬라, 몬테소리, 대처, 루퍼트 머독, 프레드 스미스, 톰 모나건, 테드 터너가 그토록 혐오하던 기숙학교를 다녔다는 사실 역시 우연이 아니다. 그들은 외롭고 두려운 기숙학생들이었다. 그런 환경에서의 경험은 그들의 기질형성에 기여했고 그곳의 적대적인 분위기는 이 미래의 비저너리들을 책과 다양한 활동에 빠져들게 이끌었다. 그들은 고통스러운 생활을 이겨내기 위해 판타지 세계의 영웅들에게 열중했다.

영웅숭배—신비한 성공 신드롬—의 영향이 여기서도 작용하고 있다. 이들은 전설적인 영웅의 세계로 도피했다. 처음에는 나도 이런 현상이 무엇을 말하는지 제대로 알지 못했지만 좀더 치밀한 연구 끝에 그들의 유사성을 다시 발견하게 되었다. 조셉 캠벨이 그랬던 것처럼 빌 게이츠 역시 레오나르도 다 빈치를 판타지 영웅으로 숭배했다. 톰 모나건과 제임스 미처너는 기술적인 판타지 영웅 톰 스위프트에 열중했고, 이사도라 덩컨은 스스로를 미의 여신 아프로디테라고 믿었으며, 카를 마르크스는 박사학위 논문으로 시작한 프로메테우스 신화에 매혹되었다. 가장 놀라운 판타지 숭배대상을 가진 사람은 스티븐 킹인데, 그는 『지킬 박사와 하이드』, 『괴기 과학』, 『납골당 이야기』와 공포영화라면 사족을 못 썼다. 앤 라이스는 찰스 디킨스의 고전 『크리스마스 캐롤』을 100번도 넘게 읽으며 초자연적인 세계로 빠져들었다.

내 연구에서 영웅숭배에 관해 가장 강한 정서적 감응을 보인 사람은 모타운 레코드의 설립자인 베리 고디 주니어다. 고디는 1994년 자서전에서 조 루이스가 그의 성공에 가장 강력한 영향을 끼쳤다고 밝힌다. 고디는 8세 때 루이스가 세계 헤비급 챔피언이 되던 그날, 평범한 소년에서 아주 특별한 존재로 신비한 변신을 했다. 루이스가 할 수 있다면

〈표-4〉 위대한 인물들의 공통적인 특성

- 호기심이 상당히 강하다.
- 대부분 팀으로 움직이기보다 혼자이기를 즐긴다.
- 대부분 어떤 일에 관심을 기울이는 시간이 짧다.
- 정작 그들은 피해를 입지 않지만 다른 사람들에게 피해를 준다.
- 스스로 모든 일을 시작하며 놀라울 정도로 생산적이다.
- 자신에게 부여된 임무에 철학적인 의미를 부여한다.
- 인생을 일반화시키지만, 각자 가야 할 길이 다르다는 점을 잘 알고 있다.
- 참을성이 없고 충동적이며 여유가 없는 성격이다.
- 모든 인물들이 정상에 오르지만 그 과정을 즐기는 사람은 드물다.
- 대부분 판타지 영웅들이 지배하는 상상의 세계에 살고 있다.
- 대부분의 사람들이 자신은 특별하기 때문에 사회적인 규칙을 따르지 않아도 된다고 생각한다.
- 그들은 모두 인생을 부와 명성을 가져오는 일종의 게임으로 보는데, 그 때문에 인생에서 얻은 승리가 물거품이 될 수도 있다.
- 그들의 가족, 친지, 고용인들은 그들을 언제 터질지 모르는 폭탄으로 여긴다.
- 그들은 추종자들에게는 존경받지만 동료들에게는 공포의 대상이며 특권층에게는 증오의 대상이다.

자신도 그 자리에 올라갈 수 있다! 그는 그 순간을 "가슴 깊은 곳에서 활활 타오르기 시작한 불길이 자신을 아주 특별한 존재로 불태우고 싶은 강렬한 욕망으로 변했다"고 기억한다.

〈표-4〉의 간략한 특징들은 이 책에 나오는 인물들의 행동을 깊이 파고들기에 앞서 그들의 독특함을 개괄적으로 살펴보는 데 도움이 될 것이다.

당신의 약점을 공략하라

이 책에 나오는 인물들처럼, 가장 두려운 상대를 선택해 공략하고 일단 그것을 통과한 뒤에는 모든 일들이 쉬워진다. 우리 안에는 자신을 돌보려는 성향이 있다. 진정으로 위대한 사람이 되기 위해서는 약점들을 극복해야 한다.

복잡함을 단순화시켜라

복합적인 성격의 비밀(창조적인 사람들의 본성)은 다른 사람들과는 달리 사물을 단순하게 바라본다는 데 있으며, 그런 과정에서 사람들의 눈에는 그들이 구루(어떤 분야에 대해 상당히 박식해서 다른 사람에게 도움을 줄 수 있는 사람)로 비칠 수 있다. 아인슈타인, 프로이트, 마가렛 미드, 빌 게이츠가 단순한 존재라고 비난할 사람은 아무도 없다. 그들은 아무리 애매하고 모호한 개념이라도 쉽게 만들어 누구라도 이해할 수 있게 한다.

당신을 양성적 존재로 만들라

창조적 천재와 모험적 기업가들은 성적性的 특징을 잘 활용한다. 예카테리나 여제, 이사도라 덩컨, 마가렛 대처와 같이 열정적이면서 직관력이 뛰어난 여성들은 피할 도리 없이 모험을 해야 할 상황이라면 모험적이 되지만 결코 여성성을 잃는 법이 없다. 반면, 대단한 마초 근성에다 모험을 즐기는 나폴레옹, 어니스트 헤밍웨이, 월트 디즈니 역시 극도로 예민하고 직관적이었다.

두려움과 불안전함은 자극을 줄 뿐, 의욕을 없애지는 못한다

창조적인 인물이 되는 과정에서 미지의 세계와 접할 때 생기는 정신적 상처는 더 많은 성취를 얻기 위한 촉매작용을 한다. 위대한 사람들은 다른 사람들이 힘겨워하는 상황을 오히려 즐기지만 아무 쓸모없는 순응상태를 못 견뎌한다. 그들에게, 당신은 제대로 할 수 없을 것이란 말을 해보라. 그러면 그들은 성공하기 위해 악착같이 애를 쓴다. 선수로서는 중년이라 할 나이의 마이클 조던이 1998년 NBA 결승전에서 이기려고 투혼을 발휘했던 것을 기억해보라. 위대한 사람들은 두려움에 떨지 않고 오히려 그것을 자극으로 받아들인다.

좌·우뇌를 동시에 사용하라

비저너리들은 문제해결을 위해 매우 연역적인 방식으로 데이터를 모으다가 갑자기, 대단히 귀납적이라 할 수 있는 직관적인 해결책을 선택하는 경향이 있다. 다윈은 『종의 기원』에서도 밝혔듯이 자연도태설을 내세울 때 이런 접근 방법을 사용했다. 프로이트, 테드 터너, 마리 퀴리, 마리아 몬테소리도 모두 이런 방식을 애용했다. 이들은 삶을 일반화시키는 것 같지만 자신이 가야 하는 길은 특별한 방식으로 다룬다.

판타지 세계에 사는 어린아이와 같은 호기심

아인슈타인은 10대 이후로 새로운 아이디어를 내려고 굳이 애쓴 적이 없다고 말한다. 아무런 거리낌없이 상상력을 발휘하는 그 시기로 되돌아갈 수 있는 능력이 바로 창조성이 지닌 마법의 힘이다. 기이함과 난해함은 혁신의 영역이다. 사람들의 무리 속에서 남다른 비전을 지닌 천재가 되고 싶다면 어디로든 떠나라. 신화가 내면에서 편안히 머물 수 있도록 자신이 꿈꾸는 세상을 이루도록 하라.

융통성 있는 성격

위대한 사람들은 상황을 변화시키고 융통하는 능력이 있다. 테드 터너처럼 내향적인 사람도 상황에 따라 외향적인 사람으로 바뀔 수 있다. 위대한 사람들의 감정은 상황에 따라 훨씬 융통성이 있어 보통사람들보다 유연하다. 때에 따라서는 감정 이입과 융통성을 동시에 나타내기도 한다. 은둔적 내향성을 보였던 하워드 휴즈만큼 이러한 특성을 보여준 사람도 드물다. 그는 자신이 만든 '스프루스 구스 Spruce Goose' 비행기를 옹호하기 위해 청문회에 나타났으며, 자신의 음탕한 면만 들춰낸 클리포드 어빙의 전기를 반박하기 위해 기나긴 은둔생활을 깨고 바깥세계로 나오기도 했다.

성공한 사람들은 언제나 마음이 급하다

그들은 주차할 공간을 찾으러 다니기에는 인생이 몹시 바쁘다고 생각한다. 그들은 언제나 이중주차를 해놓는다. 그들은 또 보통사람들보다 먹고 걷고 말하고 생각하는 속도가 훨씬 빠르다. 그들은 동시다발적이어서 한꺼번에 여러 가지 일을 해도 힘들어하지 않으며 오히려 그런 상황을 통해 힘을 얻는다. 이 책에 나오는 대부분의 인물들은 다른 사람과 대화를 나누면서 라디오나 TV를 시청하고 책도 읽는 특성을 가지고 있다.

창조적인 사람들은 열정적이다

열정과 감정은 당신을 둘러싼 모든 사람들에게 전염된다. 그들이 미혹에 휩싸였을 때도 나폴레옹, 마오쩌둥, 히틀러가 그랬던 것처럼 그들을 따르는 무리들을 매혹시킨다. 지나친 망상일지라도 자신을 드러내는 것을 주저하지 말라. 위대한 사람들은 언제나 정도를 지나쳤다.

위대한 인물들은 언제나 마음속의 파랑새를 따라갔다

 위대한 사람들은 그들 마음속에 자리잡은 꿈이 자유롭게 펼쳐질 수 있도록 허락한다. 그들은 결국 자신들이 좋아하는 일들을 추구한다. 그들이 그 일을 재미있어 하지 않았다면 번뜩이는 재능을 발휘할 수 없었을 것이다. 자신의 꿈을 좇아가라. 모든 것을 잃더라도 그 길이 끝날 때쯤이면 당신이 제대로 찾아왔다는 사실을 알게 될 것이다.

1st Key to Greatness _ CHARISMA

카리스마

설득력 있는 의사소통 능력

카리스마가 있는 지도자는 추종자들에게 강한 동기를 부여하기 때문에
자신이 기대한 효과를 얻어낼 수 있다.
제이 콘저(카리스마의 지도자)

카리스마의 힘

성공한 사람들에게는 그들만의 스타일이나 매력이 있다. 사람을 유혹하는 매력은 그들의 중요한 특징이다. 효과적인 의사소통을 위해 사람을 끌어당기는 힘을 무기로 사용하기 때문이다. 부와 명성을 손에 쥐려면 카리스마가 가장 중요하다고 많은 사람들이 말한다. 이것으로 열 수 있는 문은 분명 여러 개다. 존 F. 케네디와 빌 클린턴이 백악관 집무실로 올라갈 수 있었던 비결도 바로 카리스마의 힘이었다. 이 장에서 다루려는 주제는 카리스마에 대한 비판적 분석이다. 자신의 카리스마를 가장 효과적으로 활용한 인물로는 나폴레옹, 히틀러, 테레사 수녀, 프레드 스미스를 꼽을 수 있다. 또한 예카테리나 여제, 메리 케이 애쉬, 오프라 윈프리, 마리아 몬테소리, 베이브 디드릭슨 제어라이어스도 있다. 기대한 것을 효과적으로 얻어내는 의사소통 능력 없이는 자신의 꿈과 이상, 그리고 계획을 다른 사람에게 펼칠 수 없다.

카리스마는 정치인이 표를 얻고, 세일즈맨이 계약을 따내고, 기업가가 자금을 모으고, 작가가 책을 펴내고, 학자가 연구기금을 타내고, 연예인이 청중들의 박수갈채를 받게 하는 무기다. 에디슨과 테슬라가 연구 발명을 위한 자금을 마련할 때도 카리스마는 반드시 필요한 밑천이었다. 카리스마 없이는 결코 아이디어를 팔 수 없다. 카리스마가 없다면 대통령에 당선될 수도 없고, 대통령직을 수행할 수도 없다. 국가 역시 카리스마 없이는 변혁할 수 없다. 카리스마는 종교 지도자에게는 신자들의 믿음을 끌어올리는 작용을 한다. 카리스마는 위대한 지도자가 무리들을 공동의 목표로 이끄는 방법론이다.

카리스마의 힘은 위대한 사람을 자기편으로 끌어들인 인물에게서도 찾을 수 있다. 볼테르와 포템킨은 예카테리나 여제에게 이끌렸으며 여제 집정시기에 그녀의 후원자가 되어주었다.

또한 프랭크 로이드 라이트와 조셉 캠벨 모두 상당히 매력적이고 지적인 사람들이다. 라이트는 영적 지도자 게오르기를 손님으로 맞아 몇 달 동안 접대했으며, 미국에 그를 알리기 위해 명사들의 모임을 주선했다. 캠벨은 영적 지도자 크리슈나무르티와 친구로 지냈다. 그는 스위스로 융을 방문하기도 하고, 존 스타인벡과 건강지상주의자 아델 데이비스와 교제하기도 했다.

피카소도 유럽의 지성들과 교류하면서 지냈다. 그는 장 콕토, 프랑스 시인 폴 엘뤼아르, 장 폴 사르트르, 코코 샤넬과 함께 긴 시간을 보냈다. "나는 그에 대한 열정으로 가득 차 그가 가까이 오기만 해도 몸이 떨렸다"고 샤넬은 말한다. 콕토 역시 비슷한 말을 했다. "피카소에게는 자석처럼 사람을 끌어당기는 힘이 있어서 누구도 저항할 수 없었다."

대화를 통해 사람을 끌어들이는 힘

성공으로 이끄는 여러 요인들 가운데 효과적인 의사소통은 아주 중요하다. 자신이 몸담고 있는 분야의 유력 인사에게 자신의 꿈을 팔 수 없는 자는 실패하게 마련이다. 당신이 모험적 기업가라면 투자 은행에 성공에 대한 확신을 심어주어야만 하며, 그렇지 못하면 벤처사업은 아예 꿈도 꾸지 못한다. 과학자들이 대학에서 보조하는 지원금이나 외부에서 들어오는 연구 기금을 확보하려면 효과적인 의사전달이 필요하다. 그렇지 않으면 연구 기금을 확보하지 못한다. 예술가는 자기 작품을 설명할 수 있는 대화의 기술을 가져야만 열광적인 지지자들을 만들 수 있다. 그래야 유력한 후원자들이 그의 작품을 팔아줄 것이다. 작가는 책을 출판해야 하고 정치인들은 당선이 되어야 성공의 기회가 생긴다.

그들의 성공 비결은 사람들과의 대화다. 마틴 루터 킹 목사와 테레사 수녀 역시 카리스마 넘치는 대화의 힘이 없었다면 노벨 평화상을 받지 못했을 것이다. 예수, 마호메트, 부처, 간디가 갖는 힘의 근원에도 똑같은 재능이 작용한다. 그들은 대화의 기술을 통해 수백만의 신자들을 매료시켰다.

잔 다르크, 빌리 그레이엄과 같은 종교적 지도자의 영향력 이면에는 그들의 내면에서 나오는 사람을 끄는 매력이 있다. 그들과 정반대의 세계에 있는 컬트주의자인 찰스 맨슨, 짐 존스, 데이비드 코레쉬, 마셜 애플화이트와 같은 사이비 교주들에게도 사람을 끄는 매력이 있다. 메리 케이 애쉬가 남성우월주의가 지배하는 세상을 극복하기 위해 사용한 것도, 프레드 스미스가 다음날 배달되는 우편 배달의 혁명을 이룬 것도 바로 카리스마의 힘이다. 넬슨 만델라가 남아프리카공화국의 인종차별 정책에 맞서 싸울 수 있었던 비밀 무기도 카리스마였다. 하워드 휴즈나 베리 고디 주니어가 비즈니스 제국을 만들 수 있었던 힘도, 발자크나 도스토옙스키가 빚 독촉에 시달리면서도 견뎌낼 수 있었던 힘도 카리스마였다. 마리아 몬테소리는 친근함과 매력으로 세계를 상대로 그녀가 생각하는 교육 시스템을 팔 수 있었다. 골다 메이어가 카리스마가 없었다면 이스라엘은 쉽사리 재건되지 못했을 것이다.

정치지도자들은 대화를 통해 자신이 기대한 효과를 얻어야만 한다. 그들은 자신이 믿는 이념으로 사람들의 지지를 이끈다. 선거에서 한 표를 얻기 위해 사람들을 효과적으로 설득할 힘이 없다면 그들은 무명의 사람으로 남아 있어야 한다. 사람을 끌어들이는 힘이 없었다면 나폴레옹도 승산 없는 전투에 군대를 통솔할 방법이 없었을 것이다. 히틀러의 선동적 매력이 없었다면 그는 나치당 총통이 되지 못했을 것이다. 테레사 수녀도 영적인 카리스마가 없었다면 머나먼 비기독교도 땅에 새로운 수도단체를 설립하자고 로마 교황청을 설득하지 못했을 것이다. 입으로 전해지는 강한 동기부여야말로 이들이 자주 사용하고, 또 가장 훌륭하게 사용하는 무기다.

최근에 카리스마적 힘을 자신의 분야에 잘 사용하고 있는 예는 오프라 윈프리다. 전미 육우사육협회는 1998년 그녀를 상대로 1,000만 달러 소송을 한 적이 있다. 「오프라 쇼」에 육가공회사에서 자행되던 가축학대 행위가 방영되자 사람들이 육류 소비를 중단해버렸기 때문이다. 그녀의 의도는 쇠고기를 문제 삼는 것이 아니라, 잠재적인 질병에 대해 알아보는 것이었지만, 그녀의 파워는 육류 소비산업에 엄청난 충격을 주었다. 오프라가 작가를 그녀의 쇼에 초대하거나 북클럽에 추천하기만 해도 평균 판매부수가 15만 부를 훨씬 웃도는 것을 보더라도 충분히 이해할 수 있다.

카리스마란 무엇인가?

카리스마는 사람과의 상호작용을 통해, 대개는 말을 통해 설득하고 영향을 주고 격려하는 힘이다. 섹스나 마약, 또 다른 수단을 사용하는 컬트 지도자들도 있지만, 여기서는 자신의 꿈을 효과적으로 전달해 최고의 위치에 오른 경우만을 일컫는다. 카리스마를 표현하는 가장 좋은 방법은 말을 통해서이지만, 카리스마는 단순히 말의 의미만은 아니다. 히틀러는 수사학적 구조에 잘 어울리는 불과 유황을 구사했으며, 또한 심리학적으로 적절하고도 강력한 어휘들을 구사했다. 그의 언행은 바디 랭귀지와 강력한 어휘구사, 표정 연기, 감정을 격앙시키는 열정이 잘 어우러져 강인한 흡인력을 가진다. 진정한 카리스마는 외부에서가 아닌 내면에서 나오는 힘이다. 카리스마에는 이념과 열정, 스타일, 확신 그리고 열광적인 전달방법을 서로 결합시키게 하는 힘이 있다. 청중 수가 적을 때는 말로 전달되는 카리스마가 꼭 필요한 것은 아니다. 눈과 얼굴의 표정, 바디 랭귀지의 효과적인 사용만으로도 자신의 생각을 강력하게 전달할 수 있다.

한때는 카리스마가 '영적인 선물'로 이해되었지만 지금은 더 이상 카리스마를 생득적生得的인 것으로 보지 않는다. 심리학자들은 카리스마적인 인물은 바로 그 과정을 학습한 결과라고 본다. 히틀러는 상당한 수준의 고등교육을 받은 독일인 반유대주의자 디트리히 에카르트를 만나기 전까지는 조울증 환자에 지나지 않았지만, 그에게 카리스마 넘치는 연설가로 훈련을 받은 뒤부터는 설득력 있는 의사소통 능력을 갖게 되었다.

위대한 사람들은 상당히 효과적인 대화를 구사하지만, 그것이 자신의 카리스마에서 나온 것이라는 사실을 인식하고 있지는 않다. 그들은 그런 힘의 존재를 알고 있지만, 강한 확신을 전달하기 위한 열정과 충동에서 이 힘이 나온다는 점은 잘 알지 못한다. 이사도라 덩컨은 자신의 내적 자아와 카리스마적 힘이 어떻게 결합되어 나타나는지 이렇게 표현하고 있다.

> 춤을 출 때면 내 안에 있는 강한 힘의 존재를 느낀다. 음악을 들으면 이 힘은 내 몸 구석구석까지 닿아 몸 밖으로 음악을 발산하려 한다. 이 힘은 점점 왕성하게 자라, 열정으로 내 심장이 터질 때까지 맹렬하게 내 몸을 흔들어댄다. 이것은 영적인 직관이다. 머리가 시키는 일이 아니라 영혼의 거울에 비치는 대로 나는 춤을 출 뿐이다.

조셉 캠벨은 이런 내적인 느낌을 '초인적 존재에 대한 내적 비전' 또는 '생의 에너지'라고 불렀다. 그는 "신화란 내적 존재의 투영이며 최적의 외적 표현을 위해 꼭 필요하다"고 말한다. 그는 내적 비전이나 신화가 숭고한 세계와 '정서적 열광의 발현상태'로 안내한다고 믿는다. 테레사 수녀도 이런 내적 힘을 가졌는데, 그녀는 그 힘이 하느님에게서 나온다고 믿었다.

카리스마로 무장한 존재는 다소 거만해 보이기도 하지만 그들은 상당히 단련되어 있어 보통사람들과 다르게 보인다. 테레사 수녀의 카리스마는 영적이지만, 마리아 칼라스는 무대에 선 배우의 모습이었고, 프레드 스미스는 페더럴 익스프레스의 성공에서 비롯된 영광의 얼굴이었다. 골다 메이어에게 시오니즘은 삶의 목적이었다. 메리 케이 애쉬에게는 '여자가 만드는 회사'의 모습으로 그녀의 카리스마가 드러난다.

마가렛 미드의 한 친구는 말한다. "그녀의 지성에는 사람을 꼼짝하지 못하게 사로잡는 성적 매력이 있습니다." 이 말은 도대체 무슨 의미일까? 특유의 카리스마 넘치는 힘으로 주변 사람들을 활기차게 만들어 그들을 반 노예상태로 만든다는 뜻이다. 미드의 두 번째 남편은 그녀에 대해 '삶의 힘이 느껴지는 사람'이라고 말했다. 재기 넘치는 30세의 어느 청년은 그녀를 만난 1973년을 추억하면서 이렇게 말했다. "미드가 날 가리키면서 '넌 내게 딱 걸렸어! 하던 일 때려치우고 나랑 같이 가자'라고 말했다면 아마 난 그녀를 따라 지옥에라도 갔을 겁니다."

카리스마적인 사람들은 엄청난 에너지를 가지고 있다

마가렛 미드와 같은 인물들은 무엇이든 가능하다고 믿는 신념체계를 가지고 있으며 그런 정신적 에너지에서 신비한 기운이 뿜어져 나온다. 그들은 대중을 압도하는 내면의 지식과 존재감을 지니고 있다. 그들은 사회적 통념에서 벗어난 삶을 살도록 허락받았다고 믿는다. 당신이 이런 사람과 접촉할 경우, 그에게서 무엇이든 할 수 있다는 힘이 느껴질 것이다. 카리스마를 가진 사람은 정말 존재한다! 그들도 알고 있고 당신도 알고 있다. 카리스마에 관한 지식은 다음의 말로 전달된다. "나는 내 말을 듣고 있는 사람에게 내 안에 있는 확신을 심어줄 방법을 알고 있거든요."

카리스마적인 사람들은 엄청난 에너지를 가지고 있으며 그 힘은 다른 사람에게 옮겨진다. 그들은 말하고 사람들은 듣는다. 그들의 말과 몸짓에는 '내가 그것을 할 수 있는 힘을 주겠소'라는 뜻이 함축되어 있다. 이런 내적인 자기 확신은 지나친 자신감과 구분하기 어렵다. 그러나 자세히 살펴보면 그들의 내면은 전지전능한 역할 모델을 탐색하거나 개인적인 어려움에서 벗어나도록 도와주었던 조언자로부터 비롯된 것임을 알 수 있다. 이들의 인간적인 매력은 유약하고 궁핍한 사람들뿐 아니라 강인한 리더를 흉내내고 싶은 추종자 집단의 마음까지 사로잡는다. 어느 날 갑자기 기분이 좋아졌거나, 따르고 싶은 지도자가 생겼거나, 추구할 목표가 있거나, 제대로 계획을 세워 이루어야 할 꿈이 있는 추종자들은 그들을 통해 힘을 얻는다. 삶의 열정과 살아야 할 이유를 알게 되었기 때문이다.

무엇이든 할 수 있다는 신념체계의 외적 표현이다

심리학적 용어로 카리스마란 무엇이든 할 수 있다는 신념체계의 외적 표현이다. 카리스마를 가진 사람들은 보통사람들이 느끼는 어려움을 쉽게 뛰어넘을 수 있다. 그들의 믿음이 비록 망상이라 할지라도 특별한 소명이나 지식을 부여받았다고 확신하기 때문에 가능하다. 그들의 확신은 자신을 따르는 무리들이 어디라도, 심지어 무덤에까지 함께 갈 거라고 믿을 정도다.

군대 지휘관처럼 열렬한 카리스마에 사로잡힌 사람들은 종종 자신이 가지고 있는 권력에 넋을 잃는다. 이들 가운데 대다수가 망상에 사로잡혀 자신을 거대하게 보이도록 하거나 지나치게 자기중심적이다. 나폴레옹이나 히틀러 모두 자기만족과 이기적 목표를 추구하기 위해 자신들의 매력을 활용했다. 나폴레옹이 자주 하는 말이 있다. "권력은 내가 사랑하는 애첩이다." 무엇을 말하려는 것일까? 그는 자기만족을 위해 권력이 필요했을 뿐 고귀한 목적을 위해 권력을 얻지는 않았다는 뜻이다.

나폴레옹과 히틀러는 권력을 통해 자신의 욕구를 충족시키려 했다. 그들에게 지지자는 자신의 영광을 드러내기 위한 보조적 수단에 지나지 않았다. 두 사람 모두 권력의 불씨가 다 탈 때까지 속내를 숨기고 있었다. 결국 나폴레옹도 "내가 왕위를 상실하게 되면, 이 세상을 폐허로 만들어버리겠다"는 속내를 드러냈다. 히틀러도 비슷한 동기를 보여주었다. "게르만 민족이 이 세상에서 사라져도 나는 죽지 않고 살아남을 것이다." 마성을 지닌 이들은 자신의 카리스마를 이용해 불가능해 보이는 권력을 손에 넣었으며, 당시 팽배해 있던 국가주의에 의지했다.

그들이 한 연설의 힘은 어떠했을까? 두 사람의 독재자는 어떻게 이런 성공을 거두었을까? 카리스마가 두 사람을 지탱하는 힘이었지만 그들은 대중의 지지기반을 교묘하게 이용했다. 나폴레옹은 마키아벨리를 거론하면서 원하는 것을 이루어 나갔다. 히틀러의 경우에는 좀 더 수월했다. 대공황에서 비롯된 인플레이션을 잠재우고 동쪽에서 진격해오는 붉은 군대의 위협을 막아내겠다고 대중에게 약속했을 뿐이다. 그는 자신의 말대로 하기는 했지만 군사력의 증강으로 또 다른 목적을 이루겠다는 계획은 사람들에게 털어놓지 않았다. 대중에게 먹혀들 만한 적을 만들어 그들을 증오하게 만드는 책략은 사이비 교주나 독재자들이 가장 즐겨하는 기본 술책이다. 대중을 그들의 뜻대로 결집시키려면 증오의 대상을 내세워야만 한다. 대중이 흉흉한 소문을 사실로 받아들이기만 하면 카리스마를 가진 존재는 구세주가 된다. 히틀러는 독일 국민들에게 이렇게 말했다. "나는 붉은 군대의 위협(공산주의)과 맞서 죽음을 각오하고 조국을 위해 싸우겠다!"

나폴레옹과 히틀러, 두 사람 모두 반사회적 부적응자에서 출발하여 정신병자로 끝을 맺었다. 두 사람은 조울증 환자였지만, 사람들에게 열정적인 언변을 구사했음을 부인할 수 없다. 나폴레옹은 자신에 대해 "나는 보통사람들과 다르다. 나는 도덕적이거나 예의를 갖춘 인물이 아니다"라고 적고 있다. 히틀러는 좀더 자아도취적으로 표현한다. "나는 실수라고는 해본 적이 없다. 나는 사람이라기보다 신에 가까운 초인이다." 히틀러의 자아도취에 관한 또 다른 기록은 그가 독일 젊은이들에게 다음의 서약을 하도록 충동질했다는 것이다. "나는 히틀러에게 내 생명을 바치겠다. 나의 구세주이신 히틀러를 위해 죽을 각오가 되어 있다." 히틀러 지지자인 알프레드 로젠베르크는 "히틀러는 도저히 이해하기 어려운 자신의 사명에 광적인 믿음을 가지고 있었다."

과대망상증을 가진 이 두 사람은 스스로를 보통사람들과는 다른 신적인 존재로 굳게 믿었다. 그들의 광기는 그들을 따르는 무리를 정서적으로 결집시켜 열광케 했다. 열정은 그들의 무기이며 공포와 두려움은 지지를 얻기 위한 전술이다. 나폴레옹의 통치기간 동안 『나폴레옹 법전』이 나왔으며, 히틀러 집권시기에는 최종해결(유대인 학살명령)이 나왔다. 그들에게는 대중을 매료시키는 독특한 힘이 있었으며, 대중은 거의 맹목적으로 죽음까지 불사할 정도로 그들을 추종했다. 반대자들은 두 사람보다 출생 신분이 좋은 사람들이었다. 그러나 지지자들은 두 사람보다 출생 신분이 낮았다.

원하는 바를 생동감 있는 언어로 표현하라

카리스마는 정열적인 성격에서 나온다. 이 장에서 다루고 있는 나폴레옹, 히틀러, 테슬라, 헤밍웨이, 피카소를 포함한 대부분의 인물들에게는 조울증이 있었다. 모두 양극성 성격장애를 가지고 있다고 보기는 힘들지만 마크 트웨인, 도스토옙스키, 이사도라 덩컨, 마가렛 미드, 테레사 수녀와 같은 인물들은 지나치게 활동적이다. 이들은 지나치게 원기왕성하며 대화 도중에도 자주 행복에 겨워한다. 지나친 자아 존중감, 과대망상, 당당함이야말로 가벼운 조증hypomanic의 특징이다. 그렇기 때문에 이들이 다른 사람들을 즐겁게 하며 삶에 자극을 준다는 사실에 새삼 놀랄 이유가 없다.

이 인물들은 원하는 바를 생동감 있는 언어로 표현하기 때문에 추종자들의 아드레날린 수치를 높여준다. 의욕과 열정이 바로 그들의 강점이다. 타인의 행동을 독려하는 그들의 말은 강렬하다. 적절한 어휘를 선택하는 탁월한 능력을 가진 그들은 어휘를 때에 맞춰 감동적으로 전달한다.

히틀러는 격렬한 말들이 자신에게 무관심한 사람들보다 자신의 연설을 듣고 있는 청중들을 감동시킬 수 있음을 깨달았다. 그는 '힘', '혐오', '무자비', '파멸', '의욕' 등 간단하지만 강한 메시지를 전하는 단어들을 선택하곤 했다. 독일인 노동자가 히틀러의 전기작가에게 한 말을 들어보자. "바로 내 눈앞에서 하느님을 보는 것 같았어요. 그분의 강한 의지가 내게 전해지는 것을 느꼈어요." 히틀러의 절친한 친구인 루돌프 헤스는 영국인들에게 이렇게 말했다. "히틀러가 대중들과 나에게 최면술을 걸었다." 히틀러는 이미지를 다루는 대가大家로, 사람들의 감성을 자극하는 무대 매너를 기가 막히게 연출하는 훌륭한 배우였다. 히틀러와 그 밖의 카리스마적 인물의 특징은 〈표-5〉와 같다.

〈표-5〉 카리스마적 인물의 특징

- 경외심이 느껴질 정도의 자아 존중감과 자신감
- 불굴의 의지와 자기 생각이 옳다는 신념
- 슈퍼맨 같은 에너지와 열정
- 지나치게 과장된 표현
- 고도로 짜임새 있는 언변
- 유난히 이미지를 의식하는 자아도취벽

어떻게 카리스마를 가질 것인가?

카리스마가 없다면 카리스마를 가질 수 없다. 말장난처럼 들릴지 모르지만 말장난이 아니다. 카리스마를 가진 사람들은 모두 큰 뜻을 품고 있거나 일생 동안 위대한 사명감을 지니고 있어서 충만한 에너지와 열정을 억누를 수 없다. 그리고 열정이 있기 때문에 명료하게 대화를 이끌어나갈 수 있다. 열중할 만한 대상이 없다면 어떤 일에든 열중하기가 힘들다. 이 세상에서 가장 믿을 만한 뭔가를 찾아서 그것이 어떤 것이든 간에 전문가가 되도록 노력하라. 그러고 나서 그 분야에 대해 낯선 사람과 대화를 해보면, 보통사람들보다 훨씬 뛰어난 화술로 대화를 이끌고 있는 스스로를 발견할 것이다.

당신이 몹시 흥분했을 때를 한번 상상해보자. 흥분한 사람은 열정을 가지고 아주 대담하게 대화를 한다. 흥분한 보통사람의 내적 에너지와 카리스마를 가진 지도자에게서 나오는 에너지는 같다. 따라서 카리스마를 믿는 사람은 카리스마에 대한 확신이 생겨 자기 주변이 카리스마로 가득 찬다는 사실에 열광할 것이다.

모든 시스템을 활성화시키는 열정을 보라! 눈에서 근육으로, 몸짓으로, 목소리로도 단번에 그것을 느낄 수 있다. 히틀러의 열렬한 연설 장면을 담은 기록영화를 본 적이 있는가? 그가 자신이 하고 있는 말에 대해, 다소 망상에 가까울지라도 얼마나 강한 믿음을 가지고 있는지, 또한 그것이 얼마나 경외심을 불러일으키게 하는지 알 수 있다. 나는 강인한 카리스마가 느껴지는 어떤 엔지니어의 연설을 들은 적이 있다. 그는 최면을 거는 것처럼 청중을 매료시키는 인물이었다. 나는 경이로움에 사로잡혀 그의 말 한마디, 한마디에 빠져들었다. 같이 듣던 사람들도 모두 감동한 표정이었다. 나도 잘 알고 있는 주제에 대한 그의 연설에는 물론 잘못된 주장도 있었지만, 주변을 둘러보니 여전히 사람들이 그의 능변에 입을 다물지 못하고 있었다.

지난 20년 동안 심리학자들은 카리스마는 학습되는 것이며, 누구든 카리스마적인 지도자로 새롭게 태어날 수 있다고 주장해왔다. 애틀랜타에서 활동하는 로라 로즈 박사는 "한 사람이 다른 사람에게 힘을 얻게 하는 자질은…… 모든 사람에게 어느 정도 있는 것이라고 생각한다"라고 말한다. 모든 사람들은 다른 사람을 고무시키고 자극하고 매료시키는 힘을 선천적으로 가지고 있지만, 모든 사람이 그렇게 행동하지는 않는다.

니콜라 테슬라도 사람들에게 비슷한 영향을 미쳤다. 『주홍글씨』를 쓴 작가 너대니얼 호손의 아들, 줄리안 호손은 〈뉴욕 타임스〉에 "그 거장이 말을 할 때면 사람들은 그의 얼굴에서 미래를 느낄 수 있다. 그의 정신력에는 경외감이 들 정도다. 그는 하늘이 내려준 명민함을 지니고 있다"라고 회상했다. 엘리제 바렛은 스승인 마리아 몬테소리에 대해 "방 안에는 아무도 없는데도 그분이 우리 주변에 있는 것처럼 느껴진다. 그분은 우리에게 하느님과 같은 존재다"라고 표현했다.

테레사 수녀는 자신의 매력이 하느님에게서 비롯된 것이라 믿었다. 그래서 이 성녀는 낯선 이국 땅을 다니면서 자신의 존재만으로도 침묵의 명령을 내릴 수 있었다. 가난한 자들 속으로 나아가 하느님의 사업을 하라는 그리스도의 말씀에 따라 자신을 무장했다. 사랑의 선교 수녀회라는 종교단체의 인가를 얻기 위해 교황을 설득하러 갔던 1950년대 초, 이 여인의 놀라운 설득력이 세상에 널리 알려졌다. 사랑의 선교 수녀회는 후일 '사랑의 선교회'의 모체가 된다. 로마의 교황을 찾아가 자신의 수녀회 설립을 허락하는 '교황청 상임위원회'를 열도록 설득했다는 것은 정말 놀라운 일이다. 로마 교황청의 변화는 무척 더디기 때문에 그런 결정은 파격에 가깝다. 테레사 수녀의 매력과 카리스마는 '열정'과 '분노'가 없는 상태에서 발산된다. 열정과 분노는 한순간에 사람을 빠져들게 해, 우리를 본질로부터 멀어지게 한다. 하지만 본질적인 것에서 카리스마가 우러나오는 테레사 수녀의 경우는 아무런 권력을 가지지 않고도 절대 권력을 소유할 수 있음을 보여주는 생생한 증거다.

자신감은 카리스마에 결정적인 요소다

자신감은 카리스마에 결정적인 요소다. 물론 자신감은 자아 존중감 —자신이 대단히 가치 있다는 믿음—의 기능이기도 하다. 강한 자아 인식은 카리스마에 결정적으로 기여한다. 어느 누구도 어디로 가고 있는지 모르는 사람을 따르려고 하지 않으며, 자신의 운명을 믿지 않는 사람을 따르지 않는다. 일을 하는 과정에서는 신념이 무척 중요하다. 당신이 꿈꾸는 것을 위해 모든 것을 기꺼이 희생하겠다는 자세를 지켜나간다면 카리스마의 세계로 한 걸음 다가서게 된다. 당신이 어딜 가든 세상이 따라올 것이라 믿는다면 먼저 스스로를 정복하라. 믿음과 지식에서 나오는 열정과 열성적인 태도 없이는 카리스마를 가질 수 없다. 그런 믿음으로 당신을 변화시킨다면 열정은 자연히 뒤따른다. 이제 곧 머지않아 당신의 꿈을 좇아가려는 무리를 발견하게 될 것이다.

먼저 자신을 믿기 시작하면 그 믿음은 현실이 된다

카리스마는 무의식 세계에서 나온다. 내적 힘이 필요한 이유가 바로 여기에 있다. 다시 말해 카리스마는 먼저 내면화되지 않으면 외적으로 표출될 수 없다. 다른 사람을 이끌기 전에 자신의 내면에 대해 먼저 제대로 알아야만 한다. 자기 확신과 자아의 실현을 이루어야 하는 것이다. 아니, 적어도 그런 것처럼 보이기라도 해야 한다. "할 수 있을 때까지만 허세를 부려라"라는 오랜 속담은 카리스마를 가진 인물이 되는 적절한 방법이기도 하다. 불굴의 신념체계야말로 카리스마를 얻는 매우 중요한 과정이다.

스스로 무엇이든 다할 수 있다는 믿음은 내면의 신념체계가 밖으로 표출된 것일 뿐이다. 세계적으로 위대한 카리스마적 인물은, 비록 망상일지라도 이 세상을 이끌 수 있다는 믿음 앞에서 흔들린 적이 없었다. 자신의 능력에 확신이 없었던 젊은 날의 오프라는 당시 유명한 토크쇼 진행자인 바바라 월터스를 흉내냈다. 내적인 의구심을 극복한 지금이라면 다른 사람을 모방할 필요가 없지만, 확신이 설 때까지 자신에 대한 망상은 성공으로 다가가는 중요한 과정이기도 하다. 그러나 똑같은 일이 에스테 로더에게는 전혀 다르게 나타났다. 그녀는 자신의 혈통이 왕족이 아니라, 퀸스 빈민가 출신이라는 사실을 인정하지 않았다. 그녀는 자서전에서 출신에 대해 거짓말을 했다. 그녀는 세상 사람들에게 보여주고 싶은 모습으로 자신을 꾸몄다.

먼저 자신을 믿기 시작하면 그 믿음은 현실이 된다. 믿어야만 실현이 된다는 뜻이다. 자기 성찰이 중요한 이유가 여기에 있다. 배의 선장이 항해에 자신이 없다면 누가 그 배의 승선권을 사겠는가? 먼저 자신을 믿으면 다른 사람도 믿기 시작한다.

카리스마를 얻기 위해 반드시 필요한 내적인 힘은 무엇인가? 그것은 카를 융이 말했듯이 영혼의 힘이다. 융은 인격으로 표현되는 강력한 내적 힘을 영혼의 힘이라고 확신했다. 카리스마적 지도자들은 내적인 힘을 활용해 산이라도 들어올릴 수 있다. 내면의 자아를 마음대로 할 수 있는 그들은 운명도 마음대로 할 수 있다. 추종자들에게는 바로 이런 능력이 '부족'하다.

  걸출한 성취를 이룬 사람들은 대부분 강한 내적 충동을 가지고 있기 때문에 다른 사람들도 자극하고 격려할 수 있다. 자수성가한 그들은 자신의 목표에 방해가 되거나 다른 사람에게 방해받는 것을 허용하지 않는다. 테레사 수녀를 연구하던 진 넬론은 오하이오 주 클리블랜드에서 옷자락을 스치고 지나갈 정도로 잠깐 그녀를 보았지만 "생동감이 내 영혼을 흔들어 깨웠다"라고 말했다. 뭐라고 정확히 말할 수는 없어도 형이상학적이고 영묘한 경험이었다고 한다. 위대한 그 여성이 방으로 들어올 때의 상황을 "몸은 옴짝달싹할 수 없었지만 가슴은 흥분으로 설레었다. 마치 최면상태에 빠져든 것 같으면서도 한편으로 겁도 났다"고 표현했다.

위대한 지도자들과 대중과의 관계

  〈라이프〉에서는 "헬레나 루빈스타인의 최고의 홍보는 바로 그녀 자신에서 나온다"는 기사를 썼다. '미의 영부인'이라는 이미지는 그녀의 전부였으며, 그 이미지를 확보할 아주 중요한 수단은 바로 미디어라는 점을 그녀는 잘 알고 있었다. 당신이 걸작품을 그릴 수도 있고, 명작을 쓸 수도 있고, 훌륭한 상품을 만들 수도 있고, 대통령으로부터 신임을 받을 수도 있지만, 이런 훌륭한 자질을 적재적소의 대중에게 제대로 전달하지 못한다면 성공은 힘들다. 발자크는 경력을 쌓기 시작할 무렵 이렇게 말했다. "작품의 구매자들을 매료시킬 방법을 모르는, 즉 어떻게 말하고 어느 정도의 시간과 양으로 말해야 하는지를 모르는 작가가 글을 쓴들 무슨 소용이 있겠는가." 그래서 그는 인쇄소와 출판사를 인수했고 신문에다 그의 책을 연속으로 다루라고 줄기차게 졸라댔다. 아마도 그는 언론매체를 활용한 최초의 작가일 것이다. 그는 분명 시대를 앞서 살았으며, 목표를 제대로 설정한 인물이다.

홍보는 대중에게 다가가는 수단이다. 바로 이 점 때문에 새뮤얼 클레멘스는 '마크 트웨인'이 되었다. 그는 신랄한 주제로 글을 쓰고 있었는데, 저격의 위험을 느껴 가명을 쓰기 시작해 결국 그 이름으로 유명인이 되었다. 그 후로 그는 필명으로 기사를 썼고, 자신의 책을 언론에 알릴 때도 필명을 사용했다. 재미 삼아 쓴 그의 기사는 마침내 『철부지의 해외여행기』라는 단행본으로 출간되었다. 그는 언론에서 자신의 글을 멋지게 다루어주기를 바라는 마음에서 "작가의 무례하고 건방지고 뻔뻔한 거짓말과 대담한 무지"라는 서평을 썼다. 하지만 여러 신문에서 일제히 그 글을 싣는 바람에, 마크 트웨인은 그 글이 재미있으라고 한 장난임을 입증하는 데 엄청난 대가를 치러야 했다.

에디슨은 언론을 개인의 심부름꾼으로 능수능란하게 다뤘던 인물이다. 그는 미디어에서 필요로 하는 감각적이고 새로운 자료를 공급해주는 데 아주 능란했다. 에디슨은 새로운 아이디어가 떠오르면 기자회견을 요청해서 위대한 신기술의 비밀이 거의 다 풀리는 단계에 와 있다고 발표하곤 했다. 그는 특별히 염두에 두지 않았지만, 두 가지 점에서 그의 전략은 성공을 거두었다. 벤처 자본이 그에게 흥미를 가지게 되어, 일을 더 열심히 할 수 있는 계기를 마련해주었다. 그 결과 에디슨은 아인슈타인보다 더 유명한 과학자가 되었다. 이와는 달리, 세상과 담을 쌓고 지낸 니콜라 테슬라는 자신을 제대로 알리지 않아 무명의 존재로 세상을 떠났다. 혈기 왕성한 에디슨이 〈뉴욕 타임스〉의 1면을 장식하면서 전설적 인물이 된 것과는 너무나 대조적이다.

아멜리아 에어하트 역시 대중의 살아 있는 아이콘이 되었다. 많은 부분 그녀의 악명은 홍보 효과를 노린 남편의 욕심에서 비롯되었다. 주요 항공 기록을 갱신하는 그녀의 성공은 책의 출판과 새로운 이야깃거리를 창출해냈지만 이미 사전에 계획되었던 것이다. 그녀의 모든 행보에 허위선전을 한 남편이자 출판업자, 조지 퍼트넘이 없었다면, 그녀는 물불을 가리지 않고 무모하게 뛰어드는 저돌적인 여성으로만 각인되었을 것이다. 하워드 휴즈도 자신의 이미지를 관리하고 현실에서 요구하는 미래의 상에 맞추기 위해 언론을 전문적으로 조작해내는 저돌적인 인물이었다. 그는 할리우드에서는 이미지가 모든 것을 지배한다는 사실을 일찌감치 깨달았다. 그는 언론에 영향을 미칠 돈도 있었고, 힘도 있었다. 최근의 FBI 기록에 따르면, 그는 상원의원인 프랭클린 D. 루스벨트의 아들과 닉슨의 동생에게 뇌물을 주었다. 휴즈가 제작하고 제인 러셀이 주연한 영화 〈무법자〉는 여배우의 지나친 노출로 언론의 질타를 받았다. 이 영화는 노골적인 가슴 노출 장면 때문에 여러 도시에서 상영이 금지되었다. 그런데 사실 휴즈는 일부러 이런 장면을 연출했다. 빌보드 차트와 열기구를 동원한 홍보에 박차를 가하는 등 미디어와의 줄타기를 하면서 그는 검열을 무시했고, 법에 저항하면서까지 야간 영화 상영을 강행했다. 결국 검열 조치로 영화는 흥행에 성공했다. 캘리포니아의 샌프란시스코 법정에서는 "여성의 가슴이 노출된 것에는 아무 문제가 없다"는 판결을 내려주었다.

사람들은 휴즈가 제작한 '스프루스 구스'에 매료되었다. 합판으로 만든 이 거대한 비행기는 제작 당시나 지금이나 가장 규모가 큰 비행기다. 그의 회사 임원들조차 눈치채지 못했지만, 그는 이 비행기를 자신의 휴즈 에어크래프트 사와 공군의 계약을 위한 전략적 홍보물로 활용했다. 그의 전략은 성공을 거두었고 그의 회사는 수년 동안 우주

항공모함 부품 제작의 선두에 서게 되었다. 이렇듯 휴즈는 자신의 목적을 위해 언론을 조종할 줄 알았다.

레오나드 J. 레프는 1998년 '헤밍웨이의 마케팅'이란 부제를 단 헤밍웨이 전기를 썼다. 그는 "그와 그의 문학을 둘러싼 언론의 선전이 없었다면, 그는 세상에 제대로 알려지지 못한 작가였을 것이다"라고 결론을 짓는다. 가수 마돈나도 그들과 마찬가지로 언론을 이용해 자신을 선전하는 것을 좋아한다. 그녀가 출간한 책 『도발적 섹스와 영화의 진실』도 선전 효과를 톡톡히 누렸으며, 세상을 조롱하듯 아슬아슬한 곡예를 부렸다.

카리스마적 힘의 역사적 사례

제이 콘저는 『카리스마의 리더십』에서 "카리스마 넘치는 지도자들은 변화, 인습에 얽매이지 않는 자유로움, 비전, 기업가적 정신을 자신의 전유물로 만든다"고 적었다. 넬슨 만델라의 친구인 데스몬드 투투 주교는 '당당하면서도 마음은 소박한 거인'으로 만델라를 묘사한다. 그의 전기작가 메리 벤슨은 "생에 대한 활력이 넘치는 열정적인 그는 전율을 느끼게 한다"라고 말한다.

나폴레옹 보나파르트

코르시카 출신의 작은 거인은 수수께끼 같은 존재였다. 157센티미터의 작은 체구였지만 거대한 자아를 가진 인물이었다. 친구들은 물론 적들조차 그에게 최면에 걸린 듯 끌렸다. 생포되어 엘바 섬에 억류된 후의 그의 모습 역시, 미천한 신분에서 역사적 인물로 부상한 그의 카리스마를 느끼게 한다.

섬에서 90여 일 동안 따분한 시간을 보내고 있던 그는 왕위를 다시 찾기로 결심한다. 1815년 3월 1일 그는 섬에 함께 억류되었던 1,000명의 병사들을 이끌고 파리로 입성한다. 엘바 항구에 정박해 있던 군함을 징발해 파리로 병력을 진군시켰던 것이다. 승리의 가능성은 전혀 없었지만 용맹스런 전사들은 남프랑스의 앙티브에 닻을 내린다. 프랑스 군대가 그에 대한 충성이 아직 남아 있고, 시민들이 그가 통치하던 시절이 더 좋았다고 생각했을지라도 그를 기다리는 것은 영국과 프로이센과 같은 유럽 국가들을 등에 업은 루이 18세의 군대였다. 나폴레옹의 무모함을 경고하고 그를 저지하기 위해 프랑스 국왕은 그에 대적할 만한 장군 미셸 네를 발탁한다. 미셸 네 장군은 나폴레옹 휘하에서 불명예스럽게 끝난 러시아 전투(1812)를 치렀다. 미셸 네는 나폴레옹을 투옥하거나 사살하라는 명령을 받고 연대를 이끌고 파리를 떠난다. 두 사람은 그르노블에서 만난다. 자신의 군대가 이 전투에서 이기지 못하리라는 사실을 알고 있는 나폴레옹은 무장을 해제한 채, 미셸 네의 캠프로 걸어가 위엄에 찬 목소리로 외친다. "네가 원한다면 네가 모시던 황제인 나를 죽여라. 그렇지 않다면 나를 따라 파리로 가자." 네는 가진 거라곤 용기밖에 없는 나폴레옹의 호언장담에 놀랐지만, 정신을 가다듬고 용기를 내어 즉시 항복하라고 명령한다. 그러나 나폴레옹은 네 장군의 무장 병사들 사이로 걸어가, 파리로 함께 행군할 것을 간청한다. 네는 그를 감옥에 처넣으라고 명령하지만 그 누구도 그의 명령에 따르지 않았고, 나폴레옹은 자신이 지휘관인 듯 행동했다. 그러자 병사들이 "황제 만세!"라고 소리쳤다. 나폴레옹의 무모하기 짝이 없는 파리 행군에 가담한 병사들은 그에게 왕관을 돌려줄 것을 프랑스 국왕에게 요구했다. 그 후

세인트헬레나 섬으로 유배된 나폴레옹은 이렇게 말했다. "그르노블로 가기 전까지는 모험가에 지나지 않았지만 그 후로 난 군주로 군림했다." 발자크도 그때의 일화에 대해 "모자를 보여주는 것만으로 황제의 자리에 오른 자가 그 말고 또 누가 있단 말인가?"라고 말했다.

나폴레옹은 '초인적인 힘'을 가졌지만, 우울증 환자였다. "그는 회오리바람 같은 힘을 발휘했다"는 시종의 이야기처럼, 먹지도 자지도 않고 미친 듯이 말을 몰아 유럽 땅을 가로지르며 다녔다는 일화가 이를 뒷받침하고 있다. 군마를 다섯 필이나 죽이면서 달려도 그는 끄떡없었다고 한다. 다섯 명의 비서가 한꺼번에 서로 다른 사안에 대해 임무를 받아 적었다는 이야기는 놀라울 뿐이다. 그러나 그의 가장 중요한 강점은 부하들의 사기를 높여 헤라클레스 효과를 얻는 것이다. 그의 이런 능력은 1796년 24세의 나이로 로디 전투(이탈리아)를 치르기 전까지 두각을 나타내지 않았다. 그는 7만 명의 오스트리아와 이탈리아의 연합군을 3만 명의 병사로 상대해야 했다. 그날의 전투 이후 나폴레옹은 타이탄이 되어 병사들을 독려해 승리를 얻었다. 그날은 그가 위대한 자로 다시 태어난 운명의 날이었다. 전장의 환호성을 뒤로하고 숙소로 돌아온 그는 "나는 지금도 대단하지만 언젠가는 진정 위대한 존재가 될 것이다"라고 적었다. 그로부터 4년 후, 그는 프랑스의 첫 집정관이 되었고 6년 만에 유럽 전역과 이집트를 정복한 후 황제의 자리에 올랐다.

아돌프 히틀러

히틀러의 전기를 보면, "그가 연설을 할 때면 남자들은 신음을 하다가 야유를 퍼붓는가 하면, 여자들은 강렬한 감정에 사로잡혀 누가 시키지도 않았는데 훌쩍거렸다"고 적고 있다. 히틀러의 정치적 이념에 동조하지 않았던 어느 독일 청년은 그의 연설을 듣고 이렇게 기록했다.

무슨 말을 했는지는 잊어버렸지만 내가 주변을 둘러보니 그는 수천 명의 청중을 사로잡고 있었다. 물론 나도 그들 가운데 한 사람이었다. 당시 나는 삶의 목적을 찾고 있었다. 나는 그에게 충성을 바칠 방법도 모르면서 열혈주의자가 되었고, 영웅도 아닌 자를 영웅으로 동경하는 방황하는 젊은이가 되었다. 히틀러의 강한 의지와 열정이 흘러나와 내게 전해지는 것 같았다. 나는 종교적인 대화를 나누는 것 같은 환희를 경험했다. 나는 나 자신과 나를 이끌어줄 지도자를, 그리고 삶의 목적을 발견했다.

히틀러는 독일을 괴롭히던 지독한 인플레이션을 막고 경제를 부흥시키겠다고 약속했다. 히틀러는 대공황의 탓을 유대인에게 돌렸다. 그리고 나서 그는 훨씬 더 자극적인 속죄양을 찾아냈다. 바로 동쪽에서 몰려오는 붉은 군대, 즉 공산주의의 위협이었다. 그는 자신의 목적에 따라 공산주의와 대공황을 이용했다. 그러나 지금은, 많은 사람들이 히틀러를 독일을 구할 구세주로 여겼던 것과, 1930년대 중반 미국의 시사 주간지 〈타임〉이 올해의 인물로 히틀러를 뽑았던 사실을 망각하고 있다. 그는 치밀하게 준비한 멋진 계획과 사람들을 사로잡는 카리스마 넘치는 힘을 가지고 있었다.

히틀러는 국가사회주의당을 책임지게 될 때까지 합법적인 직업을 가져본 적이 없었다. 그런데 어떻게 그가 불과 몇 년 사이에 이토록 엄청난 변신을 할 수 있었단 말인가? 디트리히 에카르트라는 독일의 지성이 그의 후원자였다. 에카르트는 히틀러를 카리스마적인 인물로 가르치겠다고 결심하고, 훌륭한 연사로 훈련시키는 데 무려 4년 동안 공을 들였다. 신비주의적 지식인 에카르트는 자신의 생명이 시한부임을 알고 그의 사상을 대중들에게 전파할 미래의 독재자, 히틀러에게 집착했다. 그는 히틀러에게 정열적인 웅변술과 이를 통해 대중을 선동하는 법을 가르쳤다. 인종주의에 전염된 추종자들을 선동하고 자극하는 방법으로 툴리즘을 이용했다. 툴리스트들은 잃어버린 대륙 아틀란티스와 함께 파괴된 인종우월주의를 신봉했다. 에카르트는 독일 제3제국에서 아리안 우월주의를 부활시키기로 결심한 것이다. 흑주술黑呪術에 가까운 아리안 우월주의는 히틀러의 반유대주의를 자극했다. 4년이 지난 1923년 에카르트는 친구에게 이렇게 말했다. "히틀러를 따르라! 그는 내가 원하는 장단에 맞춰 춤출 것이다. 나는 그에게 주인과 늘 접촉하는 방법을 가르쳐주었다. 날 위해 슬퍼하지 마라. 나는 그 어떤 독일인보다 역사에 미치는 영향이 클 것이다."

독일의 저명인사는 히틀러와의 만남을 회상하면서 이렇게 말했다. "단지 그의 존재 안으로 빨려드는 것 같았으며 그를 위해서라면 뭐든지 할 것 같았다." 많은 사람들이 이렇게 동의한 결과, 40만 명의 무고한 사람들이 학살되었다.

테레사 수녀

자그마한 상체를 늘 숙이고 다니는 테레사 수녀의 강렬한 매력에는 무엇인가를 전파하는 힘이 있다. 그녀는 신체적으로는 왜소할지 모르지만 영적으로는 거인의 풍모를 지녔다. 그녀가 입을 열면 청중은 귀를 기울이고, 그녀가 방에 들어서면 사람들과 주변의 모든 것들이 멈춰선다. 테레사 수녀에게는 그리스도교 신자가 아닐지라도 그녀를 주목하게 하는 신비한 힘이 있다.

경영 컨설턴트로 일하는 45세의 짐 케슬은 1981년 신시내티에서 비행기에 탑승했는데, 정상적인 탑승절차가 이루어지는 그 와중에도 유난히 침묵이 흐르는 놀라운 광경을 목격했다. 그는 테레사 수녀와 그의 옆자리에 앉은 예비수녀들을 살펴보았다. 그는 "'후광'이란 말을 이젠 이해하겠더군요"라고 말했다. 또한 테레사 수녀와 눈이 마주치는 순간, "산들바람이 부는 듯 평화로움을 느꼈답니다"라고도 했다.

1946년 9월 10일 기차 안에서 영감을 얻은 이후로, 테레사 수녀는 '사랑의 선교 수녀회'를 1948년 9월에 설립했다. "메시지는 조용하고 간결했습니다. 수녀원을 떠나 가난한 자들과 함께 살면서 그들 속으로 들어가라는 말씀이었습니다." 교황 피우스 12세는 가난한 자들을 위한 선교회의 설립과 그 사업에 나설 인물로 그녀를 임명하고, 교황에게 직접 보고할 수 있는 권한까지 부여했다.

'빈민굴의 성녀'로 알려진 테레사 수녀는 진정 그리스도의 성령에 인도된 인물이라 할 수 있다. 수백만 명의 사람들이 길거리에서 생활하며, 목욕탕은 물론이고 덮고 잘 이불조차 평생 구경해본 적이 없는 사람들로 가득 찬, 인도 콜카타에서 그녀는 활동했다. 그녀는 용기 있는 행동으로 마침내 1979년 노벨 평화상을 받았고, 그녀의 존재를 세상에 널리 알렸다. 1997년 9월 8일 87세의 나이로 세상을 떠났을 때 전 세계 모든 사람들이 조의를 보냈다. 그녀는 외교사절처럼 세상을 돌아다니면서도 가방 하나 변변히 들고 다니지 않았고, 제대로 먹지도 않았으며 아무것도 청하지 않았다. 그러나 모든 것을 가졌다. 그것이 바로 그녀의 힘이다.

메리 케이 애쉬

메리 케이 애쉬는 자신이 가진 카리스마와 대담성, 저돌성으로 제국을 건설했다. 주부 영업사원들이 의무적으로 고객을 방문하는 차원이 아니라 그 이상을 해낼 수 있도록 그들을 지속적으로 격려하면서 비즈니스를 촉진시켰다. 그녀가 가장 좋아하는 잠언은 "할 수 있다고 마음먹으면 해낼 수 있고, 할 수 없다고 생각하면 할 수 없다"이다. 텍사스 주 달라스에서 거행되었던 메리 케이 애쉬 연례판매회의에서 우수영업사원을 위한 시상식이 열렸을 때 한 직원이 이렇게 실토했다. "사장이 내 곁으로 다가왔고, 약간 스치기만 했는데도 오싹함을 느꼈어요."

메리 케이는 "성공을 향해 무작정 달려가기만 한다면 실패한다"라는 말을 즐겨했다. 그 회사의 영업사원들은 탁월한 판매 동기를 부여하는 그녀를 세일즈업계의 '모세'라고 불렀다. 최고실적의 영업사원에게는 핑크 캐딜락을 포상하는 것이 제도화되었다. 어느 주주가 왜 어리석게 포상으로 캐딜락을 주느냐면서 중단하라고 요구한 적이 있었다. 그러자 그녀는 어떤 주주라도 자신의 경영방식에 참견하지 못하도록 주식을 몽땅 사들여 벤처기업을 만들기로 결심했다. 그녀의 대담성과 뻔뻔함이란! 그녀가 자주 사용하는 유명한 말이 있다. "어때요?"라고 그녀가 물었을 때 "좋아요", "아뇨"라는 대답을 듣게 되면, 메리 케이는 "훌륭해요! 할 수 있을 때까지 해보자고요"라고 격려해준다. 수많은 주부 영업사원들이 그녀의 말투와 옷차림, 행동을 모방하려고 애쓰고 있다.

프레드 스미스

프레드 스미스는 페더럴 익스프레스(페덱스)를 설립한 모험적인 기업가다. 그는 다음날 배달되는 운송체계를 개척한 물류업의 대부로 알려져 있다. 그는 한 부분이 세계를 바꾼다는 매트릭스 시스템을 활용하여 상당히 복잡한 네트워크 시스템을 구축했다. 그래서 스미스를 비즈니스계의 복음주의자라고 부른다. 페덱스의 인사 담당팀장은 "프레드 스미스가 멤피스의 소토 다리 위에 1만 3,000명의 직원을 일렬로 세워놓고, '뛰어내려!'라고 말한다면 아마 99퍼센트가 미시시피 급류로 뛰어들 겁니다"라고 말한다. 바로 이런 면이 카리스마를 가진 인물에게서 나오는 힘이다. 그들은 지지자들의 열정을 이끌어내면서 믿을 만한 근거를 제시하여 함께 갈 길을 열어준다.

스미스의 이야기는 상당한 감동을 준다. 그는 선천적으로 뼈에 이상이 있는 병을 앓아 어릴 때 목발을 짚고 걸었다. 그가 4세 때 세상을 떠난 아버지는 좀더 나은 사회를 만드는 데 자신의 유산을 쓰기 바란다며, 게으른 부자가 되지 말기를 간절히 바라는 내용의 편지를 아들에게 남겼다.

스미스는 아버지의 유언대로 인생을 살았지만, 전 재산을 물류운송 사업에 털어넣어 5년 가량 거의 파산 상태로 보냈다. 라스베이거스로 간 그는 가진 것을 모두 걸고 3,600달러를 땄다. 그 금액은 종업원의 임금을 겨우 메울 수 있는 정도였다. 그렇게 힘겨웠던 1970년대에 그는 종업원과 임원들에게 월급을 제대로 줄 형편도 아니었으면서 회사에 계속 남아 있으라고 강력히 권했다. 스미스는 직원들에게 스톡옵션을 장담했다. 대다수의 직원들이 종업원 임금에 보태라며 시계와 귀금속을 팔았다. 이 대목은 스미스의 카리스마와 직원들의 애사심을 보여준다. 스미스의 전기를 쓴 작가는 이렇게 말한다. "페덱스는 기적이 아니다. 20세기 위대한 기업의 영웅담이다." 퇴임한 사장 아트 바스는 회사의 성공이 스미스의 '카리스마 넘치는 리더십과 위기 돌파력'에서 비롯되었다고 말한다.

오프라 윈프리

주간 토크쇼의 여왕 오프라 윈프리도 이미 잘 알고 있다시피 카리스마 넘치는 인물이다. 그녀의 특별한 재능은 인종, 신념, 세대, 모든 민족을 하나로 엮는 데 있다. 오프라는 범죄자, 강간범, 남성우월주의에 가득 찬 사람들, 인종주의자들을 자기편으로 끌어들이는 특별한 능력을 가지고 있다. 〈워싱턴 포스트〉는 "이런 현상을 단순히 카리스마 또는 스타로서의 자질이라고 축소시킬 수만은 없다. 거기에는 우리가 모르는 뭔가 심오한 것이 있다!"라는 기사를 실으면서 그녀에 대한 신뢰를 보여주었다. 그러나 지난 10년 동안 지속적으로 토크쇼의 안주인이 될 수 있었던 힘은 바로 그녀의 카리스마에 있다. 토크쇼 하나로 최초의 흑인 억만장자가 탄생한 것이다.

카리스마의 어두운 면 – 복음전도사들과 사이비 교주들

카리스마의 어두운 면은 19세기에 횡행했던 악덕 복음전도사들과 '빠른 말투'로 지껄이는 떠돌이 뱀장수 때문에 표면으로 등장하게 되었다. 텔레비전의 보급으로 이런 연설가들에게는 한층 더 광범위하고 새로운 청중이 생겨났다. TV 복음전도사들은 지상파 방송을 통해 지역망을 구축하고 우편으로 상당한 돈을 모금하게 되었다.

'부정적인 카리스마'가 유행한 것은 1960년대 후반이다. TV 복음전도사들은 찰스 맨슨, 짐 존스, 데이비드 코레쉬, 마셜 애플화이트와 비교해 어쩌면 시시하게 보일 수도 있다. 이들은 테레사 수녀처럼 긍정적인 목적으로 카리스마를 사용한 것이 아니라, 사람들을 파멸시키는 길로 이끄는 데 카리스마를 남용했다. 맨슨, 존스, 코레쉬, 애플화이트 모두 그들의 목적을 위해 '하느님'과 심령술을 사용했다. 그들의 위선과 양면성은 끝이 보이지 않았다. 추종자들에게 구원을 약속하면서 인류의 암울한 미래와 지구의 종말을 역설했다. 약속의 땅으로 인도한다든가, 신비한 경험을 부추기면서 희생양들을 미끼로 삼아 스스로를 초자연적 메시아로 부각시켰다.

사교 집단의 교주와 빼어난 지도력을 지닌 인물들과의 차이는 그 목표와 도덕성에 있다. 예카테리나 여제와 테레사 수녀, 마틴 루터 킹 같은 지도자들은 고귀한 목표와 도덕적 객관성이 있었다. 그들은 자신들의 대화능력과 카리스마를 파괴나 개인적 영달을 위해서가 아니라 건설적으로 사용했다.

그러나 사교 집단의 교주들은 언제나 개인적인 의사를 집단의 우위에 둔다. 또한 짐 존스는 제자들에게 자신을 초자연적 존재로 믿도록 유인했다. 그는 제자들을 속이려고 내부에 복잡한 스파이망을 구축했다. 인민사원(짐 존스가 이끈 사이비 종교집단)의 지원자는 존스의 초자연적인 힘을 확인하는 순간 최면에 걸린다. 자신의 심복을 시켜 지원자들의 지극히 개인적인 부분들을 알아오게 하여 그들의 사적인 인생을 알아맞히는 전능함을 보여주면서 그들을 놀라게 했다. 지원자들과의 첫 대면에서나 첫 연설에서 그들의 신상에 관한 몇 마디 말만 던져주어도 그들은 금방 개종자가 되어버렸다.

사이비 교주들은 자신들의 프로그램을 지지자들에게 팔기 위해 양면적이고 비윤리적인 방법들을 교묘히 활용했다. 무리들을 마음대로 조종하기 위해 증오와 세뇌를 애용한다. 고립, 복종, 두려움, 음식과 수면 부족, 그리고 아마겟돈에 대한 공포 조성(또는 약속)은 말할 것도 없고, 개인치료라는 미명하에 성관계를 자행하기도 했다.

사교의 교주를 따르는 사람들은 누구인가? 바로 약자와 공민권이 박탈된 자, 인생의 과도기에 있는 사람들, 최근에 이혼한 사람들, 집을 떠나 공부하는 학생들, 정신적 충격이 큰 사람들이나 소속이 필요한 사람들이다. 이를테면 사이비 교주들은 강한 자, 생각이 많은 사람들이나 자기 확신이 강한 개인에게는 별로 구미가 당기지 않는다. 그들은 의도적으로 심약한 사람들을 찾아다니며 그들에게 공통적인 정체성을 가진 집단의 구성원이 될 수 있다고 약속한다. 그들은 또 안전과 동지애, 미래의 행복을 약속한다. 천국을 찾거나 인생에 불어닥친 커다란 위기를 해결하려는 불안정한 사람들에게 이런 약속은 강력한 미끼다. 프로이트는 이런 추종자들을 '존재와 열망 사이에 생겨나는 갈등을 해결하려는 사람들'이라고 표현했다. 사이비 교주들은 이들을 먹고 자란다.

칼 세이건은 그의 후기 저작 『파라다이스』에 이렇게 쓰고 있다. "우리 모두는 유능하면서 청렴하고 카리스마가 있는 지도자를 원한다. 우리는 이런 기회가 오면 지지와 믿음, 행복한 마음으로 달려들어 그들을 이용하려 한다." 카리스마를 가진 인물의 매력은 지식에 있다. 그들은 사람들을 깨우치는 방법을 알고 있는 것처럼 보인다. 맨슨, 존스, 코레쉬, 애플화이트의 카리스마는 이런 힘의 부정적인 면을 부각시킨다. 카리스마의 긍정적인 면은 프레드 스미스, 테레사 수녀, 오프라 윈프리와 같은 지도자들에게서 찾을 수 있다.

카리스마의 긍정적인 면

카리스마는 사람들을 변화시킨다. 테레사 수녀는 수많은 사람들을 고결한 목적에 함께 참여하도록 이끄는 최고의 모범이다. 예카테리나 여제 역시 그렇다. 그녀가 이룬 탁월한 문화적 업적 가운데, 최초의 백과사전 편찬에 대한 재정적 후원을 꼽을 수 있다. 숭고한 뜻을 지닌 위대한 지도자—민족적인 당면 과제를 포함해—들은 좀더 나은 미래로 가기 위해 세계를 변화시킬 능력이 있다. 역동적인 사회에서 그들은 변화를 모색하는 지도자가 되며, 이런 유형의 지도자들은 역동적인 사회에서 매우 중요한 존재다.

동기부여에 관한 연구를 주로 하는 학자 아미타이 에치오니는 "사랑이야말로 카리스마와 같은 모든 인격적인 힘을 생기게 하는 자극제다"라고 말한다. 이와는 대조적으로 지위에서 비롯되는 힘—대통령이나 수상으로 선출되는 경우—은 두려움으로 사람들을 내몬다. 따라서 카리스마란 인격적이고 자기 충족적인 개념이며 근본적으로 긍정적인 힘이다. 사람들을 이끌고, 유도하고, 영향력을 미치는 가장 이상적인 방법이 바로 카리스마다.

대다수 정치인들은 권력을 얻는 과정에서 마키아벨리적인 방법으로 접근하는 경향이 있다. 그들은 "다른 사람들에게 잡아먹히기 전에 먼저 그들을 잡아라"는 철학에 따라 살아간다. 그러나 카리스마 넘치는 기업가, 연예인, 인도주의적인 지도자들은 항상 긍정적인 방법으로 승리를 거둔다. 강신술降神術을 파는 사교의 교주들은 어이없게도 카리스마적 힘의 부정적인 면들을 더 적극적으로 사용한다. 자기만족적인 흡혈귀들이 자극의 수단으로 채찍을 휘두를 때, 윤리적 지도자들은 당근을 나눠준다. 고도로 마키아벨리를 신봉하는 지도자—결과가 수단을 정당화한다고 믿는 사람—들은 항상 자극을 유도하는 방법으로 공포를 사용한다. 마키아벨리적 성향이 약한 지도자들은 기회와 함께 동기를 부여한다. 종교와 정치에서 열렬한 마키아벨리 신봉자들이야말로 역사에 뼈아픈 기록을 남긴다.

데이비드 맥클랜드는 그의 책 『파워: 내면의 체험』에서 "카리스마적 지도자들은 지지자들에게 권력에 대한 자극을 불러일으키기 때문에 영향력이 크다"고 적었다. 영향력이 있는 지도자가 되려면 강력한 지도자가 되기에 앞서, 영향을 미치려는 개인들의 힘을 먼저 키워주고, 그들을 유쾌하게 만들어 인격적인 힘이 완성되도록 해야 한다는 사실을 알아야 한다. 사람들을 자기 뜻대로 내모는 지도자보다 윤리적인 사람을 더 잘 따른다는 것은 틀림없는 사실이다. 앞서 말한 사이비 교주들과 복음전도사들이 자신의 영향력을 유지하기 위해 왜 그토록 사악한 모습을 감추고 진실을 가장하려고 했는지, 그 이유가 바로 여기에 있다.

카리스마에 대한 남녀의 차이

남자와 여자 중에 누가 더 카리스마적일까? 최근의 연구 결과, 남성보다 여성의 언어 정확도가 더 높은 것으로 나타났다. 힘깨나 쓴다는 남성이라 할지라도 여성들이 일제히 쳐다보면 풀이 죽고 만다는 사실은 확실히 여성들을 우쭐하게 만든다. 마가렛 미드는 이 점을 몸소 보여주었다. 전기작가 제인 하워드는 이렇게 적었다. "그녀의 정신에서 발산되는 성적 매력은 사람을 사로잡는다."

역사를 통해서든 나의 연구를 통해서든 남녀 모두 카리스마의 힘을 과시하고 있는 것으로 나타났다. 그리고 영향력을 행사하는 의사소통을 위해서는 남성이 여성보다 더 많이 노력해야 함은 물론이다. 그중 나폴레옹과 히틀러는 예외에 해당되는데, 이는 남성우월주의가 대화의 영향력에 상당한 기여를 한 경우다. 그들은 일종의 도취 상태에서 자신에게 최면을 건다. 이런 예외적 인물들을 접어둔다면, 이 책에서 다루고 있는 여성들은 남성들보다 훨씬 카리스마적이다. 왜일까? 여성들은 일찌감치 몸으로 부대끼는 것보다 말로 하는 싸움을 배운다는 것도 하나의 이유가 될 수 있을 것이다. 그들은 성공하기 위해, 때로는 살아남기 위해 언어를 구사한다. 그들의 대단한 언어 구사력은 설득과 소통에서 나온다. 최근의 연구에 따르면, 하루에 여성이 남성들보다 4배나 더 많은 말을 한다. 언어능력 테스트 결과도 여성의 평균 점수가 남성보다 높다. 샤론 베글리는 〈뉴스위크〉에 "여성이 언어능력에서나 직관에서 남성보다 뛰어나다"는 기사를 썼다.

다른 연구자들도 여성이 언어 분야에 훨씬 숙달되었다고 말한다. 두뇌의 성 차이를 연구하는 노만 게슈빈더의 1987년 연구는 왜 여성이 남성보다 언어능력이 우월한지, 왜 남성은 공간지각 능력이 뛰어난지를 설명해주는 결정적 역할이 태내 환경에서 만들어지는 테스토스테론에 있다고 보고했다.

카리스마의 문화적인 뉘앙스

복음전도사들이나 사교 집단의 교주들이 널리 활동할 수 있었던 근거는 메시아가 세상을 구할 것이라는 믿음을 견지하는 유대-기독교적인 전통의 부산물이다. 이런 형이상학적 체계로 형성되는 신비주의 환경은 모험심 넘치는 지도자들을 새로운 메시아로 등극시키는 비옥한 토양이 된다. 중국과 같은 아시아 국가들은 예언 지향적인 체계를 경험하지 못했다. 마오쩌둥은 장구한 중국 역사에서 유일한 카리스마적 존재다. 마오쩌둥은 수십억 중국인들에게 인간인 황제로서가 아니라, 신적인 존재로 존경받고 있다.

일본도 중국과 마찬가지로 카리스마적 지도자가 거의 없다. 선불교와 같은 전통에서는 열반을 추구하는데, 이런 사회체계에서는 카리스마적 존재가 존경받지 못하며 또 그런 존재를 갈구하지도 않는다. 인도에서는 종교와 카리스마가 결합하여 초자연적 상태가 되는데, 마하트마 간디는 카리스마적 지도자의 대표적 인물이다.

> **essential point**
>
> **카리스마적 존재는 닫혀 있던 문을 다른 사람들에게 열어주는 역할을 한다**
>
> 카리스마 넘치는 힘은 뛰어난 존재가 되는 데 꼭 필요하다. 카리스마는 나폴레옹을 위대하게 만들었고, 히틀러가 세계의 역사를 마음대로 주무르게 했다. 카리스마는 내면에서 생성되는 힘이며 잠재되어 있지만, 누구라도 배움을 통해서 접근할 수 있다. 카리스마는 히틀러나 나폴레옹에게 권력을 가져다주었고, 피카소와 같은 예술가들에게는 그들 작품을 파는 힘을, 메리 케이 애쉬와 프레드 스미스 같은 기업가에게는 회사의 자금을 마련할 힘을 주었다. 테레사 수녀 같은 인본주의자들에게는 그들의 소명을 실천할 길을 열어주었고, 오프라 윈프리 같은 연예인에게는 후원자들을 끌어들일 수 있도록 해주었다.
>
> 카리스마적 존재는 닫혀 있던 문을 다른 사람들에게 열어주는 역할을 한다. 그들은 긍정적으로도, 부정적으로도 사용될 수 있는 독특한 힘으로 무장한 사람들이다. 많은 사람들이 카리스마를 양면으로 사용한다. 나폴레옹도, 예카테리나 여제도, 피카소도 그랬다.
>
> 하워드 휴즈와 베리 고디 주니어와 같은 사람들은 여자를 유혹하는 데 카리스마를 사용했다. 히틀러는 자기만족적인 목적에, 테레사 수녀는 가난한 이들을 돕고 돌볼 수 있도록 사람들을 격려하는 데 카리스마를 활용했다. 프레드 스미스는 자신의 힘을 물류혁명에, 마리아 몬테소리와 메리 케이 애쉬, 오프라 윈프리는 그들의 매력을 세상을 멋지게 만드는 데 사용했다. 가장 분명한 이치는 사람들이 꿈을 향해 갈 수 있도록 하는 강력한 무기가 바로 카리스마라는 점이다. 카리스마를 조심스럽게 그리고 강력하게 사용해야 함을 명심하자.

2nd Key to Greatness _ COMPETITIVENESS

승부 근성

무조건 이기고 싶은 욕구

카리스마 넘치는 마오쩌둥은 무자비해서
그의 야심을 가로막는 것이면 무엇이든 파멸시키려 했다.
리 쯔수이 박사(마오쩌둥의 주치의)

상대를 넘어뜨리고 싶은 욕구

 에디슨의 아들은 아버지를 '지나친 경쟁심'에 사로잡힌 인물이라고 말한다. 아들이 아버지가 이룬 성공의 열쇠가 경쟁심이었다고 밝힌 것이다. 에디슨은 세계적인 발명왕이라는 칭호에 걸맞지 않게 IQ지수가 높지 않아 110에서 120을 웃도는 정도였다고 한다. 게다가 돈 많은 집안 출신도 아니었고, 정규 교육도 3개월 정도밖에 받지 못했다. 그런데 어떻게 이토록 성공적인 발명가가 될 수 있었을까? 그는 11세까지 귀머거리나 다름없었다. 이 먼로 파크의 마법사에게는 두 가지 가능성밖에 없었다. 죽도록 경쟁하든가, 아니면 평범함을 받아들이든가……. 에디슨의 실험 노트를 얼핏 보기만 해도 그의 엄청난 투지를 느낄 수 있다. "내 발명품을 만들어줄 공장이 한 군데도 없다면, 공장을 지어서라도 만들고야 말겠다. 문제는 공장이냐, 죽음이냐."
 올림픽 금메달리스트이자 세계적인 육상선수인 베이브 디드릭슨 제어라이어스도 경쟁심이 대단했다. 한번은 그녀가 몰래 밖으로 나가 커다란 물고기를 사온 적이 있었다. 가장 친한 친구와 물고기 잡기 내기를 했는데 꼭 이기고 싶어서였다. 그녀는 왜 꼭 이겨야만 했을까? 물고기 잡기가 됐든, 볼링이나 소프트볼이든 간에 베이브는 이겨야만 직성이 풀렸다. 재미로 하는 카드게임에서도 이겨야 했다. 친구와 재미 삼아 하는 카드게임에서도 이기고 싶다는 강한 충동이 들면, 상대방의 안경에 비친 카드를 훔쳐보고서라도 이겼노라고 자서전에서 고백했다. 승부욕이란 바로 그런 것이다.

나폴레옹도 마찬가지였다. 이 작달막한 코르시카인은 세인트헬레나 섬에서 쓴 회고록에 "처음부터 나는 반에서 일등을 하지 못하면 견딜 수 없었다"라고 적었다. 나폴레옹은 인생이나 전쟁을 게임으로 여겼고, 어떤 일에서든 지는 것을 용납하지 않았다. 아내 조제핀도 승리에 대한 그의 강박증에 대해 이렇게 말했다. "그는 체스게임에서도 지는 것을 받아들이지 못했다."

예카테리나 여제도 자신의 회고록에서 이처럼 강한 승부욕에 대해 언급했다. "난 야심 하나로 지탱할 수 있었다." 그녀는 조국 러시아의 영토를 남으로 확장하는 전쟁에 열중했다. 러시아가 긴 겨울에도 얼지 않는 항구를 얻으려면 따뜻한 물이 남하하기 위한 물길을 확보해야만 하는데, 그러려면 흑해를 경유하는 오스만제국을 침략해야 했다. 크림 반도는 러시아 대 오스만 전쟁의 전리품이었다. 불굴의 의지는 그녀를 위대하게 만든 열쇠였다.

이기지 않으면 견디지 못하는 또 다른 강박증 환자들로는 마르크스, 마오쩌둥, 프로이트가 있다. 프로이트의 여섯 자식들이 아버지의 비타협적이고 경쟁적인 정신분석으로 말미암아 자살을 했다는 사실은 그리 알려져 있지 않다. 마르크스는 기존 체제를 타파한 것으로 역사에 이름을 남겼다. 그는 어느 순간 자신을 돌아보면서, 아내 예니에게 "행복은 투쟁하는 데 있다"라고 말했다. 그의 투쟁은 물리적인 싸움이 아니라 펜의 위력이었다. 급진적인 그룹 '청년 헤겔주의'의 멤버가 되면서 생계를 꾸려가던 가정교사직도 거부당한 그는 자본주의 질서와 싸웠다. 신문에 글을 싣는 일을 찾았지만, 기존체제는 그를 달가워하지 않았다. 이런 일들을 수없이 겪은 그는 적들을 향해 평생 동안 치열하고 과격한 싸움을 벌였다. 그는 권력을 가진 자들을 비판하는 글을 쉴새없이 써댔으며 간교하고 음험한 체제에 대항해 그가 가진 유일한 무기인 지성의 힘을 사용했다. 그 결과 「공산당 선언」이라는 새로운 정치 이념이 탄생하게 되었다.

마오쩌둥 주석의 주치의는 공산주의 국가의 장기집권자의 경쟁적 성격을 처음으로 발설한 사람이다. 그는 중국인들이 반세기 동안 구세주로 존경하던 마오쩌둥에 대한 전기를 써서 베스트셀러 작가가 되었다. 그는 이렇게 전한다. "터무니없는 숙청은 히틀러와 스탈린을 합친 것보다 더 많은 살육을 불러왔다." 더 나아가 1959년에서 1961년의 대기근에 실시한 대약진운동에서 죄 없이 희생된 2,000만 명의 죽음에 대해서도 거론하고 있다. 이 마키아벨리적인 지도자는 5억 인구를 무소불위의 권력자처럼 지배했으며 언제나 자신의 행동을 '인민을 위한' 불가피한 조처라고 정당화했다. 공산주의 사상을 인민들에게 전하기 위한 그의 『마오쩌둥 어록』의 한 구절인 "정치 권력은 총구에서 나온다"는 말은 그의 경쟁심을 잘 보여주고 있다.

피카소에 대해 "독점력이 강하다"란 말로 그의 성격을 단적으로 규정할 수는 없지만, 싸우기 좋아하는 불같은 성격이 바로 그의 특징이다. 피카소는 그저 이기는 걸로 만족하지 않았다. 적개심과 분노로 가득 차 여성과 투우에 전념했다. 전기작가 아리아나 허핑턴은 큐비즘(입체파)의 대부 피카소를 '힘을 숭상하고' 또 '약자를 우습게 아는' 존재로 그랬다. 피카소 자신도 "날마다 싸우고 밤마다 떼 지어 다니는 것이 가장 멋진 인생"이라고 말한 적이 있다. 허핑턴은 또 이렇게 말한다. "피카소는 화가의 역할을 신에 대항하기 위해 전쟁 무기를 만드는 것으로 보았다."

마가렛 미드 역시 지나치게 경쟁심을 느꼈던 천재였다. 그녀의 남편 그레고리 베이트슨은 "목표로 삼을 만하지 않은 일에도 지나치게 목표 지향적이었다"고 말한다. 변덕스러웠던 8년 동안의 결혼생활을 접는 이유를 "본인 스스로도 어쩔 수 없었고, 나로서는 도저히 따라갈 수 없었다"라고 설명했다. 몹시 온화한 테레사 수녀도 경쟁심이 대단했다. 전기작가 말콤 머저리지는 이렇게 적고 있다. "테레사 수녀가 감상에 빠지는 모습을 본 적이 없다." 마가렛 대처도 과격할 정도로 경쟁심이 강했는데, 특히 말로 경쟁하는 것을 좋아했다. 그녀는 경쟁심이 강한 성격 때문에 '철의 여인'이란 별명을 얻었다. 전기작가 휴고 영은 "그녀는 모든 이슈들을 전쟁이라고 여기며 처리하는 것 같다"고 말했다. 평온해 보이는 오프라 윈프리마저도 "예전에 내가 생각했던 모습보다 지금의 나는 훨씬 더 경쟁적이다"라고 실토한 적이 있다.

바바라 월터스로부터 1994년의 가장 멋진 인물로 뽑힌 루퍼트 머독 역시 "논쟁은 영혼에 이롭고 비즈니스는 전쟁과 같다"라고 말했다. 아마도 이 책에서 다루는 인물 가운데 머독이 가장 경쟁적인 인물이며 독점적인 비즈니스맨일 것이다. 전기작가인 윌리엄 쇼크로스는 "머독은 테니스를 쳐도 인류의 미래가 자신의 승리에 달린 것처럼 열심이다. 그의 일생은 세상에 대한 끊임없는 공격이었다. 다시 말해 신문과 TV에서 더 많은 파워를 얻기 위한 끊임없는 행보, 탐구, 조사, 경쟁, 투쟁, 농락, 따돌림, 요구, 매력적으로 보이기, 압력 넣기 등이다"라고 말했다. 머독이 단기간에 보여준 경쟁력은 그가 이룬 스포츠 제국에서 잘 드러난다. 그의 막강한 적수였던 테드 터너에게 과시하기 위해, 그는 1981년 LA 다저스 팀을 인수했고 연이어 로스앤젤레스 레이커스와 로스앤젤레스 킹스 팀을 인수했다. 70세를 바라보는 나이에도 언제나 터너와 대적할 자세가 되어 있었다.

빌 게이츠, 테드 터너, 니콜라 테슬라 같은 인물도 경쟁심이 상당히 강하다. 도미노 피자의 창립자 톰 모나건도 '경쟁심'이 있었기에 성공할 수 있었다고 고백한다. 그는 자서전에서 "최고의 회사를 만들어 경쟁사를 이기려는 확고한 의지가 있다"고 말했다.

경쟁심은 왜 우리에게 필요한가?

경쟁심은 우리를 향상시킨다. 어느 시점까지 경쟁심은 훌륭한 자산이 되겠지만 일정 선을 넘으면 해로울 수 있다. 그렇다면 경쟁심은 왜 우리에게 필요한가? 경쟁자로 인한 동기부여가 없다면 지나친 자기만족에 빠지기 쉽다. 우리는 가진 것보다 더 잘하려고 애쓰면서 목표에 도달하고, 그러면서 향상된다. 아쉽게도 경쟁이란 양날 검과 같아 두 가지 효과를 가진다. 상대방을 정복하게 하지만 지나치면 자신을 파멸시킨다. 지나치게 경쟁적인 사람들은 소중한 인간관계를 잃는 정도가 아니라, 아예 파괴시켜버리기도 한다.

경쟁자나 역경이 없다면 어떤 훈련을 받더라도 효율성이 떨어진다는 연구 결과도 있다. 하버드 대학의 버튼 클라인은 비즈니스를 경쟁의 기능으로 분석하고 그 결과를 『역동적 경제』란 책으로 출간했다. 그는 "산업 발달의 정도는 경쟁의 상호성에 기초한다. 경쟁자가 있어야만 모든 진보는 일어난다. 기업이 더 이상 진지한 도전을 하지 않을 때는 역동적인 기회가 그만큼 줄어든다"라고 주장한다.

경쟁을 해야 하는 스포츠와 게임은 억눌린 불안과 공격성을 해소하는 데 좋은 수단이다. 헤밍웨이와 넬슨 만델라는 이런 목적으로 권투를 취미로 삼았고, 상당한 경지에 올랐다. 만델라는 회고록에 이렇게 적었다. "권투는 평등한 운동이다. 링 위에서는 계급도, 나이도, 피부색도, 재산도 아무런 상관이 없다." 베리 고디 주니어는 모타운 레코드를 설립하기 전에 권투를 직업으로 택했다. 그의 투지력은 대단해서 프로 웰터급에서 15전 10승의 전적을 기록했다. 종이 울리면 링으로 뛰어올라가 자신의 몸을 한껏 과시했는데, 어느 날 갑자기 권투를 그만뒀다. 그는 모타운 초창기 시절에도 엔터테이너들의 재능을 겨루게 하여 그들을 평가하기도 했다.

경쟁이란 대립적 기능이다. 누군가가 당신의 자리를 넘본다는 것은 혼자서 자신과 겨루는 것보다 훨씬 더 열심히 하도록 자극한다. 경쟁은 우리를 분발하게 만들고 내적 에너지를 방출시켜 최고의 효과를 얻을 수 있도록 자극한다. 문제가 발생하는 것도 동기를 자극한다. 문제가 생기지 않는다면 그렇게까지 노력해서 숙달되지는 못했을 것이다. 심리학자들은 치열한 경쟁이 없다면, 최고의 능력을 발휘할 수 있는 '초월 상태' 또는 '몰입 단계'로 진입하지 못할 것이라고 한다. 그들은 경쟁이 치열할수록 최적의 성공에 다가갈 기회가 많아진다는 점을 깨달았다. 운동선수들도 수준이 비슷한 상대와 경기를 해야 좋은 경기를 할 수 있다는 사실을 잘 알고 있다. 트랙이나 필드에서 하는 모든 육상종목들, 라켓볼 같은 일대일 스포츠에서는 더욱 그렇다.

마이클 조던은 조용한 편이며 굳이 모험을 하려는 성격이 아니다.

자신의 능력을 인정하고 상대 선수를 헐뜯는 신문기사를 본 조던은, 1998년 플레이오프에서 기자들에게 "내가 상대 선수들의 도전을 받지 않았다면 아마 내게서 이런 실력이 나오지 못했을 거다"라고 말했다. 짐 크로체는 최상의 수사법을 동원하여 그를 표현한다. "조던을 집적대지 마. 슈퍼맨의 망토를 끌어당기지 말고, 뛰면서 침 뱉지 마라. 절대로 마이클 조던을 건드려서는 안 돼." 이렇듯 마이클 조던과 다른 위대한 사람들을 자극시킨 것은 훈련이라기보다는 경쟁심이다.

몇몇 코치들은 그를 몰아세우다가 오히려 엄청난 대가를 치렀다. 뉴욕 닉스 팀의 감독 제프 밴 건디는 기자들에게 조던이 코트에서 유리한 위치를 차지하기 위해 동료 선수들에게 친근하게 군다고 떠들어 댔다. 그의 발언은 마이클 조던을 극도로 자극시켜 그로 하여금 53점을 퍼붓게 해 닉스를 완패시켰다. 그의 경기 당 평균 점수보다 무려 20점 이상이 높은 득점이다.

우리가 경쟁을 개인적으로나 직업적으로 어떻게 받아들이느냐와 관계없이 경쟁은 상품을 좀더 값싸게, 편리하게 구매하도록 해준다. 버거 킹이나 웬디스가 없다면 맥도날드의 빅맥은 10달러 정도 했을 것이고, 지금 같은 맛을 내기도 힘들었을 것이다. 가격 경쟁이 없었다면 미 대륙을 날아다니는 항공회사들은 엄청난 가격을 소비자에게 부담시켰을 것이다. 유나이티드 항공사와 아메리칸 항공사 간의 과열 경쟁 결과, 각사가 고객 상용프로그램을 도입하여 저가低價에 더 많은 항공기를 공급하게 되었다. 또한 우리는 셸, 엑손, 모빌과 같은 정유사들의 치열한 경쟁으로 저가의 기름을 공급받을 수 있다. 마찬가지로 통신회사들의 첨예한 경쟁구도가 없었다면 장거리 요금은 지금보다 훨씬 비쌌을 것이다.

강한 욕구와 자극 이론

'승부욕'은 감정적으로 '자극'을 받아 흥분한 상태를 말하며 경쟁적인 본성에서 비롯된다. 비즈니스나 스포츠에서 작업수행 정도는 어느 지점까지는 자극을 받아 상승하지만, 그 지점을 지나면 급격하게 떨어진다. 이런 결과를 두고 스포츠 심리학자들은 '뒤집힌 U곡선'이라고 부른다. 이 곡선은 작업 수행능력이 자극이나 충동에 비례하여 증가한다는 점을 보여준다. 내적인 에너지가 최적의 수행에 필요한 정도를 넘어서도 계속 증가하면 오히려 역효과를 초래하며, 수행능력이 급격하게 떨어지게 된다. 왜 그럴까? 지나친 의욕이나 자극은 역할수행의 걸림돌이다. 이러한 개념은 우리의 몸과 마음, 그리고 감정이 상당히 유기적으로 연결되어 있음을 보여준다. 따라서 올림픽 메달과 퓰리처상 수상은 최적의 자극 상태에서 작동된다고 말할 수 있을 것이다. 이들은 최상의 상태에서 한 걸음 더 나아간 감정적·정신적·육체적 몰입상태에 있다. 그 상태에 그리 오래 머물 수는 없지만 보통사람들보다는 자주 이런 상태에 오랫동안 머물 수 있다.

이런 초월적 상태에서는 도취와 우울을, 권태와 흥분을, 안정감과 불안감을 동시에 경험하게 된다. 이런 상태를 경험하게 될 때, 미래를 위해 이런 감정들을 하나로 묶어 저장하고 싶다는 생각이 들지만 그것은 불가능하다. 정신의 이완, 초월적 명상, 마음을 조절할 정신적 장치들이 도움이 될 수는 있지만 그것을 조절할 정확한 방법은 찾아내지 못한다.

느긋한 마음으로 공중으로 뛰어올라 관중들의 함성을 받으며 덩크슛을 넣었을 때, 마이클 조던은 '몰입상태'다. 그는 상당히 도취된 상태였고 자신이 그런 상태에 있음을 결코 놓치지 않는다. 당신도 그 같은 상태를 경험한다면 보통 때는 전혀 불가능한 백핸드 드라이브를 시도해보거나, 프로 선수처럼 훌쩍 뛰어올라 고난도의 서브를 시도할 수 있다. 프리젠테이션을 하라고 부탁받거나 자신도 모르는 사이에 사람들을 감동시키는 연설을 할 때도 이런 몰입상태를 경험할 수 있다. '거침없이 쏟아져 나오는 상태' 또는 '몰입상태'란 세상의 꼭대기에 앉아 나를 능가할 자가 아무도 없다고 느끼는 상태를 말한다. 미하이 칙센트미하이는 이런 상태를 다룬 『몰입』이란 책에서 "몰입상태란 의식 안에 있는 모든 것을 지워버리고, 편안한 마음으로 고도의 집중을 이루는 것을 말한다. 자기 실현적 상태, 또는 도취된 행동을 보이는 초월적 상태다"라고 말한다. 운동선수들에게는 '몰입상태'이며, 종교적 신비주의자에게는 '황홀경'으로 표현되며, 예술가에게는 '아름다움에 사로잡힌 상태'를 뜻한다.

경쟁에 대한 강한 충동은 불안을 유발한다. 그래서 많은 사람들이 불안한 상태에서 최적의 수행을 하지 못한다. 동기부여를 연구하는 심리학자들, 특히 스포츠 심리학자들은 승리한 팀의 선수들은 패한 팀의 선수들에 비해 테스토스테론의 수치가 높으며 심리적으로 훨씬 흥분되어 있다는 점에 동의한다. 연구 과정의 핵심은 불안이 어느 지점까지 고조되는가에 있다. '장점으로 작용하는 불안' 행동은 대체 어디까지일까? 이 책에서 다루고 있는 인물들의 대다수는 A유형(1950년 두 사람의 심장 전문의가 관상성 심장질환 환자들의 공통적인 행동유형을 정의했다. 그들은 경쟁적이고 성취지향적이며, 시간에 쫓기고 여유라고는 갖지 못하며, 무능한 사람을 보면 참지 못한다고 한다)에 속하는데, 그들은 조증의 정도가 심해 불안해지기 쉽다. 이런 사람들은 승부 근성이 강해서 경쟁심이 생기면 감정적으로 도취될 뿐 아니라 탁월한 수행능력도 보여주는데, 그 때문에 그들은 불안해한다. 셀마 혼은 『스포츠 심리학의 발달』에서 '고조된 정신에너지'와 '배출된 정신에너지' 사이에는 명확한 선이 존재하는데, 최적의 수행능력은 극단적인 두 상태의 중간에서 발생한다고 말한다. 고조된 정신에너지란 '긍정적인 정신력'이 활동하고 있음을, 배출된 정신에너지란 '부정적 정신력'이 활동하고 있음을 뜻한다. "승부욕은 자극받은 상태와 같다. 적절한 강도의 긴장은 승리에 상당한 도움이 된다"라고 혼은 결론을 짓는다. 이렇듯 잠재력을 최대로 이끌어내려면 과제를 수행할 때 '적당히 압박감을 주는 상태'에 놓여 있어야 한다.

능력이 비슷한 사람과 경쟁하기 위해서는 적당히 압박감을 느끼는 상태를 유지하는 것이 중요하다. 압박감을 느끼지 못하면 잠재력을 끌어올릴 내적인 힘을 자극하지 못한다. 최적의 결과는 능력이 비슷한 상대를 완벽하게 만났을 때 나온다. 상대의 실적이 넘치거나 모자라도 정신적으로나 정서적으로 또 육체적으로 좋은 결과가 나오지 못한다. 상대의 실력이 너무 월등하면 역효과가 되어 아예 포기하기 쉽다. 진정한 경쟁력은 스포츠나 비즈니스, 예술이나 또 다른 분야에서 막상막하의 상대를 만났을 때 생겨난다. 경쟁이 중단되는 것은 불안이나 권태가 생겼기 때문이다. 완벽한 경쟁상대를 만나게 되면 누구나 최적의 몰입상태에 들어간다.

그리고 안정되고 강한 집중력을 보이는 상대가 모든 경쟁에서 이긴다. 고강도와 약강도의 자극 사이, 강한 스트레스와 약한 스트레스 사이에 있으면서 스스로를 킹콩이라 여길 때가 가장 좋다. 이런 느낌이 들면 호흡에 집중하고 파이팅을 외쳐보자. 보통사람들은 해내지 못할 놀라운 일들을 해낼 준비가 되어 있는 상태임을 명심하라.

마키아벨리화한 인격

　내 앞에 있는 상대를 이기기도 전에 그들을 무너뜨리려고 결심하는 사람들을 심리학적인 용어로는 고도로 마키아벨리화한 인격이라고 한다. 그들에게는 목적을 위해 수단이 정당화된다. 비즈니스와 정치 세계에서 그들은 극단적인 경쟁을 일삼는다. 고도로 마키아벨리즘을 추구하는 인물들은 지독하게 경쟁적이며, 적당히 마키아벨리즘을 추구하는 사람들은 그들보다 유순한 편이다. 고도로 마키아벨리즘을 추구하는 인물들은 A유형의 성격일 경우가 많고, 인간적인 가치와 승리가 혼재되어 있어 상당히 호전적이다. 한 연구 조사에서, 기업가들은 '지나칠 정도로 경쟁적'이며, 쉴 때나 일할 때나 모두 '킬러 본능'을 지녔다고 보고되었다. 연구에서 나타난 경쟁상태의 감정을 보면, "누구와 노느냐는 내게 중요하지 않다. 나는 언제라도 이긴다. 이기기 위해서만 게임을 한다. 게임이 끝나 가짜 돈을 돌려줄 시간이 되면 허탈감이 몰려든다."

　어떤 분야의 일은 마키아벨리적 유형의 사람들에게 매력적일지도 모른다. 마키아벨리의 『군주론』을 읽고서 그 교의를 따르며 사는 정치인들이 많다. 그들은 당선되기 위해 거룩한 존재의 가면을 쓰지만, 일단 당선되고 나면 그들을 뽑아준 정치적 강령을 따르기보다, 개인의 안위와 생존을 위해 표결하고 처신한다.

　A유형의 사람들은 마키아벨리즘의 제물로 전락하기 쉽다. 그들은 어떤 대가를 치르더라도 이겨야만 하며, 자신의 존재 가치를 승리에 두기 때문이다.

한꺼번에 여러 가지 일하기

창조적인 천재들은 동시에 여러 가지 일들을 해내는 경향이 있다. 한꺼번에 여러 일을 하거나 일이 지나치게 많을 때 다른 사람들보다 훨씬 효과적으로 처리하는 것처럼 보인다. 컴퓨터 용어로는 '멀티 태스킹'이라고 하는데 컴퓨터는 한꺼번에 여러 가지 일을 처리해낼 수 있다. 심리학자들은 이런 행동을 동시다발성이라고 한다. 그 명칭이야 어찌됐든, 이들은 능력 이상의 성과를 올리는 사람들이다.

이 책에서 다루는 인물들을 포함하여 비범한 유형의 인물들에 대한 연구는 분야를 막론하고 일관성을 지닌다. 발자크, 애거서 크리스티, 마크 트웨인, 도스토옙스키, 헤밍웨이 같은 작가들은 한 번에 여러 책을 집필했고, 하나의 관념이 제대로 성공하기 위해 다양한 관념들이 서로 뒤섞여 방해받지 않도록 조절하는 능력도 타고났다. 애거서 크리스티가 동료 작가에게 말하기를, 자신의 머릿속에는 17가지 작품에 대한 구상이 들어 있어 언젠가는 책으로 나오게 될 것이라고 했다. 그때가 환갑을 넘긴 나이였다. 1950년대 중반 런던 극장에서 자신의 작품 세 가지—『거미줄』, 『검찰 측의 증인』, 『쥐덫』—를 동시에 무대에 올리는, 연극 사상 최초의 기록을 세우기도 했다.

메릴 시크리스트는 '한꺼번에 여러 개의 공을 공중에 띄워 떨어뜨리지 않는' 재주가 있는 프랭크 로이드 라이트를 가리켜 '저글러의 왕'이라고 불렀다. 나폴레옹은 다섯 명의 비서에게 업무를 받아 적게 한 것으로 유명하다. 마리아 몬테소리는 낮에는 로마에 있는 고아학교의 교장으로 수업과 강의로 바빴지만 밤이 되면 의료행위에 여념이 없었다. 헬레나 루빈스타인과 루퍼트 머독도 여러 회사의 CEO 역할을 맡았는데, 수많은 조직을 독자적으로 경영하면서도 모든 지시를 일일이 내렸다. 탁월한 사람들은 내재된 열정적 에너지를 활성화시킨다.

TV를 보면서 잡지도 읽고 사람들과 대화도 나눌 수 있다는 점이 상당히 적극적인 이들 슈퍼스타들의 특징이다. 또한 이들은 자기가 해낼 수 있는 일보다 더 많은 일들로 꾸준히 계획을 세운다.

경쟁에 사로잡힌 인물들

경쟁심에서 약간의 논쟁적인 인물들은 마야 안젤루, 헤밍웨이, 마이클 조던, 마오쩌둥, 톰 모나건, 헬레나 루빈스타인, 베이브 디드릭슨 제어라이어스다.

어니스트 헤밍웨이

헤밍웨이는 '셰익스피어 이래 가장 위대한 작가'로 불리기도 한다. 「노인과 바다」 출간 이후 노벨위원회는 1954년 노벨문학상 수상자로 그를 지목하면서 '서술의 대가'라고 칭송했다. 헤밍웨이의 소설은 그의 전투적인 스타일과 잘 어울린다. 작가는 곤경에 처한 인간에 열중하면서 이 문제를 도덕적으로 어떻게 다룰까에 대해 고심했다. 그는 생존에 대한 탐색과 인간의 어리석음 사이에서 갈등하면서 삶과 죽음의 문제에 사로잡혀 있었다. 그는 "모든 것은 어떤 의미에서 다른 모든 것을 죽인다"라고 말하기도 했다. 호전성, 죽음, 생존의 문제가 그의 작품에 스며들어 장총, 용감한 영웅, 사자, 호랑이, 맹수 사냥, 투우 등과 같은 남성우월적인 이미지가 자주 등장한다.

싸움은 헤밍웨이의 삶과 직업에 골고루 배어 있다. 그의 책과 단편들에는 적대적인 세상과 맞서는 영웅의 모습이 묘사되어 있다. 몇 편의 소설들은 전쟁을 다루고 있다. 제1차 세계대전을 다룬 『무기여 잘 있거라』, 스페인 내전을 다룬 『제5열』, 스페인 왕당파들과의 전투와 생존을 그린 『누구를 위하여 종을 울리나』가 있다. 『해는 또다시 떠오른다』와 『정오의 죽음』에서 헤밍웨이는 여인과 죽음에 대한 무의식적 두려움을 탐색하려는 은유의 수단으로 투우를 등장시킨다. 위험한 바다와 정글에서의 생존과 맹수 사냥 등과 같은 소재에 그는 대단히 집착했다. 이 주제로 가장 잘 알려진 단편으로는 「프랜시스 매콤버의 짧고 행복한 생애」, 「아프리카의 초원」, 「킬리만자로의 눈」과 노벨문학상 수상작인 「노인과 바다」가 있다.

헤밍웨이는 지독한 남성우월주의자이면서도 늘 우울증에 시달렸다. 그 때문에 그는 넘치는 투지에 기꺼이 모험을 무릅쓰며, 강한 성적 욕구를 느끼는 창조적인 모습으로 비춰졌다. 고교 때부터 시작한 권투는 해묵은 욕구를 해소시키는 건전한 방법이었다. 17세에는 권투시합에서 풋볼 팀 전체를 상대로 싸운 적도 있었다. 그는 술에 취해 주점에서 싸움질하는 학생으로 악명이 높았다. 그는 매년 스페인 팜플로냐에서 열리는 산제르멘 축제의 소몰이 행사에 참가해 경쟁적인 욕구를 발산시켰다. 쿠바에 머물 때는 큰 판돈이 오가는 경마나 권투시합을 즐겼다. 맹수 사냥, 권투, 격렬한 테니스 시합, 알파인 스키와 같은 스포츠를 호전적이고 짜릿하다는 이유 때문에 열광적으로 참가했다. 스페인 내전과 제2차 세계대전 중에는 위험한 임무를 기꺼이 맡았다. 위험을 무릅쓰는 위태로운 삶을 즐길 수 있었기 때문이다. 「노인과 바다」에는 이런 독백이 나온다. "인간은 파괴될 수 있어도 패배시킬 수는 없다." 단편소설의 거장은 일찍부터 투지력을 발휘했으며 나이가 들어서도 그의 욕구는 사그라들지 않았다.

위험을 향한 강한 욕구를 가지고 있는 헤밍웨이는 전쟁에서의 부상과 자동차와 바다에서 죽음 문턱에 이르는 체험을 하게 되었고, 총기 오발사고, 비행기 추락사고와 같은 위험을 감수하기도 했다. 과열된 투지는 결국 그를 파멸로 이끌었다. 자신에 대한 기대를 충족시키지 못함을 느낀 그는 스스로를 제어하지 못해 자살을 택했다.

마오쩌둥

중국 공산당의 창시자이자 중화인민공화국 건국의 아버지인 마오쩌둥은 상대를 항복시키기보다 파멸시키는 전투적인 인물이었다. 그의 주치의이자 전기작가인 리 쯔수이 박사는 "마오는 인간적인 감정이 결여되어 있고 사랑이나 우정, 따뜻한 마음이 없는 사람"이라고 평가한다. 리 박사는 마오의 행동을 가벼운 조증으로 보았다. 하루, 이틀쯤은 너끈히 밤을 새울 수 있다고 했다. 리는 마오를 "한 침대에서 숱한 젊은 여성들과 잠자리를 함께할 수 있는 행복한 사내였다"라고 말했다. 정치와 개인사에서 정복은 그의 체질에 딱 맞았다.

1934년에 시작된 대장정 기간에도 마오쩌둥의 호전성과 승리욕에 대한 증언들이 많다. 대장정은 마오쩌둥이 의도한 바는 아니었으나 그의 집요함이 처음으로 드러나는 계기였다. 그의 나이 마흔에, 대부분 스물넷도 채 안 된 어린 청년들을 비롯해 10만여 명을 이끌고, 9,600킬로미터가 넘는 오지를 지나 멀고 먼 변방, 옌안에서 퇴각을 끝마쳤다. 그러나 수많은 사람들이 그 과정에서 목숨을 잃었고, 후에 다시 합류한 인원을 포함하여 3만 명이 남았다. 정치적 독립이란 이름을 내걸었지만 죽음과 강간, 무차별 폭력으로 얼룩진 험난한 여정이었다. 그는 『마오쩌둥 어록』에서 "혁명은 모든 것을 정당화한다"고 썼다. 마오쩌둥은 대장정을 통해 자신이 한 말은 꼭 지키고야 마는 실천적 인물임을 입증했다.

전쟁이 끝나자, 마오쩌둥은 홍위병을 이끌고 중화인민공화국의 토대를 마무리하는 쿠데타에 성공, 정권을 접수하자마자 주석의 자리에 올랐다. 그는 이렇게 군사력을 통해 힘을 결집시킨 후에, 2,000만 명의 목숨을 담보로 한 위대한 프롤레타리아 문화대혁명을 선포했다. 마오쩌둥은 항상 자신이 초래한 무모함과 정복의 대가를 비웃었다. 7만 명이 넘는 사람이 죽었는데도 그는 "약간의 인명이 살상되었다"고 할 뿐이었다.

농군 출신으로 독학한 그는 영웅숭배로 인민의 관심을 끌어모으고 승리를 꿈꾸었다. 수영에 열심인 그는 겁 많고 소심한 친구가 물에 빠져 겁에 질렸을 때, 이렇게 충고했다. "물에 가라앉을 걸 두려워하겠지. 그런 염려는 마. 가라앉을 거라고 생각하지 않으면 절대 물에 빠지지 않아. 물에 빠질 거라 생각하면 물에 빠지게 되는 거야." 인생에 대한 이런 철학적인 접근으로 마침내 그는 위대한 지도자가 되었다. 결코 넘어뜨릴 수 없는 강한 상대였던 장제스蔣介石를 패배시키고 살아남을 수 있었던 이유는 바로 여기에 있었다.

전투와 정치에 관한 그의 철학적 접근은 독서의 산물이다. 험난한 인생을 살아오면서도 그는 게걸스런 독서광이었다. 20세 되던 해에 그는 6개월 동안 도서관에 틀어박혀 나폴레옹에서 표트르 대제와 예카테리나 여제, 루소에서 마르크스와 다윈에 이르기까지 위대한 인물들의 책을 닥치는 대로 읽었다. 그는 대중을 정복하고 조직하기 위한 실용적인 군사이념에 독서를 통해 얻은 이론들을 접목시켰다. 대중은 그가 지적인 통찰을 통해 이러한 이론을 만든 장본인이라고 믿었다. 그를 대중들의 궁금증에 대답해줄 인물로 여겼기 때문에 대중은 그의 충성스런 제자가 되었다. 젊은 마오쩌둥은 사교의 교주처럼 메시아적인 인물로 자리 잡았으며, 그의 추종자들은 자신들이 지목한 구세주가 권력을 잡는 1949년까지 그를 신격화시켰다.

헬레나 루빈스타인

20세기 전반, 화장품업계의 최강자 헬레나 루빈스타인은 '홀로코스트 출신의 전제군주'였다. 이 표현은 〈라이프〉에서 처음 사용하고, 평생의 연인이자 조력자였던 패트릭 히긴스가 보증한 말이다. "그녀의 강인한 성격은 사람을 질식시킨다. 그녀는 파워게임을 즐겼다"고 그는 말한다. 미의 영부인은 회고록에서 스스로를 이와 비슷한 모습으로 그려낸다. "내 인생은 쉬지 않고 내달려왔다. 나는 만족을 모른다." 히긴스는 그녀를 "황제처럼, 독재자처럼 군림하면서 모든 결정을 내렸다"라고 회상했다.

1938년 〈보그〉는 그녀를 가리켜 "거대한 나무 등걸에서 발이 열 개 달린 괴물이 나와 춤추는 것 같다"고 했다. 루빈스타인은 20세기 중반 미국에서 가장 돈 많은 여성이었으며, 자수성가한 부자 여성으로 손꼽혔다. 그녀에 대한 호전적인 소문은 엄청난 적수를 무너뜨리면서 비롯되었다. 1920년대 중반, 그녀는 갓 자리잡기 시작한 화장품 제국을 월스트리트의 막강한 투자은행을 거느리고 있던 레만 브라더스에게 팔았다. 몇 달이 지났다. 새로운 소유주에게 묘한 경쟁심과 더불어 그가 회사를 경영하는 방식이 마음에 들지 않은 루빈스타인은 회사를 다시 사들이기로 결심했다. 제대로 된 교육이라고는 받지 못한 자그마한 체구의 이 여성은 월스트리트에 기반을 둔 회사를 상대로 일 년 안에 750만 달러의 이윤을 내겠다면서 다시 회사를 팔라고 강요했다. 고등학교를 중퇴한 여자가 하늘을 찌르는 자신감과 의욕으로, 똑똑한 금융전문가들의 허를 찔렀던 것이다.

살바도르 달리는 1943년에 번쩍거리는 에메랄드 의상을 걸치고 바위에 사슬로 묶인 여성 프로메테우스로 그녀를 묘사했다. 이 그림은 루빈스타인에게 불후의 명성을 안겨주었다. 〈새터데이 리뷰〉는 그녀를 '인간 회오리'로 칭하면서, 세계 10대 여성 자수성가자의 한 사람으로 꼽기를 주저하지 않았다. 1940년 〈라이프〉 역시 그녀를 '가장 성공한 사업가'로 인정했다.

투지가 넘치는 이 여성의 왕성한 활동력은 92세에 이르는 나이에 극에 달했다. 그녀의 맨해튼 펜트하우스에 두 명의 무장강도가 침입한 적이 있다. 그녀의 집에는 수백만 달러어치 보석과 그림들로 가득 차 있었다. 젊은이들은 침실에 있던 루빈스타인에게 다가가, 보석이 든 금고의 열쇠를 내놓지 않으면 죽이겠다고 협박했다. 늙은 여인은 눈물을 흘리며 무릎을 꿇고는 생각할 시간을 달라고 빌면서, 그들을 물리칠 묘안을 궁리했다. 강도들이 그녀를 응시하며 물었다. "뭐하고 있는 거요?" 그녀는 여전히 풍만한 가슴 사이로 열쇠를 슬그머니 밀어넣으면서 "너희들을 위해 기도 드린다"고 대답했다. "난 살 만큼 산 노인네야. 너희는 날 죽일 수 없어. 게다가 난 네 놈들이 내 물건을 훔쳐가는 걸 절대 용납하지 않을 거야. 당장 꺼져버려, 이놈들아!" 그녀가 호통을 쳤다. 기세가 꺾인 강도들은 100달러가 든 지갑과 침대에 놓인 잡동사니 가운데 4,000달러짜리 다이아몬드 귀고리를 집어들었다. 그들은 금고의 열쇠를 찾기 위해 필사적으로 방 안을 뒤졌다. 그들은 루빈스타인의 비서가 문 앞에 나타나는 순간 거의 기절해버렸다. 보안벨이 울렸다. 그들은 수백만 달러짜리 보석과 그림들을 고스란히 남겨둔 채, 단돈 100달러만 손에 쥐고 줄행랑을 쳤다. 그 와중에 4,000달러짜리 귀고리조차 흘리고 간 그들! 다시 한 번 이 여인의 만용은 승리를 거두었다.

승부 근성 _ 115

마야 안젤루

혼자 힘으로 우뚝 선 이 여성은 상도 많이 받았지만 지나치게 호전적이고 독단적이었다. 그녀는 "수없이 많은 좌절을 겪겠지만, 결단코 쓰러져서는 안 된다"라고 말한다. 안젤루는 자수성가의 전형인 인물이다. 미혼모에다 인기라고는 없는 배우에, 교습 한번 받아보지 못한 댄서이자 가수였으며 타자도 칠 줄 모르는 작가에, 강단에 서기 전까지 대학 강의라고는 들어보지도 못한 종신교수가 바로 그녀다. 그녀가 이 자리에 오르기까지는 엄청난 고통이 뒤따랐다.

안젤루는 1993년 클린턴 대통령 취임식에서 자신의 시를 낭독하는 영예를 누렸다. 미천한 삶에서 고귀한 삶으로 올라선 인생유전 덕분에 그녀는 호레이쇼 앨저상(역경을 극복하고 자신의 분야에서 지도자로 성공한 이들에게 수여하는 상)을 수상했다. 이미 그녀는 12권의 책을 출판하고 수백 편이 넘는 시를 발표했다. 그녀는 영화 〈뿌리〉로 에미상을 수상했고 50여 개의 명예학위를 받았으며, 아랍어를 포함하여 6개 국어에 능통했다. 〈포기와 베스〉로 세계 순회공연을 가졌고, 그 경험을 바탕으로 희곡을 쓰고 배우·댄서·가수·작가·대학교수로 활동했다.

대통령 취임 축시 낭송이 있기 전, 언론과의 인터뷰에서 "고동치는 아침에, 난 영혼의 절름발이가 되고 싶지 않았습니다. 불구는 당신 탓이 아니에요. 내가 가진 건 영혼뿐, 그 누구도 날 장애인으로 만들 수 없습니다"라고 말했다. 어떻게 그녀는 불행에서 벗어날 수 있었을까? 그녀는 "아무리 힘든 일이 내게 맡겨지더라도 마음을 강하게 다지고 도전합니다"라고 쓴 적이 있다. 안젤루가 말하기를, 자신이 가진 내면의 힘은 "남을 괴롭히는 아이들에게는 절대 굴복하지 말라"고 가르치신 어머니와 외할머니에게서 비롯되었다고 한다.

1960년대 그녀는 로스앤젤레스에서 할렘으로 이사 온 미혼모에 지나지 않았다. 당시 10대였던 그녀의 아들 가이는 수지라는 소녀에게 데이트 신청을 했다. 수지는 당시 야수파라는 폭력 조직의 악명 높은 두목, 제리의 여자친구였다. 제리는 가이를 없애려고 살인청부업자를 고용했다. 제리가 이미 수도 없이 죄 없는 사람들을 죽였다는 사실을 안 안젤루는 경악했다. 제리의 주소를 알아낸 그녀는 그를 찾아갔다. 그리고 제리와 수지 사이로 거칠게 다가가 제리의 오른편에 섰다. 제리를 빤히 쳐다보다가 지갑에서 권총을 꺼내 들이대며 근엄한 목소리로 말했다. "너희 야수파 놈들이 내 아들 몸에 손끝 하나 댔다간 여기로 당장 찾아와 맨 먼저 수지 할머니를 쏘고, 그 다음 그애 엄마, 다음으로는 너의 사랑스런 애인 수지를 날려버릴 테다." 그리고 수지를 똑바로 쳐다보았다. "너도 잘 알아들었겠지? 네 집을 찾아가 살아 움직이는 건 죄다 죽여버릴 거다. 쥐새끼 하나, 바퀴벌레 한 마리까지도." 젊은 깡패는 뒷걸음질치면서 그녀에게 소리쳤다. "잘 알아들었다고, 젠장! 엄마라는 인간도 비열하고 치사하기는 마찬가지군."

어디서 그런 겁 없는 행동을 배웠을까? 그녀의 어머니 비비안에게서 배웠다. 흑백간의 인종 갈등이 고조되던 1960년대, 그들은 '백인 전용' 모텔에서 벌어진 폭력사건의 현장에 있었다. 어머니는 끔찍한 최후를 당한 사람의 시신을 확인하러 안으로 들어가야 한다고 우겼다. 로비로 걸어간 비비안은 지갑에서 총을 꺼내 겨누고는 자기들을 막을 테면 막아보라고 위협했다. 감히 아무도 그들을 막지 못했다. 그날의 기억은 안젤루에게 깊이 각인되었다. 지금도 자신의 성공은 억척스런 투지를 가르쳐주신 어머니와 외할머니의 덕택이라고 말한다.

베이브 디드릭슨 제어라이어스

20세기 중반의 스포츠 저널리스트들은 제어라이어스를 금세기 최고의 여성선수로 꼽았다. 그녀는 농구, 육상경기, 야구, 골프에서 탁월한 실력을 보여주었다. 사교 테니스를 칠 때에도 그녀에게는 챔피언을 누를 만한 실력이 있었다. 그녀의 눈부신 활약으로 그녀는 베이브 루스의 이름을 딴 닉네임, '베이브'를 얻었지만, 그 이름은 거친 노동으로 생활하는 대가족의 막내인 그녀의 애칭이기도 했다. 베이브는 어려서부터 남자들과 겨뤘다. "거칠게 놀던 세 명의 오빠들이 있었기에 지금의 내가 있게 되었다." 고등학교 동창도 그녀를 가리키며 "남자애들보다 늘 한 수 위였어요"라고 말했다. 제어라이어스는 남자들하고만 경쟁을 했다. 여자들과 시합을 하면 너무 쉽게 이겼던 탓이다. 30대에 사귄 골프 친구는 그들의 사교생활을 이렇게 표현했다. "모든 것이 다 내기였어요. 시합을 하면 늘 내기를 걸었죠." 제어라이어스의 평생 경쟁 상대였던 프로 골퍼 베티 힉스는 "그녀는 골프 투어에 참가한 어린 선수들을 가볍게 해치웠다"라고 묘사하면서, 그 당시의 골프 장비로 평균 250야드의 드라이브를 일정하게 구사하는 그녀의 능숙한 솜씨를 높이 평가했다. 〈시카고 트리뷴〉의 전설적인 스포츠 기자였던 그랜트랜드 라이스는 남녀를 불문하고 20세기 중반의 최고 선수로 제어라이어스를 꼽았다. "지금 우리는 세계 스포츠 역사상 육체와 정신의 조화로 빚어진 근육의 완벽한 모습을 보고 있다"고 흥분했다.

   제어라이어스의 삶의 중요한 특징은 바로 승부욕이다. 필자 또한 그녀가 역사상 가장 위대한 운동선수였음을 확신한다. 제어라이어스는 구슬치기에서 배구, 육상경기, 야구, 소프트볼, 테니스, 골프, 볼링에 이르기까지 자신이 시도했던 모든 스포츠에서 탁월했다. 1940년대 여성 골프 토너먼트에서 연속 13승을 거둔 그녀의 기록은 아직도 깨지지 않고 있다. 그녀는 암에 걸려 앞으로 일 년 정도 살 수 있을 거란 의사의 말을 들었는데도 병원을 박차고 나와 항문결장 수술 후 6주 만에 버몬트 오픈전에서 첫 우승을 거두었다. 스포츠 기자 토니 스커락은 "그녀는 이 시대 운동선수가 보여줄 수 있는 경이로움을 모두 보여주었다"고 적었다.

스포츠 기자가 그녀에게 "어떤 운동을 가장 잘합니까?"라고 묻자, 그녀는 "모두 다 잘합니다"라고 주저없이 응답했으며, 도전을 받으면 결코 물러서는 법이 없었다. 고등학교 시절 풋볼 선수가 그녀에게 권투를 하라고 부추기자, 165센티미터의 키에 몸무게가 54킬로그램에 불과한 그녀가 그 선수를 때려눕혔다. 어느 날 파티에서 남성성을 지독하게 과시하는 사내가 술에 취해 허풍을 떨고 있었지만 어느 누구 하나 그를 제지할 엄두조차 내지 못했다. 베이브는 망설이지 않고 193센티미터의 키에 몸무게가 113킬로그램인 거구의 사내를 냅다 집어들어 바닥에 내던졌다. 자신의 본능적인 행동에 스스로도 놀란 그녀는 훗날 그에게 정중하게 사과했다.

그녀는 호전적인 기질 때문에 골프 투어를 하면서도 친구가 별로 없었다. 참가하는 경기마다 발휘되는 그녀의 편집증적 승부욕은 상대 선수들을 격분케 했다. 제어라이어스는 19세에 국가대표 농구선수였으며, 21세에 올림픽 금메달을 땄다. 육상경기에서 6개의 세계기록(창던지기, 높이뛰기, 허들경기, 단거리 종목들)을 가지고 있었으며, 지독한 승부 근성에 대한 증언에서도 알 수 있듯이, 트랙과 필드경기에서는 상대 선수와 팀을 완패시켰다. 1932년에 있었던 로스앤젤레스 올림픽에서는 선수들이 모여 있는 락커룸으로 들어가 "한 손으로도 너희들 모두를 이길 수 있어"라고 장담했다. 그녀는 코치에게 가서 선수들을 모두 집으로 돌려보내라고 부탁했다. 다음 경기에는 혼자 출전하겠다고 선언한 것이다. 그녀는 모든 종목에서 단독으로 뛰었다. 제어라이어스는 단거리 경주, 장거리 높이뛰기, 높이뛰기, 창던지기, 투포환 등의 종목에 출전했다. 그녀는 자신에 대한 요란스런 기대에 부끄럽지 않게 8개의 금메달과 4개의 세계기록을 세웠다. 제어라이어스는 평균 20명의 선수들과 겨루어 쉽사리 우승을 따냈다.

베이브는 12개의 스포츠 종목에서 세계적 수준의 선수였고 모든 경기마다 치열한 경쟁을 벌여 승리했다. "나는 경기하는 것만으로는 부족하다. 낚시를 하거나 럼주 내기를 해도 이겨야만 한다"고 말했다. 1948년 처음으로 US 오픈 클럽하우스에 들어간 그녀는 "이제 우승컵을 내게 줘야 할 겁니다. 내가 가져갈 거니까요"라고 말하고는 밖으로 나가 필드를 엉망으로 만들었다. 승부 근성으로 가득 찬 그녀는 손에 피멍이 들 때까지 연습했다. 그녀에게 적대적이던 스포츠 기자 폴 갈리코조차 그녀의 위업에 대해 "그녀는 어떤 운동이든 할 수 있다. 근육질 여자의 귀감이다. 육상계에서 그녀만큼 위대한 선수는 없다"라고 말했다.

톰 모나건

도미노 피자의 창립자인 톰 모나건은 자서전 『피자업계의 호랑이』에서 승부 근성 덕분에 성공할 수 있었다고 회고한다. "나는 조각그림 맞추기의 명수이며 뛰어난 탁구선수이자 구슬치기 달인이다. 스포츠라면 다 잘했다." 그의 성실함과 투지는 채무 불이행으로 도미노 피자의 경영권을 상실한 초기 시절에 이미 다 드러났다. 그는 그 시절에 대해 '실패한 백만장자'로 표현한다. 100만 달러의 부채 때문에 은행이 자신의 회사를 인수하리란 사실을 그는 알고 있었다.

그러나 은행은 모나건만큼 회사에 대해 해박한 지식과 경영능력을 가진 대리인을 찾을 수 없어 그를 유임시켰다. 은행은 몇 가지 포기각서를 받고서 그에게 회사를 돌려주었다. 그가 파산신청을 할 수도 있다는 우려 때문이었다. 그는 좌절을 극복하고 일일이 채권자들과 접촉했다. 그 부채를 갚는 데 자그마치 8년이란 시간을 쏟아부었다. 그가 도미노 피자에 정식으로 복귀한 1990년, 그는 언론에 이렇게 선언했다. "이제 나는 피자 전쟁에 돌입하겠다." 성공에 관한 모나건의 유명한 말이 있다. "경쟁은 우리를 더욱 날카롭게 단련시켜 새로운 해답을 찾게 하고, 안주하지 않게 만들며 모든 것을 알고 있다는 자만에 빠지지 않게 한다." 모나건은 성실하게 부채를 갚아나갔고 10년 만에 드디어 회사를 다시 찾았다. 그리고 그 성실함으로 어린 시절의 꿈이던 디트로이트 타이거즈 팀을 인수하게 되었으며, 10년 후 억만장자가 되었다.

모나건의 또 다른 경쟁력은 식사와 운동을 꾸준히 하는 데 있다. 50대부터 그는 거의 매일 팔굽혀펴기 150회를 포함해 45분 동안 마루운동을 하고 사무실에서 10킬로미터를 달린다. 하루를 시작하는 아침 샤워를 하기 전, 근력강화 기구로 또 운동을 한다. 이런 승부 근성이 도미노 피자를 미국 내 체인업계 2위로 끌어올린 추진력이다.

마이클 조던

'에어 조던'이란 그의 별명은 이미 세상이 다 알고 있으며, 스포츠 기자들과 그의 동료들은 운동화를 신고 경기를 한 농구선수 가운데 가장 위대한 선수로 그를 꼽는다. 스포츠와는 전혀 상관없는 〈월스트리트〉의 정치 칼럼니스트 알버트 헌트는 1998년 5월 7일자 신문에 "부단한 연습과 강인한 승부 근성은 이 시대, 가장 위대한 선수의 자리를 넘볼 자가 없게 만들었다"라고 썼다. 헌트는 그를 베이브 루스, 짐 소르프, 무하마드 알리를 결합시켜놓은 인물로 묘사했다. 조던은 매 시즌 경기마다 30점 이상을, 플레이오프 경기에서 한 경기당 평균

34점 이상의 고득점을 유지했다.

조던은 말로는 다 표현하기 힘든 대단한 승부욕을 가진 사람이다. 뉴저지 네츠 팀의 코치 존 칼리파리는 1998년 시카고 불스의 조던과의 경기는 "딜러를 상대로 블랙잭을 하는 심정"이라고 말했다. 조던도 자신의 강한 승부욕을 잘 알고 있었으므로 "상대가 덤벼들지 않으면 내가 나서서 경기를 이끌 것이다"라고 말한 바 있다.

패배를 거부하는 승부욕이 마이클의 성격이며 이런 정신이 그를 세계적인 선수로 이끌었다. 마이클은 "나는 승부를 너무 사랑한다. 돈의 문제가 아니다. 다만 경쟁하기를 좋아해서 도전한다. 시합이 있어야 이길 수 있지 않는가"라고 말했다.

마이클은 그 유례가 없었던 무려 열 번의 NBA 득점왕을 거머쥐었고, 세 차례나 MVP자리에 올랐으며 올스타 게임에서 MVP를 차지하기도 했다. 마이클은 모든 경기에서 승리했고, 1997년과 1998년에는 3,300만 달러의 연봉에 4,500만 달러의 보증을 받는 세계 최고의 선수가 되었다. 7,800만 달러는 우리가 즐겨하는 경기를 하는 대가로 받는 액수치고는 등골이 오싹할 정도로 많아 보인다. 농구경기에 긍정적인 힘과 카리스마적인 영향력을 이끌어낸 그는 충분히 그만한 가치가 있다. 〈포춘〉은 마이클 조던의 경제적 영향력에 대해 조사했는데, 나이키 운동화와 광고에서 얻는 520억 달러의 파급효과와 더불어 100억 달러에 이르는 경제적 효과를 창출한다고 발표했다.

시카고 불스의 소유주 제리 레인도르프는 마이클 조던의 신비를 이렇게 정리한다. "예전에는 조던을 농구계의 베이브 루스라고 생각했지만, 지금은 베이브 루스를 야구계의 마이클 조던이라고 믿는다." 유명 연예인 마돈나는 시카고 불스의 경기를 본 뒤 가장 좋아하는 선수가 누구냐는 질문에, "MJ는 감탄이 절로 나오는 사람이에요. 신이 따로 없죠. 다른 사람으로 다시 태어난다면 조던처럼 되고 싶어요"라고 대답했다. NBA 커미셔너인 데이비드 스턴은 언론과의 인터뷰에서 "누구도 마이클 조던을 대신할 수는 없다. 그는 이 시대에 가장 유명한 선수이며 아마도 영원히 그럴 것이다"라고 말했다. 농구 유니폼을 입을 당시 라이벌이었던 아이제이아 토머스도 TV 시청자들에게 "그는 붉은 유니폼을 입은 메시아다"라고 표현할 정도다. 마이클 조던은 그의 꿈을 이루기 위해 주어진 순간마다 최선을 다해 경쟁했다.

조던은 어떻게 경쟁했을까? 불스 팀에 새로운 선수가 들어오면 코치는 그 선수를 마이클에게 데려가 이렇게 말하곤 했다. "마이클과 내기 게임을 하지 마라." 신참 선수 대부분은 연습을 충분히 하고도 그와 골 시합을 해서는 안 된다는 걸 알게 되었다. 마이클은 하프 코트에서 슛 하나에 1,000달러 내기를 좋아했다. 마이클은 〈에보니〉와의 인터뷰에서 이렇게 말한다. "나는 어떤 것이든 내기를 좋아한다. 탁구, 골프, 카드가 됐든, 야구시합이든 모든 경쟁을 좋아한다." 그가 이렇게 경쟁적이 된 이유는 무엇일까? 그가 고교 야구팀에서 쫓겨났다는 이야기가 있다. 그 당시의 충격에 몹시 고통을 받은 그는 다시는 그런 경험을 하지 않겠다고 다짐한 듯하다. 그때부터 그는 지는 것을 증오했으며 그런 내적인 동인이 그를 최고의 선수로 이끌었다.

지나친 승부욕의 어두운 면

의학 보고서에 따르면 지나치게 밀어붙이는 행위는 건강에 해롭다고 한다. 지나치게 경쟁적이고 남보다 뛰어나려고 애쓰는 사람들은 심장질환에 걸리기 쉽다. 듀크 대학에서 22년 동안 진행한 연구에 따르면, '사회에서 월등한 존재'가 되는 요인들이 역으로 건강에 위험 요인으로 작용한다고 한다. 경쟁심에서 비롯된 우수한 장점들의 60퍼센트 이상이 사망이나 심장질환의 원인이 된다는 사실을 밝혀낸 것이다.

경쟁적인 사람들은 다른 사람들에게 위협적으로 비춰져 보통사람들과 어울리기 힘들다. 마이클 조던의 가장 절친한 친구인 찰스 바클리는 "내 평생 나보다 더 경쟁적인 사람은 MJ가 유일하다"고 말했다. 매직 존슨은 1998년 4월 스포츠 전문 채널인 ESPN과의 인터뷰에서 "마이클 조던을 만나기 전에는 내가 가장 호전적인 줄 알았다. 이제 내가 그를 이기려면 전쟁에 나갈 채비를 해야 한다. 마이클은 포로를 잡아두지 않는다"라고 말했다. 하지만 베이브 디드릭슨 제어라이어스는 조던보다 더 경쟁적이어서 친한 친구가 거의 없었으며, 있다 해도 대부분 남자친구들이었다.

A형 행동양식과 경쟁심은 상당히 관계가 밀접하다. 그리고 그 부작용도 만만치 않다. A+형 인물들은 대부분 행복해지려는 순간이 되면 어떻게든 행복을 깨려는 경향이 있으며, 외로운 삶을 살다가 홀로 죽음을 맞이한다. 나폴레옹, 테슬라, 피카소, 제어라이어스, 휴즈, 히틀러, 랜드, 마오쩌둥이 그러하다. 이들은 스스로를 조절하지 못해 파괴하려는 성향이 강하며 바로 그 점 때문에 친구들로부터 사랑을 받지 못한다. 피카소는 최악의 자기방어 본능을 감추지 않았다. "아내를 바꿀 때마다 지난번 아내를 내 마음에서 지워버린다. 다른 사람과 행복해하는 모습을 보느니, 사랑하는 여자가 죽는 걸 보는 게 더 낫다."

경쟁심이 너무 지나치면 이렇게 된다.

호전성과 남녀의 차이

앞에서 언급한 듀크 대학의 연구 결과를 포함한 대부분의 연구는 남성보다 여성이 덜 경쟁적이라고 한다. 심리학자 미하이 칙센트미하이는 "여성 예술가와 여성 과학자들이 다른 여성들보다 호기심이 많고 자신감에 넘치며 호방한 면이 많다"는 사실을 알아냈다. 듀크 대학의 연구에서는 최고의 성공을 거둔 여성들은 전형적인 여성들과는 많은 차이를 보였지만, 여성들은 대체로 경쟁하기보다는 서로 협력하는 편이라고 한다. 칙센트미하이는 〈사이콜로지 투데이〉에서 "창의적이고 재능 있는 소녀들은 최고가 되고 싶어하기 때문에 보통의 여자아이들보다 매우 거칠다. 그러나 창의적인 소년들은 또래보다 덜 호전적이다"라고 밝혔다.

남성과 여성은 그것이 인생이 되었든, 체스나 브리지 같은 게임이든 아니면 테니스 챔피언전이든, 완전히 다른 모습으로 경기를 한다. 남자들은 게임을 남성성의 과시라고 생각하기 때문에 어떻게든 이기려고 안간힘을 쓴다. 그래서 남자들은 승리하기 위해 소중한 관계를 엉망으로 만들기도 한다. 여자들은 소중한 관계에서 질투심을 유발시키느니 차라리 경기를 포기하는 편이다. 여자들에게 게임이란 사회생활의 일부분일 뿐, 승패에 목숨을 거는 전쟁이 아니다. 여자들이 지나치게 경쟁적인 경기를 그다지 즐기지 않는 까닭이 바로 여기에 있다.

이러한 일반론에도 예외란 늘 존재한다. 헬레나 루빈스타인, 베이브 디드릭슨 제어라이어스, 마돈나와 같은 인물들은 이 책에서 다루는 90퍼센트의 남성들보다 더 경쟁적이며, 보통의 남자들보다는 99퍼센트 이상 경쟁적이다. 이들 세 여성은 최고의 자리에 오르는 험난한 여정에서 소중한 인간관계를 파괴했다. 그래서 수백 가지의 파편 같은 일화들을 남겼다. 헬레나 루빈스타인의 두 번째 남편은, 피카소의 초상화 모델이 되기 위해 헬레나가 유럽에 가 있는 동안 임종했다. 헬레나는 "너무 늦었어. 내가 지금 가봐야 뭘 하겠어?" 하면서 자신의 계획에 차질이 생긴다는 핑계로 장례식에도 참석하지 않았다. 남편의 장례를 다른 사람에게 맡긴 채 유럽에 남아 있었던 것이다. 2년 후 아들이 교통사고로 죽었을 때도 유럽에 있었는데, 그때도 일 때문이라는 핑계를 둘러대고 나타나지 않았다.

베이브 제어라이어스는 남편과 가족, 친구보다 승부를 우위에 두었다. 골프 동료인 베티 힉스는 "그녀는 이기기 위해서라면 무엇이든 할 수 있어요. 팀 동료들이 그녀를 경멸하는 이유도 바로 그 때문이죠"라고 말했다. 캐서린 헵번과 스펜서 트레이시 주연의 영화 〈패트와 마이크〉에 카메오로 출연했을 때도 강한 승부욕이 문제가 되었다. 대본에는 베이브가 주연 여배우에게 골프 게임에서 지는 것으로 되어 있었다. 베이브는 영화에서조차 지는 것을 단호히 거부해, 작가에게 대본을 고쳐 쓰도록 요구했다. 그녀의 전기작가 수잔 캐이레프도 "그녀에게 내면화된 남성성은 충격적일 정도다"라고 표현했다.

연예계에서 활동하는 마돈나에게도 이런 편견은 여지없이 적용된다. 그녀의 전 매니저 카미유 바본느는 언론과의 인터뷰에서 "남자가 여자를 유혹할 때처럼 그녀는 남자를 유혹한다"라고 말했다. 마돈나는 그 특유의 호전성으로, 정상에 이르기 위해 수많은 매니저를 이용하고 폐기처분했다. 그녀는 "나는 경쟁하지 않으면 그 누구에게도 관심없다"라는 말로 다른 사람과 협력하는 관계가 쉽지 않음을 스스로 인정하고 있다. 그런 그녀에게 여자친구가 없다는 것은 당연한 일이다. 이 책에 나오는 여성들은 메리 케이 애쉬, 마야 안젤루, 오프라 윈프리를 제외하고는 모두 여자친구보다 남자친구가 더 많다. 그녀들은 여자들과 있는 것보다 남자들과 지내는 게 훨씬 편하다. 여성들과의 공통점을 공유하기보다 남자들과 더 많은 공통분모를 지녔기 때문이다.

이 세 명의 여성은 남녀를 불문하고 누구한테도 지기를 싫어했다. 헬레나 루빈스타인의 대리인이었던 패트릭 히긴스는 그녀를 처음 만나는 날, 어느 유럽인 친구가 그녀의 호전성을 경고해주었다고 했다. 히긴스의 친구는 이렇게 말했다. "자네도 그 여자가 먹는 걸 시켜. 그렇지 않으면 네가 잡아먹힐 거야." 루빈스타인의 기막힌 일화 가운데 또 하나는 맨해튼의 펜트하우스를 살 때 벌어진 일이다. 부동산 중개업자가 그녀의 제안에 아무런 연락이 없자 전화를 걸어 왜 그런지 그 이유를 물었다. 입장이 난처해진 중개업자는 그 건물은 유대인에게 매매가 제한되어 있다는 그곳 지배인의 말을 전하면서 다른 펜트하우스를 알아봐야 할 것 같다고 설명해주었다. 격분한 루빈스타인은 건물을 통째로 사들여 고집불통인 지배인을 해고한 뒤에야 그곳으로 이사했다.

> **essential point**
> 경쟁심이 없다면 좀처럼 위대함을 얻기 힘들다
>
> 경쟁적인 사람들은 엄청난 성공의 기회를 잡지만 때로는 참혹한 대가를 치르기도 한다. 여기서 살펴본 인물들은 최고의 자리에 오르기 위해 친구나 동료, 심지어 자신의 건강을 희생하기도 한다. 마리 퀴리는 방사능에 노출되기도 했다. 하워드 휴즈는 항공기 제작에 너무 많은 지출을 했고 그것이 참패하는 통에 약물에 절은 괴상한 노인으로 생을 마감했다. 나폴레옹과 헬레나 루빈스타인은 친구 한 명 없이 고독하게 죽었다. 그들은 승리가 유일한 목적이었기 때문에 가족으로부터도 외면당했다. 루퍼트 머독은 70세가 훌쩍 넘은 나이에 아내가 그의 곁을 떠났다. 그의 승부욕을 더 이상 참을 수 없다는 것이 그 이유였다. 최고가 되기 위해 이들이 치른 대가다.
>
> 야망과 경쟁적인 욕구는 대체로 아주 가까운 관계부터 전쟁을 치르게 한다. 그리고 여자들보다 남자들이 훨씬 더 진지하다. 예카테리나 여제는 여러 번 임신중절을 했으며, 자신의 아들조차 권력에 방해가 될까봐 권력에 도전하지 못하는 자리로 좌천시켰다. 아인 랜드와 마가렛 미드는 남편의 성姓을 따르기를 거부했으며 이사도라 덩컨은 세상을 떠돌아다니는 데 제약이 된다는 이유로 아이들의 아버지나 연인과 결혼하지 않았다.
>
> 우리는 모두 강한 경쟁 상대를 만나면 훨씬 실력이 향상된다. 이 점을 명심해야 한다. 자기보다 못한 상대를 찾는 것은 실력을 향상시키는 데 아무런 도움이 되지 못한다. 실력을 향상시키기 위해서는 인격적으로나 직업적으로 나를 이기려는 상대를 피하지 말고 거칠게 맞서 싸워야 한다.
>
> 경쟁적인 성격은 지나치게 호전적으로 보이기도 하고, 고도로 마키아벨리적이기도 하며, 한꺼번에 여러 가지 일을 해치우는 고독한 자의 영역이다. 경쟁심이 없다면 좀처럼 위대함을 얻기 힘들다. 그러나 성공을 위해 그런 대가를 치러야 할지는 스스로 꼭 확인해봐야 할 것이다.

3rd Key to Greatness _ CONFIDENCE & SELF-ESTEEM

자신감과 자아 존중감

세상 사람들이 자기를 따르리란 믿음

자존심은 강하든 그렇지 않든 자기 충족적인 예언을 만들어내는 발전소다.
나다니엘 브랜든, 『6가지 유형의 자존심』 중에서

위대한 인물들은 무서울 정도로 확고한 자아상을 가진다

성공한 사람들은 스스로를 믿는다. 거만함과 구분하기 힘든 낙관적인 자아상을 가지고 있다. 올림픽에 참가한 선수 가운데 낙천적인 선수들은 경기에 지더라도 즉시 사기를 회복하여 다음 경기에서 이기지만, 비관적인 선수들은 경기에 지면 금방 무너져버려 다음 경기에서도 쉽게 진다고 한다. 심리학자 마틴 셀리그먼은 "낙천주의자들이 염세적인 사람들보다 높은 성취도를 보인다. 낙천적인 야구팀과 농구팀들은 경기에 패배하더라도 염세적인 팀에 비해 다음 경기를 훨씬 더 잘해낸다"라고 말했다.

성공과 위대함에는 자신감과 자존심이 무엇보다 중요하다. 뛰어난 인물들에게는 완고할 정도로 강한 신념체계가 작동하고 있다.

자신에 대한 확고한 믿음이 없다면 이 책에 언급한 그 누구도 위대한 일을 해낼 수 없으며, 인격적으로나 직업적으로 가해지는 무수한 공격들을 이겨내지 못했을 것이다. 그들은 적은 말할 것도 없고, 가족이나 친구, 자기 분야의 전문가들에게 지속적인 조롱과 멸시를 받기도 했다. 성공한 인물들 모두 어느 누구도 꿰뚫을 수 없는 강한 자존심으로 무장한 이유가 바로 여기에 있다. 강인한 의지, 자신에 대한 확고한 믿음이 없었다면 위대한 인물들은 무참히 무너졌을 것이다.

이들은 다른 사람들이 뭐라 하든 자신의 목표를 이루겠다는 확신이 있었기 때문에 비즈니스·예술·정치·인권 분야에서 정상에 이르렀다. 장애물은 나아가는 길에 방해가 되기보다 강한 동기로 작용했다. 난관에 부딪히면 자신은 이런 일에 맞지 않는다는 결론을 내리기보다 극복해야 하는 적극적인 기회로 여겼다. 어려움에 부딪히는 것은 자신의 꿈을 이루려 할 때 단순한 장애물일 뿐이며 일시적으로 기를 꺾어 놓을 뿐이다.

성공한 사람들에게 흥미로운 점 한 가지는 바로 그들의 마음가짐이다. 성공한 사람들은 실패하는 사람들과 다르게 생각한다. 현재 진행 중인 일이라도 일단 마음이 바뀌면 그렇게 움직이는 것이 그들의 성공 비밀이다. 생각을 하다가도 일단 멈추고 그들은 '본능적인 반응'을 받아들인다. 승자들은 별다른 생각 없이도 자신의 목표에 정진하는 힘이 있다. 올림픽 금메달이나 윔블던 챔피언십이 다른 분야와 구분되는 것은 그들의 마음과 머리가 어디에 가 있느냐의 문제다. 사실 운동선수들의 능력에는 큰 차이가 없다. 다른 사람들이 지지 않으려고 안간힘을 쓰는 동안, 그들은 어떻게 하면 이길까에 전념할 뿐이다. 실패하는 사람들은 어떻게 하면 성공할 수 있을까에 집중하기보다 실패하지 않으려는 데 에너지를 쏟아붓는다. 실패하는 사람들은 늘 운이 없어 보이는데, 이것은 결코 우연이 아니다. 그들은 늘 자신이 운이 없다고 불평하면서 상대는 운이 좋다고 말한다. 행운이 행운을 부른다고 한다. 그렇다. 그들은 몸과 마음에서 행운을 불러들인다. 운이 없는 사람들은 스스로가 불운을 초래하기 때문에 자신이 최고의 적이 되는 셈이다.

실패자들은 늘 징징대며 유독 자기 머리 위에만 먹구름이 뒤덮여 있다고 착각한다. 실패자들 앞에는 엄청나게 많은 실패의 이유가 일렬로 늘어서 있다. 승자는 승리의 원인을 찾기 위해 분주할 필요가 없다. 그들의 내적인 자신감이 이미 승리를 통해 입증되었기 때문이다. 테니스 공을 치기 전에, 비즈니스 전략을 세우기 전에, 정치적 연대를 결정하기 전에 낙관주의가 그들의 마음 구석구석에 침투해 있다. 긍정적인 에너지로 넘치는 승자는 정상의 자리에 오르게 되고, 실패자는 쓰레기더미에 올라앉게 된다. 그렇다면 낙관주의는 어떻게 생기는 것일까? 한마디로, 낙관주의는 '나는 꼭 성공한다'는 자아 존중감에서 생겨난다.

행운의 여신은 낙천주의자에게 미소 짓는다

행운과 성공은 서로 깊이 연결되어 있다. 빌 게이츠의 경쟁자들은 그를 행운아라고 부른다. 마가렛 대처의 경쟁자들 역시 그녀에게는 운이 따랐다고 한다. 그들이 자기 분야의 최고가 되는 데는 승부욕과 타이밍이 적중했음은 말할 것도 없지만, 다른 사람들이 옆길로 비켜서서 떠오르는 기회를 물끄러미 바라보는 동안 그들은 기회를 잡았던 것이다. 마이클 조던은 경기 종료를 알리는 버저가 울리는 순간에도 슛을 쏴 득점을 올리고 팀을 승리로 이끈다.

프랭크 로이드 라이트는 전통적인 건물의 개념을 무시했지만, 운 좋게도 건축가로서 명성을 얻었다. 도시 외곽에서 근근이 살았던 라이트는 전통의 틀을 깨는 혁신적인 건축물을 지었는데, 바로 이 점이 그에게 행운으로 작용했다. 마리아 몬테소리는 남성 지배적인 사회에서 여성의 의료행위를 허락하지 않아 지진아들을 가르쳐야 했던 경력이 바로 행운을 가져다주었다. 곧바로 의사가 되는 운이었더라면 교육의 혁명을 가져올 정도의 '행운'은 불가능했을 것이다.

린다 에릭슨 데닝은 "보통의 지능에 높은 자아 존중감을 가진 사람들은 대체로 성공하는 반면, 우수한 지능이지만 낮은 자아 존중감의 학생은 학업이 저조한 것으로 밝혀졌다"고 말한다. 버클리 대학의 연구원인 마크 로젠츠바이크는 더 나아가 다음과 같이 말한다. "긍정적인 경험은 뇌 용량, IQ, 학업능력을 대체할 수 있다."

낙천주의란 무엇인가?

낙천주의자들은 자신의 삶에 부정적인 요소가 침범하지 못하도록 한다. 그들은 긍정적인 요소들로 힘을 얻고 부정적인 것들에는 금방 흥미를 잃는다. 뛰어난 인물들을 조사하면서 나는 그들이 접하는 모든 것들이 지나친 자신감으로 가득 차 있음을 알게 되었다. 그들은 부정적인 것들이 자신의 삶에 들어오면 대부분 무시해버린다. 어떤 염세적인 생각도 자신의 머릿속에 들어오지 못하게 방어한다. 누군가가 그들이 성공하지 못할 거란 부정적인 메시지를 던져도 곧장 무시해버리고 자신의 목표를 향해 매진한다. 마가렛 대처는 신입당원에게 이런 질문을 던지는 것으로 유명하다. "우리와 함께할 겁니까?" 불간섭주의를 표방하는 대처리즘을 가장 잘 표현하는 말이다. 질문을 받은 당원이 당황해 대답을 적당히 얼버무리면 입당이 거부되고,

정당은 대의에 동참할 새로운 당원을 물색한다. 대처는 그녀의 신념을 불신하는 사람과는 단 일 분도 허비하지 않았다. 아무것도 가진 것이 없다 해도 철의 여인은 백절불굴의 낙천주의자였던 것이다.

최초의 흑인 대법원장인 서굿 마셜을 '미스터 민권'이라고 부른다. 그의 열렬한 지지자들은 그가 '지나칠 정도로 낙관적'이었다고 한다. 누구도 그의 겸손을 비난한 적은 없었지만 그를 위대하게 만든 힘은 바로 자신감에 있다. 승산이 어떻게 되든 그는 늘 승리를 확신했으며 이기리란 자신감으로 자신을 무장했다. "우리의 주장이 옳다는 걸 알기 때문에 승리를 믿어야 한다"라고 그는 말한다. 그의 친구들은 서굿을 '자신감으로 똘똘 뭉친 괴물'이라고 부른다. 역사적인 사건이 된 브라운 대학 대 교육위원회의 재판 기간 동안 한 기자는 이렇게 썼다. "1953년이 저물어가는 어느 날, 나는 그가 자신에 대한 신념이 강하다는 생각으로 마셜의 손을 들어주었다."

예카테리나 여제가 독일에서 10대 시절을 보낼 때, 아버지는 그녀를 데리고 프리드리히 대왕을 알현하러 갔다. 그녀의 행동을 살펴보던 프리드리히 대왕은 그녀의 아버지에게 "무례하고 당돌한 아이!"란 반응을 보였다. 14세 때 유약한 표트르 대제의 손자와 결혼한 예카테리나는 황실의 여자가 되어 외롭고 비굴한 일생을 보내게 될 운명이었다. 그러나 그녀의 자신감은 스스로를 예카테리나 여제가 되도록 이끌었다. 그녀는 에고이즘적인 자기 확신을 이렇게 회고한다. "난 거만했다. 나보다 더 거친 여자는 없었지만, 언젠가 러시아 제국의 왕위를 계승하는 날이 오리라는 믿음을 단 한순간도 저버리지 않았다." 상당히 강한 어조로 말하는 독일 태생의 이 여인은 사실 러시아의 차기 국왕의 어머니가 될 예정이었지, 권력을 찬탈하고 왕위를 계승할 운명은 아니었다.

아인슈타인도 건방진 청년이었다. 취리히 공과대학의 베버 교수는 그에게 "자네에게는 한 가지 잘못이 있네. 그러나 아무도 그걸 말해줄 수 없다네"라고 말했을 정도였다. 아인슈타인의 자신감은 그에 대한 부정적 예언을 과감히 뛰어넘어 세계적인 과학자가 되도록 이끌어주었다.

어떻게 하면 자신감을 가질 수 있을까?

자신감은 일종의 긍정적인 인생 경험을 통해 어린 시절 또는 성장한 후 획득한 '성공에 대한 강렬한 기억'에서 비롯된다. 과거의 성공을 통해 깊이 새겨지게 되는 것이다. 이 책에 나오는 인물들은 성공에 대한 강렬한 기억들로 무장한 반면, 보통사람들이 가진 기억의 감옥에는 예전에 겪은 실패의 기억만 가득하다. 역할 모델이 될 만한 사람이나 인생의 조언자에게서 "너는 총명하다, 열심히 노력해라, 너는 꼭 성공한다"는 말을 들으며 성장하고 그 메시지들을 영혼에 깊이 새겨 이 예언들을 실현하기 위해서 산 사람들은 그야말로 행운아다.

남들이 불가능하다고 여기거나 어렵다고 여긴 일들을 성공적으로 이루어낸 사람들은 성공에 대한 강한 기억을 가지고 있다. 무척이나 어려운 일들을 해냈다는 것은 다음에도 이런 성취를 이룰 수 있다는 믿음을 준다. 성취하려는 일을 해내지 못하면 실패에 대한 두려움이 점점 더 자란다. 실패는 머릿속에 깊이 각인되어 또다시 실패할 운명으로 살아가게 된다. 펜트하우스에는 성공한 사람들로 가득하고 빈민촌에는 자신을 실패자라고 믿는 사람들로 가득하다. 피카소는 기자에게 이런 말을 한 적이 있다. "나는 내 안에서 들려오는 뜻밖의 목소리를 듣는다." 예술에서 무엇이 옳은가를 따지는 비평가들보다 자신이 예술에 대해 더 잘 알고 있다는 고백이기도 하다. 교만과 구분이 가지 않는 그의 강한 자존심은 그를 세계적인 예술가로 만드는 데 지대한 공헌을 했다.

테니스에서 백핸드 드라이브를 완벽하게 쳤다고 해보자. 그러면 다음에 백핸드 드라이브를 훨씬 쉽게 칠 수 있도록 적극적인 메시지가 우리의 무의식에 각인된다. 어려운 골프 샷이나 스키에서 고난도 슬로프를 성공하고 나서도 마찬가지다. 긍정적인 경험들이 지속적으로 강화된다면 자신에 대한 생각이 달라져 결국에는 강한 자부심을 가지게 된다. 그렇게 되기까지가 하나의 도전이다. 달리 말하면 긍정적인 경험이 긍정적인 결과를 낳는다. 로저 배니스터가 이루기 전까지는 아무도 1.6킬로미터를 4분 만에 주파한 사람은 없었다. 그는 드디어 6개월 만에 전 세계 선수들이 '불가능하다고 생각한' 이 기록의 장벽을 깼다. 위대한 인물이 되려면 우리 마음 안에 있는 부정적인 대본들을 긍정적으로 각색해야 한다. 각각의 성공에 힘입어 자부심은 기하급수적으로 커져갈 것이다.

이 이론을 가장 잘 보여주는 역사적인 사례는 바로 이탈리아 로디 전투에서 이기기 힘든 적을 만난 젊은 장교 나폴레옹에게서 찾을 수 있다. 적은 25배 정도 많은 병력을 보유했기 때문에 그도 질 것이라 생각했다. 그는 전투에서 이기자 자신의 캠프로 돌아가 이렇게 결심한다. "나는 장차 위대하게 될 존재다." 나폴레옹은 세인트헬레나 섬에서 그때 자신의 변화에 대해 이렇게 썼다. "로디 전투 승리 단 하루 만에 내가 위대한 존재임을 알았고 위대한 업적을 완수하겠다는 야심을 품었다."

인생에서의 성공은 내적인 신념체계를 이룬다. 한번 성취하고 나면 다음에도 할 수 있다는 믿음이 생기기 시작한다. 안타깝게도 실패도 똑같은 효과를 불러온다. 마이클 조던은 왜 경기가 끝나가는 마지막 순간까지 골을 넣으려 할까? 그것은 바로 자신이 해낼 수 있다는 사실을 알기 때문이다. 노스캐롤라이나 대학 신입생이던 18세의 조던은 NCAA(전미대학체육협회) 타이틀이 걸린 경기의 종료 시간이 다가오는데, 자신의 손에 농구공이 있음을 알았다. 그리고 그가 공을 바스켓에 넣는 순간 그의 인생이 바뀌었다. 단 한 개의 슛이 평범한 선수에서 슈퍼스타로 바뀌는 순간이었다. 그는 기자에게 "그때 쏘아올린 슛 이후로 내 경력이 시작되었고 나는 이제 천하무적이 되었죠"라고 말했다.

아동의 무의식 세계에 내면의 신념을 새기는 막중한 책임은 부모에게 있다. 유년기에 강한 자부심을 형성하지 못한 사람들은 어른이 되어서야 부정적인 기억들을 긍정적인 기억들로 바꾸려고 애쓴다. 그러나 이사도라 덩컨은 운이 좋게도 아주 어린 나이에 자아에 대한 확고한 믿음을 가지게 되었다. 그녀는 이렇게 말한다. "늘 따라다니는 '하지 말라'는 말에 나는 결코 굴복하지 않았어요. 이건 어린아이들을 불행하게 만들 수도 있는 말이지요. 나와 오빠들은 집시처럼 자기가 하고 싶은 대로 하고 살았죠. 어린 시절을 자유롭게 지낸 덕분에, 나는 나만의 무용을 창조해내는 영감을 얻었답니다."

마리아 몬테소리

마리아 몬테소리는 전통에 도전함으로써 교육학의 선구자가 되었다. 그녀는 의사로 일할 기회를 얻을 수 없었기 때문에 교육 현장에 발을 내딛게 되었다. 몬테소리는 언제나 자신이 속한 영역에서 일탈자로 살았다. 수학을 배우기 위해 남학생만 다니는 학교에 다니기도 했고, 공학도를 꿈꾸며 로마에 있는 공과대학에도 다녔다. 교사가 되는 길만은 피하고 싶어서였다. 20세기로 막 들어서려는 그 시기에 여성에게 허용되는 유일한 직업이 교사였기 때문이다. 의사가 되겠다고 결심했을 때, 마리아의 아버지와 의과대학장 모두, 여자가 의사가 되는 일은 불가능하다고 말했다. 몬테소리는 도전적인 목소리로 "의사가 될 거란 사실을 난 이미 알고 있어요"라고 의과대학장에게 되받았다. 입학을 거부당하기를 단호히 거절한 이 자신감에 찬 여성은 교황을 감동시켜 자신의 편에 서서 중재하게 만들었다. 1896년 몬테소리는 로마대학에서 의학박사 학위를 딴 최초의 여성이 되었다. 하지만 여자라는 이유 때문에, 성인들을 대상으로 한 의료행위는 끝내 허용되지 않았다.

그 대신 그녀에게는 '지진아'들을 돌보는 일이 주어졌다. 그 당시 교육이 불가능하다고 여겨졌던 아이들이었다. 세상은 젊은 여의사에게 엄청난 도전과 시련을 안겨주었다. 그러나 여의사는 이 아이들의 운명을 개선시키기로 마음먹었다. 그 아이들의 교육현장에서는 다행스럽게도 교사지침서나 기존 교육계의 기준을 적용하지 않아도 되었다. 그녀는 바로 이 점 때문에 놀라운 성공을 거뒀다. 몬테소리는 몇 달 만에 '바보'라고 불리는 아이들에게 정상아와 같은 수준의 읽기와 쓰기를 가르쳤다. 그리고 10년이 채 안 되는 단기간에 그녀는 교수법의 혁명을 이루었다. 1907년에 그녀는 '어린이집'을 개원했다. 몬테소리는 '경험적 실용주의'에 입각한 교육론을 주장했다. 그녀는 배고픈 아이나 신체적·정서적 행동장애가 있는 아이들이 제대로 학습하거나 학업을 마칠 수 없다는 사실을 알아차리고, 어린이를 있는 그대로 받아들인 최초의 교육자였다. 이런 점이 그녀를 과학적 실증주의의 체계로 이끌어주었다. 몬테소리는 이런 발견들을 『몬테소리 교육법』에 남겼으며, 이외에도 수많은 책을 저술했고 '사회적 설계'의 이론을 전파했다.

전기작가 E. M. 스탠딩은 그녀에게 성공의 비결이 무엇이냐고 물었다. "그때는 뭐라도 다 해낼 것 같았다. 세상이 나를 조롱하고 거부할수록 꼭 해야겠다는 의지만 강해졌다"라고 그녀가 응수했다. 또한 "자유는 힘이다"라고 말하면서, "성공하려면 '자신에 대한 확신'과 '내적인 동기'가 있어야 한다"고 강조했다.

파블로 피카소

인습을 거부한 피카소는 자신이 가는 길을 막는 것이 있다면 그 무엇이든 파괴하기로 마음먹었다. 그는 기이하고 초현실적인 취향 탓에 가학적이기도 하고 피학적이기도 한 변태성욕자로 보인다. 그러나 그는 빼어난 걸작 〈아비뇽의 처녀들〉과 〈게르니카〉를 통해 20세기의 허무주의를 완벽하게 표현해냈다는 평가를 받았다. 이 작품들은 정서적 포악함과 파괴를 원초적으로 보여주었다.

피카소는 큐비즘의 창시자로 알려져 있지만, 지나친 자아도취벽으로 더 유명해졌다. 그의 친구 장 콕토도 그의 트레이드 마크는 자신감이라고 말할 정도다. 또한 "피카소는 누구도 저항할 수 없는 자신감을 내보인다. 그를 능가할 사람은 없어 보인다"라고 말했다. 피카소의 전기작가 아리아나 허핑턴은 그를 '최고의 자신감'을 가진 인물로 묘사한다. 그렇다면 그런 자신감은 어디서 비롯된 걸까? "내 안에서 들려오는 소리를 듣고, 그림을 위해서라면 기꺼이 내 모든 것을 희생할 각오가 되어 있다"라고 그는 말한다.

피카소는 자아도취의 전형적인 인물이다. 그는 자기 작품을 평가할 유일한 사람은 바로 자신이라고 믿기 때문에 비평에는 전혀 귀 기울이지 않았다. 그가 즐겨하는 "나는 뭘 하려고 애쓰지 않는다. 다만 찾아낼 뿐이다"라는 말은 그의 절대적 낙관주의에 바치는 찬사다. 자신을 불태울 정도로 강한 자신감은 그가 18세에 고향 바르셀로나를 떠나 파리로 가면서 부모님에게 드린 그림의 사인에 잘 나타나 있다. '나는 왕이다!'라는 사인!

피카소는 역사상 가장 많은 작품을 남긴 화가일 것이다. 20세부터 아흔 둘의 나이로 세상을 떠날 때까지 거의 하루에 작품 하나를 창조해냈다. 시각예술에 기여한 그의 작품 수는 회화 1,885점, 조각 1,228점, 도자기 2,880점, 판화 1만 8,095점, 석판화 1만 1,748점, 11점의 태피스트리와 8점의 카펫을 포함하여 모두 5만여 점이 있다. 투우와 흥청대는 술판, 세 명의 아내와 100명도 넘는 정부들과 보낸 시간을 생각해보면 정말 놀라운 일이다. '창조적 파괴'를 혁신이라고 부를 정도로 그는 파괴적 힘이 넘치는 삶을 살았다.

마가렛 미드

마가렛 미드는 세계적으로 유명한 인류학자다. 1930년대 말 〈타임〉에 이러한 기사가 실렸다. "미드에 관해 흥미로운 점은 그녀가 세계적으로 유명한 인류학자여서가 아니라, 그녀가 아니라면 이런 일들은 결코 일어날 수 없다는 데 있다." 미드는 자서전 『검은딸기의 겨울』에 "학창시절 내내 나는 특별한 사람이라고 느꼈다"라고 적었다. 그녀의 소름끼치는 자신감은 여행에 관한 일화에서도 잘 드러난다. 여행 중 사고를 당했을 때도 세 권의 책을 썼다고 한다. 공항에 도착하여 비행기가 만석임을 알게 된 그녀는 티켓 담당자에게 부탁할 필요도 느끼지 못했다. 그녀는 승객들을 향해 누군가 자신에게 좌석을 양보하라는 뜻으로 "난 마가렛 미드랍니다"라고 말했다. 대부분의 위대한 인물들과 마찬가지로 그녀의 자신감도 거만함과 구별이 되지 않을 정도다.

  자신에 대한 믿음이 너무나 강했기 때문에 미국에서 최초의 여성 인류학 박사가 될 수 있었고 사모아와 뉴기니의 정글로 혼자 떠날 수 있었다. 조사한 자료를 토대로 심리학, 사회학, 인류학을 결합하여 그녀의 대표적 저서 『사모아에서의 성년』, 『뉴기니에서의 성장』, 『성과 기질』을 내놓았다. 강한 자부심과 일에 대한 열정으로 39권의 저서와 1,139종의 보고서, 10편의 영화촬영, 40여 회의 수상, 28개의 명예학위를 받을 수 있게 되었다.

  미드가 뿜어내는 자신감에는 누구라도 그녀의 말을 믿게 하는 힘이 있었다. 자신에 대한 확신이 강했던 미드는 세 번 결혼했지만 자신의 성을 바꾸지 않았다. 그 가운데 하나는 세계적인 인류학자 그레고리 베이트슨과의 결혼이었다. 미드의 아버지가 그녀에게 성을 바꾸지 않는 이유를 묻자 "미드로 유명해질 계획을 가지고 있거든요"라고 대답했다. 심리학자 진 휴스턴은 미드의 인지능력과 직관력을 테스트한 다음 "그녀는 무의식의 세계를 아주 편하게 들어갔다 나왔다 할 수 있다"라고 말했다. 그녀의 지칠 줄 모르는 에너지를 남편들은 도저히 쫓아갈 수 없었다고 한다. 그레고리 베이트슨이 "난 도저히 따라갈 수 없어"라고 말하자 미드는 "그렇다고 멈출 수는 없지"라고 대꾸했다.

  그녀는 '지나치게 힘이 넘치는' 타입이었다. 그녀의 전기작가는 "목표가 없을 때조차 그녀는 목표 지향적이었다"고 평가한다.

프랭크 로이드 라이트

  프랭크 로이드 라이트는 불굴의 신념으로 세계적인 건축가가 되었다. 그가 기능과 형태를 결합시켜 환경에 접목시키는 데 뛰어났던 진짜 이유는 인류에게 무엇이 옳은 건축인지에 대한 강한 믿음이 있었기 때문이다. 라이트는 최고가 무엇인지에 대한 확신을 가지고 있어서 고객의 요구를 전혀 받아들이지 않았다. 세계적으로 유명한 '낙수장'을 지을 때도 건축주인 백만장자는 벼랑을 바라볼 수 있게끔 집을 지어주기를 바랐지만 라이트는 오히려 벼랑 위에다 집을 지었다는 일화가 있다.

라이트는 자신감에 차 있었기 때문에 늘 거만했다. 한번은 어떤 사건의 중요한 목격자로 증언하는 자리였는데 증인석에 서 있는 자신을 천재로 표현하는 대담함을 보인 적이 있다. 법정을 나서는 그를 기자가 멈춰 세워 어떻게 자신을 천재로 부를 정도로 뻔뻔하냐고 물었다. 그는 아무런 머뭇거림 없이 자신의 방식으로 대답했다. "내가 진실만을 말하기로 선서하지 않았나요?"라고 답하고는 법정을 빠져나갔다. 라이트가 즐겨하던 말은 "위선적인 겸손과 진실한 교만 가운데 하나를 골라야 한다면 나는 교만을 택하겠다"였다.

그는 어떻게 그런 자신감을 가지게 되었을까? 라이트의 어머니는 그가 태어나자마자 세계적인 명성을 얻는 건축가로 키우겠다고 결심했다. 그녀는 그가 요람에 있을 때부터 아크로폴리스, 시스티나 성당, 노트르담 성당 사진으로 그의 방을 에워쌌다. 그녀는 아들을 작은 메시아라고 생각했고, 실제로 그를 웨일스의 신화에 나오는 '탤리에신 Taliesin'의 화신이라고 불렀다. 아니, 어쩌면 정말로 탤리에신이라고 믿었을지도 모르겠다. 그녀는 아들이 위대한 인물이 될 것이라 굳게 믿었고 그에게도 여러 번 되풀이해서 그런 말을 해주었다. 라이트는 자신을 특별하다고 믿기 시작했고 그렇게 행동하기를 좋아했다.

그는 위스콘신과 애리조나에 있는 유명한 두 개의 건축물을 탤리에신이라 불렀으며, 스스로를 탤리에신이라 부르기를 좋아했다. 그가 전통적인 건축 양식을 거부하고 자신감 넘치는 세계적인 건축가로 성장했다는 사실은 그리 놀라운 일은 아니다. 그의 전기작가인 메릴 시크리스트는 "탤리에신과 그는 동일한 존재다"라고 말한다. 그녀는 그를 "뻔뻔할 정도로 자신감에 찬 인물의 전형"으로 보았다. 그는 오만했으며, 그의 걸작들은 황제와 같은 당당함으로 디자인되었다. 나이 아흔에 설계한 구겐하임 미술관이나 마린 군(郡)청사를 본 사람은 아마 그의 내면이 그대로 현현된 장엄함에 소름끼치게 될 것이다.

아인 랜드

랜드의 본명은 로젠바움이다. 21세의 나이에 스탈린 치하에서 망명한 그녀는 당시 할리우드를 이끌고 있던 남편 프랭크 오코너의 성을 따르기보다 그녀의 타이프라이터였던 레밍턴 랜드의 성을 택해 아인 랜드가 되었다. 그녀는 남편의 성을 따르기를 단호히 거부했는데, 그 이유는 "언젠가 내가 더 유명해질 테니 내 이름을 대가의 반열에 세우고 싶다"는 것이었다. 자신감에 찬 이 여성은 역사상 가장 철학적이며 서사적인 소설 『아틀라스』를 발표했으며 객관주의로 알려진 새로운 철학 체계와 자유주의자들의 정당을 탄생시켰다. 그녀의 소설에 등장하는 두 주인공, 『마천루』의 하워드 로크와 『아틀라스』의 존 골트는 극도로 자기 확신에 넘치는 인간의 전형이다.

자신감, 낙천주의, 아인 랜드는 모두 같은 말이다. 이런 말들은 그녀가 주창하는 철학의 기반이 되었다. 그녀의 윤리 철학은 에고이즘이 바탕이 되었으며, 그녀의 저서 『이기심의 미덕: 에고이즘의 새로운 개념』에 날카롭게 묘사되어 있다. 그녀는 자기애의 진정한 모습을 "나는 존재한다. 생각한다. 그럴 것이다"라고 말하면서 데카르트의 유명한 말, "나는 생각한다. 고로 나는 존재한다"를 부인했다. 랜드가 믿는 자기애와 자아상은 경건할 정도다. 그녀는 "희생양의 역할을 받아들인 사람은 정신의 합당함을 지탱해줄 자신감을 얻기가 힘들다. 또 정신의 합당함을 의심하는 사람은 그 사람의 가치를 유지시키는 데 꼭 필요한 자부심을 얻지 못한다"고 주장한다.

아인 랜드는 최고의 성취를 이룬 사람을 작품으로 구현해낸다. 이들의 성공은 자아에 대한 고집스런 생각이 만들어낸 산물이지만 보통의 주부들이 원하는 바이기도 하다. 그녀는 하늘을 찌르는 자부심으로 미래를 확신한 인물이었다. 에고이즘에 대한 옹호는 그녀의 초기작 『송가』와 『이기심의 미덕』에 잘 그려져 있다. 자아에 대한 사랑은 『송가』에 나오는 인용문에서 잘 나타난다.

지금 나는 신의 얼굴을 보았네
이 신을 들어 올려 땅 위에 세운다네
인류가 존재한 이래로 사람들이 찾던 신이라네
사람들에게 기쁨과 평화와 자부심의 은총을 줄 거라네
이 신은 단 하나, 바로 나라네.

마틴 루터 킹 주니어

누구보다도 미국 사회의 통합을 낙관적으로 본 사람은 마틴 루터 킹 주니어였다. 그의 지지자들조차 밉살스러워할 정도로 그는 낙관적이었고 자신에 대한 믿음이 확고했다. 그가 아니면 어느 누가 "내게는 꿈이 있습니다", "나도 산의 정상에 있었습니다"와 같은 연설을 할 수 있단 말인가? 자신을 따르는 사람들에게 그 방법을 알고 있으니 그 길을 따라오기를 바란다고 말한 사람이 바로 그였다. 그는 흑인들에게 간디의 비폭력 무저항으로 자신을 따르기를 간청했다. 그의 아내 코레타가 그들의 삶을 자전 형식으로 펴낸 책에 이런 얘기가 나온다.

개인은 자신의 완성을 위해 노력해야 합니다. 인생에서 최초의 완성은 내적인 힘을 키우는 일입니다. 자신을 사랑하세요. 건강한 자기 이익을 추구하라는 말로 들리겠지만 말입니다.

마틴 루터 킹 주니어가 5세가 될 때까지 마이크로 불렸다는 사실은 무척 흥미롭다. 당시 그의 아버지는 독일로 여행을 갔는데, 종교 개혁가 마르틴 루터의 연설, "여기 내가 있습니다"에 상당한 감명을 받았다. 집으로 돌아와 자신의 이름과 장남의 이름을 마틴 루터 킹으로 바꾸었다. 마틴 루터 킹 주니어는 그 이름대로 정의를 위해 전통에 도전하는 삶을 살았다. 그는 '투쟁을 통한 성숙'이란 모토를 내걸었고 미국 사회의 인종 갈등을 혁신한 공로를 인정받아 1963년에 노벨 평화상을 받았다.

킹 목사가 일생동안 존경하고 스승으로 삼았던 인물은 마하트마 간디였다. 킹에게는 영국의 인도 지배에 비폭력으로 저항한 간디가 옳다는 믿음이 있었다. 마틴 루터 킹 주니어는 비폭력 저항에 자신의 삶을 바쳤고 이것을 위해 고귀한 대가를 치렀다. 바로 자신의 목숨을 내건 것이다. 그는 완벽에 가까울 정도로 강한 확신을 가졌기에 그토록 짧은 시간에 눈부신 성과를 이루었다. "내게는 꿈이 있습니다"로 무장한 그는 마침내 승리했지만 끝내 자신의 목숨을 바쳐야 했다.

자부심의 어두운 면 – 폭력

미국심리학회는 1996년 〈사이콜로지 리뷰〉에, 개인의 자부심을 고양시키는 것은 실제로 위험할 수도 있다는 내용의 논문을 게재했다.

그 논문은 "자부심이 강한 사람은 자기가 원하는 것과 상반되는 반응을 얻게 되면 공격적으로 변하기 쉽다"라는 내용이었다. 즉, 자부심이 강한 사람들은 자신의 의견이 거절당하면 폭력적인 범죄를 저지르는 경향이 있다는 결론이었다.

나는 이 책에 나오는 수많은 인물들을 조사하면서 그러한 결론이 사실이라고 느꼈다. 나폴레옹, 발자크, 도스토옙스키, 히틀러, 피카소와 같이 자부심이 강한 사람들은 거만하며, 사생활에서나 직업세계에서 상당히 파괴적인 면을 드러냈다는 사실을 알아냈다. 이들의 자아 편집증은 파괴 본능에 결정적인 역할을 한 것으로 보인다. 이들 가운데 네 명은 아이를 맹목적으로 사랑하는 여인의 손에서 자랐고, 그 여인들은 아이를 신처럼 숭배했다. 아이들에 대한 지나친 면죄부는 아이들의 자만심을 키우게 되어 본의 아니게 자부심의 어두운 이면을 형성하는 데 기여했다. 이 아이들은 여성에 대해 애증이 교차하는 모습을 보이는데, 여성을 성녀 아니면 음탕한 여자로밖에 구분할 줄 모르는 극단적 이분법을 지니고 있었다. 이들은 모두 자신의 어머니는 사랑하면서도 다른 여성들은 증오하는 모습을 보였다.

아주 적나라한 예로, 피카소와 히틀러는 주변 여성들의 자살을 부추겼다. 히틀러는 가학성과 피학성 성향 때문에 여자를 때리지 않으면 행복감을 느끼지 못했고, 그가 사귀던 여자들도 그와 똑같은 방식으로 그를 대했다고 한다. 피카소는 한층 더 심한 이상 성격이었다. "세상의 여자들은 두 부류다. 여신이든가 아니면 현관의 매트보다 더 하찮은 존재이든가." 그는 한 친구에게 "내가 자네 아내와 잠자리를 같이 하기 전에는 내 친구가 될 꿈도 꾸지 말게나" 하고 말하기도 했다. 유명한 그의 작품들은 여성을 비하하거나 모독하는 것이었다. 그의 내면적 분노는 끝이 없었다. 그는 허무적이고 악마적이었으며, 비뚤어진 잔혹한 변태였으며 무례하기 짝이 없었다. 피카소 예술에서 그의 파괴적 본능을 보여주는 작품으로는 다섯 명의 매춘부를 그린 〈아비뇽의 처녀들〉에 이어 〈통곡하는 여인〉, 〈세 명의 무희들〉, 〈여인을 둘러메고 가는 미노아토르〉, 〈게르니카〉, 〈문틈을 엿보는 여인〉 등이 있다.

피카소는 20세기의 정신을 허무주의와 초현실주의가 뒤얽힌 기법으로 기록함으로써 평단의 찬사를 받았다. 그는 늘 창조하려는 욕구와 파괴하려는 충동으로 갈등을 겪었다. 나락에 빠진 허무주의적인 고결함과 파괴적 탐닉이 그의 예술의 특징이라고 할 수 있다. 그의 전처였던 프랑수아즈 질로는 그를 '악마'로 지칭했다. 그의 정부였던 마리 테레즈와 마지막 부인이었던 재클린은 자살로 생을 마감했다. 오랜 세월 그의 정부였던 도라 마르는 정신병원에 수용되었고 그의 손자는 할아버지 장례식 날, 자살했다. 그의 장남은 알코올중독자로 살아갔다. 그의 걸작 〈게르니카〉는 파괴적 본능에 대한 탐구로 여성 비하의 정점에 선 작품이다. 융은 그의 예술을 정신분열증의 결과라고 결론지었다.

프랭크 로이드 라이트, 하워드 휴즈를 비롯한 여러 남성들이 맹목적인 양육 방식으로 키워졌기 때문에 지나치게 자기 중심적이고 비정상적일 정도로 강한 자부심을 가지게 되었다. 그들의 강한 자아는 그들 능력으로는 도저히 해낼 수 없는 일조차 거뜬히 해내게 이끌었다. 그들은 자신들이 워낙 특출한 존재여서 보통사람들에게 적용되는 사회적 규율의 바깥에 서 있다고 믿었다. 이런 자아 인식은 위대한 성공에 이르도록 이끌기도 하지만, 한편으로는 파괴적으로 작용하기도 한다.

앞에서도 말했듯이, 〈사이콜로지 리뷰〉에 높은 자부심과 폭력의 긴밀한 관계를 밝히는 「자부심의 어두운 면」이란 논문이 게재되었다. 이 논문은 미국의 심리학자들이나 사회사업가, 교사들 사이에서 좋은 평판을 얻었다. 이전까지만 해도 낮은 자부심이 폭력의 원인이 된다고 생각했기 때문에 이는 놀라운 변화다. 이 논문을 발표한 바움마이스터, 스마트, 보든은 이렇게 말한다. "낮은 자부심이 폭력의 원인이라기보다는 오히려 에고이즘이 더 위협적이다." 논문의 필자들은 더 나아가 다음과 같은 주장을 편다. "정치적 폭력을 휘두르는 사람들은 스스로에 대한 우수성을 지나치게 주입받은 경우—나폴레옹, 히틀러, 휴즈가 여기에 속한다—이거나 허무주의적 특성을 지닌 인물들—사드, 피카소—이다." 그들은 이렇게 결론을 내린다. "공격적인 사람들은 자신의 우월함과 능력을 믿는다. 폭력적이거나 범죄를 저지르는 사람들은 거만하고 자신감에 차 있으며, 허무주의적이거나 자기 중심적이며 자만심이 강한 독설적인 모습을 반복적으로 보여준다."

자아 존중감에 대한 성 차이

〈뉴 우먼〉이 실시한 조사에 따르면, "남성(42퍼센트)이 여성(34퍼센트)보다 높은 자부심을 보인다"고 한다. 이 책에 나오는 여성만 보더라도 남성들에 비해 자신감을 얻기가 상대적으로 어려웠던 게 분명하다. 이 여성들은 자연히 두드러질 수밖에 없지만 남성들보다는 미약한 자아상을 지니고 있다. 여성들은 남성들에 비해 확고한 관계를 형성하고 그 관계를 정서적으로 만족시키는 데 더 고심을 한다. 여성들은 자신의 외모—머리 모양, 몸단장, 아름다움에 관한 여러 요소들—가 자신감을 형성하는 데 더욱 결정적인 것으로 생각한다. 마가렛 대처가 헤어스타일에 신경 쓴 반면, 테드 터너는 TV에 스포츠 중독자처럼 비춰진다.

플로리다 네이플에서 직업 카운슬러 일을 하고 있는 디에드라 랜드럼은 고객의 이력서를 작성하고 성격 테스트를 해준다. 그녀는 변호사, 엔지니어, 과학기술자, 마케팅 전문가, 비서 등 다양한 직업에 종사하는 사람들의 이력서를 수천 통 이상 작성해왔다.

랜드럼은 여러 사람들의 자신감과 자아 존중감의 성(性) 차이를 살펴보면서 흥미를 느꼈다. 남성들이 자신의 능력과 재능을 과장하는 데 비해 여성들은 과소평가하는 편이었던 것이다. 랜드럼이 양 집단에 제일 잘하는 일에 대해 써보라고 했더니, 엄청난 차이가 있었다. 석사 출신의 여성들조차 책임감과 권위와 같은 문제를 포함한 성취에 관해 자신을 무척 낮게 평가했을 뿐 아니라 직업에 대한 자신의 능력, 경력, 성취를 상당히 비하하고 있었다. 랜드럼은 여성들이 진정한 능력에 걸맞은 자아 이미지를 갖도록 더 노력해야 함을 깨달았다. 랜드럼은 그녀들이 성공을 향해 질주하도록 이끌어야만 했다. 그에 비해 남성들은 그들의 자격, 재능, 경력을 대체로 과장하고 있었다. 그녀는 남성의 관점을 보다 현실적으로 만들 사교적 수완을 동원하기로 했다. 다시 말해 그녀는 여성의 성취감은 높이고, 남성의 성취감은 낮춰야 했다. 이 책을 읽는 여성들은 남성과 동등한 경쟁을 하려면 좀더 자의식을 고취하고 좀더 단호해질 필요가 있다.

자신감에 대한 문화적 차이

미국인들은 자부심을 높이 평가한다. 아시아인들은 미국인들과는 대조적으로 그들의 자아를 회사나 집단의 이익에 종속시킨다. 자신이 전능하다고 믿었던 마오쩌둥은 예외로 치자. 그러나 혼다 자동차 회사의 창업자인 소이치로 혼다는 이 책의 8장에서 다루겠지만 아시아적인 틀에 딱 들어맞는 인물이다. 그는 집단의 동의 없이도 개혁적인 생각들을 실천에 옮길 수 있는 인물이다. 그의 학력은 엔지니어링 분야와 전혀 무관한데다 중학교를 중퇴한 것이 전부다. 정말 이례적인 인물이다.

강한 자의식에 가치를 두는 국가로는 이탈리아, 이스라엘, 미국, 오스트레일리아, 캐나다, 스웨덴이 있다.

essential point

성공과 위대함에는 자신감과 자존심이 무엇보다 중요하다

자신감이란 내면의 자아가 외적으로 표현되는 것이다. 우리가 할 수 있다고 믿으면 무엇이든 할 수 있고, 두려움을 느끼거나 불안해하면 아주 쉬운 일이라도 제대로 해낼 수 없다. 최고의 자리에 오르는 성공과 실패의 나락에는 명확한 선이 존재하지만, 두 세계의 차이는 우리 안에 있는 자부심에 달려 있다. 나는 성공이란 자기 실현적 예언이라고 굳게 믿는다. 반드시 성공한다는 믿음이 우리의 마음을 지배할 때까지 우리에게 주어진 임무를 성공적으로 해낸다면, 성공은 성공을 부른다.

때로는 이 문제의 세 가지 측면—우유부단한 태도, 자신감, 자만심—의 명확한 선이 서로를 연결시키기도 하고 분리하기도 한다. 강한 자아 인식이 없다면 대체로 경쟁에서 자신 없어한다. 강한 자신감으로 무장한 사람들은 헤라클레스의 과업이라도 해낼 수 있지만, 자신의 중요성을 너무 잘 알기 때문에 오만해지거나 자기중심적인 사람이 되기 쉽다. 이러한 삼분법을 적절히 조절하는 능력이야말로 성공의 결실을 맺는 비결이다.

4th Key to Greatness _ DRIVE

의욕

추월차선으로 달리는 일 중독자

나는 일요일에도 쉬지 않고 하루 스무 시간을 일했다.
헬레나 루빈스타인

이 책에 나오는 인물들은 보통사람들이 정상이라고 생각하는 것보다 훨씬 더 의욕적이다. 사회의 규범으로 보면 이들은 모두 이상하다. 일을 몰아쳐서 하려는 중세에 시달리는 A유형 성격에다 일 중독 증상을 보이기 때문이다. 이들은 늘 서두른다. 이런 성격의 인물들은 여섯 분야 가운데 네 분야에만 나타난다. 마돈나도 연예인들 가운데 지나친 의욕을 보이긴 하지만, 특히 두 명의 작가, 한 명의 발명가, 정치인 한 사람, 기업가 한 사람을 꼽을 수 있다. 이들은 인생이라는 고속도로에 차를 이중으로 주차하는 사람들이다. 그들은 주차할 공간을 찾으러 다니면서 꾸물댈 시간도 없다. 덧없이 빨리 지나가는 시간을 쓸데없는 일에 쓰기가 아깝다는 사람들이다. 일종의 자기 파괴적인 생활방식이지만 자기 분야에서 최고가 되려는 사람들에게는 긍정적으로 작용하는 힘이 된다. 발자크, 도스토옙스키, 토머스 에디슨, 빌 게이츠, 마가렛 대처는 이런 특징을 갖고 있지만, 빌 리어와 마돈나와 같은 인물들은 광적인 성공 증후군으로 고통받고 있으므로 논의의 대상으로 삼도록 하겠다. 그들의 열정은 성공에 상당한 기여를 하지만 광적인 라이프 스타일이 그들을 끊임없이 구속하고 있다.

주말에도 쉬지 못하고 일주일 내내 일만 하도록 내몰린다고 상상해 보자. 여기에 나오는 인물들은 수 년 동안 일만 한 사람들이다. 대체로 열성적으로 일하는 사람들은 직업세계에서 단점보다는 장점이 더 많다. 그들은 일을 무척 사랑하기 때문에 자신의 넘치는 에너지를 비정상적으로 보지 않는다는 것은 아이러니다. 피카소도 그가 한 엄청난 작업들을 일로 보지 않고 자기 안의 꿈을 좇는 과정이라고 생각했다. 발자크, 리어, 에디슨도 스스로 문을 걸어 잠그고 일을 끝낼 때까지 외부세계와 단절했다.

대부분의 사람들은 주간 2교대 조에 편성되어 하루 16시간의 노동을 한다면 진이 다 빠져버린다. 또 일을 위해 골프나 테니스 시합, 브리지 게임, 영화 관람과 같은 여가활동을 희생하라고 한다면 다들 거절한다. 그러나 예카테리나 여제, 마리 퀴리, 마리아 몬테소리, 니콜라 테슬라, 마오쩌둥, 아멜리아 에어하트, 디즈니, 하워드 휴즈, 제임스 미처너 같은 사람들은 성인이 되고 나서 하루 16시간 이상 일했다. 발자크와 테슬라는 하루 스무 시간 가까이 일했다고 주장하는데, 그들의 업적으로 미루어보아 실제로 그랬던 듯싶다. 에디슨도 역시, 완성하려던 작업을 끝마칠 때까지 60여 시간 동안 물도 음식도 먹지 않고 연구실에 박혀 있었다고 한다. 전기작가 마크 엘리엇의 말에 따르면, 디즈니도 〈백설공주〉를 제작할 당시 여러 주 동안 작업실에만 머물렀다고 한다. 그는 작업실에서 먹고 자면서 노력한 대가로 시대를 초월하여 사랑받는 애니메이션의 거장이 되었다. 디즈니랜드를 개장할 때도 그는 무려 석 달 동안이나 그곳을 떠나지 않았다고 한다. 마오쩌둥도 대장정 기간 동안 9,600킬로미터를 잠도 제대로 자지 않고 행군했다. 1930년대 불모의 중국 땅을 가로지르는 대장정은 미 대륙을 두 번 횡단하는 거리와 맞먹는다.

일 중독에 빠지지 않고는 못 배기는 사람들

위대한 사람들은 뭘 하지 않고는 못 배긴다. 암펙스의 설립자이며 자기기록磁氣記錄 산업의 대부인 알렉산더 포니아토프는 1964년 가을, 빌 리어에게 자동차용 스테레오 카세트는 개발할 수 없을 거라고 말했다. 하지만 리어는 자신이 해보고 싶었던 도전을 도저히 포기할 수 없었다. "자네는 그 일을 할 수 없어. 어떻게 그 많은 정보를 카세트라는 곳에다 압축시킬 수 있단 말인가"라고 포니아토프가 리어에게 말했다. 사실 리어에게 필요한 건 바로 이런 자극이었다. 그는 오디오 기술자(리어는 중학교 학력이 전부였다)와 함께 실험실 문을 걸어 잠그고 문제를 해결할 때까지 실험실을 떠나지 않았다. 그는 "수많은 밤을 새웠다"고 회상했다. 그는 '리어 스테레오 에이트'란 제품을 들고 2주 만에 실험실 밖으로 걸어나왔다. 에디슨도 몇 명의 사람들과 함께 실험실 문을 걸어 잠그는 습관이 있었다.

이들은 동료들끼리 서로 지지 않으려고 열광적인 경쟁을 하는 심리를 이해하고 있었다. 에디슨은 종종 수 주일 동안 혼자 실험실에 남아 아내가 가져오는 음식으로 지내기도 했다. 그는 옷 갈아입는 일로 방해받고 싶지 않았다. 그의 동료들은 긴 밤샘 끝에 선잠을 자는 그를 보고 '실험실의 파우스트'라고 불렀다. 이런 그가 둘째 부인과의 결혼식 날 밤 신방에 드는 것도 잊어버린 채 실험실에서 보냈다는 사실은 그리 놀라운 일이 아니다. 이렇듯 주체할 수 없을 정도로 강한 열정이 부와 명예를 가져다준 추진력이다.

피카소도 일을 시작하면 도저히 멈추지 않는 성향이 있었다. 적어도 세 명 이상의 전기작가들이 그의 인격과 스타일을 '도무지 지칠 줄 모르는 정력'이라고 표현했을 정도다. 예카테리나 여제도 지나치게 정력적인 인물이다. 독재적 권력을 지닌 여황제가 여유로운 생활을 누리지 못할 이유가 대체 어디에 있겠는가. 그러나 그녀의 성격은 자신의 영토와 무척 잘 어울렸다. "문서나 칙서의 초안을 작성할 때면 속사포처럼 쏘아대는 말의 속도 때문에 받아적던 사람들이 여간 애를 먹은 게 아니다"라는 말이 나올 정도로 그녀는 일 중독자였다.

모타운 레코드 시절 베리 고디 주니어는 "그때는 일에 너무 빠져 있어서 사무실에 출근하는 아침을 도저히 기다릴 수 없었다. 나는 밤이 되어도 사무실을 떠나지 못했다"라고 말했다. 그를 도와주던 스모키 로빈슨은 그의 진짜 모습을 그때 보았다고 털어놓았다.

약간 적극성이 떨어지고 수줍은 성격의 애거서 크리스티 역시 57년이란 세월 동안 일 년에 한 권, 많으면 두 권의 책을 집필해내는 끔찍한 일 중독자였다.

마니아적 성격과 건강

성공한 사람들은 보통사람들보다 몸을 혹사하지만 몇 가지 이유 때문에 나약한 모습을 보이지 않는다. 마이클 조던도 스스로 몸을 지탱할 수 없을 정도로 너무 아파 시카고 불스 동료에게 기대어 농구 골대에 아무렇게나 늘어졌던 적이 있었다. 비록 그런 상태였지만 의욕으로 가득 찬 슈퍼스타는 1997년 NBA 결승전에서 유타 재즈 팀을 이기고 시카고 불스에 다섯 번째 우승컵을 안겨주었다. 코치가 경기에서 빠지고 싶냐고 묻자 그는 아니라고 대답했다. 경기장에 있으면서 종반 25초를 남기고 중요한 3점 슛을 적중시키는 등 총 38점을 올려 그 게임을 이겼다. 팬들은, 독감 때문에 경기 이틀 전부터 침대에 누워 있었지만 경기에 출전한 그를 플레이오프 MVP로 선정했다. 자기 몸도 가누지 못하는데 어떻게 경기에 출전한단 말인가? 그러나 경기에 대한 도전을 받아들여야 할 때 마이클은 질병을 약간 위험한 일로 여긴 것뿐이다.

42세의 나이에 암에 걸렸어도 모든 경쟁 상대를 이긴 베이브 디드릭슨 제어라이어스의 이야기는 훨씬 더 경이롭다. 그녀는 1953년 4월 항문결장 수술을 받았지만 이미 암세포가 온몸으로 퍼져 일 년밖에 살 수 없었다. 자기가 죽어가고 있다는 사실(의사는 차마 그 상황을 그녀에게 얘기하지 못했다)을 모르던 그녀는 수술 후 6주 만에 버몬트 오픈전에 출전했고, 일 년 뒤라면 이미 '죽어야 할' 몸이었지만, 1954년에는 다섯 명의 프로 선수들을 차례로 이기고 승리를 거두었다. 병은 몸보다 마음에서 비롯된다는 말을 유념하라.

나폴레옹은 지나친 정력으로 주위 사람들을 놀라게 했지만 그의 개인 비서였던 콩스탕만큼은 놀라지 않았을 것이다. 작달막한 장군이었던 그가 50세가 될 때까지 그렇게 바빠 살았다니, 절로 감탄이 나온다. 콩스탕은 이렇게 말했다. "그런 지독한 피곤을 그의 몸이 어떻게 견뎌냈는지 정말 이해하기 힘들다. 그러고도 그는 완벽한 건강을 유지하고 있으니 말이다."

여기서 언급한 지독하게 활동적인 유형의 사람들 대부분은 지나친 활동이 몸에 악영향을 주는 것이 아니라, 힘을 돋우는 역할을 한다. 내가 '러싱 시크니스(rushing sickness, 매사를 활발하게 몰아붙이는 성향이 지나친 상태)'라고 부르는 조증의 성격 때문에 그들은 날쌔게 뭔가를 행동으로 옮길 만반의 준비를 하고 있다. 아마도 그들은 과식할 시간적인 여유도 없었을 것이며 조증의 성격 때문에 먹은 것조차 곧바로 소모시켜버렸을 것이다. 발자크의 광적인 에너지는 일, 섹스, 음주, 흡연, 식사, 저작 등 모든 활동에서 지나친 열정을 발휘했다. 테드 터너도 왕성한 활동성을 주체할 수 없어 공항에서의 수하물 검사도 거부했다. 그 일이야말로 끔찍한 시간 낭비이기 때문이다.

A유형의 사람들은 쉽게 병에 걸리거나 자주 쓰러질 것처럼 보이지만 보통사람들보다 잘 아프지도 않고 병원에도 잘 가지 않는다고 한다. 그들은 너무 바빠서 아플 여유가 없고 심지어는 죽을 시간도 없다고 한다. 마리아 몬테소리, 니콜라 테슬라, 테레사 수녀, 에디슨, 피카소, 프랭크 로이드 라이트, 헬레나 루빈스타인, 메리 케이 애쉬, 조셉 캠벨, 에스테 로더, 제임스 미처너, 넬슨 만델라 등 모든 인물들은 전 생애를 통해 몸을 혹사하고 살았어도 80, 90세까지 거뜬히 일했다.

성 심리와 리비도의 힘

정신의 힘이란 인간에게서 방출되는 삶의 에너지다. 이 장에 나오는 조증을 가진 대부분의 인물들은 창조적인 능력만큼이나 성적인 취향을 만족시키려는 욕구도 강했다. 베리 고디 주니어는 다섯 명의 여자들에게서 여덟 아이를 낳았지만 둘하고만 결혼했다. 이것만으로는 그의 성적 편력을 설명하기엔 부족하다. 그와 레코드 작업을 함께 한 가수는 이렇게 말했다. "내가 본 사람들 중에 가장 변태적일 거예요. 하룻밤에 다섯 여자하고 섹스판을 벌이니까요." F. 스콧 피츠제럴드는

"헤밍웨이는 대작 한 권을 쓸 때마다 새로운 여자가 필요하다는 게 저의 지론입니다"라고 언급한 적이 있다. 헤밍웨이는 네 번의 결혼생활 동안 수많은 여자를 갈아치운 난봉꾼이었다.

예카테리나 여제, 나폴레옹, 발자크, 휴즈, 리어, 피카소, 헤밍웨이, 혼다, 로브슨, 골다 메이어, 넬슨 만델라, 테드 터너, 그리고 마돈나는 그들의 삶을 지배하는 강한 성적 충동을 숨기지 않았다. 전기작가인 허핑턴은 피카소를 "삶과 예술에서 지칠 줄 모르는 열정의 소유자"로 그려내고 있다. 마돈나도 자신의 성공은 성적 매력이라고 얘기한다. 그녀는 〈배니티 페어〉와의 인터뷰에서 자신의 성공 비결은 '성적인 동경의 대상'이라고 말했다. 그녀는 무슨 말을 하는 걸까? 그녀는 그들이 원하는 것을 넘볼 수 있도록, 즉 자신의 성적인 매력을 이용할 줄 알았다. 마돈나는 동성애(절친한 친구 가운데 몇 명은 동성애자다), 양성애(마돈나가 여기에 속한다), 근친상간(제대로 설명할 수는 없지만 스스로도 엘렉트라 콤플렉스를 인정한다)과 같은 사회적 제약에 반기를 들려는 강한 욕구를 느낀다. 그녀가 『섹스』를 쓴 이유도 이런 세계의 진실을 가리고 있는 위장을 벗기려는 의도에서였다. 이 책은 발간 일주일 만에 5,000만 달러를 벌어들였다.

프로이트는 정신의 힘을 성적 본능, 또는 생의 힘으로 정의하는데, 성적 본능을 '정신적 에너지' 또는 '쾌락의 원천'이라고 부른다. 그는 모든 독창성은 재충전된 성적 에너지에서 나온다고 믿었으며 창조적 에너지는 승화된 성적 욕구라고 보았다. 야심 가득 찬 창조적인 천재들에게 성적 에너지는 어떤 의미가 있을까? 강한 성적 충동을 지닌 사람들이야말로 최고가 되기 쉽다는 뜻이다. 섹스와 권력은 말이 필요 없을 정도로 서로 뒤엉켜 있다. 백악관의 케네디와 클린턴의 탈선은 어쩌다 일어난 사고가 아니라, 당연히 예상되었던 일이다. 성적 충동이 넘쳐흐르지 않는 지도자는 없다.

"성적 욕망의 억압은 승화된 형태로 일상생활에서 다시 표현된다"라고 프로이트는 주장했다. 또 어떤 때는 이렇게도 말했다. "채워지지 않은 리비도는 모든 문학과 미술품을 생산하는 힘이다." 이 책에서 다루는 대다수의 인물들이 바로 이런 점을 대변해주고 있다. 발자크는 50세가 될 때까지 결혼하지 않았고 디즈니는 섹스에 전혀 관심 없었다. 정작 자신은 성적인 연구에 몰두해 있었지만, 마흔 이후로 프로이트는 성생활을 하지 않은 것으로 알려져 있다. 융의 말에 따르면, 기이하게도 프로이트는 처제와 성적인 관계를 가졌다고 한다. 테슬라도 자서전에서 데이트를 해본 적도 없다고 쓰고 있다. 테레사 수녀는 10대에 수녀가 되는 서원을 했다. 하지만 이들에게 결여된 성적 에너지는 예카테리나 여제, 마오쩌둥, 이사도라 덩컨, 하워드 휴즈, 어니스트 헤밍웨이의 지나친 성생활로 상쇄되어버린다.

이 책에서 성적으로 가장 도발적인 여성은 예카테리나 여제와 이사도라 덩컨이다. 예카테리나는 자신의 정부情夫를 위해 15억 달러(현재의 화폐가치로 환산하여)나 되는 돈을 썼다. 예카테리나에게 남자란 '쾌락을 탐하는 도구'에 지나지 않았다. 이사도라 덩컨도 상당히 많은 남자를 유혹했다. 아버지가 다른 아이를 셋이나 가졌으나, 그 가운데 누구하고도 결혼하지 않았다. 그녀는 성 도덕이 오늘날보다 한층 더 엄했던 19세기에서 20세기의 전환기에 살았던 여성이다. 덩컨의 친구인 메리 데스티는 "이사도라는 밥이나 음악 없이는 살아도, 사랑 없으면 살 수 없을 거예요"라고 적었다. 또 한 사람, 마돈나는 늘 자신의 퍼포먼스에 섹스를 이용한다고 비판받았다. 마돈나는 기자에게 인생이란 성적 관심을 대변하며, 성적인 관심은 그녀에게 살아가는 힘이었다고 털어놓았다.

마오쩌둥, 하워드 휴즈, 어니스트 헤밍웨이와 같은 인물들은 부부 생활이든, 혼외정사든 간에 여성 편력으로 성욕을 채운 것으로 유명하다. 마오쩌둥과 휴즈는 자신의 성욕만 만족시킨다면 남성이든 여성이든 개의치 않았다. 마오는 한 침대에서 여러 명의 여자와 자는 것을 즐겼다. 오로지 꽃다운 여자애들을 고르려는 목적으로 무도회장 옆에다 침상을 만들기도 했다. 그의 퇴폐성은 끝이 보이지 않았다. 네 번이나 결혼했지만 결코 누구에게도 충실한 적이 없었다. 그의 정적들은 3,000명이나 되는 내연의 여자들을 거느린 그를 비난했다.

여자들의 스케줄을 따라가기만 하면 하워드 휴즈의 인생이 보인다. 그가 아침식사는 진저 로저스와, 점심은 베티 데이비스와 함께, 오후는 캐서린 헵번과 보내고 저녁은 라나 터너와 먹는다는 얘기가 있을 정도다. 그리고 밤이 되면 양성애를 즐길 상대를 찾아나선다. 캐리 그랜트나 타이론 파워와 함께할 수도 있고, 그들이 여의치 않으면 수잔 헤이워드나 리타 헤이워드와의 잠자리로 하루를 끝낼 수도 있다. 헤밍웨이도 마오처럼 네 명의 아내를 두었으나 한 번도 그들에게 충실한 적이 없었다.

조증 또는 하이포마니아란 무엇인가?

미국 심리학회는 '비현실적인 낙관주의와 감소된 수면 욕구의 특징을 가진' 하이포마니아(경조증)라는 장애를 도취감과 조증 사이에 있는 정신장애로 정의한다. 여기서 더 나아가 사람에 따라서는 이런 상태 내내 '증폭된 창조성을 보이기도' 한다. 조울증을 겪던 발자크와 도스토옙스키, 헤밍웨이 모두 이 상태에 있는 동안 훨씬 더 창조적이고 생산적이었다고 한다. 하이포마니아의 또 다른 증상은 엄청난 에너지로 넘친다는 점이다. 젊은 시절 히틀러의 유일한 친구였던 구스틀 쿠비체크는 "그는 피곤해하지도 않았고 잠을 자지도 않았다"고 말한다. 히틀러 치하에서 단치히 의회 의장이었던 헤르만 라우싱 박사는 "그는 허기를 느끼지도 않았고 지치지도 않았다. 무서울 정도의 에너지로 기적에 가까운 일들을 해냈다"라고 적고 있다.

조증(마니아)은 기대 이상의 성과를 올리는 사람들의 놀이터다. 그 이유가 무엇일까? 조증 상태에서는 지속적으로 기분이 상승하고 팽창하여 과장되고 부풀려진 자신감에다 생각과 통찰들이 마구 튀어나오며 보통사람들보다 수면량이 적은 증상을 보인다. 창조적이면서 조증 상태에 있는 사람들은 유난히 분명하고 빠른 말투를 구사하며 자신의 생각에 대해 대단한 유연성을 가지고 있다. 그들은 강렬한 자아 관념과 한껏 고조된 성적 감정을 가진다. 이들은 최고의 힘을 느끼면서 높아진 생산성과 모험을 무릅쓰는 경향을 보인다. 이와 더불어 하이포마니아 사람들은 굳센 의지를 지닌다. 잠시도 편히 쉬지 못하고 '늘 동작 중'인 괴테는 "75세라는 나이에도, 순수하게 내 몸과 마음이 4주 만이라도 편히 쉬는 모습은 상상조차 할 수 없다"고 말할 정도다.

정신과 의사인 허쉬만과 리브는 "창조성이 필요한 시인, 유머작가, 기업가, 발명가, 과학자에게 하이포마니아는 특별한 가치가 있다"고 말한다. 양극성 장애를 가진 시인과 작가를 연구하는 케이 제이미슨은 『불과 접촉한 사람들: 조울증과 예술적 기질』에서 이런 기질이 시인, 음악가, 화가, 조각가, 건축가에게서 많이 발견된다고 주장한다. 제이미슨은 하이포마니아는 '개인의 성취와 업적'과 깊은 관계가 있다고 말하면서, 여러 인물들에게 찾아낸 수많은 자료를 제시하고 있다. 마오쩌둥은 시간 낭비라면서 목욕을 하지 않았다고 한다. 발자크도 목욕을 하지 않았는데 그 이유는 목욕을 하면 따뜻한 물 때문에 몸이 너무 풀어지는 게 두려워서라고 한다.

이사도라 덩컨은 강박증 단계에 이를 정도의 조증이었다. 메리 데스티는 덩컨과 보낸 하룻밤을 이렇게 적고 있다.

그녀는 미친 사람처럼 굴었다. 아무도 그녀를 막을 수 없었다. 이사도라는 눈곱만큼도 자지 않고 사납게 흥분해 있었다. 잠을 자지 않겠다고 결심한 듯 이 레스토랑에서 저 레스토랑으로, 이 나이트 클럽에서 저 나이트 클럽으로 열광이 있는 곳이면 어디든 돌아다녔다. 그녀의 마음은 잠시도 멈출 수 없는 지독한 고문을 받고 있는 것 같았다.

속도 - A유형 성격의 조급증

속도는 조증과 같은 뜻이다. 조증인 사람들은 일하고, 말하고, 걷고, 밥 먹고, 생각하기를 빨리 하려는 강한 욕구를 가진다. 늘 서두르기 때문에 셀 수 없을 정도로 속도 위반과 주차 위반 딱지가 날아온다. 줄서서 기다리는 것을 참지 못하며, 교통체증을 견디지 못한다. 이들이 보통사람들보다 교통사고의 횟수가 세 배나 많다는 연구 결과도 있다. 작가 앤 라이스는 "내가 일을 지독하게 빨리 할 때 작품의 질도 최고가 돼요"라고 말하면서 이 점을 시인한다. 마크 트웨인도 "난 쉽게 흥분하는 성격을 타고났습니다"라고 말한다. 베이브 디드릭슨 제어라이어스의 전기작가인 수잔 캐이레프는 "베이브는 끝없는 에너지의 원천이다"라고 썼다. 애거서 크리스티와 스티븐 킹은 글쓰기에 강박관념이 있기 때문에 한번 시작했다 하면 중단하거나 속도를 늦출 수 없다고 고백한다.

조울증(양극성 장애)

이 책에서 다루고 있는 인물들은 이상하게도 양극성 인격 장애가 많다(양극성 장애—전문용어인 조울증으로 더 많이 알려져 있다—로 고통받는 사람들은 변덕이 심하다. 그들은 다행증—도취감—에서부터 지나친 의욕, 경쟁심 그리고 심각한 우울증 상태로 넘어가는 급박한 상황에 이르기까지 다양한 기분의 파고를 경험한다). 조증 상태에서는 무엇이든 할 수 있지만 울증이 오면 완전히 무기력해진다. 정신과 의사 허쉬만과 리브의 연구에 따르면, "조울증은 상당한 이점을 제공하고 있어서 천재들과는 거의 불가분의 관계에 있다. 조울증과 무관한 천재는 아주 소수에 불과하다"라고 한다. 이 말은 내 연구를 뒷받침해준다. 이 책에서 다루는 인물들이 모두 양극성 장애를 보이지는 않지만, 조증 상태를 보이며 이상할 정도로 의욕적이다.

발자크, 나폴레옹, 디즈니, 도스토옙스키, 트웨인, 에디슨, 덩컨, 헤밍웨이, 히틀러, 마오쩌둥, 터너는 조울증으로 고통받았으며 애거서 크리스티, 앤 라이스, 베리 고디 주니어, 혼다, 빌 게이츠는 조울증의 경계선에 머무는 정도다. 11명의 전형적인 양극성 인물들은 이 책에 나오는 인물들의 28퍼센트를 차지하고, 85퍼센트가 조급증이 있는 A유형에 속한다. 극도로 활발하지 않은 사람들은 다윈, 아인슈타인, 캠벨 이 세 명뿐이다. 하지만 그들에게도 특별히 일이 신나게 잘 풀리는 때가 있었다.

케이 제이미슨은 "우리 중에 어느 누가 고조되고 팽창된 기분과 한껏 부풀어오른 자신감, 왕성한 에너지, 적은 수면욕구, 강한 성욕, 이상하리만치 예리해진 창조적 능력과 높은 생산능력을 보이는 이 병에 걸리고 싶지 않은 사람이 있겠는가?"라고 묻는다. 도스토옙스키도 "이런 상태라면 지금보다 훨씬 더 많이, 그리고 잘할 수 있을 것 같다"

라고 말했다. 어떤 작가가 헤밍웨이에 대해 이렇게 말했다. "그는 세상에서 가장 거대하고 힘있는 남자가 되어야만 했다. 그는 늘 문란한 성생활 때문에 문제를 일으킬 가능성을 알면서도 지나치게 공격적이고 지나치게 활동적이었다." 양극성의 '긍정적인' 부산물은 오로지 조증 상태일 때 받는 선물일 뿐이다. 심한 우울증 단계에서는 자살도 불사한다.

A유형에 속하는 사람들은 패배감을 느끼고 싶지 않아 시간에 쫓기면서까지 뭔가를 성취하려고 한다. 그들은 성공과 자아의 가치를 혼동하는 전형적인 사례에 해당된다. 성공하지 못하면 살아갈 가치가 없다고 느낀다. 그래서 시간이 자신의 존재를 지배한다. 자아 가치를 승리로 오해하는 사례는 A유형 성격의 일차적인 특징이다. 그들은 외부에서 오는 동기가 거의 필요 없을 정도로 자기 주도적인 일 중독에 빠져 있는데, 이런 정신은 기업가 정신과 정치적 야망을 꿈꾸는 사람들에게 결정적으로 필요한 특성이다.

일 중독자들

이 책에 나오는 사람들은 보통 일주일에 최소 80시간 이상 일하는 것으로 나타났다. 이들 대부분은 주말에도 시간을 내어 일하며 일요일과 평일을, 크리스마스와 여느 날들을 구분하지 않는다. 일이 그들의 유일한 신이다. 헤밍웨이는 자신의 원고를 다섯 번 이상 고쳐 쓰곤 했는데, 「노인과 바다」는 무려 200번 정도 고쳤다고 한다. 그는 파리에 머무를 동안 여덟 편의 소설을 석 달 만에 쓰고 극심한 피로로 쓰러졌다. 의욕에 넘치기로는 베리 고디 주니어가 단연 돋보인다. 그는 자신의 제국을 만드는 일에 몰두하느라 '시간과 공간도 잊을 정도'였다. 그는 자서전에 "내게 가장 큰 즐거움을 주는 것은 일이다. 음악은 결코 일이 될 수 없다. 내 일은 취미에 가깝다"라고 썼다.

제임스 미처너는 수많은 소설과 영화의 성공과는 별개로 일주일을 모두 글쓰기에 매진했고 휴가도 떠나지 않았다. 미디어계의 거물로 성공한 루퍼트 머독은 자신이 원하면 세상 어디라도 갈 수 있었지만 오로지 일이 전부였다. 일흔이 가까운 나이에도 그렇게 일했다. 앤 라이스 역시 기자에게 "일이 내 인생이고 내 열정을 쏟아부을 곳이다"라고 말한다. 마이클 잭슨은 1995년 HBO 콘서트를 준비하다가 무대에서 쓰러진 적이 있었다. 그의 조카는 언론과의 인터뷰에서 "전 별로 놀라지도 않았어요. 그는 일 중독이거든요. 밤낮없이 일하느라 끼니도 거르죠. 어떨 때는 사나흘씩 잠도 자지 않는걸요"라고 말했다. 헬레나 루빈스타인도 언론에 자신의 성공에 대해 "일요일에도 쉬지 않고 하루 스무 시간 꼬박 일한다. 잠은 내게 중요하지 않다. 일이야말로 최고의 미용처방이다. 나의 성공은 행운과 격렬한 노동, 그리고 끈기가 조화를 이루었기 때문에 가능했다"라고 말했다. 그때 그녀는 80대였다.

의욕적 인격을 보이는 사례들

상당히 곤란한 판정이기는 하지만 여기 나오는 인물 가운데 발자크처럼 극심한 조증을 겪은 사람은 드물다. 발자크는 19세기를 대표하는 다작多作 작가다. 발자크와 거의 동시대인이라 할 수 있는 도스토옙스키도 조증에 가까운 작가라 할 수 있다. 그는 광기가 한껏 발동하면 무엇이든 이룰 수 있었다. "광기(조증)가 내 모든 작품에 관여한다. 그러고 나면 문장, 단락, 장, 책을 서둘러야 한다고 생각했다. 서두르지 않고 시간만 충분하다면 뭔가 좋은 생각이 전개될 것 같았지만 말이다"라고 그는 고백한다.

'철의 여인' 마가렛 대처도 자신의 성격을 '몰아붙이는' 편이라고 말한다. 세계 최고갑부로 손꼽히는 빌 게이츠는 청중들 앞에서 강연을 하거나 회의를 할 때 아직도 흥분으로 몸을 떤다고 했다. 마돈나는 충동에 사로잡힌 자신의 성격을 감당할 사람이 없어서 결혼하기가 힘들었다고 한다.

요컨대, 이 장에서 연대기 순으로 다루는 인물들은 조용하고 아늑한 저녁식사를 함께하거나 모닥불을 피워놓고 담소를 나눌 상대로 적합한 유형은 아니다. 그들은 이런 정적인 상태를 견디지 못하며, 설사 초대에 응하더라도 머릿속으로는 다른 생각을 하고 있을 것이다. A유형에 속하는 사람들은 사교적으로는 그다지 매력적이지 않지만 시간 제한이 있는 일을 맡겨 완수할 대상으로는 적합하다.

발자크

끝없는 에너지의 소유자, 발자크! 발자크가 방 안으로 들어서면 쩌렁쩌렁 울리는 목소리와 요란한 웃음으로 벽이 흔들렸다고 한다. 그는 에너지 그 자체이기 때문에 그에게 늘 관심이 집중되었다. 그는 사람들에게 위협적으로 보일 정도로 무대 중심에 서려고 하기 때문에 다른 사람과 같은 화제로 얘기하더라도 혼자서만 관심을 끌려고 애쓰는 데 시간을 다 써버리고 만다.

전기작가인 그레이엄 롭은 발자크가 들어오면 '방이 꽉 찬다'고 표현했다. 그는 힘을 발산하는 움직이는 기계와 같아서 늘 미친 듯이 날

뛰었다. 그는 뭘 하든 정도가 지나칠 정도로 활동적이었다. 그 일이 글쓰기든, 노동이나 투자든, 웃거나 걷고 담배 피우고 먹고 말하든 그는 게걸스럽게 먹거나 마셔댔고 커피에 중독된 사람처럼 탐욕스럽게 들이켰다. 게걸스럽게 먹고 마시는 습관은 조증에 박차를 가해 자기만의 우주를 넓히는 데 얼마간 도움을 주었다. 그의 지나친 활동성에 애인이나 친구는 지쳐버렸다. 어느 누구도 그의 광란에 가까운 활동에 보조를 맞추거나 견딜 수 없었기 때문이다. 그는 애증의 대상이었다. 사람들은 한 번도 그가 금욕적인 차원으로 내려오는 것을 보지 못했다.

오죽하면 "지독한 과잉행동은 나의 형제자매다"라고 고백했을까. 발자크는 한꺼번에 여러 분야에 영향력을 행사하려고 했다. 그는 왕성한 작가며 출판업자에, 인쇄업자에다 신문 발행인이었다. 그는 그 모든 것을 불사를 정도로 원기충만한 인물이었다.

지나친 연애로 일에 방해를 받을까 봐 그는 50세가 될 때까지 독신으로 살았다. 그의 왕성한 본성을 잘 알고 있던 친구 알렉상드르 뒤마에게 그가 말했다. "하룻밤의 사랑은 반 권의 책을 먹어치운다. 살아 있는 어떤 여자도 그럴 만한 가치가 없어." 이런 두려움이 있었지만 그는 와인과 여자, 작곡에 열렬히 빠져들었다. 그가 얼마나 미쳐 날뛰었는지는 그가 한 말에서도 알 수 있다. "마시고 법석대고 또 마셔대다가 숱한 책들을 날려버렸다." 그의 친구인 오라스 레이종은 1830년대 파리의 시끌벅적한 술자리에서 그가 어떻게 여섯 명의 여자들을 만났는지 증언할 정도였다. "방탕함도 살아가는 방법이다"라는 말은 발자크의 진심을 보여준다고 할 수 있다. "내가 천재가 아니라면 이렇게 할 수는 없다"며 자신의 천재성을 증명하려고 그는 죽도록 일에 매달렸다.

발자크를 사실주의 소설의 효시라고 부른다. 분량이 100권에 이르는 그의 비범한 장편, 『인간희극』은 1850년에 완성되었다. 그는 생각이 떠오르기 시작하면 방문을 걸어 잠근 채 며칠 동안 꼼짝도 하지 않고 '악마에 사로잡힌 듯' 글을 써내려갔다. 심하게 앓던 어느 날 밤에도 1만 5,000단어를 썼다고 한다. 조증 상태로 수 년 동안 격렬하게 집필하던 그도 기진맥진한 자신의 상태를 알고 이런 말을 했다고 한다. "정말 끔찍한 방식으로 나를 소진시켜왔어."

발자크는 자신의 결점을 참지 못했는데, 스스로도 그 점을 인정한다. "난 기다리는 건 딱 질색이야. 이건 바뀔 수 없는 나의 천성이지." 그의 작품은 도스토옙스키, 마르크스, 윌리엄 제임스, 엥겔스와 같은 후대의 작가들에게 막대한 영향을 끼쳤다. 엥겔스는 그에게서 "전문적인 역사학자, 경제학자, 전략가들을 모두 합친 것보다 발자크에게서 더 많은 것을 배웠다"고 말한다. 역사는 그를 19세기 프랑스 사회를 대표하는 연대기 작가로 기록하고 있다. 재주 많은 발자크는 92편의 소설과 6편의 희곡, 수십 편의 단편들, 수많은 신문 사설들을 두루 써내는 위업을 이루었다.

발자크의 일과는 새벽 1시에 시작한다. 그때부터 아침 8시까지 미친 듯이 작업에 열중한다. 그리고 정력적인 활동에 기름을 채워넣기라도 하듯 엄청난 양의 커피를 들이켠 다음 친구들과 저녁식사를 하러 나가기 전, 거의 오후 4시까지 쉬지 않고 일한다. 그러고는 8시에서 9시 사이에 잠자리에 드는데, 이런 빡빡하고 힘든 생활을 일주일 내내 되풀이했다. 롭은 이렇게 적었다. "그는 하나의 일에 심신이 지칠 때까지 무섭게 매달린다. 사실 이런 모습들은 스스로 초래한 광기다." 그가 50세의 나이로 죽었다는 것이 이해가 된다.

로댕의 발자크 흉상은 그의 지칠 줄 모르는 열정을 진정한 프로메테우스의 모습으로 형상화한 작품이다. 롭은 그의 지칠 줄 모르는 활동이 그를 위대하게 했지만, 그를 죽음으로 내몬 원인이라고 결론짓는다. "감옥과도 같은 그의 창작에 대한 열정은 천천히 맞이하는 자살과도 같았다. 황홀한 광경을 목격한 동시에 죽음이라는 엄청난 대가를 치른 것이다."

도스토옙스키

실존주의 작가 도스토옙스키는 인간의 나약한 면을 묘사하는 허무주의자였다. 서머싯 몸이 '최고의 소설가'라고 부를 정도로 그는 깊은 열정으로 인간의 약점을 그려냈다. 도스토옙스키는 경박한 도취감에서 시작하여 우울증으로 끝을 맺는 상당히 극심한 기분장애를 가진 간질 환자였다. 그의 소설은 그가 겪어왔던 이런 비참한 여정을 승화시킨 작품들이다.

도스토옙스키는 조증인 상태를 최대한 활용해 역사에 남는 위대한 소설을 썼다. 프로이트도 『카라마조프 가의 형제들』은 지금까지 나온 소설 가운데 가장 장엄하다"고 평했다. 앙드레 지드도 그의 소설에 똑같은 찬사를 보냈다. 도스토옙스키의 『죄와 벌』은 소름끼칠 정도로 잔인한 범죄를 저지르고 거기서 달아나려 하지만, 죄의식에서 결코 벗어날 수 없음을 보여줌으로써 지금까지 발표된 소설 가운데 최고의 심리소설이라는 평가를 받았다.

지나친 의욕은 도스토옙스키의 성공과 좌절의 뿌리를 이룬다. 그는 조울증을 '근원을 알 수 없는 테러'라고 불렀고, 간질 발작을 조절하는 것보다 이런 상태를 다루는 것을 더 힘들어했다. 대부분의 저술가들은 도스토옙스키 작품에 간질병이 상당한 영향을 준 것으로 묘사하고 있지만, 프로이트와 다른 학자들은 무의식의 발작에 제대로 맞서지 못하는 하이포마니아 환자의 죄의식과 그로 인해 황폐하게 변한 자신의 상태를 잘 보여주는 사례라고 본다. 프로이트는, 도스토옙스키가 10대 시절에 경험한 아버지의 처참한 죽음이 그에게 고통을 가져다주었다고 분석한다. 과정이야 어떻든, 편집증이 없었더라면 그는 세계적으로 위대한 소설을 쓰지 못했을 것이다. 발자크와 마찬가지로 작품의 절반 가량은 빚쟁이들의 독촉을 피해 다니면서 창작되었다. 그는 감옥에 가지 않으려고 이탈리아까지 도망친 적도 있다.

에디슨

발명왕 에디슨은 역사상 가장 많은 발명을 했고 그의 이런 성공은 헤라클레스적 직업윤리에서 비롯되었다. 어린 시절 서재에 꽂힌 책에 호기심을 느낀 그는 세상에 대한 궁금증을 풀고 싶다는 목표를 세우고, 열정을 다해 그 목표를 향해 나아갔다. 그는 10세가 되던 해부터 자신과 인간에 관한 모든 것을 배우려고 A부터 뒤지기 시작해 전체 서가를 송두리째 파헤치고 다녔다. 에디슨을 그렇게 몰고 갈 수 있었던 힘은 바로 불굴의 의지였다. 그는 다른 사람들이 왜 자신과 같은 속도로 목표를 향해 나아가지 못하는지 전혀 이해하지 못했다.

전기작가인 조제프슨은 에디슨을 '현대 전자공학의 아버지'로 부르면서 "그의 정신적·육체적 인내심은 끝이 없는 것 같다"고 말한다. 그는 먼로 파크 실험실에서 몇날 며칠을 쉬지 않고 일하면서도 연구에 대한 감각을 예민하게 유지하기 위해 선잠을 자면서 지냈다. 그는 고작 서너 시간의 수면을 취했는데, 모든 의문과 가능성이 풀리기 전에는 새로운 프로젝트를 거절했다. 어떤 기자가 에디슨에게 무슨 실패가 그리도 많으냐고 물으니, 발명왕은 이렇게 대답했다. "그건 단순한 실패가 아니다. 그런 실패 하나하나가 내겐 문제 해결로 다가가는 또 하나의 방법이야. 다른 발명가들의 문제점은 너무 실험을 적게 해 보고 포기하는 것이지. 나는 원하는 것을 얻기 전에는 절대로 포기하지 않아."

에디슨도 발자크와 비슷한 방식으로 스스로에게 강한 동기를 부여했다. 두 사람 모두 머릿속에 떠오르는 생각만으로 모든 문제를 다 해결한 것처럼 자신의 성공에 확신을 가지고 설명할 정도였다. 발자크는 소설에 대한 발상만 갖고 새로운 책에 대해 설명해주었다. 에디슨은 아이디어 기획 단계에서 곧바로 기자회견을 자청하고 새로운 기술이 발전 단계에 이른 것처럼 발표하곤 했다. 전화기, 축음기, 백열등을 발명할 때도 이런 식이었다. 그가 '발명'이라는 발표를 했을 때조차 사실은 엄청난 비밀의 해법을 발견하지 못한 실정이었지만, 그는 자본을 끌어들이고 자신과 동료들을 자극할 방법으로 기자회견을 이용할 줄 알았다. 효과는 확실히 있었다. 그래서 에디슨은 언론에 지속적으로 이런저런 요구를 했다. 언론에 노출되기만 하면 그는 문제 해결을 위해 미친 사람처럼 일했다. 그렇지 않으면 체면을 잃게 되기 때문이다. 에디슨이라는 발명가의 직업윤리는 대부분 이런 탁월한 동기부여의 기술에서 비롯되었다.

65세의 나이에도 에디슨은 연구소에서 작업하는 시간을 시간기록계로 측정했다. 그해는 일주일에 평균 112시간씩 일했다. 프로젝트를 시작하면 몇 주일 동안 연구실을 떠나지 않다가 일주일에 한 번 옷 갈아입을 때만 집으로 갔다. 75세가 되어서도 하루도 빠짐없이 2교대로 연구를 거듭했다. 백열등의 발명은 그의 열정이 낳은 결정판이다. 전문가들조차 부정적이었지만 그는 기어코 해냈다. "내 발명품을 만들 공장이 없다면 공장을 지으면 된다. 소심한 자본가들을 믿느니, 기금도 내가 마련할 것이고 상품도 내가 공급한다. 공장을 짓든가, 아니면 아이디어를 그대로 사장시킬 것인가 이것이 문제다"라고 그는 말했다. 위대한 이 남자는 발전기, 전등제조, 회로 플랜트를 제작하는 데 필요한 자본의 90퍼센트를 스스로 조달했다. 의지 하나 믿고 모든 것을 이루어낸 위대한 힘이다.

빌 리어

빌 리어는 사명감이 투철해 그 누구도 그를 막을 수 없었다. 그 분야의 전문가들이 불가능하다고 고개를 저을 때도 그는 해내고야 말겠다는 집념을 보여주었다. 항공기술자들에게 도전장을 내민 그의 학력은 초등학교가 전부다. 그들은 리어 제트기가 날지 못할 거라고 단언했다. 결국 그는 자신이 개발한 혁신적인 디자인으로 전투기의 혁명을 가져오는 데 공헌했지만, 개발 당시에는 모든 항공 규칙을 어지럽힌 업계의 이단아였다.

투자자 클럽(은행가들은 그가 만들려는 상품이 재정적인 지원을 받지 못할 것이라고 단언했다)에서 재정적인 지원을 받지 못했다는 사실은 그리 놀라운 일도 아니었다. 하지만 전문 기술자들이 그의 꿈을 비하시킬 때면 그는 어안이 벙벙했다. 그는 쉽사리 낙담하지 않고 자신의 프로젝트에 필요한 돈을 구하기로 결심했다. 그리고 곧 엔지니어들과 은행이 틀렸다는 걸 입증했다. 그들에게 "보시오, 날 수 있지 않소"라고 말하고는 환갑이 다 된 나이에 자신이 만든 비행기를 몸소 타고서 그 안전성을 보여주었다. 처녀비행 후 12개월이 채 못 되어 그가 만든 혁신적인 비행기는 전투기 산업의 역사를 혁명적으로 바꾸었다.

리어 제트기의 발명에 관한 이야기는 단연 할리우드 영화감이다. 리어 유한책임회사의 이사회는 창립자 리어가 회사의 관리하에서 비행기 개발을 하겠다는 그의 제의를 거절했다. 심기가 불편해진 리어는 자신의 주식 1억 달러를 경쟁사인 지글러 유한회사에 팔아버렸고, 이것은 훗날 리어-지글러 사가 탄생하는 계기가 되었다. 그는 주식을 판 돈에서 자신의 몫 1,430만 달러를 그토록 애지중지하던 프로젝트에 몽땅 투자해버렸다. 그것도 모자라 스위스와 그리스의 별장, 캔자스 위치타의 집도 팔아치워 개발자금으로 투자했다. 마침내 비행기는 개발되었고 하늘을 날았다. 그러나 대중적인 비행기를 다시 개발하는 데 돈을 몽땅 다 써버렸다. 그리고 65세에 자신의 상품을 2,100만 달러에 팔았다. 열정과 결단력을 지닌 그가 아니었다면 리어 제트기는 결코 이 세상에 태어나지 못했을 것이다. 리어 제트기는 당시 다른 개인 전용 항공기에 비해 더 높이, 더 빨리 날 수 있었고 훨씬 더 많은 부대시설을 갖추고 있었다.

마가렛 대처

최초의 여자 영국 수상 마가렛 대처는 정치적으로 타협할 줄 모르는 성품이다. 그녀는 여러모로 보아 남성적인 추진력을 지녔다. 그녀의 친구이자 정치적 동맹관계였던 로널드 레이건 대통령은 이런 말을 했다. "영국에 대처만한 남자는 없다."

'철의 여인'은 어디로 가야 할지 명확하게 알고 있었다. 그녀는 엄청난 일 중독자여서 이런 말을 즐겨했다. "나는 혹독하게 일만 하도록 태어났다. 너댓 시간 이상 자본 적이 없다. 일을 하기 위해 태어난 사람도 있다. 나는 일을 사랑한다." 학교 친구인 마가렛 웍스테드도 "나는 마가렛처럼 지치지도 않고 그토록 많은 일을 하는 사람을 본 적이 없다"고 말한다.

대영제국의 수상 대처는 불굴의 의지를 지녔으며 논쟁하기를 좋아하고 호전적이어서 정적을 많이 두었다. 싸움을 좋아하는 철의 여인은 결코 물러서는 법이 없었다. 대처는 매사를 전투에 참가하는 자세로 임했다.

대처의 언론담당 비서였던 헨리 제임스는 "대처가 쉬는 걸 보기란 불가능합니다"라고 말하는데, "나는 시간을 60초 단위로 쪼개고 분 단위로 묶어 쓰기를 좋아한다"는 대처의 표현이 이 말을 뒷받침해주고 있다. 그녀는 완고하지만 정직한 성품이여서 정치가의 자질과는 거리가 멀었다. 정치적 경력이 정점에 달한 어느 시기에 그녀는 의회에서 이런 말을 했다. "내가 가던 길에서 다른 길로 가고 싶지 않습니다. 언론이 즐겨 쓰는 유행어처럼, 정치적 U턴을 숨죽이며 기다리는 사람들도 있겠지만 이 한 가지만은 분명히 해두겠습니다. 원한다면 여러분들은 그렇게 하십시오. 나, 철의 여인에게 우회로는 없습니다." 그녀는 정치인으로서는 정말 보기 힘든 초지일관을 실천한 인물이다.

빌 게이츠

거대한 컴퓨터회사 마이크로소프트의 창업주 빌 게이츠는 세계 최고의 갑부가 되기까지 자신의 마니아적 성격과 편집증적인 추진력을 적극 활용했다. 빌 게이츠는 매일 사무실로 출근해 스스로에게 묻는다. "내가 세계 정상의 자리에 있는 건가? 시장 점유율이 떨어지고 있는 건 아닐까? 내가 계속 경쟁할 수 있을까?"(그는 록펠러 이래로 세계에서 가장 높은 시장점유율을 보유하고 있는 기업가다) 이런 열정을 이해하기란 쉽지 않지만, 바로 이 점 때문에 그토록 경쟁이 치열하고 역동적인 분야에서 최고가 될 수 있었을 것이다.

마이크로소프트의 기적은 컴퓨터 업계에서 우세한 위치에 있던 IBM에 자신이 개발한 새로운 운영체계를 계속 공급하기로 한 계약을 체결한 그의 담력에서 비롯되었다. 어디에서나 개인 컴퓨터를 사용하게 될 환경을 미리 내다본 그는 MS-DOS와 인텔이 공통의 사양이 되도록 만들었다. 1998년 초반, 언론은 애플의 스티브 잡스에게 마이크로소프트와 빌 게이츠를 어떻게 생각하느냐고 물었다. 너무나 독보적인 동료 기업가에 대해 그는 이렇게 말했다. "나는 그를 좋아한다. 그가 지금보다 일찍 심술궂은 모습을 조금씩, 조금씩 보여주었더라면 그는 지금보다 더 많은 혜택을 누렸을 거다." 게이츠의 동료들은 그가 회사와 자신의 이익을 위해 말로 다 표현할 수 없을 정도로 특이하게 열정적이며 에너지가 넘친다고 보았다.

빌 게이츠는 말할 때나 밥 먹을 때나 길을 갈 때나 생각할 때 빠른 속도로 해치우는 전형적인 A유형의 성격에 속하는 기업가다. 〈USA 투데이〉는 그를 '파티에서조차도 경쟁적인' 인물로 규정하고 있다. 마이크로소프트를 처음 시작할 때부터 지금까지 밤낮 없이 열심히 일했다는 것은 그도 인정한다. 〈로스앤젤레스 타임스〉는 그를 '과대망상증이 심한' 사람으로 부른다. 〈인크Inc.〉란 잡지에도 "잠시도 가만히 있지 못하고 안달하는 성미다. 사춘기 소년같이 순진한 태도 뒤에는 무자비하고 냉혹한 기업가의 모습이 도사리고 있다"고 묘사하고 있다. 그의 친구인 번 레이번은 그를 "그에게는 경쟁심보다 더한 것이 있다. 레이싱 주자들은 이럴 때 레드 미스트red mist란 말을 쓴다. 너무 지나친 경쟁심으로 눈에 핏발이 서는 모양새를 가리키는 말이다. 빌의 눈은 늘 충혈되어 있다."

마돈나

마돈나의 본명은 마돈나 루이즈 치코네다. 많은 사람들이 그녀를 평범한 가수로 여기지만, 연속으로 싱글차트 1위에 올라 비틀스의 기록을 깼고 그녀의 춤 솜씨를 보여준 록 콘서트에서도 엄청난 성공을 거두었다. 이 마테리얼 걸(마돈나의 히트곡)은 LA, 마이애미, 뉴욕에 저택이 있고, 그 가치만 해도 1억 달러가 넘을 것이다. 쇼 비즈니스 전문가들도 아주 평범한 재능의 마돈나가 수백만 장의 앨범을 팔고, 그녀가 출연한 영화에서 수백만 달러를 벌어들인다는 점을 인정한다. 그렇다면 그녀는 어떻게 지금처럼 유명해지고 부자가 될 수 있었을까? 마돈나의 경우, 성공과 재능은 그다지 상관없다는 점을 완벽하게 보여주는 사례다. 워너 레코드의 세이무어 스타인은 마돈나와의 첫 음반 계약서에 서명한 사람이다. 그는 마돈나를 이렇게 평가한다. "그녀가 방에 들어왔을 때 충만하고 단호한 분위기로 가득 찼다. 자신의 재능에 대한 의욕이 넘쳐나고 있었다." 그녀의 에이전트였던 리즈 로젠버그는 그녀를 '시간 낭비에는 전혀 관심 없는 사람'으로 묘사한다. 그녀는 자신의 성공에 도움이 되는 사람이면 누구나 이용하고, 쓸모가 없으면 폐기처분한다고 스스로도 인정한다. 마테리얼 걸은 언론과의 인터뷰에서 당당히 밝힌다. "나는 어릴 적부터 오로지 세상을 지배하고 싶다는 하나의 목표만을 가졌다." 이 말이 그녀의 모든 것을 말해준다.

마니아적 행동의 부작용

강점은 곧 약점이 될 수 있다. 우리는 항상 무분별한 행동에 대해 그만한 대가를 치른다. 조증 상태만 보아도 광란의 속도가 승자를 만들기도 하지만, 그 속도로 오히려 스스로 파괴될 수도 있다. 나폴레옹의 지독한 조증도 그에게 파멸을 안겨주었다. 그는 엄청난 힘과 속도로 프로이센군을 격파하고 수적으로 우세한 러시아군을 짓밟아 곧장 모스크바로 행군하려 했다. 자신의 능력을 압도하는 어마어마한 대군을 이길 수 있다는 영웅의 과대망상은 그의 조울증에서 비롯되었다. 10월에 모스크바로 행군할 때만 해도 그는 가벼운 조증의 상태였다. 예상과는 달리, 러시아군은 가축이라고는 단 한 마리도 남기지 않고 몽땅 불태운 뒤에 퇴각했다. 군수 물자조차 끊어진 상황에서 잿더미가 된 모스크바에 도착하자 나폴레옹은 지독한 우울증에 빠져 무려 6주 동안 신경쇠약에 시달렸다. 나폴레옹은 정복자로서 위대한 영접을 기대했으나 참혹한 러시아의 겨울을 접하자 의사결정이 불가능한 상태가 되어버렸다. 러시아의 혹독한 추위가 몰아치는 12월, 결국 그는 20만 명이나 되는 병사를 잃었다. 모든 것이 너무 늦어버렸다.

정서적 붕괴, 자살, 극심한 불안은 양극성 인격의 어두운 면이라 할 수 있다. 발자크, 도스토옙스키, 트웨인, 히틀러, 헤밍웨이, 디즈니, 휴즈, 마리아 칼라스는 모두 정서적 붕괴로 엄청난 대가를 치렀다. 이들은 다행증 도취감의 정점으로 올라가다가 병적인 무기력함으로 순식간에 무너져버린다. 행복의 정점에 서면 세상도 정복할 수 있을 것 같고 남들이 불가능하다는 일도 다 해낼 것만 같다. 그러나 울증에 이르면 아주 단순한 일도 하지 못하는 무기력증에 빠진다. 발자크는 말도 안 되는 투자에 나섰다가 엄청난 손해를 입어 이를 만회하는 데 평생을 소모했다. 울증에 빠지면 순진한 고등학생도 하지 않는, 어리석고 거친 행동을 저지르는 성향이 있다. 발자크 역시 부채가 쌓일수록 어리석고 터무니없는 약속을 거듭 되풀이했다. 허장성세한 떠벌림이 엄청난 와해를 초래하고 또 이런 사태가 이어지자, 그는 빚 독촉에 시달리지 않으려고 미친 듯이 글을 써내려갔다. 인생의 마지막 15년을 빚쟁이를 피해 다니느라 허비했고, 그에 대한 공포가 그를 죽음의 수렁으로 이끌었다. 도스토옙스키와 마찬가지로 발자크도 광적인 열망으로 우뚝 섰지만, 결국 그 때문에 파멸의 나락으로 떨어지고 말았다.

에디슨도 젊은 날에 부자가 되었지만 더 많은 것을 얻으려는 광적인 욕구로 철광석 프로젝트에서 200만 달러를 날리게 되었다. 결국 쉰세 살에 빈털터리가 되었다. 빌 리어는 리어 제트기의 성공으로 벌어들인 돈을 아무런 계획도 없이 쓰다가 60대에 파산선고를 받았다. 재산을 처분한 돈을 이상한 사업에 투자해 완전히 날려버리고 가난한 말년을 보냈다. 니콜라 테슬라도 이들과 사정이 비슷하다.

도스토옙스키는 빚을 갚기 위해 작품의 권리를 팔아치우고는 그 돈을 룰렛 게임에 몽땅 털어넣었다. 그는 친구 투르게네프에게 이런 편지를 쓴다. "난 모든 걸 잃었어. 완전히 빈털터리라고. 시계마저 저당 잡히고 말았네." 그는 강박적이고 지나치게 열정적인 자신의 경험을 토대로 『도박사』란 소설을 쓰기 시작했다. 채무의 압박에서 벗어나, 뭔가 가치 있는 일을 하려는 시도에서 쓰기 시작한 이 소설은 놀랍게도 16일 만에 탈고했다. 도스토옙스키는 불운한 삶을 살았고, 이런 경험들이 그의 실존적 소설의 모델이 되어주었다. 자신의 무분별한 행동에 엄청난 값을 치렀지만 이런 일들이 없었다면 위대한 작품을 쓰기 힘들었을 것이다. 전기작가인 조셉 프랭크는 "스스로를 파멸시키는 길로 몰고 가는 엄청난 그의 힘은 화산 폭발에 비교할 만하다"고 평가했다. 성찰적인 도스토옙스키는 자신의 이런 점들을 '파괴하지 않으면 안 되는 의지의 힘'이라고 보았으며, "이런 광기는 내 작품 어디에든 배어 있다"고 자신의 강박증을 고백했다.

essential point
열심히 일하는 자세는 성공으로 가는 지름길

　성공한 사람들은 종종 추월차선으로 달리는 삶을 산다. 질주하는 삶은 성공을 안겨주기도 하지만, 죽음에 이르는 길이기도 하다. 그들은 정서적으로나 지적으로, 성적 욕구에서나 신체적으로 무척 왕성하다. 그들은 에너지 그 자체로 보이기도 하지만, 지나친 에너지는 양극성 인격의 부산물이기도 하다. 그들의 특징을 한마디로 정의한다면 속도라고 할 수 있다. 90퍼센트 정도가 먹고 마시고 말하고 일하고 운전하는 속도가 무척 빠르다. 너무 빠른 속도 때문에 경쟁 과정에서 때로는 전복되기도 하고 충돌하기도 한다. 그들 가운데 대다수(84퍼센트)가 2등은 자존심에 상처를 입는 것이라고 여길 정도로, 일등의 자리를 빼앗기는 것에 대한 두려움이 크다. 그들은 거의 A유형 성격에 속한다. 90퍼센트의 사람들은 지나치게 활동적이거나 경조증 상태이며 조증 상태에서 성공으로 향하는 신드롬을 보인다. 마니아 상태는 그들을 위대하게 만들기도 하지만 동시에 그들을 쇠약하게 만든다.
　"가벼운 조증과 우울증은 창조성을 자극한다. 양적으로나 질적으로 일의 효율을 높이기 때문이다." 이 말은 여기에 나오는 인물들의 지나친 열정을 잘 정리해준다. 대부분의 인물들은 하이포마니아에 속한다. 이들은 창조적인 사고와 놀라운 생산능력과 함께 지나친 자부심, 허세 부리기, 넘쳐나는 힘, 열정, 그러나 심각할 정도로 인내심이 부족하고 충동적이며, 부주의한 운전 습관, 강렬하고 충동적인 연애와 치정에 빠지기 쉽다. 어리숙한 사업투자나 경박한 소비행태는 하이포마니아적인 성향을 보이는 인물들에게서 예외 없이 나타나는 특징이다.
　그들은 규범에서 벗어나려 하거나 강박적인 열정 때문에 일 중독자처럼 보이기도 하지만, 무모하게도 위험을 감수하는 기질이 있다. 또한 강한 추진력으로 위대한 성공을 이루지만, 지나친 열정으로 너무 일찍 자신을 소진시켜버린다. 강력한 추진력은 단기적으로는 유리하나 장기적으로는 불리한 요인이다. 길게 보면 강한 추진력은 건강에 해롭다. 그러나 위대한 사람들은 곧장 회복되어 광적인 성취도를 되찾는다. 그들의 붕괴는 주의를 잠깐 딴 데로 돌리는 것이라고 할 수 있다. 이들이 보여주고 있듯이 추진력과 열심히 일하는 자세는 성공으로 가는 지름길이다.

5th Key to Greatness _ INTUITION

직관

나무를 보면서 숲을 보는 안목

구체적인 신념이 생기기 전에 확신과 계시가 온다.
버트란드 러셀

전체적인 비전 – 위대함에 이르는 영묘한 약

위대한 비전을 가진 인물들은 먼저 큰 그림을 그리고 그 이미지를 자신의 꿈을 이룰 도구로 삼는다. 근시안적인 사람들은 지나치게 세부적인 문제에 빠져 허우적대느라 전체를 보지 못한다. 비전을 가진 사람들은 내면의 비전을 활용할 줄 안다. 이사도라 덩컨은 자신의 무의식에 자리 잡고 있는 슈퍼스타의 꿈을 활용한 우수한 사례다. 그녀의 무의식 안에는 '위대한 사람이 되고 싶다는 간절한 마음'이 감춰져 있었다. 그녀는 내면화된 '영적인 비전' 또는 '의지'를 믿었고 '아름다움'을 발견하기 위해서는 '각성'이 필요했다. 그녀의 자서전에는 내가 읽었던 여느 인물들 못지않게 깊이 있는 성찰로 가득 차 있다. 그녀는 이렇게 말한다. "인생은 꿈을 실현하는 것이기에 의지가 있다면 힘을 발휘할 수 있다. 나는 꿈을 좇으면서 즉흥적으로 모던 댄스를 창조해냈다." 그녀의 친구였던 전기작가 메리 데스티는 그녀에 대해 이렇게 적고 있다.

음악에 귀 기울이면 온몸에서 분출하려고 안간힘을 쓰는 내 안의 강한 힘을 느낀다. 그 힘이 점점 맹렬해져 휘몰아치는 열정으로 가슴이 터져버릴 때까지 나를 흔들어댈 때도 있다.

미국 기업용 카탈로그 업계의 여왕이라 불리는 릴리언 베르논은 "나는 인수결정을 할 때 결코 가격이나 숫자로 된 통계에 얽매이지 않는다. 내가 가진 감에 따라 결정한다." 마이클 잭슨도 음악과 댄스에 쓸 소재를 고를 때 그와 비슷한 성향을 보인다. 자서전 『문워크』에서 "어떤 확실한 힘이 성공을 말해준다. 다른 사람들은 보지 못해도 나는 볼 수 있다. 나는 본능에 의존한다"라고 말했다. 스티븐 킹도 이와 비슷한 말을 한다. "머리에서 나오는 이야기 대신 본능적으로 나오는 얘기를 쓰고, 지성보다는 직관에 의존한다. 내 소설들은 머릿속에서 나오는 시각적인 영상들이다." 다윈, 아인슈타인, 프로이트, 마오쩌둥, 테슬라, 프랭크 로이드 라이트, 조셉 캠벨 같은 인물들이 어떤 방법으로 큰 그림을 그렸는지를 보라. 이들은 직관의 힘으로 정상의 자리에 오른 대표적인 인물들이다.

나폴레옹은 독특하고 천재적인 군사전문가였다. 그는 전통적인 군사전략을 거부하고, 전투 현장을 전체적인 시각에서 바라보고 그것에서 익힌 '감'에 의존하는 전략을 구사했다. 젊은 장교였던 그는 군사학교에서 배운 이성적인 전략을 구사하기보다 자신의 본능을 따름으로써 '질 것이 뻔한' 싸움을 연승으로 이끌었다. 버거운 적을 상대로 압승을 거둔 그는 패배라고는 모르는 신비한 지도자로 비춰졌기 때문에 프랑스 황제의 자리에도 오를 수 있었다. 어떻게 그런 승리가 가능했을까? 그는 전투를 체스 게임으로 보고 전혀 예상 밖의 기이하고 괴상한 전략으로 밀어붙였다. 나폴레옹은 이미 유리한 고지에 있는 적이 구사할 만한 전법으로 싸운다면 패배하리란 사실을 깨닫고 있었다. 거대한 적을 상대로 싸움을 벌일 때는 상대의 전법으로 싸우면 안 된다. 그러면 패배는 불을 보듯 뻔하다. 혁신이란 말은 나폴레옹에게 부와 명예를 안겨주었다. 나폴레옹은 전체적인 비전이 이끄는 대로 다양한 전략을 채택했다. 전장을 '총체적인 모습'으로 보고 약하다고 생각되는 전선에 부대를 배치했다. 약한 전선을 보강하는 방법을 적절히 구사하면서 수많은 전투를 승리로 이끌었다.

큰 그림을 그리는 사람들

이기기 위해 게슈탈트(gestalt, 총체적 형상)를 활용하는 것은 특별한 일이다. 특별한 기회를 포착하기 위해 전체라는 맥락 속에서 세부적인 것들을 분석한다. 우뇌가 우수한 사람들은 새로운 패러다임을 창출하고 진보를 가져온다. 왜 그럴까? 비저너리들은 흩어져 있는 부분부분들에서 전체적인 체계를 그려내는 데 남다른 능력이 있다. 전체를 제대로 보고 싶다면 한 발짝 뒤로 물러서서 바라보라. 문제점이나 실수 같은 것들은 거기에 매몰되어 있는 한 결코 보이지 않는다. 세세한 일들로부터 한 걸음 물러설 때만이 분명하게 다가온다. 아인슈타인, 다윈, 마르크스처럼 우뇌를 주로 사용하는 '괴짜'들에게서 위대한 통찰과 혁신이 나오는 이유가 바로 여기에 있다. 이들 천재들의 좌뇌는 우수한 계산기 역할을 할 수도 있었지만 대부분 그렇게 하지 않았다. 이들은 전체와 연관되는 범위에서만 세부적인 것에 몰두한다. 이런 인물들의 혁명적인 기여—상대성 이론, 진화론, 변증법적 유물론, 교류전류, 심리분석, 문화혁명, 생태적 건축—는 분석을 신봉하는 교조주의가 아닌, 전체를 보는 통찰로부터 탄생했다.

이런 관점들은 모두 귀납적으로 얻어진 것이 아니라 직관에 의해 생겨났다는 사실을 이해하는 것이 중요하다. 이들은 귀납적인 방법이 아닌, 연역적인 방법으로 위대한 도약에 도달했다. 이들은 결론에서 출발하여 방법을 찾아간다. 다윈은 엄청난 양의 데이터를 가지고 있었지만 그 자료들이 어떤 의미를 갖는지는 오로지 직관으로 파악했다. 프로이트는 환자들로부터 어린 시절의 문제점들을 계속 들어오다가 이들의 문제가 무의식에서 비롯된다는 비약적인 발상의 전환을 꾀했다. 직관이 지축을 흔들 만한 개념의 지각변동에 작용하는 것과는 달리, 그다지 현학적이지 않은 개념을 생각할 때는 어떻게 할까? 이 문제는 그다지 차이가 없다는 사실을 뛰어난 학자들이 입증했다. 노벨상 수상자 라이너스 파울링과 조너스 솔크는 "우리는 어떤 일을 하기 전에 이미 해답을 알고 있다"고 주장한다. 이 말의 의미는 무엇인가? 컴퓨터를 프로그래밍 하는 방법과 마찬가지로, 결론에서 출발하여 문제로 다시 돌아간다는 뜻이다. 해답을 정하지 못하면 다시 되돌아갈 수 없다. 해답을 정하면 그때부터 세부적인 사항을 꼼꼼하게 챙긴다. 그런데 아쉽게도 대부분의 사람들은 엄청난 노력으로 점철된 세부사항들이 모든 문제를 해결해준다고 믿고 있다.

제임스 미처너는 자서전에서 이런 말을 했다. "나는 어릴 적부터 다른 아이들에 비해 공간적인 관계들을 잘 파악했다."『최고 수준에 이르게 하라』를 쓴 버클리 대학의 심리학자 찰스 가필드는 우주비행사들의 첫 우주비행을 훈련시켰다. 그는 이 일을 통해 다음과 같은 사실을 발견했다. "위대한 업적은 상상력의 산물이다. 세계적인 육상선수나 우주비행사, 최고의 작업을 해내는 사람들은 모두 자신의 꿈을 시각화시킬 줄 아는 사람들이다. 그들은 행동하기 전에 이미 그것을 보고, 느끼고, 경험한다." 아인슈타인보다 이 사실을 제대로 보여주는 사람은 드물다. 그는 자신을 과학자라기보다 예술가에 가깝다고 말하곤 했다. "직관은 신의 선물이지만 논리는 충실한 종들의 몫이다. 진정한 가치는 직관에 있다. 상상이라는 선물이 내게는 가장 소중하다"라고 말했다. '법원 서기 같은 정신(자신이 만든 터널에 갇혀 곤경에 처한 상태)'으로는 이런 직관을 얻을 수 없다. 대부분의 사람들이 구체적이지 않은 개념에 대해 그림을 그리는 데 어려움을 느낀다. 제대로 훈련받은 과학자들도 비행기가 나는 것을 보아야만 그것의 결함을 찾아내고 있다.

나무를 보면서 숲을 보기가 어려운 사람들

코앞에 큰 그림을 갖다줘도 보지 못하는 사람이 있다. 신상품에 문제가 있어서 도움을 요청했는데, 전화를 받은 직원에게 "이건 내가 담당할 일이 아닌 것 같은데요?"라는 대답을 들은 적이 있을 것이다. 바로 이런 유형의 사람을 보고 "말단 서기 같다"고 한다. 이런 사람들은 회사의 일과 자신의 일을 아주 근시안적으로 보기 때문에 그 회사에 20년 이상 근속을 하더라도 그 자리를 면하기 힘들다. 나무를 보면서 숲을 보기가 어려운 사람들이다. 이런 말단 서기 정신은 새로운 아이디어를 사장시켜버린다. 그들은 좁은 세계에 갇혀 허우적거리느라 전체를 보지 못한다. 근시안적 시각을 가진 사람들은 어떤 조직에서든 성과를 올리기 힘들다. 성공하는 사람들은 자신의 책임과 권한을 넘어서는 문제라 할지라도 그 문제를 해결하려고 노력한다. 왜 그런 수고를 할까? 비저너리들은 눈앞의 것만 보지 않고 전체를 본다. 그들은 작은 세계에 매달리지 않고 거시적으로 세계를 볼 수 있으며, 양적인 승부가 아닌 질적인 승부를, 숫자에만 매달리지 않는 융통성 있는 사고를, 귀납적인 사고가 아닌 연역적인 사고를 하고 있다.

비저너리들은 보통사람들과 어떤 점이 다른가?

　비저너리들은 남다르다. 모든 창조적 발견의 근원지인 우뇌를 사용할 줄 알기 때문에 어떤 일을 하더라도 세세한 것에 진땀 흘리지 않는다. 세상 사람들 대부분이 숫자의 제단에 경외심을 보이기 때문에 우리가 사는 세상은 이미 작은 일에 얽매이도록 설계되어버렸다. 학교에서나 회사에서 숫자로 모든 일을 처리하도록 끊임없이 교육받고 있는 실정이다. 20세기 후반은 사소한 것들에만 목숨을 걸고 이것들만 결집시켜놓은 세상과 같았다. 대부분의 조직은 직원 교육을 할 때 예산상의 숫자를 숭배하도록 가르친다. 결국 숫자 이외의 것들은 모두 다 부차적인 것이 되어버렸다. 실무진들이 나무에 가려 앞을 내다보지 못하는 사이에 그들의 경쟁자들은 숲을 바라보고 있다. 서구 사회의 인구 가운데 80~85퍼센트의 인구가 좌뇌를 많이 사용한다는 연구결과가 나왔다. 이 말은 서구의 지도자 역시 지나치게 분석적이어서 창조적인 해결책을 제때 내놓지 못하고 있다는 것을 의미한다. 사람들은 아인슈타인의 직업이 과학자라는 이유로 좌뇌를 뛰어나게 사용할 것이라고 여길지도 모른다. 사실은 그렇지 않다. 그래서 동료 과학자들은 그를 좋아하지 않았다. 아인슈타인은 프린스턴 대학교 학생들에게 "셀 수 있는 모든 것을 다 숫자로 표현할 수도 없고, 숫자로 표현된 모든 것을 셀 수 있는 것도 아니다"라고 충고했다.
　『직관의 해부』라는 책의 저자이며 정신과 의사인 다니엘 카폰은 "직관적인 사람들은 눈동자의 움직임이 남다르다. 그림을 볼 때도 눈동자가 지그재그 모양으로 재빨리 움직이며 정확한 인지를 한다"라고 말한다. 그는 직관을 '상식의 본질'로 부르면서 직관적인 사람의 대표적인 사례로 아인슈타인을 꼽는다. 그는 자신이 꿈꾸던 세계에 깊이 몰두한 인물이기 때문이다. 카폰은 사실과 과학에 사로잡힌 서구 문명이 직관의 힘을 무시한 탓에 대부분의 사람들이 그 힘을 잃어버렸다고 비난한다. 그러나 그는 "직관도 습득할 수 있다"고 주장한다. 창조와 성공의 본질은 사고의 자유로움이며 선생님, 부모, 상사의 명령처럼 일방적인 관계라 하더라도 그것들을 차단할 수 있는 힘이다.

세계를 총체적으로 볼 수 있는가, 없는가가 보통사람과 다윈—그도 모든 면에서 상당히 평범했다—과 같은 걸출한 비저너리를 구분하게 한다. 다윈은 자연에서 일정한 법칙을 알아냈고 거기서 발견한 패턴을 자연계 전체로 확대시키면서 자연도태에 따른 인간의 진화를 도출해냈다. 자신의 이론을 지지하려는 입장에서 그는 이렇게 말했다. "나는 길들여진 자연과학자들을 설득할 수 있을 거라고 기대하지 않는다. 그들은 너무 많은 과학적 사실과 진화에 관한 이론 속에 갇혀 있다." 신학을 공부한 다윈이 창조에 관한 성서적 해석을 부인하는 진화론을 위해 직관의 힘을 사용했다는 점은 상당히 의외다. 그는 『종의 기원』에서 "자연의 일반법칙을 밝히는 데 상상력의 도움이 컸다"고 털어놓았다. 다윈의 전기작가인 프랭크 설러웨이는 『계통과 분류를 위해 태어난 사람』에서 그의 직관적인 능력을 확신한다. "다윈이 제공하는 이론의 독창성을 보면 그가 얼마나 창조적인 천재였는지를 알 수 있다."

프랭크 로이드 라이트는 인습에 대한 부정적인 성격 때문에 건축의 무정부주의자로 알려져 있다. 세부적인 일로 결코 방해받지 않는 그는 비저너리의 전형이다. 이런 유형의 사람에게는 경험의 총체성을 찾아가는 과정에서 추종자들이 생겨나게 마련이고, 그가 우연히 접하게 된 사고의 단상들을 주워 담아줄 사람들이 필요하다. 존슨 왁스 빌

딩, 구겐하임 미술관, 마린 군청사, 낙수장 건물들의 지붕과 수도관이 새는 것은 그들이 처리해야 할 몫이다. 라이트는 환경과 조화를 이루는 건물을 디자인하는 데 몰입하여 기능보다는 형태에 치중하고 있었기 때문에 작은 일에는 세심하게 신경 쓰지 못했다. 천재적인 창조성을 보인 그답게 최대의 강점이 최악의 허점이기도 하다.

아인슈타인도 사소한 부분에 생각이 미치지 못하는 사람이다. 그가 미국에 도착했을 때, 기자가 "선생님, 지구에서 달까지의 거리가 얼마인지 아십니까?" 하고 물었다. 위대한 물리학자는 젊은이를 쳐다보면서 "모르겠는데요"라고 대답했다. 고등학생이라면 익히 알고 있을 그 답을 모르는, 세계에서 가장 머리가 좋다는 천재에게 허를 찔린 기자는 다시 질문을 던졌다. "학생들도 아는 답을 모르시는 이유가 뭡니까, 선생님?" 위대한 천재는 이렇게 대답했다. "그런 일에 신경 쓸 여유가 없다오. 그런 지식이 필요하면 어디서 찾는지는 알고 있소."

휴즈·터너·빌 게이츠와 같은 사업가, 아인슈타인·테슬라와 같은 과학자, 다윈·라이트와 같은 혁신적인 사고의 소유자, 나폴레옹과 마오쩌둥 같은 정치지도자들은 큰 그림을 볼 줄 알았다. 이들은 상당히 논리적이고 양적인 방법으로 자신들의 모험을 계획했다. 나폴레옹은 전쟁을 체스 게임처럼 치렀다. 몇 시간 동안 세부적인 작전계획을 짜고 그 계획이 제대로 이루어지도록 전체적인 맥락에서 부대를 배치하고 전투에 임했다. 테드 터너는 CNN에 대한 사업계획을 꼼꼼하게 계산(양적인 분석)했지만 마지막에는 본능에 따른 결단력으로 모든 뉴스 지국을 한꺼번에 출범시켰다. 역설적이게도 그들은 질적인 방식에서 출발하여 양적인 방식으로 문제를 해결하는 발상의 전환을 꾀한다. 이런 행동은 학교에서 배운 것들과는 정면으로 대치되는 것이다. 교사들은 전통에 얽매여 혼란보다는 안정된 구조를, 무지한 사람보다는 유식한 사람을, 신비주의적인 것보다는 이성적인 것들을 선호한다. 학교는 숫자를 신성불가침한 것으로 여기고 기존의 지배와 통치체계를 기준으로 삼아 훈련시킨다. 안타깝게도 변화무쌍한 세상을 살아가는 방법은 이런 학습으로는 터득할 수 없다.

우뇌의 생각 대 좌뇌의 생각

왜 하필 위대한 영감은 밤에, 운전 중이거나 해변가에서 식사를 하거나 샤워하다가 떠오르는 것일까? 그 이유는 간단하다. 좌뇌를 중립에 두어야만 창조성이 살아 숨쉬는 우뇌가 우리를 마음대로 지배할 수 있기 때문이다. 전체를 보려면 주변 환경에서 벗어날 필요가 있다는 점은 매우 중요하다. 문제 해결에 몰두하거나 치열한 전쟁 중일 때 상황을 전체적으로 인식하기란 거의 불가능할지도 모른다. 하지만 상황에 대한 전체적인 인식도 없이 창조적이기는 힘들다. 경기장의 기자 중계실이 관람석 꼭대기 층에 있는 이유도 바로 여기에 있다.

우뇌는 신체의 좌측을 조절하고, 좌뇌는 신체의 우측을 지배한다. 좌뇌는 논리·이성적 사고, 인과관계, 분석, 양적인 사고를 지배한다. 우뇌는 직관, 자발성, 게슈탈트, 질적인 사고를 지배하면서 좀더 감각적인 성격을 띤다. 좌뇌가 숫자로 표현되는 디지털의 세계이면서 마이크로한 세계를 다룬다면, 우뇌는 아날로그적인 세계이면서 매크로한 세계를 다룬다. 또 한쪽이 나무라면 다른 쪽은 숲이라 할 수 있다. 좌뇌가 매일 부딪히는 문제를 해결하느라고 바쁘면 우뇌는 제대로 활동을 할 수 없다. 우뇌는 좌뇌가 휴식할 때만 활성화된다. 그렇다면 "유레카"라고 외치는 소리가 왜 목욕탕이나 해변가에서 들리는지 이해할 수 있을 것이다.

보다 창조적인 사람이 되는 방법

일터를 떠나 해변으로 직행하라

근시안적 사람들이 일터의 노예로 사는 동안, 비저너리들은 해변을 걷는다. 근시안들이 사소한 일에 목매는 동안 비저너리들은 그들의 삶을 둘러싸고 있는 무수한 기회와 가능성에 정열을 쏟는다. 비저너리들은 기회의 제단에 절하지만, 근시안들은 숫자의 제단 앞에 고개를 숙인다. 사소한 일들이란 혁신을 가져오는 일에는 불구대천의 원수이지만, 불행하게도 우리 모두는 예산 앞에서 꼼짝달싹 못하고 하루하루를 살아가는 존재다. 사소한 것들과 안정된 구조는 새로움과 혁신을 밟고 올라서서 우리의 삶을 지배한다. 안타깝게도 나무들 속에 갇혀 있는 우리의 삶은 숲을 보는 것이 허락되지 않는다. 아인슈타인은 일찌감치 이 진리를 깨달아 과학자가 되는 확고한 길을 거부했다. 적응에 대한 거부는 고등학교 퇴학으로 표출되기도 했다.

숫자의 노예는 이제 그만

지금 당장 해결해야 할 문제들을 넘어 당신의 두뇌가 자유로워질 수 있도록 하라. 우뇌가 제 기능을 할 수 있도록 좌뇌를 중립에 두도록 하자. 좌뇌가 당신의 활동을 지배하는 동안 창조적일 수 있는 길은 그 어디에도 없다. 상상력, 판타지, 혁신을 가능하게 하는 힘은 우뇌의 기능이다. 창조적인 활동은 좌뇌가 수면상태에 들어가야만 일어날 수 있다. 일시적인 휴식만으로는 우뇌가 활동하지 않는다. 휴식을 취하려고 할수록 더한 압박감을 받기 때문이다. 유일한 해결책은 '무책임하게' 행동하는 것뿐이다. 하던 일들을 책상 위에 고스란히 놔두고 해변으로 달려가라. 문제들을 적극적으로 보지 않을 때는 찾아지지 않았던 해결책들이 얼마나 많이 쏟아져 나오는지 깜짝 놀랄 것이다. 작고한 심리학자 빅터 프랭클은 성불구 환자들을 상담하면서 '역설적인 의도'라는 이론을 창출해냈다. 남성 환자들이 발기 문제에 대해 애를 끓이면 끓일수록 성공 가능성이 낮아졌다. 그러나 그러한 노력을 중단했더니 오히려 성교가 가능했다고 한다. 섹스나 다른 창조적인 과정이 모두 자연스럽게 내버려두면 오히려 잘되는 것처럼, 성공은 마음을 비워야만 찾아온다.

괴짜가 되기를 두려워 말라

비저너리들은 무책임하고 변덕스러운 괴짜들일까? 많은 사람들이 비저너리들은 괴짜라고 생각하고 있다. 그들을 직관에 따라 사는 사람들로 보지 않고 감정에 치우친 사람으로 오인하기 때문이다. 직관이란 세상을 인식하는 방법일 뿐, 우리가 바라본 세상을 살아가는 방식은 아니다. 우리는 어떤 결정을 내릴 때 감정적이거나 이성적인 것과는 무관하게 연역적이거나 직관적일 수 있으며 좌뇌 또는 우뇌가 지배할 수 있다. 이 둘은 상호 배타적이다. 따라서 직관이란 큰 그림을 보는 것이며, 감정적이거나 배짱 있는 결단력을 뜻하는 것이 아니다. 이는 감정적인 결정을 내리는 것과는 전혀 상관없다. 세상을 보는 방식과 바라본 세상을 살아가는 방식은 다른 차원의 문제다. 직관을 감정과 혼동하는 사람들은 전혀 다른 차원의 문제를 오관하는 셈이다.

우리는 느끼고 생각한 대로 결정을 내리지만, 이런 결정을 내리는 바탕에는 상황을 인식하는 방식—직관적이거나 감각적으로—이 깔려 있다. 어떤 사람은 양적으로 볼 수도 있고, 또 어떤 사람은 질적인 문제로 볼 수도 있다. 반드시 두 가지 방법만으로 이루어지는 것은 아니지만, 항상 어느 한쪽이 우세하다. 감정적인 결정은 가슴으로 하고, 이성적인 결단은 머리로 한다. 연역적인 결론은 좌뇌에서 나오고, 직관적인 결론은 우뇌에서 나온다. 이 둘의 중대한 차이를 발견해야 한다. 우리는 '배짱이 좋은' 유형의 결단력을 우뇌가 내린 결정으로 보고 감정적인 것들과 동일한 것으로 본다. 우뇌가 내린 결정은 감정적일 수도 있고 이성적일 수도 있다. 그렇다면 우리는 어떻게 우리가 가진 생각이나 세계에 대한 인식방법을 감정적으로, 또는 이성적으로 다룰 수 있을까? 우리가 살아가는 방법은 먼저 사물을 인식하고, 그 다음에 어떻게 행동할 것인지를 결정한다. 당신의 수표책에 수입과 지출의 예산을 맞추길 원한다면 마지막에 해야 할 일은 창조적일 필요가 있다. 창조적인 쪽으로 관심을 돌려 숫자에 매몰된 자리를 넘겨받도록 하라.

심리학자 마리아 에머리는 직관을 '부지불식간에 알게 되는 것'으로 정의한다. 즉, 우리 안에 존재하는 데이터베이스를 활용해 거기서 나온 지식으로부터 이성적이거나 감정적인 결단을 내린다고 말하고 있는 것이다. 어떤 결단을 내릴 때는 문제를 경험적이거나 직관적으로 보는 방식에 기초해야 한다는 사실을 명심해야 한다. 앞에서도 말했듯이, 접근방식이 옳건 그르건 간에, 세상은 양적인 것으로 내몰려 많은 사람들이 질적인 접근방식을 상실해버리고 있다는 점을 기억하라. 창조성을 얻는 유일한 통로는 바로 양적으로 되려는 욕구에서 벗어나 보다 질적인 삶을 사는 것이다. 격변하는 환경은 기동력 있는 해결책을 원한다. 여기에 변화해야 할 모든 것—보다 나은 미래를 위해 현재를 희생하는 것—이 들어 있다. 위대한 비저너리들은 자신이 가진 것을 담보로 꿈을 실현시킨 사람들이다.

직감을 해체시키려 하기보다 계발시켜야 한다

융은 성격분류체계에서 감정적인 결정을 내리기 쉬운 사람들을 '감정feeling' 유형이라고 정의한다. 이런 유형은 이성적인 결정을 내리는 '사고thinking' 유형과는 정반대다. 성격을 결정짓는 또 다른 차원의 문제는 세상을 어떻게 보느냐다. 이런 차원의 분류에 따르면 인생을 사소한 것들의 연합이라고 보는 '감각적sensor' 유형이 있다. 이들은 모든 변화와 혼란을 거부하기 때문에 상당히 안정된 구조에서 활동해야만 편안함을 느끼며 질서를 유지하는 성실한 좌뇌 우위의 사람들이다. 이들은 회계사나 경찰관, 은행원이 적합하다. 반대 유형으로는 '개혁적innovative' 성격이 있는데, 이들은 어떤 일을 할 때 숲을 볼 줄 아는 우뇌 지배적인 사람들로 구조에 얽매이는 것을 거부한다. 이런 유형에는 예술가, 기업가, 과학자들이 있다.

위에서 얘기하는 두 가지 유형은 극명하게 차이가 나는 양극단의 세계지만, 우리가 사는 세상은 두 유형이 서로 작용한다는 것을 보여준다. 우리가 감정적인 결정을 내릴 때는 감정이 결정적 요인이 되도록 순응하며, 이성적인 결정을 내릴 때는 이성에 우선순위를 둔다. 무엇보다 자신의 성향을 파악하는 것이 중요하다. 지독하게 이성적인 사고를 하는 사람이라면 간병인이나 보육교사, 유치원 선생처럼 감정적인 결정을 내려야 하는 직업이나 그런 일을 하는 자리에 있어서는 안 된다. 반대로 감정이 중대한 결정을 내리는 성향의 사람이 이성적인 업무가 필요한 자리에 있어서도 안 된다. 비저너리인 당신이 책상 앞에서 서류나 뒤적이고 있다면 실패는 따놓은 당상이다. 구조나 안정이 필요한 사람이 그런 환경을 보장하지 않는 직업을 가지고 있다면 그 결과도 마찬가지다.

감정적인 결정은 가슴에서 나오고, 생각은 머리에서 나온다는 점을 명심하라. 이성적인 결정은 좌뇌에서, 직관에 따른 결단은 우뇌에서 나온다. 이 둘의 결정적인 차이는 무엇일까? 직관에 따른 결정은 전체를 파악하는 것이지, 감정적인 것이 아니다. 우선 좌뇌의 검열을 중단해야 한다. 당신이 창조적인 생각을 하고 싶어 해도 좌뇌는 실증적인 정보로 당신의 생각을 집중적으로 공격하려 들 것이다. 심리학자 스튜어트 베이스는 "직관이란 누구나 과거의 경험을 반영한다. 직관과 연관된 어떤 특별한 힘이란 없다. 결정을 내리는 데 좀더 나은 방법들이 있을 뿐이다"라고 주장한다. 이 말은 우리가 감정적인 결정을 내릴 수도 있고 이성적인 결단을 내릴 수도 있으며, 이런 결정들은 실증적으로 경험한 감각에서 나올 수도 있고, 직관적인 결단에서 비롯될 수도 있다는 의미다.

역동적인 세상에서는 역동적인 인물이 대중을 이끌어야 한다. 큰 그림을 보지 못하고 숫자에 매몰되어 분석으로 온몸이 굳어버린 사람들로는 곤란하다. 이런 사람들은 지금 당장 얻을 수 있는 위안에 미래를 저당잡힌다. 그러나 비저너리들은 질적으로 보다 나은 미래를 위해 양적인 현재를 희생하려 한다. 하버드 대학의 연구원인 버튼 클레인은 「역동적인 경제학」이라는 논문에서 다음과 같은 견해를 내놓았다.

기업가가 자신에게 유리하게 엄청난 숫자의 법칙을 적용하려면, 직관의 힘을 빌려 새로운 가설을 만드는 도약을 이루어내야만 한다. 기업가의 부는 요령이라고 할 수 있다. 그 요령 때문에 부를 축적할 기회를 놓치지 않았다면 기업가는 당연히 자신의 직관을 신뢰해야 한다.

최근의 연구는 직관도 배울 수 있다는 것을 보여준다. 하지만 먼저 직관의 정도가 산정되어야 한다. 당신의 직관을 측정하기 위해 다음의 질문에 답해보자. 레오나르도 다 빈치가 한 유명한 말을 기억하라. "비전의 한계는 이해의 한계이기도 하다."

1. 자신의 예감이 적중한 적이 있는가?
2. 번뜩이는 통찰을 경험한 적이 있는가?
3. 미래를 예측하는 수준은 어느 정도인가?
4. 자기가 강조하고 싶은 것들을 정확하게 짚어내는가?
5. 뭔가 잘못되어가고 있다는 걸 감지할 수 있는가?
6. 추상적인 문제를 잘 해결하는가?
7. 영화나 책의 결말이 어떻게 날지 미리 알 수 있나?
8. 다른 사람들이 나무만 보고 길을 잃더라도 당신은 숲을 볼 수 있는가?
9. 추상회화나 추상예술을 보고 일정한 규칙을 찾을 수 있는가?
10. 우편함을 보고 어떤 사람을 떠올린 적이 있는가, 아니면 잔뜩 쌓인 우편물 속에서 어떤 글자가 눈에 띈 적이 있는가?
11. 사고가 일어날 것을 미리 감지한 적이 있는가?
12. 대화 중에 불쑥 떠오른 주제나 인물에 대해 생각해본 적이 있는가?
13. 무슨 말을 하기 전에 다른 사람들이나 청중이 어떤 말을 듣고 싶어 하는지 알아차릴 수 있나?

몇 가지 항목에 해당되거나 모든 항목에 해당된다면 융이 말하는 '동시성synchronicities'에 해당되며 상당히 직감적이다. 그런 사람은 어떤 일에 몰입하거나 자신의 공상이 자유롭게 활동할 수 있게 함으로써, '직감'을 해체시키려 하기보다 계발시켜야 한다. 내적인 장애(두려움과 죄책감)나 외적인 장애(분석하기 좋아하는 친구나 가족의 반대)가 있더라도 좌절해서는 안 된다. 사람들이 아인슈타인의 상대성이론을 자기가 우주선을 타고 우주를 떠다니는 공상에 기초하여 꾸며낸 이론이라고 조롱했을 때, 과연 그는 그런 비웃음에 신경썼을까?

이에 걸맞은 닥터 수스(본명 시어도어 가이즐)의 좋은 예가 있다. 작가이자 삽화가인 그의 창조성은 '논리적으로는 말도 안 되는 미친 짓'에서 비롯되었다. 그는 언론과의 인터뷰에서 "옥스퍼드 대학에서 퇴학당하면서 나는 어린아이가 되기로 마음먹었다"라고 말했는데, 그를 가장 잘 표현해주는 말이다. 이 같은 익살스러움과 기발한 행동은 쉽게 좌절하는 사람들에게는 결코 일어날 수 없는 일이다.

직감이 뛰어난 인물들

이에 해당하는 인물로는 아인 랜드, 찰스 다윈, 알베르트 아인슈타인, 니콜라 테슬라, 지그문트 프로이트, 골다 메이어, 마리아 칼라스, 조셉 캠벨이며, 이들 모두는 큰 그림을 볼 줄 안다.

아인 랜드
러시아 이민자였던 아인 랜드는 "합리적이며 자기 이익에 충실하다"고 스스로를 평가했다. 그녀는 객관주의(합리적이며 자기 이익에 충실한)에 근간을 둔 새로운 철학 사조를 만들어냈는데, 객관주의는 자유주의 정당의 이념을 제공하게 된다. 자유주의자들은 합리성에 입각한 개인의 이기심을 최적의 경제체제로 지지하고 있다. 랜드의 합리적 행동은 직관을 따르는 행동으로, 표면적으로는 서로 갈등을 일으킬 것 같지만 실제로는 그렇지 않다는 점이 무척 흥미롭다. 객관주의 철학은 어떤 사회체제에서도 뛰어난 개인은 전체를 볼 수 있다고 전제하면서, 그 사회체제에 합리적으로 작동할 수 있도록 영향을 주어야 한다고 주장한다. 의사결정은 양적이면서 합리적이어야 하지만 비전은 질적이면서도 사유적이어야 한다. 랜드는 이렇게 말했다. "창조적 인물들은 직관에 따라 일한다. 의식 세계에서 즉각적으로 파악할 수 없는 부분까지도 무의식의 세계가 통합시키기 때문이다." 그녀가 주장하는 철학은 세상을 위해 무엇이 옳은가에 대한 자신의 직관에 기초하고 있으며, 그녀의 이론은 개인의 이익을 계몽하면서 옹호한다. 그녀의 말을 들어보자.

의식은 자각보다 즉각적이고 명료하다. 의식의 구조와 과정은 아주 복잡한 건축물과 같다. '좌뇌의 활동'으로 오해할 수도 있지만, 일반적으로 언어적이고 선적이며 분석적인 과정을 모두 포함하고 있다. 의식은 무의식, 직관, 상징을 포함해 정신세계에 있는 모든 것들을 아우르는데, 때로는 우뇌와 연관되기도 한다.

랜드는 자신의 베스트셀러 소설 『마천루』에서 프랭크 로이드 라이트를 모델로 삼아 인습을 거부하는 건축가 하워드 로크의 행적을 그리고 있다. 로크는 관료주의와 체제를 부정하는 비저너리의 진수를 보여준다.

다윈

진화론의 아버지 다윈은 어느 모로 보나 상당히 평범한 인물이었다. 스스로도 자신을 '끈덕진' 사람이라고 말한다. 이런 끈기야말로 그 많고 많은 지리적·생물학적·인류학적 자료의 축적을 가능하게 한 힘이 되었으며, 엄청난 자료에 실려 있는 정보를 총체적으로 결합하는 탁월한 감각을 발휘하게 해주었다. 다윈은 자연에 대해 지칠 줄 모르는 관심을 가졌고 지나칠 정도로 호기심이 많았으며 쉴 틈도 없이 일을 했다. 그러나 이런 자질만으로 생물의 계보를 둘러싼 의문에 해답을 제공하는 '자연도태설'을 창안할 수 있었던 것은 아니다. 그의 이론적 통찰력은 생물의 진화를 바라보는 세상의 인식을 바꾸어 놓았다. 다윈은 이론을 생각해내고도 곧바로 『종의 기원』을 출간하지 않고 20년 후인 1848년에야 세상에 선을 보였다. 빅토리아 시대의 분위기에서 성장한 아내와 가족이 하느님의 심판을 두려워하여, 정서적 재앙에 가까운 반응을 보이면서 반대했기 때문이다. 다윈의 이론이 세상에 출간되자 그의 여생은 끔찍한 번뇌의 소용돌이에 휩쓸렸다.

다윈은 독실한 기독교 집안 출신으로 신학교를 졸업했다. 교구 발령을 기다리면서 '비글호'를 타고 5년 동안 여행을 떠났는데, 이 여행으로 그의 인생행로가 바뀌었다. 다시 말해, 성경에 나오는 창조론에 대한 인류의 믿음에 지각변동을 가져오게 만든 계기가 되었다. 다윈은 지능은 보통이었지만 호기심이 상당히 강했다. 직관의 힘으로 퍼즐 조각을 맞추는 그의 능력이 마침내 그에게 부와 명성을 안겨주었다. 처음에는 다윈도 자신의 가설을 완전히 증명하려고 무척 고심했다. 그러나 결국 그는 연습이나 훈련이 될 만한 구체적인 사례가 없었기 때문에 직관으로 밀고 나갈 수밖에 없었다. 문제 해결을 위해 귀납적인 방법을 시도해보았으나 끝내 풀 수 없는 문제로 판명되었다. 그는 방대한 정보의 창고를 뒤지며 패턴의 논리를 발견하는 과정에서, 직관만이 자신이 찾아 헤매던 문제의 해답을 제공해준다는 것을 깨달았다.

다윈은 당시 그의 생각이 '엄청난 양의 사실들 사이에서 보편법칙을 연마하는 기계'와 같았다고 회상했다. 그는 무작위로 뽑아낸 사실들을 모으는 일에만 몇 년을 보내고 나서, 진화론의 근간을 이루는 '최적의 생존 조건'이란 가설을 만들었다. 이 가설은 그가 토머스 맬서스의 『인구론』을 읽다가 우연히 떠올린 것이다. 1838년 인류의 계통을 설명해줄 이론 형성에 '촉매제'가 될 통찰을 떠올린 것이다.

이런 환경에서 선호하는 변이는 보존되고, 선호하지 않는 변이는 소멸된다는 생각이 내 머리를 스치고 지나갔다. 이 작업의 결과는 새로운 종의 탄생이 될 것이다. 이런 작업을 통해 나는 이론에 도달하게 되었다.

골다 메이어

황금의 소녀 골다 메이어는 창조주 하나님은 아니더라도 이스라엘에서는 진정 구세주로 추앙받았다. 그녀의 노고가 없었더라면, 국민도, 무기도, 자금도, 정치적 지원도 충분하지 못했던 이스라엘은 이미 지구상에서 사라져버렸을 것이다. 남성들의 보루로 여겨지던 권력의 세계에서 여성 정치지도자가 될 수 있었던 힘은 바로 메이어의 카리스마와 직관이었다. 그녀에게는 옳고 그름에 대한 놀라운 '예지력'이 있었으며, 당면한 문제에 대한 설득력 있는 분석과 능변能辯은 일흔이라는 고령의 나이에 이스라엘의 첫 여성 수상으로 우뚝 서게 했다. 메이어는 어릴 적부터 골디로 불렸다. 20세기 초 러시아의 키예프에서 미국의 밀워키로 이주하면서 '골든 걸'이라고 불렸는데 이 이름에서 골디가 유래되었다.

시오니즘에 헌신할 뜻을 세우고 팔레스타인에 정착하기 전에 그녀는 먼저 미국에서 교육을 받았다. 6개월을 떨어져 지낸 남편의 입에서 "낯선 땅에서 살아야 할지 난 아직 잘 모르겠어"라는 말이 나오자, 메이어는 "그러면 당신은 여기 남으세요. 나는 갈 겁니다"라고 대답했다. '열렬한 시온주의자'라고 일컬어지던 여인의 정서적 헌신이 엿보인다.

전기작가 마틴은 메이어에 대해 "그녀의 본능과 직관은 틀림없으며, 그녀는 논리와 직관을 한꺼번에 사용할 줄 아는" 능력을 지녔다고 평가한다. 그녀의 능력을 제대로 보여준 사례로 1973년 제4차 중동전쟁이 발발하기 전의 일을 들 수 있다. 메이어가 수상직을 인계받은 지 얼마 되지 않은 시기였지만 주변 상황은 유대교 최대의 축일인 대속절에 제4차 중동전의 위기가 감돌고 있었다. 그런데 메이어 내각의 각료들이 휴가를 떠난 사이에 구 소련군이 아랍 영내를 넘어서고 있다는 보고를 받게 되었다. 그녀는 뭔가 잘못되어간다고 직감했지만, 그녀의 보좌관들은 "걱정마십시오. 전쟁은 일어나지 않을 겁니다"라며 그녀를 안심시켰다. 하지만 메이어는 중동전 발발 하루 전에 자신의 직감을 따르기로 하고, 긴급 각료회의를 소집하여 각료들에게 말했다. "뭔가 끔찍한 일이 터질 것 같습니다. 무슨 일이 벌어질 것만 같군요." 국방장관이나 정보부장, 국무장관은 아무런 문제가 없다고 그녀에게 다시 보고했다. 메이어는 회고록에 이렇게 쓰고 있다. "내 가슴에서 울리는 소리를 들었어야 했다. 그리고 소집명령을 내렸어야 했다. 내가 그렇게 해야 한다는 사실을 느끼고 있었지만 그렇게 하지 못했다. 그때의 처절한 기억은 내가 죽는 날까지 가져갈 것이다." 제4차 중동전은 다음날 벌어졌다. 그 전쟁은 일주일 만에 2,500명의 이스라엘 병사의 목숨을 앗아갔다. 각료들이 메이어의 경고를 듣든가, 또는 그녀가 그들의 충고를 듣지 않았더라면 무고한 생명을 구할 수도 있었을 것이다.

프로이트

심리분석의 아버지로 불리는 프로이트는 오스트리아 빈에서 신경과 의사로 개업한 후 불안으로 고통받는 환자들을 치료하던 나날 속에서 문득 특별한 생각을 떠올렸다. 환자들 모두가 과거에 무슨 일이 있었던 것 같다는 느낌이 들었던 것이다. 의사로서 프로이트는 과학적으로 입증된 것들만 신뢰하도록 훈련받았다. 그는 다분히 논쟁의 소지가 많은 무의식 이론을 만들어냈다. 그가 만난 환자들의 과거 경험에 대한 그의 직감에 꿈이나 다른 우연적인 사건에서 비롯된 징후를 서로 결합하여, 그는 무의식을 인간이 본래 가지고 있는 욕구로 파악했다.

프로이트의 창조성은 그가 목격한 환자들의 육체적 증상과 외상의 원인을 정서적인 것으로 보는 통찰에서 비롯되었다. 심리분석에 대한 입장이 어떠하든, 프로이트가 심리학의 용어와 방법론에 상당한 영향을 준 것은 사실이다. 인간 조건에 대해 다루는 신문이나 잡지는 프로이트의 견해를 결코 무시할 수 없다. 프로이트의 이론은 실증적인 자료에 근거하지 않았으며 상당 부분이 직관에 의존한 가설이었지만 그 영향력은 실로 어마어마했다. '무의식' '에고' '잠재적 충동' '리비도' '신경증' '정신에너지' '자매간의 경쟁심' '잠재의식'과 같은 용어들은 이제 일상 언어가 되어버렸다. 우리는 프로이트가 만든 이런 용어들을 일상적으로 사용하고 있다.

1899년 프로이트는 『꿈의 해석』을 출판했다. 지금은 상당히 유명한 저작이지만 출간 당시에는 3년이 지나도록 겨우 100부 정도 팔렸다고 한다. 프로이트는 이 책에서 '무엇이 그런 꿈을 꾸게 하는가'라는 문제를 정의하려고 했다. 그는 "꿈은 무의식을 알게 해주는 왕도다. 꿈을 통해 어떤 사람의 운명을 알게 하는 통찰도 가능하지만, 내면의 문을 여는 열쇠일 수도 있다"라고 말했다. 인간의 무의식은 어떤 행동을 유발하게 한다. 성적인 동기는 우리가 하는 모든 행위의 배후에 존재한다. 금욕적인 프로이트의 이런 가설은 정말 뜻밖이다. "성적 욕망의 좌절은 일상생활에서 또 다른 형태의 왜곡으로 나타난다"고 확신한 프로이트는 욕구의 충족이 인간의 동기를 자극한다고 보았다.

    하워드 가드너의 『열정과 기질』을 보면, "자신의 감정이나 생각을 조사하고 관찰하는 방법을 통해 프로이트의 창조력은 고양되었다"고 한다. 가드너는 혁신을 이루는 방법으로 언어적 지성을 사용한 모범적 사례로 프로이트를 꼽는다. 프로이트는 창조적 과정에 대한 접근방식을 이렇게 밝혔다. "나는 재주나 능력이 탁월한 사람은 못 된다. 계산하는 일이나 수학은 말할 것도 없고 자연과학에 대해서도 잘 알지 못한다."

    프로이트는 실험보다는 꿈을 더 중요시했고, 무의식에서 비롯된 '욕구의 충족'을 꿈이라고 확신했다. 프로이트의 독창적인 성과는 주로 정서적으로 장애를 겪고 있는 여성 환자들을 상담하면서 얻은 직관에서 비롯되었다. 다음의 설명에서 알 수 있듯이, 이론정립을 위해 직관적인 창조과정을 거치고 있음을 그도 분명히 인식하고 있었다.

    아이들의 놀이는 창조적인 작가의 활동과 같다. 그들만의 세계를 만들어 내거나 자기가 원하는 방식대로 자신의 세계를 재배치하거나 전혀 새로운 방식으로 만들어내기 때문이다. 창조적인 작가들도 놀이하는 아이들과 마찬가지다. 현실과 동떨어진 공상의 세계를 만들어내어 그것을 아주 진지하게 받아들인다. 다시 말해, 그들은 공상의 세계와 현실을 명확하게 구별하면서 공상의 세계에 엄청난 감정을 쏟아붓는다.

아인슈타인

아인슈타인은 졸업장도 받지 못하고 고등학교에서 쫓겨났다. 그러나 그는 독학으로 유클리드 기하학을 공부하고, 원자의 세계를 탐구했다. 양적인 개념에 치우친 대부분의 과학자들은 그가 말하는 시간·공간·에너지 개념을 알아듣지 못했다. 스위스 취리히 공과대학 출신의 그는 지적인 일탈자로 취급받아 졸업 후에도 학생들을 가르칠 자리를 얻지 못했다. 그는 베른의 특허국 직원으로 일하면서, 1905년 상대성원리에 관한 논문을 썼다. 그는 이 이론을 스위스 취리히 공과대학 교수들에게 보여주고 박사학위를 받았지만, 그들은 여전히 아인슈타인을 채용하지 않았다.

상대성원리의 아버지는 항상 세상의 통념과 맞서야만 했다. 그는 자신의 복잡한 이론을 설명할 때도 로켓을 타고 우주를 돌아다닌다는 식으로, 어린아이 같은 이미지를 사용해 전개했기 때문이다. 그도 "나는 어린애 같은 질문을 하고 그 해답을 찾으려고 한다"고 말했다. 상대성이론($E=mc^2$)을 전개하는 데도 단순하게 직관적 방법을 따랐다. 그러나 당대의 과학자들은 전혀 이해하지 못했다.

아인슈타인은 과학이론을 만들어낼 때 공상의 세계에 의존했다. 사실보다는 직관에 따른 혁신적인 개념에 상상력을 한껏 불어넣었다. 그는 "우리가 경험하는 아름다운 것들은 신비롭다. 내게서 공상이라는 선물은 실증적인 지식에 몰두하는 것보다 훨씬 더 가치 있는 일이다"는 사실을 진심으로 믿었다. 그는 또 이렇게 말했다. "내가 생각하기에, 물리학자들은 인류에게 피터팬과 같은 존재다. 그들은 더 이상 자라서는 안 된다. 그들은 계속해서 호기심을 키워가야 한다. 너무 많이 알면, 이미 너무 자란 것이다." 그는 13세 이후로 순수한 의미의 통찰력을 가지지 못했다고 고백했다. 그는 상대성이론으로 명성을 얻게 되었고, 마침내 이론물리학 분야에서의 업적으로 노벨 물리학상을 수상하게 되었다. 그는 이 모든 것은 순전히 직관의 힘 때문이라고 밝혔다. 그는 모든 창조성은 어린애 같은 상상력에서 나온다고 굳게 믿었다. 시간과 공간에 대한 통찰도 직관에 힘입었다고 말했다. "직관의 가치는 정말 대단하다. 이론은 실험으로 증명될 수 있지만, 실험에서 이론에 이르는 길은 그 어디에도 없다."

니콜라 테슬라

니콜라 테슬라는 세상을 움직이는 전기와 공학적 설비 디자인을 창안한 인물이다. 그의 동력장치는 지금도 세계 도처에서 공장과 기계를 가동시키고 있다. 비슷한 시대를 살았던 프로이트와 아인슈타인처럼, 그도 과학적 실험에만 매달리지 않고 직관에 의한 통찰로 새로운 아이디어를 중요하게 생각했다. 테슬라가 특허를 따낸 교류유도 전동기와 유도 엔진은 조지 웨스팅하우스가 미국 전역에 전력을 공급하기 위해 건설한 발전소에 사용되었다. 그가 이룬 기술혁신은 전 세계의 가정에서 사용하는 가전제품의 기초가 되었다.

테슬라는 이 책의 어느 누구보다 엄청난 능력을 지닌 진정한 거인이다. 그가 살던 시대의 언론들은 그를 우주에서 온 천재라고 불렀다. 제도권에서 벗어난 이 과학자는 위대한 도약을 이룰 자신의 과학적 발명을 먼저 머릿속으로 그려보고 나서 실행에 옮겼다. 그리고 어떻게 하면 이 발명이 실효를 거둘까에 대해서 생각했다. 이것은 보통 과학자들의 탐구 방법에 역행하는 방법이다. 테슬라는 자신의 특이한 연구 방법에 대해 이렇게 말했다. "나는 실험 시설들을 머릿속에서 시각화시킬 수 있다. 내겐 모델이나 도안, 실험이 필요 없다. 머릿속으로 그려보기만 하면 됐다."

뉴에이지 작가 안톤 윌슨은 테슬라의 접근방식에 보다 후한 점수를 주면서 말한다. "천재란 내적인 과정만으로도 기술의 비약적인 발전이 가능하고, 대략적인 몸체만 드러나는 신기술의 도면만으로도 실험적 모델을 만들어낼 수 있는 사람을 말한다." 학생시절, 대수표를 주고 외우라고 했을 때도 자기 생각이 뚜렷한 테슬라는 칠판으로 걸어나가 미분방정식으로 문제를 풀고는, 아무런 설명도 없이 제자리로 돌아가 앉았다. 자신의 방식에 대해 아무런 설명도 하지 않는 그의 건방진 태도에 선생님은 화를 냈다. 아멜리아 에어하트도 학창시절에 어렵고 복잡한 문제를 직관적으로 잘 풀었다고 하는데, 그녀의 이런 행동은 선생님과 친구들의 노여움을 사기에 충분했다. 아무튼 테슬라는 인류에 미친 지대한 공헌에 비해 제대로 평가받지 못했다. 평생의 숙적이던 에디슨과 노벨상 공동 수상 제의를 거절했던 일이 그 이유가 되었을 수도 있다. 타협을 거부했던 그는 역사에 길이 남을 위대한 발명가임에도 불구하고 사람들에게 상대적으로 덜 알려져 있다.

마리아 칼라스

세계적인 디바Diva 마리아 칼라스는 독특한 차별화 전략으로 오페라의 판도를 바꿔놓았다. 칼라스는 전통적인 가창법을 거부한 것으로 악명이 높았다. 그녀는 공연할 때 본능적으로 무대 가까운 쪽에 서지 않았다. 거의 장님에 가까울 정도로 시력이 나빴기 때문이다. 이러한 신체적인 결합을 인정하고 싶지 않았던 칼라스는 늘 선글라스를 끼고 다녔고, 직관에 의존해 모든 것을 보아야 했다. 그런데 오히려 이런 신체적 결함과 성격이 그녀를 위대하게 만들었다.

'태풍처럼 휘몰아치는 격정의' 칼라스만큼 사람들의 평가가 분분한 오페라 가수도 없다. 결벽주의자들은 칼라스의 허스키한 목소리가 상당히 거슬린다고 말한다. 그녀의 거친 목소리는 오페라에서 원하는 완벽한 음색이 아니다. 그녀의 음악적 특징은 음악을 이해하는 방식이 아니라, 청중에게 전달되는 대사와 등장인물 그리고 연기 스타일에 있다. 라 스칼라에서 공연된 「세비야의 이발사」는 당시에는 실패한 공연으로 평가받았다. 그러나 요즘은 1956년의 그 공연 장면을 보고 들으면서 그녀의 연기를 벤치마킹할 정도다.

칼라스는 자신의 결점을 잘 알고 있었지만, 자신에 대한 평가가 보수주의자들 손에서 쥐락펴락하게 내버려두지는 않았다. "대체로 내 목소리를 처음 듣는 사람들은 거북해한다. 그렇지만 그들도 자꾸 듣다 보면 내 음악이 어떤 것인지 확신할 수 있을 것이다"고 받아쳤다. 후세 사람들은 특정 음악에 대한 그녀의 직관적인 접근 방식을 인정하고 있다.

조셉 캠벨

조셉 캠벨은 현대 신화학의 아버지로 불린다. 빼어난 인물들을 많이 연구해왔지만, 내 개인적인 생각으로는 그가 가장 박식한 사람이 아닌가 싶다. 세일즈맨의 아들로 태어난 캠벨은 책에 파묻혀 생명의 신비에 답할 수 있는 세계를 탐구했다. 프로이트, 융, 존 스타인벡, 제임스 조이스 등과 교우하기도 했으며, 크리슈나무르티를 영혼의 스승으로 삼았다. 캠벨은 한때 학교를 쉬고 우드스탁에서 고전을 읽으며 한 해를 보냈다. 50세라는 적지 않은 나이에 일본으로 건너가 그들의 신화를 제대로 이해하기 위해 일본어로 읽고 쓰기를 배운 적도 있다. 그는 신비한 것들의 세계와 신화, 심리학의 세계를 탐색하면서 신화의 변형에 대한 연구와, 신화가 문화에 끼친 영향과 그 문화를 만든 사람들에게 어떻게 반영되었는가를 연구했다.

어떤 가설에 도달하기 위한 직관을 사용하기 전에, 캠벨도 엄청난 양의 자료(다윈이나 퀴리 부인, 에디슨과 마찬가지로)를 수집했다. "우리는 신화적 정체성을 통해 원형을 획득한다. 신화는 그것을 중요하게 생각하는 사람들 가운데에서 영웅을 만들어낸다"라는 그의 말로 판단하건대, 그는 융의 학설을 지지하는 것이 분명하다. 그는 무의식을 집단 충동과 욕구의 근원으로 보았으며 신화적 신념체계의 원천으로 생각했다.

신화는 우리의 삶을 이해하는 모델이다. 꿈과 마찬가지로 신화는 인간의 상상력으로 거듭 재생된다. 신화는 가슴 깊이 자리한 희망, 욕망, 두려움, 잠재된 모든 것 그리고 인간의 의지가 겪는 갈등을 재현한다.

캠벨은 "신화는 메타포다"라고 말했으며, "신화학은 우리 안에 머무는 영혼의 힘을 나타내는 상징이다"라고 믿었다. 그는 직관을 창조적 에너지와 성공의 근원으로 보았다. 그는 모든 사람들에게 "자신의 진정한 행복을 따르라"고 권했다. 우리가 가진 내면의 지식으로는 '통찰'이나 '직관'이 어디서 나와 우리를 어디로 인도하는지 알 수 없지만 우리는 그 존재를 인정하고 있다. 캠벨은 인간의 정신을 삶의 금은보화로 가득 찬 동굴로 보았다. 그는 "동굴 속의 보물에 우리를 온전히 맡기지 않으면 인생이라는 고속도로에서 길을 잃을지도 모른다"고 말했다. 대부분의 사람들은 자신에게 주어진 행복을 좇기보다 안전한 길을 따라가려고 한다. 현재에만 마음을 빼앗기기 때문에 다가올 미래에는 움켜잡을 것조차 제대로 없는 사람들일지라도 '전문가'들의 말을 하늘에서 내려온 계시인 양 신봉하고 있다. 캠벨은 인간의 이런 실수를 간파하고 "직관을 쓸 만한 배짱이 있다면 위험을 따라가라. 그 길을 따라가다 보면 결실을 기다리는 인생이 있다"라고 말했다.

비전을 좇는 사람들의 그늘 - 인생은 판타지가 아니다!

직관이 지배할 수 있도록 굳건하게 버티는 사람들은 판타지의 세계로 가는 비행이 가능하다. 판타지의 세계가 자아실현이 될 수도 있고 사물의 본질을 꿰뚫어보는 통찰이 될 수도 있다. 피카소는 기자들에게 "내 안에서 들리는 소리의 계시를 본다"라고 말하곤 했다. 그는 종종 성난 영혼의 밑바닥에서 뿜어져 나오는 예술이라는 이름의 초현실 속으로 도피하고, 그것에 열광적으로 탐닉했다. 스페인 출신의 그는 20세기의 광기를 기록한 작품들을 그렸다. 그의 작품은 광기에 빠진 인간들의 반사회적인 환상 세계를 다루고 있다. 히틀러가 세상에 자신의 분노를 분출시킨 죄의 근원은 반사회적 이상성격이라 할 수밖에 없다. 심지어 스티븐 킹도 무의식의 자유로운 지배에는 어두운 면이 있다고 보았다. 그의 말을 그대로 인용해본다. "작가가 되지 않았더라면 엄청난 살인을 저질렀을 것이다. 나로서는 공포소설을 구상하는 일이 현실에 대항하는 길이다. 나는 소설을 쓰면서 카타르시스를 느낀다."

〈뉴욕 타임스〉는 프랭크 로이드 라이트를 '건축의 무정부주의자'로 표현하면서 '프랭크, 로이드 롱Wrong'이라고 조롱했다. 대부분의 언론들은 인습을 무시하는 그의 행동을 경멸했다.

라이트는 자유로운 공상을 위해 그 어떤 일이든 확인하는 것을 싫어했다. 그의 가장 충동적인 행동은 한창 번성하던 시카고 사무실과 헌신적이던 아내, 그리고 여섯 명의 자식을 내팽개치고 고객의 아내와 사랑의 도피행각을 벌인 일이다. 아무튼 그의 작품들은 대부분 환경과 기능이 결합되어 고상한 운치를 자아내는 걸작품이다. 이런 건축물을 창조하는 라이트의 통찰력을 이루기 위해서는 많은 사람들의 수고와 도움이 필요했지만, 궁극적으로는 그가 지닌 힘―건물을 주위 환경에 총체적으로 융화·흡수하는―이다. 그러나 최종 작업 단계에서 꼭 해야 할 준공절차도 지키지 않고 건물의 안전과 일관성을 위해 기울여야 하는 세심한 주의를 무시한 일들은 그의 치명적인 약점이었다.

라이트의 삶이 보여주는 다면적인 성격을 이해하려면 그가 얼마나 거시적인 관점으로 인생을 살았는가를 살펴보아야 한다. 그는 작품의 재생산을 거부했기 때문에 파산 직전으로 내몰린 적이 한두 번이 아니었다. 어떤 사업에서든 제품을 재생산해야만 실질적인 돈벌이가 된다. 돈을 벌려면 이전 작품을 다시 활용하는 것이 유리했지만 라이트는 늘 새로운 디자인을 좋아했다. 재정적인 안정을 이루려면 이전에 만들어낸 건축도면을 다시 사용하곤 하는데, 라이트는 이런 방식을 상업적이라며 비웃었다. 그는 80세가 되어서야 비로소 자신의 명성에 걸맞은 디자인 수수료를 요구할 정도가 되어 그때부터 제대로 된 이윤을 창출해냈다.

라이트도 여느 비저너리들과 똑같은 증상으로 고통받았다. 그는 천국에 아무리 멋진 성을 지었다 해도 그 성에 안주하며 창조의 열매를 향유하는 대신 또 다른 새로운 일을 시작하고 싶어 늘 초조해했다. 그는 네버랜드에 머무르면서 자신의 천재성을 증명할 멋진 건축물을 창조하고 싶어 했다. 이런 유형의 인물들은 어떤 제품이든 처음에는 결코 돈이 되지 못한다는 사실을 알지 못한다. 이미 만든 작품들을 적당히 잘 이용하거나 복제하고, 재생산하는 능력이 되어야만 돈을 벌어들일 수 있다. 약삭빠른 사업가들은 다 알고 있는 이 이치를 비저너리들은 잘 모르고 있는 것이다. 세상의 모든 경제적 이익은 재생산에서 생겨나며 복제 재생산은 자본주의의 시금석이다. 모든 제품들은 애초에 특수 제작되었지만 금세 시장의 상품으로 냉혹하게 탈바꿈한다.

　니콜라 테슬라 역시 자신이 좇던 꿈 때문에 라이트보다 더 혹독한 값을 치렀다. 〈뉴욕 타임스〉가 '우주에서 온 환상의 발명가'라고 상찬한 테슬라는 상용화보다 발명에 치중한 나머지 결국 빈민구제법의 도움을 받아야 하는 극빈자로 죽음을 맞이하고 말았다. 1890년대 그는 이미 형광등에 관한 실험을 하고 있었는데, 제품의 상용화를 거부해 형광등은 1943년까지 시장에 선보이지 못했다. 라디오, 리모컨으로 작동되는 보트, 전자송신 장치, 무선통신, 수직 이착륙장치, 전자현미경, 우주의 광선 유도 미사일, 레이더, 태양에너지 등 수많은 발명품들이 제품화되지 못했다. 그는 1925년에 이미 위성 TV의 출현을 예고했다. 그러나 테슬라의 가장 애통한 실수는 웨스팅하우스 사와의 계약서를 찢어버린 일이었다. 웨스팅하우스 사는 그에게 지급해야 할 로열티 1,200만 달러를 지급하지 않고 있었다. 60세쯤이면 이 계약서 한 장으로 그는 억만장자가 될 수 있었을 것이다. 그 계약서만 가지고 있었어도 발명의 천재는 인류를 위한 새로운 제품들을 더 많이 발명해냈을 것이다. 그러나 그의 친구인 조지 웨스팅하우스가 J. P. 모건에게 자금조달을 부탁했는데 테슬라에 대한 로열티 지불을 문제 삼아 융자를 거절했다고 말하자, 충동적인 테슬라는 책상에서 그 계약서를 꺼내들고 어떤 재협상의 여지도 남기지 않은 채 북북 찢어버렸다. 그는 다소 거칠었던 행동을 이렇게 정당화했다. "눈에 보이는 것은 물질적인 가난이지만, 내 영혼의 기쁨은 이루 말할 수 없이 풍요로웠다." 창조를 향한 그의 헌신은 역사에서 유례를 찾기 힘들 정도로 어리석은 행동처럼 보이지만, 사실은 미국 과학기술사의 슬픈 기록이기도 하다.

테슬라도 자신의 비전에 대해 기이한 소리를 늘어놓는 경향이 있었다. 〈뉴욕 타임스〉와의 인터뷰에서 그는 "몇 분 만에 엠파이어스테이트 빌딩을 무너지게 할 수 있다"고 말했다. 그가 발명한 발진기(고주파 진동기)로 창문들을 폭파시켜 맨해튼에 사는 사람들을 불안에 떨게 만든 직후에 한 말이었다. 그가 발명한 발진기는 엄청난 힘으로 건물 전체를 흔들었다. 1920년대와 30년대에 그는 언론에 "지구를 폭파시킬 수도 있고 이 행성에서 저 행성으로 엄청난 양의 에너지를 전송할 수도 있다"고 장담했다. 그가 발명한 소형의 전자기계 발진기를 맨해튼 실험실 쇠기둥에 부착했더니 건물 전체가 흔들렸다. 놀란 주민들이 혼비백산하여 거리로 뛰쳐나오자 경찰이 그를 찾아가 엄중하게 경고했다. '미친 과학자' 테슬라는 그만 발진기를 박살내버렸다.

남녀의 성적 차이를 나타내는 말 – "여자들은 직관적이다"

"여자의 직관"이란 말은 단순히 꾸며낸 말이 아니다. 여성에게는 직관을 통해 진실과 허구를 가려내는 특별한 안테나가 있는 것처럼 보인다. 여성들은 사회적 전통에 따라 변모해왔다. 그들은 다른 사람의 감정을 읽어내고 직관적으로 사물을 파악하고 앙갚음을 하지 말라는 교육을 받아왔으며, 몸짓 언어, 눈 맞춤, 목소리, 표정의 미묘한 변화와 같은 비언어적인 단서들에서 모든 일들의 전조를 예감하는 재능을 가지고 있다. 그런 여성은 친구의 변화한 모습을 쉽게 알아차려 주위 사람들도 그 예지에 놀라곤 한다.

최근의 연구를 보면, 여성의 두뇌가 남성의 두뇌와 서로 다르다는 것을 알 수 있다. UCLA와 UC버클리 대학의 연구에서는 여성의 우수한 총체적 사고능력에 대해 밝히고 있다. UCLA의 신경과학자 멜리사 하인스는 28명의 여성들의 언어능력을 측정하기 위해 언어 사용에 관계되는 뇌반구 및 그것과 연관된 언어능력을 측정해보았다. 연구 결과 여성들은 언어적 작업 수행을 위해 두뇌의 양쪽을 모두 사용하는 것으로 밝혀졌다. 그래서 하인스 박사는 여성의 두뇌를 '총체성의 모범'으로, 남성의 두뇌를 '특수성의 전형'으로 일컫는다. 여성들이 두뇌의 양쪽에 좀더 용이하게 접근하기 때문에 남성들보다 감정 표현이 수월하다고 한다. 그러나 여성의 이런 강점은 감정과 이성을 제대로 구분하지 못할 때 약점으로 퇴행한다. 〈뉴스위크〉의 기사는 여성의 이런 모습들이 신체적인 원인 때문이라고 주장한다. "여성들은 감정과 이성을 구분하기가 힘들다. 여성들의 후두엽이 남성들에 비해 23퍼센트나 크기 때문이다."

직관을 보는 문화적 관점

프리초프 카프라의 견해에 따르면, 서양에 비해 동양문화가 직관적인 경향이 강하다고 한다. 선禪의 세계에서 말하는 깨달음이란 총체적인 경험으로, 서구에서 말하는 계몽과는 전혀 다른 차원이다. 부처는 직관을 진리와 지혜에 이르는 궁극적인 근원으로 보았다. 동양의 종교가 서구 사회에 만연된 종교에 비해 신비적으로 보이는 이유는 바로 여기에 있다.

중국인들은 자연과 인간에 대한 진리 탐구에 주안점을 두고 있다. 도교는 '도道'의 발견이 목적인 철학체계다. 일본인들은 각성의 상태—삶의 자연스러운 모습과 자발성이 목적인 상태—에 도달하기 위해 선을 실천한다. 동양의 종교는 깨달음에 이르는 길을 체득하려고 인간의 정신과 육체, 그리고 영혼의 통합에 집중하고 있다. 이 종교의 신자들은 신은 어디에든 존재한다고 믿어 사업을 할 때도 서구의 경쟁자에 비해 훨씬 더 총체적이고 장기적인 관점으로 바라본다.

이런 태도는 대량 소비재 생산국인 아시아 국가의 성공에 활력이 된다. 혼다 모터 컴퍼니와 같은 아시아 회사들은 미국 기업들처럼 즉각적인 성과급이나 분기별 보고서에 별다른 관심을 보이지 않고도 시장을 점유할 수 있었다. 현재 아시아의 전자 제품회사들은 세계 시장의 85퍼센트를 점유하고 있다. 그들은 분기별 보고서에 나오는 숫자에 매달리기보다 시장점유에 필수적인 것에만 집중했기 때문이다. 그들은 당장의 이익이 아니라 미래의 이익을 위해, 기꺼이 공장을 세우고 판매망을 확충한다. 미래의 기회는 현재의 안정보다 훨씬 더 중요하기 때문이다.

essential point
성공의 필수조건은 상상력을 활용하는 것

비저너리들은 총체적으로 볼 뿐, 절대로 세부적인 일들에 얽매이지 않는다. 다윈, 아인슈타인, 테슬라, 라이트, 캠벨이 부와 명성을 얻게 된 것은 바로 이러한 총체성 때문이다. 그들은 기계론자가 되기보다 총체적인 것을 원했다. 그들 가운데 어느 누구도 학계에 만연된 '숫자 놀음'에 고개 숙이지 않았다. 그래서 기성체제의 시각으로 보면 이 사람들은 괴팍할 수도 있다. 기존의 구조나 관료들이 그토록 신봉하는 것들에 구속받기는커녕, 맞추려는 노력도 전혀 하지 않을뿐더러 오히려 거부하기 때문이다. 이들은 전혀 다른 렌즈를 끼고 세상을 보기 때문에 그들의 행동은 늘 기준에서 벗어나 있어 논쟁거리가 된다. 이들도 숫자에는 능했지만 총체적 사고를 위해서만 숫자를 사용했다. 융의 용어를 빌리자면, 이들은 모두 직관적 사고 유형에 속하며 분석적으로 작용하는 능력을 갖춘 우뇌 지배적인 비저너리다.

뉴에이지 작가 안톤 윌슨은 이렇게 말한다. "미래는 우선 상상력, 그 다음으로는 의지의 힘, 마지막으로 현실에 달려 있다." 얼마나 지혜로운 표현인가! 미국의 르네상스맨(폭넓은 지식과 교양의 소유자)이자 세계적인 건축가인 버크민스터 풀러는 말한다. "조금씩, 조금씩, 몇 번이고 되풀이하다 보면 직관이 인류의 이익을 위해 사물을 재배치하는 구도로 우리를 안내할 겁니다." 정신과 의사 다니엘 카폰은 창조성에 미치는 직관의 영향에 대해 다음과 같이 썼다. "나는 직관이 다른 어떤 지성의 힘보다 연륜을 느끼게 하며, 현명하고 또 위대하다고 믿는다."

다윈, 아인슈타인, 테슬라, 프로이트, 라이트, 아인 랜드, 캠벨은 태어날 때부터 직관적이었을까? 그렇게 보기는 힘들다! 테슬라는 유도 엔진을 개발하는 도중에 신경이 터질 것 같은 격렬한 고통을 경험하고 나서야 직관의 비밀을 알게 되었다고 기록하고 있다. 몇 달 동안 그를 괴롭히면서 해결의 기미도 보이지 않던 문제에서 벗어나, 마음대로 생각할 수 있는 해방감을 경험하고 나니까 새로운 생각이 떠올랐다고 했다.

    프로이트도 이런 기분의 전환을 경험했다. 그는 1895년 그와 가장 가까이 지내던 동료, 요제프 브로이어와 빌헬름 플리스에게 따돌림을 당한 적이 있다. 그들이 떠나자 그는 철저하게 고립되었다. 그는 이제 누구와도 자신이 한 상담을 의논할 수 없었다. 이 시기를 겪으면서 그도 테슬라와 비슷한 정서적인 붕괴를 경험했다고 전한다. 그리고 그는 머지않아 인간의 정신에 관한 획기적인 발견을 이루었다.

6th Key to Greatness _ REBELLION

반항

비범한 성공 뒤에 숨어 있는 돌출 행동

개혁적이거나 창조적인 사람들은 좋게 말하면 약간 반사회적인 성격이라 할 수 있지만,
나쁘게 보면 미치광이들이다.
에릭 윈슬로우(교육자)

기발함 – 위대함에 이르는 명약

　기술 발전사, 과학사, 창조적 천재들의 역사와 모험적 기업가들의 역사는 반역의 역사이기도 하다. 사실 모든 혁신은 사회의 주변부에서 이루어졌다. 〈포춘〉 선정 500대 부자들이나 엄청난 자원과 대단한 재능을 지닌 사람들에게서 상품혁신이 나오기 힘들다는 사실은 자못 놀랍다. 또한 훌륭한 목소리를 가진 사람이 최고의 가수가 되기 힘들듯이, 가장 훌륭한 자질을 갖춘 정치인이 대통령에 당선되기 힘들고, IQ가 높은 과학자가 노벨상을 수상하기 힘든 것도 비슷한 이치다. 슈퍼스타도 사회의 주류에서 탄생하기 어렵다. 그들은 의지력, 추진력으로 무장하고 약간의 무모한 행동을 하면서 사회적 격식을 깨뜨리는 사람들이기 때문이다.
　성공의 기회를 잡으려면 사람들이 와글와글 모인 좁은 장소에서 떠나야 한다. 사람들이 붐비는 곳에서는 큰 성공을 거두기가 힘들다. 이런 혹독한 환경에서 제대로 살아남으려면 애매한 상황, 체제에 대한 비타협, 일탈적 생활방식에서 편안함을 느낄 수 있어야 한다. 이 책에 나오는 인물들은 대체로 이런 성격과 일치한다. 그들 대부분은 남들과 다르다는 이유로, 전통을 부인한다는 이유로 체제와 제도로부터 고통을 받았다. 그들은 근시안적인 관료주의를 거부한다는 이유로 쇠사슬에 묶인 채 거대한 바위에 매달려 영혼을 착취당할 사람들이다. 그들의 생활에 스며 있는 변화의 역동성과 일탈의 역할을 음미해보는 것도 흥미로운 일이다. 전통에 충실한 사람들은 변화를 두려워하지만, 비저너리들은 변화를 통해 힘을 얻는다. 아인슈타인은 일탈한 과학자의 전형적인 모습으로 사회가 원하는 역할에 순응하지 못하는 것을 오히려 즐겼다. 정신과 의사이자 작가인 앤소니 스토르는 "아인슈타인은 세상에 대한 정신분열증적인 일탈이 창조적인 부분에 어떻게 활용될 수 있는가를 보여준 탁월한 사례다"라고 말한다.

카를 마르크스도 역시 반항적인 대학생이었다. 그는 청년 헤겔학파—헤겔의 추종자들—가 되어 자신의 일생을 권위에 도전하는 철학에 투신했다. 청년 헤겔학파는 19세기 독일 사회가 기피하는 인물들이었다. 마르크스는 체제에 순응하기를 거부하고 날카로운 펜의 힘으로 체제를 전복시키려 했다. 독일 사회는 그를 받아들이지 않았다. 그는 일자리조차 구할 수 없었다. 철학박사 학위를 받아 교수 자리를 알아보았지만 급진주의자라는 이유로 번번이 퇴짜를 맞았다. 아무리 철학박사라 할지라도 밥벌이는 해야 했다. 그는 자신의 철학을 정당화하는 이념을 창출하여 급진적 혁명가로 거듭났다. 그리고는 세상으로 나가 기존의 부조리한 체제를 무너뜨리려고 시도하면서, 전통적인 권위에 대항해 "세계의 노동자들이여, 단결하라"고 요구했다. 마르크스는 평생을 바쳐 자본주의에 대항하는 유명한 『자본론』을 집필한다. 그의 대단한 에너지는 그에게 '공산주의의 아버지'란 호칭을 안겨주었다.

마크 트웨인도 네바다 주 버지니아 시에 머물던 젊은 시절, 상당히 급진적인 행동으로 목숨마저 위태로웠다. 그는 형이 주지사로 있는 지역의 신문에조차 자신의 본명(새뮤얼 클레멘스)으로 기고문을 내지 못했다. 셰익스피어의 「오셀로」를 멋지게 연기해 세계적인 명성을 얻은 미국의 위대한 배우 폴 로브슨도 과격한 행동 때문에 러시아로 도피한 적이 있다. 이사도라 덩컨 역시 러시아로 이주한 적이 있다. 그녀는 기자들에게 이렇게 말했다. "나는 볼셰비키 신봉자가 아니다. 나는 혁명가다." 앤 라이스는 자신이 창조한 뱀파이어만큼이나 기이하고 신비한 작가다. 그녀는 기자에게 이렇게 말했다. "나는 대부분의 시간을 내가 남자인지 여자인지 모르고 보낸다. 뱀파이어 시리즈의 주인공 레스타트는 내가 사랑하고 싶은 남자다."

기행과 미친 짓 사이에는 명확한 선이 존재한다. 알렉산더 그레이엄 벨은 사회를 위한 창조적인 연구에 방해가 되는 '유해한 달빛 광선'을 차단해야 한다면서 집에 있는 창문들을 모두 가렸다. 사실 그가 성공할 수 있었던 유일한 이유는 세상에 대한 특이한 시각 때문이었다. 휴즈의 기벽에 비하면 벨의 행동은 오히려 보통으로 보인다. 휴즈는 세균감염을 막기 위해 알몸에 티슈를 둘둘 감고 살았다. 자기를 다른 사람이 전혀 보지 못하도록 펜트하우스 창문을 페인트로 모두 칠해버리기도 했다. 그는 몇 년 동안 알몸으로 지냈으며 사람을 고용해 하루 종일 파리만 잡게 했다. 휴즈는 파리를 잡고, 잡은 파리들을 해부하여 병리학적인 원인을 밝히는 데만 수천 달러의 돈을 썼다. 세균에 대한 기피증으로 자신의 방문을 열 때도 하얀 장갑을 끼고 열었으며, 장갑이 보이지 않으면 발로 문을 걷어차버렸다. 그가 먹는 음식들은 모르몬교를 믿는 직원이 종이봉투에 담아 배달했다. 외과용 수술 장갑을 낀 그들은 상사인 휴즈와 한마디도 나눌 수 없었다. 유일하게 허락되는 의사소통 방법은 메모였다. 그는 변기에 앉은 채 비즈니스 회의를 정기적으로 열기도 했다.

어떤 면에서는 독창적인 니콜라 테슬라가 휴즈보다 더 괴팍했다고 할 수 있다. 테슬라는 호텔방의 숫자가 3으로 나눠지면 투숙을 거부했다. 또 식사 전에 모든 음식을 한 입 크기로 잘라 정돈해야 하는 강박증도 있었다. 그는 밤마다 무슨 의식을 치르는 사람처럼, 뉴욕의 월도프 아스토리아 호텔 식당 테이블에 열여덟 장의 냅킨을 가지런히 정돈해놓고 식사했다. 그래야만 자신이 사용하는 은 식기와 크리스털 그릇들을 꼼꼼하게 닦을 수 있기 때문이었다. 매번 식사할 때마다 하얀 장갑을 끼고, 식사가 끝나면 벗어던졌다. 그는 또 여자들의 귀고리와 진주에 상당한 공포심을 가지고 있었다.

테슬라는 인류 역사상 가장 천재적인 발명가이자 가장 기괴한 인물이다. 언론 기자들은 목숨을 내놓고 위험한 발명 연기를 보여주는 그에게 '전기 마법사'란 별명을 붙여주었다. 언론은 그를 "기존 사물의 질서에 맞서는 중대한 음모가"라고 불렀다. 그의 괴팍한 행동은, 교류 방식은 일반 가정에서 사용하기 위험하다는 에디슨의 주장을 반박하기 위한 강력한 시위였다. 테슬라는 1893년 시카고 국제 박람회에서 200만 볼트의 전류를 자신의 몸에 흐르게 하여, 손에 들고 있던 백열등에서 나오는 빛으로 광채를 내면서 무대 위에 서 있었다.

이 천재는 극도로 감각이 발달한 사람이었다. 그의 전기작가 마가렛 체니의 말에 따르면, 테슬라는 885킬로미터나 떨어진 곳에서 들리는 벼락소리, 건넌방의 째깍거리는 시계소리, 32킬로미터 밖에서 들리는 기적소리도 들을 수 있었으며, 어둠 속에서도 6미터 높이에서 날아다니는 파리를 감지할 수 있었다. 그는 예지豫智에 넘치는 강박증 환자였지만 '지상에서 보기 드문 천재'였다. 테슬라는 정상적인 주거 환경에서 살아본 적이 없었다. 호텔 방이 평생 동안 그의 집이었다. 몇 년 동안 맨해튼에 살았으면서도 그의 숙소였던, 월도프 아스토리아 호텔의 문을 걸어나와 우연찮게 길을 잘못 들면 그는 방향을 바꾸어 되돌아갈 줄 몰랐다. 아마도 그는 하루 종일 그 동네를 뱅뱅 돌았을 것이다. 어떤 시대에 살았더라도, 니콜라 테슬라는 정상적인 인물은 아니었다.

디즈니도 정상적이지 않았다. 전기작가들은 그가 FBI의 정보제공자였으며, 강박증과 조울증으로 고통받았고, 그의 화려한 경력 이면을 통틀어 여덟 번이나 신경쇠약에 걸렸다고 전한다. 창작에 대한 강박적인 욕구와 완벽하고 싶은 편집증은 그를 위대하고 창조적인 사람으로 만들었지만, 동시에 그를 불안에 떨게 했다.

규율을 깨다

월마트의 창업자 샘 월턴은 회고록에서 이렇게 말했다. "규칙을 깨라. 강을 거슬러 헤엄쳐라. 전통적인 지혜를 무시하라. 모든 사람들이 한 방향으로만 가고 있다면, 반대로 가면서 틈새시장을 공략할 기회를 찾아라. 모든 사람들이 지키는 규칙을 깨뜨린 나 자신이 정말 자랑스럽다." 마이클 조던도 기자와의 인터뷰에서 이와 비슷한 얘기를 했다. "감독이 경기 중에 선수들을 집합시켜놓고 말할 때 나는 그 말을 잘 듣지 않는다. 내 생각은 완전히 다른 데 가 있다." 인습 타파의 옹호자로서 니체만큼 감동적인 말을 한 사람도 드물다. "좋은 의미에서든 나쁜 뜻으로든 창조주가 되고 싶은 사람은 가장 먼저 인습을 폐지하고 가치를 부정해야 한다. 위대한 악이 위대한 선에 속하게 되면 그는 비로소 창조적인 존재가 된다."

마리아 칼라스는 번번이 중대한 무대계약을 어겼을 뿐만 아니라 사람들과의 약속도 잘 지키지 않았다. 독실한 가톨릭 신자였던 그녀의 남편은 그녀를 위해 교황과의 알현을 중재했는데 칼라스가 느닷없이 약속을 취소해버렸다. "이런 날 교황을 만나긴 싫어요. 비도 오고 우중충한 날, 검은 옷을 입는 건 도저히 참을 수 없어." 성난 남편이 그녀에게 말했다. "교황을 바람맞히는 사람은 아무도 없었어." 하지만 칼라스는 들은 척도 하지 않았다.

마크 트웨인과 프랭크 로이드 라이트는 둘 다 직업세계에서나 사생활에서나 관습을 깨는 것으로 유명했다. 어느 누구도 기성체제에는 신경조차 쓰지 않았으며, 이상한 취향의 옷들만 골라 입으면서 세상에 대한 반항적인 태도를 보였다. 두 사람 모두 말쑥한 차림의 신사였고 옷에 관한 한 놀랄 정도로 멋쟁이였다. 트웨인은 흰색 양복에 흰색 모자, 하얀 장갑에 하얀 양말을 일 년 내내 신고 다녔다. 그는 자신의 복장을 자랑스럽게 내세웠다. "나는 옷에 대해 남다른 생각을 가지고 있으며, 재질의 특색을 즐기고 있다." 그의 이 같은 위트는 어디에도 얽매이지 않는 자유로운 사람들이 성공하는 이유를 잘 보여준다. "박식하고 경험이 많은 사람들이 실패할 때보다는, 오히려 제대로 알지도 못하고 경험도 없는 사람들이 가당찮게 성공을 거둔다는 게 참으로 의아하다." 옷차림에서는 라이트가 훨씬 더 파격적이었다. 그는 챙이 넓은 모자에, 지팡이를 들고 망토를 펄럭이며 행사장으로 들어서곤 했다.

마돈나 역시 규칙을 무시하고 깨는 사람만이 성공한다는 사실을 일찌감치 깨달았다. 9세 때 그녀는 살색이 도는 비키니 수영복만 걸치고 무대에 오른 적이 있었다. 보수적인 아버지와 수녀들은 그녀의 행동에 깜짝 놀랐지만, 학생들은 마돈나의 과감한 자기 표현에 열광했다.

마돈나는 당시를 이렇게 회상한다. "거의 다 벗은 거나 다름없었죠. 그날 밤 나는 내 존재를 알렸고 내가 어떻게 될 거라는 것을 귀띔해준 거예요." 그날 밤의 성공에 힘입은 그녀는 자신의 노래와 연기 그리고 충격적인 장면을 인생에 이용했고, 마침내 커다란 성공을 거두었다.

뛰어난 사람들은 외롭다

유명한 심리학자 칼 로저스는 이런 연구 결과를 발표했다. "창조적인 사람들이나 개혁적인 사람들 가운데는 외톨이가 많다. 그들은 사회적 합의 기준에서 이탈하여 자신이 만든 기준에 따라 움직이기 때문이다." 무리 지은 사람들 가운데 외롭게 홀로 서 있는 자신을 발견한 그들은 스스로를 위로해야 했다. 그래서 그들은 자신이 옳다고 믿는 기준에 따라 움직이며, 이른바 전문가들의 도움은 필요 없다고 생각한다. 자족감이야말로 창조적 성공에 이르는 보증서다.

당신이 새로운 뭔가를 창조하고 싶다면 기존의 것들을 파괴할 준비가 되어 있어야 한다. 새로이 싹트는 연애 감정은 지나간 사랑의 흔적에서 탄생한다. 마찬가지로 신상품도 이미 유행하는 것들로부터 생겨난다. 당신이 파괴를 주저하는 동안 이미 다른 사람이 당신을 대신하여 그 일을 준비하고 있다.

모든 분야의 전문가들을 피하라

위대한 인물들은 전문가들을 피한다. 그들에게는 방법을 알고 있는 전문가의 조언을 듣지 않아도 되는 이유가 있다. 전문가라고 일컫는 사람도 어느 날 어쩌다 보니 전문가가 되었을 뿐이기 때문이다. 미국의 특허청장으로 있었던 상당히 근시안적인 인물, 찰스 듀얼은 발명될 만한 것들은 이미 다 발명되었으니 특허청을 폐쇄해도 된다고 말했다. '전문가'라는 사람들은 지금 현재 어떠하다는 것만 볼 뿐, 앞으로 어떻게 되리라는 전망을 내릴 줄 모른다. 헨리 포드는 전문가들을 "일이 실패할 원인에 대해서는 모르는 게 없는 사람들"로 본다. 디즈니는 〈백설공주〉가 어리석은 아이디어라고 몰아붙이던 할리우드 전문가의 말을 듣지 않았다. 디즈니 스튜디오의 이사회는 물론이고 그의 동생 로이까지도 그의 창의적인 생각들을 조롱했다.

디즈니가 1930년대에 〈백설공주〉 완결판을 애니메이션으로 출시할 준비를 하자 동생 로이는 "형이 우리를 다 망하게 하려고 발버둥치는군"하면서 비아냥거렸다. 루이스 B. 메이어, 잭 워너, 해리 콘과 같은 영화계의 거물들도 언론에다 그의 아이디어를 '디즈니의 바보짓거리'라고 비웃었다. 디즈니는 〈피노키오〉, 날아다니는 아기 코끼리 〈덤보〉, 〈판타지아〉를 제작할 때도 어리석은 짓으로 본 전문가의 말을 귀담아 듣지 않았다. 세상의 모든 가족이 꿈에 그리는 여행지인 디즈니랜드를 세우려고 결심했을 때도 이사회의 임원들은 재정 지원을 거부했다. 동생 로이는 그에게 "형은 스스로를 기어이 벼랑 끝으로 몰아가고 있어"라고 충고했다.

팜 스프링스의 집을 처분하고 생명보험을 해약한 돈으로 디즈니는 미래의 디즈니랜드가 될 땅을 애너하임에 구입했다. 전문가들은 그에게 "그건 꿈일 뿐이에요, 성공하기는 어려워요"라고 하면서 다른 전문가들에게 자신들의 주장을 확인해보라고 요구했다. 이에 따라 스탠포드 연구소는 디즈니랜드가 눈부신 성공을 거두려면 투자위험을 감수해야 한다면서 이사회가 자본금을 몽땅 다 잃어버릴지도 모를 일에 땡전 한푼도 투자하지 말라는 보고서를 작성했다. 만약 경영진이나 전문가들이 그의 새로운 사업계획이 훌륭하다고 말했더라면 디즈니가 나서서 경고했을지도 모른다. 그러나 전문가들이 그의 사업을 말리자 그는 극도의 분노로 일을 진행시켰다.

지적인 작가인 마릴린 퍼거슨은 『물병자리 태생의 음모』란 책에서 "새로운 패러다임은 언제나 사람들에게 조롱거리가 되거나, 냉담함과 적대감을 불러일으킨다. 새로운 발견은 이단으로 취급받는다." 이런 곤경은 테드 터너가 CNN을 출범했을 때도 마찬가지였다. 담당회계사는 터너가 멍청하기 짝이 없는 벤처사업으로 가진 것을 몽땅 잃을 거라면서 일을 그만뒀다. 〈워싱턴포스트〉를 비롯한 모든 언론들이 CNN의 조기 퇴진을 예측했다. "미디어 산업 종사자들은 테드 터너가 멍청한 짓으로 엄청난 돈을 잃을 거란 걸 알기나 하는지 의심스럽다고 말했다. 지나치게 앞서 나가는 그의 행동은 우리 가운데 누가 나서기만 하면 그보다는 더 잘할 거란 사실을 보여줄 뿐이다"라는 신문기사도 있었다. 미디어 전문가들은 누군가가 24시간 방송되는 뉴스 채널을 설립해야 한다는 사실에는 공감하고 있었지만, 다들 근시안적 수렁에 빠져 있었다. ABC, CBS, NBC 모든 방송사들이 일제히 "말도 안 되는 짓!"이라고 비난했다. 테드는 전문가의 말 따위는 무시하고 엄청난 역량을 발휘하여 억만장자의 대열에 올랐다. 하지만 그가 펼친 도박이 세계를 명실상부한 '지구촌'으로 만들었으며, 전직 빌보드 세일즈맨을 케이블 방송의 대부로 올라서게 했다는 점이 더욱 중요하다.

대부분의 천재들은 공공연하게 전문가라고 자처하는 사람들로부터 놀림감이 되어왔다. 그들은 참신하고 특별한 생각을 수용하기보다 자신들의 전문적 지식을 고수하고 과시하려는 경향이 강하다. 항공 엔지니어들은 빌 리어에게 그의 제트기는 어리석은 짓이며 절대 하늘을 날 수 없다고 말했다. 그럼에도 중학교 중퇴의 학력이 고작인 60세의 노인은 개인용 제트기를 만들어 비행에 성공하고 이렇게 말했다. "그들은 내가 비행기를 만들지 못할 거라고 했지만, 나는 거뜬히 해냈다. 내 비행기가 결코 날 수 없을 거라 했지만 내 비행기는 잘 날아다닌다. 그들은 내가 성공하지 못할 거라 했지만 나는 성공했다." 에디슨이 백열등을 만들었을 때 학계에서는 있을 수 없는 일이라고 언론에 떠벌렸으며, 스티븐슨 연구소의 헨리 모턴 박사는 "전구의 개발은 단순한 무지와 협잡에 불과한 말도 안 되는 주장이다"라며 목소리를 높였다.

이들 '전문가'는 자신을 진리의 전달자라고 믿고 싶겠지만 실제로 그들은 불리한 판결을 전달하는 사람에 불과하다. 갈릴레이는 지구가 태양 주위를 돈다고 감히 주장했기 때문에 로마 가톨릭 교회로부터 추방당했다. 교회는 명백한 잘못을 범했지만, 그 실수를 인정하는 데 무려 400년이란 세월이 걸렸다. 세기의 전환기에 세계에서 가장 영향력이 컸던 은행가 J. P. 모건은 알렉산더 그레이엄 벨에게 이런 말을 했다. "당신이 발명한 전화기는 상업적인 가치가 전혀 없더군."

꽤 지명도가 높았던 〈사이언티픽 아메리칸〉은 라이트 형제의 비행을 날조된 사건이라고 선언했다. IBM의 기술자들은 1970년대 후반, 기자들에게 퍼스널 컴퓨터는 말도 안 되는 소리라고 했다. 이 얼마나 아이러니한 일인가! 세상에는 수천 가지도 넘는 근시안적인 사례들이 널려 있다. 따라서 급진적이고 새로운 생각을 가지고 있는 사람들이라면, 그들의 생각에 제동을 거는 사람들의 견해는 아예 무시해야 한다. 그래야만 신성한 지식의 창고를 보호할 수 있다.

어리석음은 때로 그 값을 치른다

"모르는 게 약"이란 말이 있다. 해낼 수 없어 보이는 아주 어려운 일도 모르고 있을 때는 거뜬히 해낼 수 있기 때문이다. 우리의 능력과는 상관없이, 우리 마음속에 자리잡고 있는 한계야말로 진정한 적이다. 위대한 일들은 잘못된 문으로 들어갔기 때문에 비롯되었다. 사람들은 인생에서 가장 끔찍한 경험을 하게 될지도 모르는 곳을 정확하게 짚어낼 만큼 명석하지 못하다. 또한 어떤 일이 생길지 알고 싶다는 이유로 비싼 대가를 치르지 않는다. 그러나 어떤 일에 대해 잘 몰랐다고 인정하는 것도 그 일에 대해 아는 만큼 중요하다. 인생에서 가장 심각한 경우는 자신이 뭔가를 제대로 알지 못한다는 점을 깨닫지 못하는 사람들이다. 비록 어떤 일에 대해 알지 못하지만 그것의 한계를 알고 있다면 당신은 비참한 환경에서도 살아남을 수 있다. 그런데 알지 못하는 일을 마치 아는 것처럼 행동한다면 접시에 머리를 처박는 꼴이 되고 만다. 이와 반대로, 인생의 기회를 미리 판단할 만큼 지나치게 현명한 사람은 지불해야 할 대가가 없다.

자크 바준은 『창조성의 파라독스』에서 "너무 착실한 학생은 창조적이기 어렵다"라고 말한다. 그의 책은 우리가 할 수 있는 것과 할 수 없는 것에 대해 지나치게 주입시킨다든가, 너무 교만하거나 똑똑한 것은 좋지 않다는 생각을 다시 한 번 확인해준다. 가장 실패한 교육은 창조성을 말살하는 것이다. 실패한 교육은 아이들을 평범함이라는 상자 속에 가두고 무엇이 가능하고, 무엇이 불가능한지를 가르치는 것이다. 그런데 교육이란 이 책에서 다루는 위대한 인물들처럼 불가능한 것을 이루도록 하는 데 그 목적이 있다. 아인슈타인은 말도 안 되는 생각에 매달린다고 학교에서 쫓겨났다. 프레드 스미스도 예일 대학에서 바로 그 이튿날 배달되는 시스템을 내놓은 그의 아이디어는 전혀 실현 불가능하다는 말을 들었다(가능성이 있는 사업계획을 보고서로 제출하라는 과제에 이튿날 배달 시스템을 아이디어로 냈더니, 교수가 C 학점을 주었다는 일화가 있다).

　마가렛 미드의 창조적 성공이 가능했던 이유도 그녀가 10대가 될 때까지 정규 교육을 받지 않았기 때문이다. 그녀의 부모는 모두 박사 출신으로 그녀에게 시, 이야기 꾸미기, 조각과 같은 창의적인 것들을 가르쳤고, 모든 유형의 추상적인 문제들을 생각하고 풀도록 만들었다. 어린 시절의 이런 훈련으로 그녀는 역사상 가장 뛰어난 총체적 사고의 소유자가 되었다.

남들과 다르기 때문에 성공한 사람들

　소크라테스는 말한다. "제정신이라면 어떻게 시인이라 할 수 있나? 영감을 얻고 미쳐야 시인이 탄생한다." 허쉬만과 리브는 이렇게 쓰고 있다. "조울증은 천재들과 아주 밀접한 관계에 있다. 조울증에서 자유로운 천재가 있다면 아마 그들은 천재들의 세계에서 아주 극소수에 지나지 않을 것이다." 정신과 의사 아놀드 루트비히는 창조성과 일탈행동과의 관계를 연구하면서 다음과 같은 사실을 알아냈다. "정신적인 장애는 근원적으로 불편한 감정을 개인에게 제공할 수도 있는데, 이런 감정들은 창조활동을 유지하는 데 필수요인이다." 그는 이 책에 나오는 다윈, 마르크스, 피카소, 아인슈타인, 헤밍웨이, 히틀러, 프로이트를 포함한 1,004명의 뛰어난 사람들을 대상으로 연구를 진행했다. 루트비히는 "이 인물들은 사회적으로 확고한 신념에 뿌리 깊은 반항심을 키워왔기 때문에 다른 사람들에 대해 적대적이다"라고 말한다.

　이런 인물들은 모두 어떤 점에서 상당히 뛰어나고 또 남다른 점들이 아주 많다. 루퍼트 머독은 옥스퍼드 대학 재학시절 자신의 방에 레닌의 흉상을 두고 있었고, 아멜리아 에어하트는 바지 차림에 짧은 머리를 하고 다니면서 당시 여성들에게 적용되던 표준 규범을 단호히 거부했다. 당시는 여성들에게 긴 머리에 드레스 차림을 요구하던 시대였다. 에어하트는 여성들이 두려워하던 일들을 해냈고, 감히 남자들도 가보지 못한 곳에 이르렀다. 그녀는 도전적인 어조로 말했다. "나는 무조건 하라는 대로 하고 살지는 않겠다." 아인 랜드는 스물다섯 살 연하의 남자와 15년 동안 밀애관계에 있었다.

테슬라, 휴즈, 디즈니 모두 강박성 장애가 있었다. 세계에서 가장 부자인 빌 게이츠도 1991년 〈USA 투데이〉에 정신적으로 이상이 있다는 기사가 실렸다. 정신과 의사 캐서린 덩컨은 이렇게 결론짓는다. "게이츠는 남들이 가지 않는 길만 선택해왔기 때문에 어린 시절부터 자신이 사회적 부적격자라고 느꼈다." 넬슨 만델라도 마찬가지다. 그의 남아프리카 이름은 로이홀라홀라Rohihlahla인데 '말썽꾸러기'란 뜻이다. 이 말썽 많은 소년이 성장하여 마침내 남아프리카 인종분리정책에 맞서 불꽃같은 삶을 살게 되었다. 마돈나는 자신의 과격한 행동은 사회적 통념을 변화시키기 위한 것이라고 말한다. 카를 마르크스, 마크 트웨인, 폴 로브슨, 마이클 잭슨, 이사도라 덩컨, 앤 라이스는 자신의 분야에서 통용되던 기준에 맞서 싸운 사람들이다.

카를 마르크스

카를 마르크스는 대학 1학년 시절부터 급진적이었다. 그는 기존의 체제에 맞춰 그럭저럭 잘 지내려고 했으나 결국 자신을 적절하게 표현할 기회조차 주지 않던 체제에 맞서게 되었다. 세상을 향한 그의 평생을 건 대응은 그가 필생의 적으로 규정한 자본가의 힘에 맞서 싸우기 위한 이데올로기—변증법적 유물론—정립에 있었다. 그의 장례식에서 프리드리히 엥겔스는 세상에 끼친 마르크스의 영향에 대해 이렇게 말했다. "그는 이 시대 최고의 증오 대상이었다. 비방의 중심에는 늘 그가 있었다."

마르크스는 그의 조국, 프로이센과도 관계를 끊었다. 자신의 종교이던 유대교와 프로테스탄트, 경제체계나 자본주의, 그의 가족과도 한때 절연했다. 바로 이런 행동이 반항이다. 「공산당 선언」은 이런 문구로 시작한다. "세계의 노동자들이여 단결하라, 억압의 쇠사슬 말고는 잃을 게 없다." 마르크스는 세상을 비참하게 만드는 부르주아의 타락을 비난하면서 그들을 타도하려는 용감한 시도로 프롤레타리아에 의한 독재를 주장했다. 그가 꿈꾸던 세상을 위해 그는 가족과 건강, 돈까지 희생하면서 목표를 이루려는 신념에 강박적으로 매달렸다. 마르크스는 다작을 통해 예리한 붓끝으로 싸웠지만 한 번도 '편집적인 열정'을 잃은 적도, 자신이 옳다는 '확고한 믿음'을 잃은 적도 없었다. 엥겔스는 "그는 지극히 순수한 열정과 결코 꺾이지 않는 낙천성을 지녔다"고 회상했다.

마르크스의 아버지도 그의 아들이 '천재적'이었다고 말한다. 그는 제대로 된 직업을 가진 적도 없이 평생을 곤궁하게 지냈으며 체제를 모독한 혐의로 투옥되고 병으로 아이들을 잃었으며, 진실을 증언해세 차례나 외국으로 추방되었다. 이러한 모습으로 보건대, 마르크스는 세상의 모순을 타파하기 위해 혁명적인 방법을 시도했던 반항아였다. 그의 정치적 이데올로기는 정치학과 사회학을 변증법적 유물론에 혼합시킨 것이다. 변증법적 유물론은 헤겔 변증법의 기초를 이루는 존재(정), 존재의 부정(반), 새로운 존재의 탄생(합)을 모델로 한다. 마르크스는 서로 대립되는 경제세력의 갈등에 기초한 총체적 사회체제를 구축하려고 애썼다. 급진적이고 순수했던 마르크스는 지적인 그의 이념들을 노동자 계급이 이해하고, 그들이 세상을 좀더 나은 방향으로 변화시킬 힘을 장악하게 될 것이라 믿었다. 혁명은 그의 사상의 중심에 있었다.

마크 트웨인

마크 트웨인은 남북전쟁 이후, 도금시대(Gilded Age. 미국에서 경제확장과 금권 정치가 횡행하던 1870~98년의 시대로, 트웨인의 풍자소설의 제목임)의 사회적 양심을 불경스런 유머로 고발한 작가다. 그는 넘치는 상상력으로 19세기를 그려낸 작가로, 일상 언어로 격식을 차리지 않는 그의 유머에는 철학과 희극 그리고 비극이 뒤섞여 있다. 그의 첫 소설 『캘리베러스의 명물, 뛰어오르는 개구리』는 그가 32세에 뉴욕, 세인트루이스, 필라델피아, 신시내티, 뉴올리언스, 샌프란시스코, 새크라멘토, 호놀룰루, 네바다 주의 버지니아 시 등지에서 인쇄소 견습공, 신문사 기자, 미시시피 강 수로원, 은광 광부, 사탕수수농장 일꾼, 강사, 기고가로서의 다양한 생활을 토대로 쓴 소설이다. 이 작품만 봐도 마크 트웨인이 전통적이거나 예측 가능한 인물이 아니라는 것만은 확실하다.

북부 캘리포니아와 네바다에 머무는 동안 그는 '트웨인'이란 필명을 쓰면서 생명의 위협으로부터 자신을 지켰다. 지방지에 어떤 사기꾼에 관한 글을 실었는데, 그 일이 화근이 되어 그의 목숨이 위태로웠기 때문이다. 찰스 더들리와 함께 『도금시대』를 1878년에 발표했고, 2년 후에는 그의 대표작 『톰 소여의 모험』을 출판했다. 이 작품은 미시시피 강을 중심으로 말썽꾸러기 소년의 모험과 역경을 연대기적으로 그린 소설이다. 당대 토착어를 사용하여 미시시피 강의 생활을 그린

『허클베리 핀의 모험』은 그의 최고작이다. 그런데 그가 시도한 풍자적이고 현란한 냉소로 가득 찬 사실주의는 동부 연안의 엘리트 계급의 반감을 사게 되었다. 그의 작품들을 보스턴에서 판매할 수 없게 만든 주역은 다름 아닌, 루이자 메이 올콧(소설『작은 아씨들』의 저자)이었다. 그녀는 이렇게 썼다. "간담을 서늘하게 하는 유머와 뻔뻔한 사실주의, 추잡함으로 젊은이들을 현혹시키는 비열하고 음란한 싸구려 소설이다." 그의 작품에 대한 금지 신청은 오히려 반사 이익을 가져왔고, 마침내 인습에 사로잡히지 않은 그의 행동은 그에게 부와 명예를 안겨주었다.

항상 모험을 마다하지 않는 트웨인의 삶은 늘 위태로웠다. 출판, 광산업, 특허권, 새로운 발명 등의 위험하고 무모한 사업에 뛰어들어 수십만 달러의 손해를 보기도 했다. 용맹스런 기업가 정신으로 무장한 그는 출판업을 시작하여 율리시스 그랜트 대통령의 회고록을 계약했으나, 그 일은 58세의 그를 파산으로 이끌었다. 언제나 반항아였던 트웨인은 딜레마에 빠진 남자의 냉소적 모습을 풍자적으로 묘사함으로써 당대의 글쓰기 전통을 거부했다. 용기, 정직, 상식이 그의 강점이다. 일 년 내내 흰색 재킷만 입고 다니는 등, 어떤 일에도 전통에 순응하는 법이라곤 없었다. 1867년 신문을 보면 그를 '악마의 자식', '형편없는 잡문가', '품위와 수치심이라고는 눈곱만큼도 없는 인간'으로 묘사하고 있다.

트웨인도 성년이 되면서 조울증 증세를 보였다. 그는 "날 때부터 원래 어수선하게 태어났다"라고 하면서 자신의 성격을 스스로 인정했다. 어떤 전기작가는 그에게 '강박증'이 있었다고 말한다. 고통도 많았지만, 트웨인은 대중의 마음과 쉽게 소통하며 그들이 읽을 수 있는 소설 형식을 창작했다. 헤밍웨이는 그에게 이런 찬사를 바쳤다. "미국

문학은 단 한 권의 책, 『허클베리 핀』에서 나온다. 그 이전에는 이런 작품이 없었다. 그 이후로도 이런 작품은 존재하지 않을 것이다."

이사도라 덩컨

겨우 5세의 나이에 덩컨은 선생님에게 "산타클로스는 없어요"라고 말하고는 한술 더 떠 "이 세상에 신은 없어요. 결혼도 웃기는 일이에요"라고 대꾸했다. 이사도라 덩컨은 자서전에서 이렇게 썼다. "나는 언제나 청교도주의자의 폭정에 항거하고 싶었다. 나는 청교도이면서 이교도다." 인습을 거부하던 근대의 아프로디테는 자신이 위대한 인물이 될 운명임을 확신했다. 아주 어린 나이에 그녀는 결심했다. "나는 혁명적인 사람이다. 모든 천재들은 이름값을 하는 사람들이다. 모든 예술가들은 세상에 나와 성공을 해야 한다."

그녀가 이렇게 행동할 수 있던 근거에 대해 역사가인 다니엘 부어스틴은 좀더 많은 사례들을 들고 있다. 창조적 영웅을 다루는 그의 책 『창조자들』에서 그는 이렇게 적었다. "이사도라는 파리와 런던 공연에서 맨발과, 몸에 착 달라붙어 윤곽이 그대로 드러나는 옷을 입고 나와 거침없는 동작으로 사람들을 놀라게 했다. 그녀는 러시아 황실의 클래식 발레에 돌이킬 수 없는 충격을 주었다."

덩컨은 스스로를 "프로메테우스와 같은 꿈을 좇는 사람"으로 부르기를 좋아했다. 그녀는 자신의 철학대로 결혼과 종교, 기성체제에 저항하는 삶을 살았다. 발레는 그녀의 숙적이었다. 그녀는 확신에 찬 무신론자였으며 공산당에 가입해 선전활동에서 상당한 역할을 수행했다. 자신의 경력이 위협받게 되자 덩컨은 언론과의 인터뷰에서 "나는 볼셰비키가 아니라, 혁명가일 뿐이다"라고 말했다.

덩컨의 삶은 그리스 비극을 읽는 것처럼 아슬아슬하다. 1913년 중심을 잃고 센 강으로 추락한 차 안에서 덩컨의 두 아이가 익사하는 사고가 있었다. 사고 직후 이탈리아에서 사내아이를 출산하지만, 그 아이도 낳자마자 죽었다. 현대 무용의 위대한 여신인 덩컨은 자유로운 연애행각을 벌이다 사고로 생을 마감한다. 프랑스 리베라 호텔 앞에서 그녀는 평소와 다름없이 기다랗고 하늘거리는 드레스에, 180센티미터나 되는 긴 스카프를 목에 두르고 부가티 컨버터블 뒷좌석에 덥석 뛰어들었다. 덩컨은 친구에게 손을 흔들며 소리쳤다. "잘 있게, 친구. 나는 영광스레 떠난다네." 그때 차가 달리면서 덩컨의 스카프가 뒷바퀴의 차축에 끼었다. 그녀는 목뼈가 부러져 즉사했다.

폴 로브슨

미국이 자랑하는 위대한 셰익스피어 연극의 대가 폴 로브슨은 다방면에서 뛰어난 만능재주꾼이었다. 거의 모든 분야에서 두각을 나타낸 그는 러트거스 대학의 파이 베타 카파 클럽(성적이 우수한 미국 대학의 재학생과 졸업생으로 이루어진 모임)의 회원이었으며, 러트거스 대학 역사상 최초의 흑인 미식축구 선수로 발탁되었다. 컬럼비아 로스쿨을 다닌 후에도 브로드웨이 연극 무대에서 영예를 누리던 그는 뮤지컬 「쇼 보트」에서 제롬 컨이 작곡한 〈올먼 리버〉를 멋지게 노래함으로써 대단한 호평을 받았다. 그 후 연극으로 무대를 옮겨 「오셀로」에서 무어 왕 역을 맡았다. 그는 영화 〈오셀로〉에 출연했을 뿐 아니라 27개국을 순회하는 무대공연도 가졌다. 거기서 그는 독학으로 배운 그 나라의 언어로 직접 연기했다.

로브슨은 상당한 재능을 타고난 20세기 인물이었지만, 그의 반항적 행동은 그의 명성과 인생을 파괴시켰다. 매카시 상원의원이 주도한 의회 청문회에 공산주의자 혐의를 받고 출석했을 당시 그는 이렇게 말했다. "나는 혁명적인 사람이다. 나의 친구들이 해방되어 이 땅을 활보하는 순간까지 최후의 한 사람으로 남겠다." 그는 또 '민주당을 지지하는 언론에 대한 경멸'도 서슴지 않고 내보였다. 이런 성명을 발표한 후 그는 자신이 워싱턴의 정치인들과 싸워 이길 수 없음을 깨닫게 되었다. 흑인들의 제2차 세계대전 참전과 베트남전 징병에 반대하던 그를 정치인들은 거세게 배척했다. 그의 여권은 박탈당했고 그의 화려한 이력은 파괴되었다. 그는 금전적으로나 육체적, 정신적으로 피폐해졌다. 하지만 그는 불굴의 의지로 자신을 대표하던 노래 〈올먼 리버〉의 노랫말조차 바꾸었다. "사느라 지치고 죽기도 두렵다네"라는 가사를 "죽는 순간까지 지치지 않고 싸울 거라네"로 바꿔 좀더 반항적으로 만들었다. 무엇이 그를 이토록 혁명적인 인물로 만들었을까?

로브슨은 사실 뉴욕 시의 변호사가 되기를 간절히 바랐다. 컬럼비아 로스쿨을 우수한 성적으로 졸업하고 변호사 자리를 찾으러 다녔으나 피부색 때문에 아무도 그를 고용하지 않았다. 마침 어느 법률 사무실에 자리를 구했으나 백인 여비서가 그의 지시를 받아적으려 하지 않았다. 깊이 좌절하고 분노한 로브슨은 브로드웨이의 일자리를 받아들였다. 그때까지 그는 노래나 연기 수업을 한 번도 받은 적이 없었지만, 그는 여기서 또 다른 재능을 보여주었다.

그의 첫 번째 성공은 브로드웨이와 런던의 무대에서였다. 유진 오닐의 작품 『황제 존스』와 『모든 신의 아이들은 날개가 있다』에서 그는 대단히 강한 인상을 남겼다. 로브슨은 할리우드에서도 몇 년의 세월을 보냈는데 이름만 배우일 뿐, 고정관념에서 벗어나는 배역을 맡을 기회조차 없었다. 그는 사회체제를 증오하게 되었고 「오셀로」 공연차 방문한 러시아의 상트페테르부르크에서 접한 마르크스의 변증법적 유물론을 탐독하기 시작했다. 1939년 내전의 상처가 깊은 스페인을 방문하고 나서부터 정치적 활동가가 되었다. 이후의 활동으로 그는 반미적인 '공산주의 동조자'로 낙인찍히게 되었다.

1949년 파리에서 개최된 세계평화회의에서 물의를 일으킨 연설을 한 후, 미국의 오셀로는 언론과의 인터뷰에서 "소비에트 러시아에서 처음으로 나는 자유롭게 숨쉴 수 있었다"고 말함으로써 공산주의자로 분류되었다. 그는 비열하기 짝이 없는 매카시 광풍의 희생자가 되고 말았다. 미 국무부는 그의 여권을 빼앗았고 그가 애써 쌓아올린 힘과 자존심을 박탈했다. 로브슨의 반골 기질은 그의 위대함에서 비롯되었지만, 매카시 마녀사냥의 희생제물이 되어 결국 파멸하고 말았다. 한 치 앞도 내다볼 줄 모르는 관료들은 그가 자신의 생각을 말했다는 이유 하나로 그를 파멸시켜버렸다.

앤 라이스

신비하고 주술적인 세계의 여왕, 앤 라이스는 '하워드 앨런 오브라이언'이라는 이름으로 세례를 받았다. 그녀의 부친이 아들을 너무도 간절히 원했기 때문에 붙여준 이름이었다. 그녀는 성性의 정체성을 찾는 절박한 물음으로 평생을 살았다. 라이스는 학교에 다니면서부터 사내 같은 이름 때문에 너무 당혹스러워 앤이라는 이름을 스스로 선택하여 사용했다. 비록 양성적 기질을 모두 가졌지만 그녀는 여자 이름을 원했다. 고등학교 때는 여자애들이 그녀를 가리켜 '이상한 애'라고 불렀다. 텍사스와 샌프란시스코로 대학을 가게 되면서 그녀는 '별나다'는 게 무엇을 뜻하는지 진정으로 알게 되었다. 비술秘術세계의 여왕과 그녀의 남편 스탠 라이스는 격동의 1960년대와 70년대 초를 '플라워 칠드런'(꽃을 든 아이들이란 뜻으로 히피의 또 다른 이름)의 고향으로 알려진 헤이트 애슈베리에서 지낸다. 라이스는 섹스, 게이, 성의 정체성에 대한 의문, 초자연적인 세계에 깊이 빠져 있었기 때문에 그 시대를 풍미한 히피 문화와 잘 맞았다. 그녀는 "내가 창조한 인물들은 내 안에 존재하는 갈망과 영감을 표현한 것이다. 나는 에로틱한 공포의 세계와 일체가 되는 생각에 늘 사로잡혀 있다"라고 말하면서 자신의 일탈적 기질을 보여준다.

라이스는 『뱀파이어와의 인터뷰』란 작품으로 눈부신 성공을 거두었다. 〈퍼블리셔스 위클리〉는 "첫 번째 작품으로는 놀라운 수준"이라고 격찬했다. 그녀는 백혈병을 앓다가 5세의 나이로 세상을 떠난 딸 미셸을 잃고 상심한 마음으로 이 작품을 썼다. 라이스는 딸의 혼령을 떠나보내기 위해 글을 쓰기 시작했고, 존재론적이며 초자연적인 신비주의에 대한 집착이 불멸의 존재를 찾는 내면적 욕구로 귀결되었다. 흡혈귀 주인공 레스타트는 니체가 말하는 초인적 존재가 영웅적인 뱀파이어의 모습으로 다시 태어난 것이다. 라이스는 우리의 영혼 속에 있는 미지의 존재에 대해 깊이 파고들었다. 그러고는 이렇게 말했다. "나는 영웅을 원했고 레스타트가 바로 그런 존재였다. 『뱀파이어와의 인터뷰』를 쓸 당시에는 루이스(작품의 또 다른 주인공)가 바로 나였는데, 점점 진행되고 나니까 레스타트가 좀더 나에게 가까웠다." 라이스는 융이 말하는 아니마anima, 아니무스animus의 가장 적절한 실례다. 서로 다른 성적性的 특징을 활용하면 최적의 상호작용을 얻어낼 수 있다.

그녀는 "나는 언제나 양성적 이미지를 좋아했다. 나는 평소에도 성적 정체성을 물을 때면 모든 것이 뒤죽박죽이 되어 내가 남자인지, 여자인지 모르겠다"라고 말했다. 그녀는 전기작가에게 "잠시 남자가 되곤 한다. 금발머리에 183센티미터의 키, 38사이즈의 옷을 입는 남자가 되면 좋겠다. 소설의 주인공인 영웅적 뱀파이어 레스타트는 내가 되고 싶은 남자의 모습이다. 레스타트는 세상을 파괴하고 신과 대립하는 남성적 에너지로 넘치며 내 안에 존재하는 바로 그 남자의 모습이다"라고 썼다.

마이클 잭슨

마이클 잭슨의 대단한 성공은 익숙한 것과 결별할 수 있는 독립심에서 비롯되었다. 〈스릴러〉 앨범에서는 그의 상징이 된 문워크 댄스에서 보듯 정형화된 팝과 결별했다. 1996년에 나온 앨범 〈히스토리〉의 가사를 통해 그는 주변 이야기를 들려준다. 잭슨은 노래한다. "인생은 그리 나쁜 것만은 아니야. 편견을 벗어던지기만 한다면." 그는 〈스크림〉이라는 노래로 상당한 영향력을 과시했다. 반유대주의적인 노랫말로 대중들의 반발이 거세지자, 그는 가사 몇 마디를 바꿨다. 실제로 잭슨은 그런 편견 따위는 전혀 가지고 있지 않았다. 그러나 그의 기행들은 그의 성공에 커다란 영향력을 행사했다. 언론에서는 인습에서 벗어난 잭슨의 삶의 방식을 하나의 아이콘으로 만들어주었지만, 오히려 그의 삶을 두려움에 가득 찬 것으로 만들어준 셈이 되고 말았다. 1996년 그의 아이를 임신하고 있었던 전직 간호사 데비 로우와의 결혼만 봐도 그는 사회적 관습을 따르는 법이 없었다. 그는 아들의 이름을 프린스 마이클 잭슨이라고 지었다.

'괴팍한 잭Wacko Jacko'은 언론이 그의 괴상한 생활방식 때문에 붙여준 별명이다. 그는 마법의 세계를 믿고 정신적인 것들을 매우 좋아해 이런 말을 할 정도였다. "어떤 확실한 힘이 느껴지기 전까지는 그리 일을 많이 하는 편이 아니다." 잭슨도 양극적인 성격을 지녔으며 영원한 10대로 남고 싶다는 욕구에 사로잡혀 있었다. 공황장애에다 변덕스런 기분장애로 고생하는 그는 A유형이 분명한데, 그 정도가 극에 달한다. 이런 특징과 폐해들은 무대에서의 성공을 가져다 주기도 했지만, 은둔자적인 삶을 살도록 이끌기도 했다. 다이안 소여가 잭슨과 그의 첫 번째 부인 리사 마리 프레슬리와의 인터뷰를 마치고 그를 이렇게 평가했다. "그는 대단히 상업적인 사람이어서 예술과 상업성의 조화, 상업성과 자기계발의 조화, 신비스러운 것과 인식 가능한 것과의 조화를 절묘하게 이루어낸다." 잭슨의 〈스릴러〉는 앨범 판매 사상 가장 많이 팔린 음반이며, 그의 문워크 댄스는 대중들의 이성을 마비시킬 정도로 선풍적인 유행이 되었다.

인습파괴적인 행동의 부작용

보통사람들과 다르게 행동하는 사람들은 체제를 위협한다. 나폴레옹은 영국인 체포자의 손에 독살되었다는 소문이 자자했고, 마틴 루터 킹 목사는 체제에 대항한다는 이유로 암살당했으며, 다윈은 정신적인 고통 속에서 방황했고, 덩컨의 비극적 죽음은 웃음거리가 되어버렸다. 로브슨은 파멸되었고, 마르크스는 추방당했으며, 라이트는 비웃음을 샀으며, 만델라는 평생을 감옥에서 살았고, 칼라스와 마돈나는 공연이 금지되었고, 테드 터너는 조롱거리가 되었다.

프랭크 로이드 라이트가 한창 번성하던 시카고 사무실을 폐쇄하고 아내와 여섯 명의 자식들을 내팽개치면서 고객의 아내와 유럽으로 도피행각을 떠났을 때, 가족과 건축계에 종사하는 사람들은 도무지 그를 이해할 수 없었다. 마돈나의 유일한 과시 수단은 책의 출판이었지만, 여러 나라에서는 마돈나의 책 『섹스』의 판매를 금지시켰다. 피카소도 예술가는 새로운 것을 창조하기 위해 기존의 것을 파괴해야 하며 거기에 새로운 생명을 불어넣어야 한다고 말했다. 이들은 모두 기존 질서를 어지럽혀 보통사람들과 다르다는 이유로 엄청난 대가를 치렀지만, 그들의 독보적인 행동은 자기 분야의 최정상에 우뚝 서도록 이끌었다.

남다른 것도 괜찮다

랄프 왈도 에머슨은 『스스로를 믿는 마음』에서 이렇게 말했다. "원하는 것을 이루려면 복종하지 마라." 이 말은 확실하게 증명될 수 있다. 이 책에 나오는 인물들을 포함하여 대다수의 일탈자들이 자기 분야의 정상으로 가는 험난한 여정에서 괴짜, 미치광이, 이상 성격, 염세적 인간이란 말을 들어야 했다. 그러나 이 일탈자들은 자신의 경력을 위해 체제를 부정하고 남들과 다른 자신을 적절히 이용할 줄 알았다.

기존의 질서에 굴복하지 않은 적절한 예로 마가렛 대처만한 사람도 드물다. 그녀는 아주 어릴 적부터 아버지에게서 자립심을 배웠다. 아버지는 어린 대처에게 이렇게 말했다. "너는 리더다. 리더는 독립적이어야 한다. 그러니 조금 남달라도 괜찮다, 얘야." 대처는 아버지의 말을 믿었다. 그녀는 남다른 모습으로 성장하여 마침내 영국 정치계의 정상으로 발돋움했다.

일탈 행위와 남녀의 차이

괴짜에 대한 연구 결과를 보면 "현재 미국에서 찾아볼 수 있는 괴짜의 3분의 2가 여성이다"라고 한다. 어떤 이유에서일까? 저자들은 여성 괴짜들이 남성 괴짜들에 비해 훨씬 더 정신력이 강하고, 독립적이며, 과격하고 독단적이라고 주장한다. 그 여성들은 "강물을 거슬러 기꺼이 헤엄칠 용기가 있다"라고 말한다.

이 연구에서는, 그들 대부분이 성을 불문하고 일탈 행위자들이며, 전통이나 체제의 가치를 무시하는 태도를 가지고 있다고 지적한다. 패러다임의 전환을 시도하고 성공에 이르는 결정적 요인은 그들의 남다름에 있는 것이지, 성별은 특별한 요인이 되지 않는다. 대부분의 사람들은 융이 말한 아니마와 아니무스, 즉 상대의 성性 특징을 잘 알고 있으며 활용할 줄 알았다. 이 책에 나오는 여성들은 모두 이런 능력을 지니고 있으며 여러 남성들도 이런 능력을 활용할 줄 알았다.

마가렛 미드는 연구 자료를 얻기 위해 달랑 혼자 뉴기니의 정글로 들어갔으며, 예카테리나 여제는 남편인 황제를 패배시키기 위해 군마를 준비시키고 남편과 같은 연대장 군복을 입었다. 제어라이어스가 여성들과의 시합을 거절한 것처럼 아멜리아 에어하트도 다른 여성의 동승비행을 거부했다. 두 여성 모두 남성들과 경쟁해야만 자신의 능력을 향상시킬 수 있다고 믿었다.

역설적이게도 프로이트, 테슬라, 캠벨, 마틴 루터 킹과 같은 인물들은 상당히 감정적이어서, 여성의 모성을 자극하여 여성들 사이에서 인기가 많았다. 몇 안 되는 자료를 보면 마오쩌둥도 상당히 여성적인 성향을 지녔다고 묘사되어 있다. 성의 역전 현상은 〈포춘〉의 기사에서 구체화되어 나타난다. "여성 기업가들은 여성들보다는 남성 기업가들과 더 많이 닮았다." 〈사이콜로지 투데이〉에도 이런 기사가 실렸다. "창조적이고 재능 있는 여자아이들은 또래 여자애들보다 거칠고 지배적인 성향이 강하다."

> **essential point**
> 성공은 학교나 교회에서 배운 것에 따르는 것이 아니라,
> 그것과는 정반대 방향에서 찾아온다

성공은 하늘에서 낙하산처럼 펼쳐지는 것이 아니다. 성공은 우리가 중요하게 생각하지 않던 곳, 쳐다보지도 않던 곳에서 폭발하듯 나온다. 따라서 한 번도 흔들리는 배를 탄 적이 없는 체제순응적인 사람들보다 괴팍하고 이단자 같은 사람들이 큰 돈을 벌 가능성이 훨씬 높다. 체제를 거부하는 사람들이 성공하는 또 다른 이유는 '전문가들의 견해'를 따르지 않는다는 데 있다. 두려움과 안정은 창조적 과정의 반대편에 있다. 모든 관료적 의사결정에는 변화에 대한 두려움이 깔려 있다. 두려움은 반역을 일으키는 힘이 될 수 없다. 관료들은 미래를 향한 타오르는 열정을 담보로 잡아두고 현재를 끝까지 지키는 사람들이다. 이런 부류의 사람들은 변화와 진리를 설파한다는 이유로 소크라테스와 같은 인물을 독살한다. 이들은 창조와 혁신에는 숙명적인 적이 될 수밖에 없다. 반항이야말로 혁신적인 천재들이 세상을 변화시킬 수 있는 힘이다. 변화는 그들이 믿는 신이며, 변화야말로 그들을 성공으로 이끈다.

이상한 행동이란 없다. 다만 그 행동이 적합하지 않은 때와 장소가 있을 뿐이다. 별 다섯 개짜리 최고급 레스토랑에서 벌떡 일어나 고함을 지른다면 그 자리에서 당장 쫓겨나고 만다. 그러나 그 장소가 풋볼경기장이라면 그 자리에서 새로운 친구를 사귀게 된다. 2000년 남부 캘리포니아나 플로리다에서 마크 트웨인의 흰색 양복은 눈길을 끌지 못했겠지만, 19세기 런던이나 도쿄에선 무척 이상한 차림새로 보였을 것이다. 폴 로브슨의 베트남전 반대와 같은 행동은 시대를 20년이나 앞섰다. 시대와의 불화는 위대한 인물을 파멸시켰다. 덩컨의 사생아들은 지금은 가십거리도 못 되지만, 세기의 전환기에는 충격적인 사건이었다. 비정상적인 행동은 보는 사람에 따라 다르게 받아들인다. 어느 누구도 당신이 어떤 사람인지 확인시켜주지 못한다. 단지 그들은 당신의 창조적 잠재력을 제지하려들 뿐이다.

7th Key to Greatness _ RISK-TAKING

모험

엄청난 위험을 감수하는 도전 의식

매일매일 도전하지 않고서 인생에서 얻을 수 있는 것은 아무것도 없다.
헬렌 켈러

기꺼이 하고 싶은 일을 하고 살라

위대한 사람들은 목숨을 바쳐 하고 싶은 일이 있다. 이 책에 나오는 인물들은 모두 파란만장한 삶을 살았다. 성공을 향해 기꺼이 전 재산을 바치기도 하고 인생을 거는 모험을 하기도 한다. 그들은 또한 엄청난 모험을 일상적으로 한다. 코미디언 빌 코스비는 전기작가에게, 연기로 번 돈보다 더 많은 돈을 타호 호숫가의 도박장에서 날린 적이 있다고 고백한다. 아멜리아 에어하트는 다른 사람이 세운 항공 기록을 깨기 위해 준비도 없이 비행기를 탄 적이 있었으며, 하워드 휴즈도 운명을 교묘하게 피해나갈 힘이 있음을 과시하기 위해 비행기에 올랐다. 마리 퀴리도 방사능 물질의 위험을 알고 있으면서도 연구를 계속했고, 결국 방사능에 노출되어 백혈병으로 죽었다.

루퍼트 머독은 기자들에게 "비즈니스는 끊임없이 위험을 계산해야 하는 것이다"라고 말한다. 그는 자신의 미디어 제국 사업을 모험적으로 전개하면서 이 말을 몸소 증명해 보였다. 베리 고디 주니어도

"내가 가진 모든 것을 걸고 게임을 했다"라고 자서전에서 밝혔듯이 상당히 아슬아슬한 모험가다. 그가 한 게임은 모타운 레코드의 사무실에서 한 게임당 판돈이 1만 달러에서부터, 하룻밤 판돈이 10만 달러에 이르는 라스베이거스의 블랙잭에 이르기까지 다양했다. 위대한 작가 도스토옙스키도 자신의 소설을 팔고 받은 1,000루블을 도박으로 다 날려버리고, 다음날 음식 살 돈을 빌려야만 했다. 테드 터너도 1억 달러라는 큰 돈을 애틀랜타 호크스, 애틀랜타 브레이브스, CNN 벤처사업 명목으로 TBS에 몽땅 투자했다. 그는 지금쯤 빈민구호 대상자가 되었을 수도 있었지만 그가 던진 주사위는 행운의 7이었다. 그는 명실상부한 억만장자가 되어 케이블 왕국의 왕자로 군림하고 있다.

모험가, 안정 도모형, 능력 미달 경영자

내가 만난 경영자들은 주로 세 가지 유형이다. 첫 번째 유형은 모험가Risk-taker들이다. 이들은 혁신을 일으켜 변화를 도모한다. 이 책에 나오는 인물들을 포함하여 모험가형 경영자들은 모두 자신의 믿음에 따라 전 재산을 건다. 이런 유형의 사람들은 진보를 위해 없어서는 안 될 존재다.

두 번째 유형은 안정 도모형Care-taker이다. 이들은 지시는 잘 따르나 상당히 의존적이다. 그들은 어떤 조직에서든 현상유지는 잘하지만 상상력이라고는 거의 찾아보기 힘들다. 혁신을 가로막는 대가로 현재의 자산과 전통을 수호하는 근시안적인 관리자들이다. 이들은 변화를 두려워해 진보를 가로막는다.

세 번째 유형은 능력 미달의 경영자Under-taker들이다. 이들은 그 조직이나 사업에 잘못 배치된 경영자들이다. 자산을 탕진하는 패배자에 지나지 않는 이들은 진보에 전혀 기여하지 않는다. 중독, 부적합, 불성실 등 수많은 이유로 그들은 그 자리에 적합하지 않다. 이들이 조직에 있게 되면 조직은 위험에 빠진다. '피터의 원리(사회계층의 구성원이 역부족을 느끼는 지점까지 계속 승진하는 현상을 일컫는다)'가 적용되어 이들이 미래의 기회를 없애기 전에 즉시 자기 자리에서 물러나게 해야 한다.

이들 세 유형의 경영자들은 종 모양의 분포도를 나타낸다. 아무리 거대한 조직이라 하더라도 모험가형 경영자는 8~15퍼센트 정도, 안전 도모형이 74~90퍼센트 정도, 능력 미달 경영자가 8~15퍼센트를 차지한다.

어떤 분야에서든 모험가 유형이 있다. 아인슈타인, 테슬라, 마리 퀴리는 모험심으로 가득 찬 과학자였고 나폴레옹, 마오쩌둥, 히틀러는 위험을 감수하는 정치가였으며, 마틴 루터 킹 목사와 마가렛 미드는 모험을 감행하는 휴머니스트였고, 폴 로브슨과 이사도라 덩컨은 개척자 같은 예술가였다.

아무도 피카소를 모험적인 예술가로 생각하지 않는다. 하지만 그도 팜플로냐 축제에서 황소와 함께 달리기를 할 만큼 위험한 활동에 참여했다. 그는 직업적으로나 정서적으로 모험을 감수하는 예술적 삶을 살았다. "내 인생은 예술의 탄생과 죽음, 그에 대한 반응 사이에서 생기는 갈등의 연속이었다"라고 그는 회상한다. 그의 작품 〈아비뇽의 처녀들〉과 〈게르니카〉는 최고의 예술적 질서에 대한 모험이며 도전이었다. 이 작품에서 그는 예술의 존엄성과 윤리를 부정하면서 예술적 표현의 한계까지 경험했다. 줄넘기를 메타포로 설정한 그는 이렇게 말한다. "우리가 줄넘기를 하다 보면 리듬을 잃어 넘어질 수도 있다. 그러나 목이 부러지는 위험을 감수하지 않는다면 무슨 성과를 얻을 수 있을까? 당신이 두려워한다면 아마 줄조차 넘지 못할 것이다." 그가 작품을 그리는 일은 목이 부러지는 것보다 더 위험한 일이었다. 미술 사학자 윌리엄 루빈은 예술에 대한 그의 통찰력을 일컬어 '20세기의 가장 위대한 심리학자'라고 평가했다. 그의 작품들은 그가 모험을 하지 않았더라면 결코 탄생하지 못했을 것이다.

혼다 모터스의 창립자 소이치로 혼다는 레이싱 선수들처럼 최후를 맞았다. 그는 대학 강연에서, 승리는 모험을 감수하고 좌절을 겪으면서 비롯되는 하나의 작용일 뿐이라며 "승리는 계속된 실패를 통해 얻어진 결과에 지나지 않는다. 실제로 승리는 내 노력의 1퍼센트를 보여줄 뿐이고 99퍼센트의 실패에서 나왔다"라고 말했다. 미국 심리학의 아버지 윌리엄 제임스는 승리에 대해 좀더 우아하게 말한다. "어떤 사람은 이왕 살 바에는 한 시간이라도 좀더 알차게 보내려고 위험을 감수한다. 결과가 불확실할 때도 믿음이 충만하면 원하는 결과를 얻을 수 있다." 경제학자이자 저술가인 조지 길더는 성공에 대한 제임스의 견해를 보다 확실하게 정의 내린다.

통계 수치가 자신의 선택을 확인시켜주기 전에는 절대 행동에 나서지 않는 투자자, 늦기 전에 행동을 취하지 못한 운동선수와 정치가, 시장에서 증명될 때까지 기다리는 사업가, 이들 모두는 평범할 수밖에 없다. 그럴싸하게 보이는 논리와, 어떤 것들을 믿어야 할지 모르는 그들의 눈이 바로 그 같은 모습을 자초한다.

미지의 환경에서 느끼는 평안함

모험적인 사람들은 미지의 환경에 던져지면 오히려 편안함을 느낀다. 이들은 '앞날을 알 수 없는 상황을 즐기는' 사람들이다. 이런 사람들은 창조적이고 혁신적인 환경에서는 성공할 수 있지만 모험을 싫어하는 조직에서는 아주 쉽게 좌절한다. 안정 도모형과는 달리 모험은 그들을 무력하게 만드는 것이 아니라 오히려 힘을 준다. 모험을 즐기는 유형의 사람들은 미지의 것들에서 자극받고 기꺼이 위험한 모험을 하려든다. 그들은 도전이나 위험이 없으면 지루함을 느낀다. 자기 비행기를 타고 활주(휴즈, 에어하트, 혼다, 스미스)를 한다든가, 스포츠카 경주(라이트, 혼다, 베리, 게이츠, 조던)를 하거나, 아메리칸 컵 경주(테드 터너)에 참가하고 정글을 지나는 트래킹(미드, 마오쩌둥, 헤밍웨이)과 같은 엉뚱한 행동들을 즐긴다. 다른 남자의 아내를 희롱하는 것이 얼마나 위험한지 알면서도 여기에 나오는 인물들은 모두 그런 위험을 감수할 사람들이다. 그들은 알파인 스키, 맹수 사냥, 급류타기, 스카이다이빙처럼 위험한 스포츠를 할 때면 오히려 마음이 안정된다고 한다.

뛰어난 사람들은 자신이 그 세계를 제대로 모르면 그 세계를 결코 완벽하게 정복할 수 없다는 점을 알고 있다. 위험 없는 보상이란 망상에 불과하다. 그래서 위대한 인물들은 안타 대신 홈런을 치길 원하고 담장을 넘기기 위해서라면 어떤 대가라도 치를 준비가 되어 있다. 베이브 루스는 어떤 선수보다 스트라이크 아웃을 많이 당했지만 가장 많은 홈런을 친 선수였다. 위험과 보상은 야구뿐만 아니라 인생의 모든 면에 적용되는 맞교환 법칙이다. 안타를 치는 선수들은 삼진 아웃 당할 일은 없지만 연봉 조정 시기가 되면 제 목소리를 낼 수가 없다. '사이 영 상'은 매년 최고의 투수에게 주는 상이다. 미국 야구 역사상 가장 많은 경기를 이긴 사이 영 선수의 이름을 본따 제정되었다. 그는 자신이 따라잡을 수 있는 도전자 워렌 스팬보다 무려 백여 경기를 더 많이 이겼다. 이런 사실은 야구팬들에게는 익히 알려진 통계 숫자다. 그런데 영이 경기에서 가장 많이 진 선수라는 점은 별로 알려진 바가 없다. 바닥으로 떨어질 위험을 무릅쓰지 않으면 최고의 자리에 오르지 못한다.

위험과 보상의 상관곡선

〈표-6〉은 위험과 보상 개념을 그래프로 나타낸 것이다. 보상과 위험은 상관관계에 있다. 고위험에서 저위험으로 내려갈수록 보상은 위험을 감수하려는 정도에 비례하여 나타난다. 인격적이거나 직업적인 면에서 이 법칙은 절대적이다. 아이를 방에 두고 문을 잠그면 아이가 다칠 위험(코피가 난다거나, 무릎이 까지는 등의 상처)은 줄어들지만, 인생에서 값진 교훈을 배우거나 경쟁적이고 힘든 세상살이에 대처할 기회를 놓치게 된다. 인생에서 가장 위대한 교육은 이기는 것을 가르치는 게 아니라, 실패를 통해 배우게 하는 데 있다. 그래야만 승리를 위해 기꺼이 모험을 감행할 수 있다. 위험이 크면 클수록 보다 큰 승리를 얻을 수 있다.

교육의 문제는 바로 우리의 한계에 대해 너무 많은 조언을 들어야 한다는 데 있다. 회계사들은 모든 비즈니스에서 위험 요소를 줄이는 방법을 가르쳐준다. 아쉽게도 이 점은 잘못되었다. 위험 요소의 제거는 해답이 아니다. 위험 요소를 제거시키면 자동적으로 성공의 기회도 없어진다. 현재 비즈니스 업계에서 가장 각광받는 직종은 회계사와 변호사

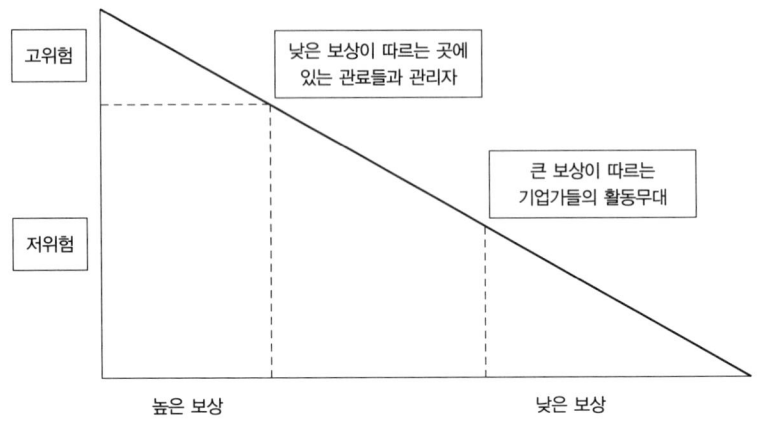

〈표-6〉 위험과 보상의 상관곡선

절대불변의 법칙: 위험 없이 커다란 보상은 없다

- 위험과 보상은 제로섬 게임이다. 위험은 직업적으로나 인간적으로 위험을 택하는 정도에 비례하여 감소한다.
- 벤처사업에서 위험 요소를 제거하면 잠재적 기회를 제거하는 결과를 가져온다.
- 심리적·재정적·물리적인 위험 모두 이 법칙이 적용된다.
- 큰 모험을 하지 않고서는 커다란 보상을 기대할 수 없다.
- 보통사람들은 나이와 재산이 많을수록 위험을 감수하려는 정도가 줄어든다. 기업가나 관료들에게 이 점을 모두 적용시킬 수는 없다. 기업가는 나이와 재산에 관계없이 모험을 계속하려 들지만, 관료들은 절대로 위험을 감수하지 않는다.
- 위대한 성공—신체적·재정적·정신적인 면에서—은 고도의 위험 기회들을 명확히 파악하고 이들을 잘 관리해야 한다.

다. 이 직업의 종사자들은 고객의 위험 요소를 감소시키도록 교육받았다. 〈표-6〉에서 보듯이, 위험 요소가 줄어들수록 잠재적으로 승산이 큰 기회를 제거하는 것이 되고 만다. 라스베이거스 도박꾼들의 말로는 1센트짜리 슬롯 머신이 1달러짜리 슬롯 머신보다 안전하다고 한다. 하지만 위험이 적을수록 승산 역시 낮은 법이다.

신체적 · 재정적 · 정신적 위험

세상에는 세 종류의 성공과 실패가 있다. 신체적 · 재정적 · 정신적 성공과 실패가 바로 그것이다. 우리는 보통 재정적 · 신체적 위험도만을 연상하고 정신적인 성공과 실패는 자주 망각한다. 정신적 성공과 실패도 똑같은 상관곡선을 보여준다. 스키를 탈 때 초급자용 슬로프만을 고집한다면 부상당할 위험은 줄겠지만 위험에 도전하면서 맛볼 수 있는 즐거움이나 정상을 내려오면서 볼 수 있는 멋진 광경들은 놓치게 된다.

왜 사람들은 등산이나 스카이다이빙, 번지점프를 하는 것일까? 사람들은 자신을 증명해 보이고 싶은 욕구 때문에 어려움을 극복하려고 노력하는 것이다. 내재적 위험이 없다면 어느 누가 커다란 상해를 당할 수도 있는 그런 어리석은 여가활동을 하려 들겠는가. 스노보드나 급류타기처럼 위험한 스포츠를 시도하지 않을 수도 있고, 몽골이나 러시아 여행을 감행하지 않을 수도 있지만 인생의 역동적인 면을 느낄 기회를 스스로 박탈하는 것은 어리석은 짓이다. 자신감에 도전하지 않고서는 위험을 감수함으로써 얻어지는 심리적인 보상이나 자기 실현에서 점점 더 멀어진다. 모든 위험을 제거하고 산다는 것은 행복을 누리는 것을 거부하는 것과 같다.

기업가 정신, 모험을 감행하려는 정신

위험 감수의 적절한 사례는 바로 기업가들에게 있다. '기업가 정신'이란 용어는 모험을 감행하려는 정신과 같은 뜻으로 사용된다. 세계적으로 위대한 기업가 앤드류 카네기, 헨리 포드를 비롯해 여성 기업인 메리 케이 애쉬, 에스테 로더와 같은 인물들은 기업가 정신의 의미를 모험을 감행하는 모습으로 보여준다. 발자크, 에디슨, 트웨인, 테슬라, 디즈니, 휴즈, 루빈스타인, 에어하트, 베리, 터너, 스미스, 빌 게이츠, 마이클 조던은 다소 엉뚱한 기업가 정신으로 무장하고 아직 검증되지 않은 생각들에 자신의 모든 것을 건 사람들이다.

이들 기업가들은 위험 보상 곡선의 최고 위치에서 모험을 감행하는데, 이 점은 정치가나 운동선수들도 마찬가지다. 그런데 위험을 감수해야 할 이유가 전혀 없는데도 계속해서 모험을 하는 그들은 사회적 규범을 뒤흔들기에 충분하다. 흔히 잃을 게 조금밖에 없을 때는 누구든 가진 것을 모두 걸 수 있지만, 일단 최고의 자리에 오르고 나면 모험적이기보다는 좀더 보수적으로 변할 것이라 생각한다. 그런데 전혀 그렇지가 않다!

그런 모험을 할 필요가 없는데도 그들은 가진 것을 모두 걸고 모험을 강행한다. 이젠 모험이 삶의 일부가 되었기 때문이다. 그들은 엄청난 불확실성을 극복할 수 있음을 보여주기 위해 모험과 스릴을 즐기기도 하지만 종종 그 대가를 치른다. 그들이 일에서만 위험을 감수하는 게 아니라 인간적인 면에서도 자기가 가진 것을 모두 건다는 사실은 놀랍다. 터너와 머독은 50대와 60대에 자신이 이룬 제국을 걸고 새로운 도전을 했다. 이미 그들은 억만장자였고, 새로운 도전 때문에 가진 것의 모두를 잃을 수 있었다. 그들에게는 위태로운 모험을 하려는 내적인 욕구가 몹시 강해서 한 방의 홈런과 같은 큰 판을 준비했던 것이다. 이런 모험으로 그들은 마침내 엄청난 부자가 되었다.

그들은 채권에 투자하고 안전한 피난처를 찾는 일 따위는 구상하지 않는다. 이런 일들은 그들을 자극하고 충동질할 만한 욕구로 적합하지 않다. 그들은 도박의 스릴을 즐긴다. 위험이 뒤따르는 모험은 그들을 자극하고 동기를 부여한다.

낙관주의와 비관주의

낙관주의자들은 무모함으로 승부하고 비관주의자들은 두려움 때문에 가진 것을 잃는다. 비관적인 사람들은 부정적인 상황에서만 위험을 감수하기 때문에 긍정적인 기회를 잡지 못한다. 그래서 그들은 어떤 상황에서도 잃게 되어 있다. 낙관주의자들은 성공과 실패를 내면화하여 어떤 결과가 되든 거기에 따르는 책임을 진다. 낙관적인 도박사들과 선수들은 실패에 대한 책임을 스스로에게 돌리고 패배 이후에는 비관적인 사람들보다 훨씬 나은 게임과 경기를 한다. 한 번이라도 진 경험이 있는 올림픽 출전 선수들은 다음 경기에서 훨씬 좋은 기록을 낸다는 연구 결과가 있다.

나는 뛰어난 인물들에 대한 지속적인 연구를 통해 그들이 다른 사람들보다 천성적으로 모험 지향적이고 낙관적이며 개방적인 성향이 있다는 점들을 발견했다. 위험을 감수하려는 개인과 조직은 높은 수준의 개방성을 갖고 있다. 위험을 감수하려는 정도가 낮을수록 개방성도 떨어진다. 위험 요소가 많은 환경에 노출될수록 더 많은 개방성이 요구되는 반면, 위험 요소가 적은 환경에서는 개방성이 미약하다. 이는 자신의 행적을 감추려고 초조해하는 사람들에 대한 진심 어린 경고다.

대부분의 위대한 인물들은 낙관적이고 개방적이다. 에디슨은 기자들에게 "여기서 개인적인 것은 아무것도 없다. 모든 사람들은 그들이 원하는 대로 마음껏 볼 수 있다는 것을 말해주고 싶다"고 했다. 위대한 사람들은 자신이 창조한 것에 피해망상을 가지지 않는다. 자신의 운명을 조절할 내적 지식이 있기 때문이다.

두려움이 지배하면 개혁은 중단된다

과잉보호를 일삼는 어머니와 조직의 상사는 자식과 부하직원이 모험을 하도록 내버려두지 않는다. 조직의 상사나 어머니가 잘못에 대해 추궁하지 않을 때에야 비로소 그들은 모험을 하거나 성공을 추구하려고 한다. 지나치게 안정을 추구하려는 사람들의 의사결정에는 두려움이 깔려 있다. 두려움이 그들의 삶을 지배하고 있고, 무조건 안정되게 살려는 욕구가 강해 무기력한 삶이 되고 만다. 위험과 그에 따른 역경은 모든 혁신과 진보의 반작용이다. 두려움이 지배하면 개혁은 중단된다. 모든 결정이 최소 이익으로 대체되기 때문이다. 결국 안정된 길이란 정신적·재정적·신체적 성공에 손해를 입히는 것을 선택하는 최악의 길이다.

위험 감수에 대한 심리학적인 연구는 곧 두려움이 합리적 의사결정에 미치는 영향에 대한 사례 연구다. 이 연구에서는 사람들에게 도박에 대해 세 가지 선택을 하게 하는데 대부분의 사람들이 두려움 때문에 가장 매력이 작은 선택을 한다는 사실은 아이러니하다. 이 연구로부터 안정을 지배적으로 선택할 때 생길 수 있는 몇 가지 가능성들을 생각해보자. "이익이 발생할 때는 사람들이 위험을 감수하기를 싫어하는 반면, 손실이 발생할 때는 위험을 감수하려고 하는데 두 가지 결정 모두 한심한 것이다."

첫 번째 경우는 이기면 80달러를 받는데 그 확률이 100퍼센트인 게임이 있고, 두 번째는 성공하면 100달러, 실패하면 아무것도 받지 못하지만 성공할 확률이 85퍼센트, 실패할 확률은 15퍼센트인 게임을 제안받았다고 하자(통계적으로 이 선택의 기대수익률은 85달러다). 통계 수치상 100달러가 나올 확률이 상당히 높다 하더라도 대부분의 사람들은 80달러를 선택한다. 왜 그럴까? 사람들은 최소의 위험을 선택해 자신의 보수적인 결정에 대한 대가를 받겠다고 생각한다.

반대의 경우도 실험을 해보았다. 이번에는 무조건 80달러를 잃거나, 85퍼센트 승률로 100달러를 잃는 경우와 15퍼센트 승률로 아무것도 잃지 않는 경우를 설정해보았다. 대다수가 기꺼이 도박(100달러를 잃은 것)을 선택했다. 그들은 이번 도박은 위험이 적다고 판단했기 때문이다. 이번 경우야말로 보수적인 판단을 해야 했지만 사람들은 그러지 않았다. 또다시 잘못된 선택을 한 것이다. 안정에 대한 열망과 두려움으로 그러한 결정을 하게 된 것이다.

이 이야기의 교훈은 무엇일까? 대부분의 사람들은 위험을 감수하지 말아야 할 상황에 모험을 하고, 위험을 감수해야 할 상황에 모험을 회피한다. 내 연구의 대상이 된 위대한 거장들은 보통사람들과는 다른 판단을 하는 낙관주의자들이었다. 이들은 자신의 행동에 책임을 지지만, 안정만을 추구하던 비관주의자들은 자신의 부적절한 판단에 대한 책임을 외부로 돌린다. 위험을 감수하는 사람들은 자신의 승리를 확신하지만, 위험을 싫어하는 사람들은 늘 내기에서 양다리를 걸치려 한다.

오로지 두려움이 적일 뿐 위험은 결코 적이 아니다

 최근의 연구에 따르면, 테스토스테론의 수치가 높은 사람들이 낮은 사람들에 비해 위험을 감수하려는 성향이 높은 것으로 나타났다. 이 점에 대해서는 간단히 설명하기로 한다. 그들은 거의 언제나 새로운 모험에 대해 위험하지 않다고 느끼고 있다는 것이다. 여기에 딱 적합한 유명한 말이 있다. CNN에서 테드 터너는 "내게 가장 대단한 모험은 전혀 위험을 느끼지 않고 하는 모험이다"라고 말했다.
 과연 보통사람들도 위험에 대한 태도를 변화시킬 수 있을까? 위험을 향해 나아갈 때 위험을 직시하라. 자신의 인생에 닥칠 끔찍한 위험을 밝혀내고 이를 정복하라. 그 모험이 위험하다고 경고하는 내면의 두려움을 제거하라. 부정적인 모험을 긍정적으로 전환시키고, 어떤 행동이나 결정을 할 때 분별없이 경솔하게 하지 말고 재미있고 유쾌하게 하라. 비행flying에 공포가 있다면 두려움을 없애는 유일한 방법은 비행교습을 받는 것이다. 두려움이 즐거움으로 바뀔 때까지는 두려움이 의사결정 과정을 지배하기 때문에 위험을 감수하기가 힘들다. 위험을 감수하기에는 두려움이 너무 크다. 위험 요소들이 위협적으로 느껴지지 않을 때까지 위험을 받아들이려 하지 않는다. 그렇다! 오로지 두려움이 적일 뿐 위험은 결코 적이 아니다.

아멜리아 에어하트는 6세에 위험이란 자각의 문제일 뿐이고, 모든 위험 요소들을 이겨내려면 용기로 다져져야 한다는 점을 배웠다. 가족이 운영하는 캔자스의 농장에서 에어하트는 사내아이들처럼 엎드려 썰매타기를 하면서 목이 부러질 정도의 엄청난 속도로 언덕을 내려갔다. 또래 여자애들은 얌전한 차림새로 앉아 있었다. 언덕을 거의 다 내려왔을 때 자신이 통과해야 할 바로 그 자리에 마차를 끌고 가는 말 한 마리가 보였다. 이 겁 없는 소녀는 기민한 동작으로 마차 밑으로 썰매를 타고 내려갔다. 가까스로 큰 사고를 모면했다고 생각한 소녀는 생긋 웃으며 썰매에서 내렸다. 하늘을 나는 비행을 자동차 운전보다 먼저 배운 이 겁 없는 소녀는 위험을 감수하는 것을 삶의 강한 원동력으로 삼게 되었다. 엄청난 사고를 불러올 수도 있었던 어린 시절의 장난들이 그녀에게 말할 수 없이 행복한 모험의 세계를 선사해주었던 것이다. 마차를 피하지 못하고 다른 여자애들처럼 뻣뻣하게 앉아 있다가는 목이 부러질 것이라는 사실을 그녀는 본능적으로 알아차렸다. 자서전에서 그녀는 이 사건이 자신의 인생을 바꾼 일대 사건이었다고 고백했다.

테드 터너 역시 위험을 감수하면서 많은 것을 배운 사람이다. 테드가 아버지와 사업에 대해 몹시 싸우고 난 바로 그날 밤, 그의 아버지는 자살했다. 테드의 아버지는 아들에게 회사를 물려주려고 했으나 회사를 합병하기로 계약했다는 끔찍한 메모를 남겼다. 테드는 이번 합병 건이 부친의 알코올중독과 정서적 장애로 인한 과실이었다는 점을 증명하려고 수개월 동안 동분서주했다. 그러나 뜻대로 되지 않았다. 그러자 그는 대기업을 상대로 승부수를 띄운다. 터너는 수화기를 집어 들고 그 대기업 경영자에게 자신의 제의를 받아들이지 않으면 합병계약서를 불태워 없애 그 계약을 무효화시키겠다고 소리쳤다.

합병을 지휘한 대표와 변호사들은 이 무모한 젊은이의 행동에 경악을 금치 못했다. 그에게 합의금으로 20만 달러를 줄 테니 그 돈을 받고 떠나라고 제안했다. 그들은 그에게 30초 안에 결정하라고 말했다. 터너는 변호사들에게 대답했다. "30초도 필요 없소. 내가 20만 달러를 줄 테니 계약을 무효로 하고, 지금 당장 내 사무실을 나가시오." 그 말에 충격을 받은 그 회사의 대표가 터너의 사무실을 나가자 터너의 회계사가 그를 보고 말했다. "터너, 자네 제정신이 아니군. 어디서 20만 달러를 구한단 말인가?" 터너는 개의치 않았다. 그는 전혀 승산이 없었던 일에서 승리했다. 승리의 통쾌함을 느낀 터너는 위험을 감수하면 엄청나게 힘든 상대도 이길 수 있다는 확신을 가지게 되었다.

남성 호르몬 테스토스테론

테스토스테론의 지나친 분비가 위험과 보상의 상관곡선에서 고지점을 차지하는 핵심 요인이라는 연구 결과가 있다. 미국 심리학회의 전 회장 프랭크 팔리는 '정신적·육체적 자극을 환기시키는 가치'에 대한 연구에 평생을 바쳤다. 팔리는 테스토스테론이 너무 지나치게 분비되어 스릴을 찾아다니는 사람을 '빅Big T'로 이름 지었다. 이런 사람들은 "창조적이고 외향적이어서 모험을 즐기고, 예술에서도 실험적인 행위를 매우 선호하며, 다양한 성적 기호를 가졌다"라고 한다. 불확실하면서 색다른 미지의 것들을 모색하는 성향과 더불어 위험을 기꺼이 감수하는 성향은 창조적인 존재로서의 가능성을 높여준다. 팔리는 유전적 요인과 영양 상태가 테스토스테론 분비를 결정하는 주요 요인이라고 확신했다. 테스토스테론의 분비량은 개인차가 있지만, 개인에게도 다양한 분포를 나타낸다는 것은 이미 잘 알려진 사실이다. 하키 선수들은 큰 경기를 치르기 전보다 경기 후에 더 많은 테스토스테론이 분비되며, 보통 남성들은 오후보다는 오전에 테스토스테론 분비가 두 배 높아진다.

'빅 T' — 모험을 즐기는 사람들

팔리의 연구에 따르면, 빅 T 유형의 사람들은 예측 가능하거나 위험이 적은 일들을 아주 싫어한다. 이들은 또한 보통사람들보다 교통사고의 위험이 두 배나 높고 싸움의 가능성이 여덟 배나 많으며, 수없이 많은 섹스 파트너와 즐기고 있다. 팔리는 빅 T 유형을 복합적이고 변덕스럽지만, 유연하게 위험을 감수하려는 사람들로 정의한다. 이와는 반대로 확실하고 예측 가능한 일들을 좋아하며 위험이 적은 일들을 선호하는 사람들을 '리틀little T'라고 부른다.

미국은 빅 T들이 세운 나라다. 유럽을 떠나 플리머스에 정착한 용감한 선조들은 모두 빅 T였으며 이들이 미국의 건국을 이루었다. 위험이 적은 쪽을 선택한 사람들은 유럽에 남았고 빅 T들만이 미국으로 건너왔다. 나중 리틀 T들이 모여들어 그들의 공동체를 이루자 빅 T들은 또다시 오하이오, 켄터키, 일리노이와 같은 서쪽으로 이동했다. 자극이 낮은 상태를 선호하는 사람들로 새로운 공동체의 근간이 채워지자 새로운 자극을 찾는 사람들은 서쪽으로 계속 이동할 수밖에 없었다. 수 세대에 걸쳐 이동을 계속하자 더 이상 갈 곳이 없어졌다. 그들은 결국 과실과 열매로 가득 찬 땅(괴짜들의 땅)에 정착했다. 캘리포니아는 새로운 자극을 찾아 스릴을 즐기러 온 일탈자들로 가득 찬 사회다. 기성체제를 부정하고 인습을 타파하려는 사람들의 새로운 정착지가 캘리포니아라는 사실이 새삼스럽지 않다. 이제 캘리포니아는 예술, 신기술, 비즈니스의 유행을 창조하면서 자신의 존재를 다시 증명해 보인다. 실리콘 밸리는 신기술의 진원지로 널리 알려졌다. 미국 노벨상 수상자의 50퍼센트 이상이 이곳 출신이란 점에서 캘리포니아는 다시 한 번 그 진가를 발휘하고 있다.

가진 것을 모두 다 걸고 승부수를 띄우는 인물들

겁이 없는 사람들은 두려움을 느끼기 전에 먼저 행동한다. 마리 퀴리는 역청 우라늄광에서 나오는 방사능을 전혀 두려워하지 않고 라듐 연구에 박차를 가했다. 라듐은 피부화상을 일으키는 등 심각할 정도로 건강에 유해한 문제를 지니고 있었지만 만족스러운 연구 성과가 나올 때까지 그녀는 자신의 안전을 일찌감치 접어두었다. 루퍼트 머독은 자신의 우선순위 목록에서 수익성을 올릴 수 있다는 판단으로 미국 내셔널 풋볼 리그(NFL) 경기의 중계권을 따내는 계약서에 군말 없이 서명했다. 1994년 당시 1억 5,000만 달러의 손실을 가져올 것이 분명한 이 위험한 계약은 누가 봐도 미친 짓이었다. 그의 명예를 깎아내리며 험담을 일삼던 사람들에게 그는 "NFL 중계권 없이는 네트워크라 할 수 없다"고 받아쳤다. 어떤 법인의 대표도 그처럼 무모한 계약을 받아들일 수 없었다. 따라서 그와 겨룬다는 것은 처음부터 불가능했다.

하워드 휴즈는 돌다리를 두드려본 적이 단 한 번도 없었다. 그는 비행하는 법도 모르면서 항공 산업에 뛰어들었다. 이런 충동적인 모습은 무모하기 짝이 없는 기업가들에게서 나타난다. 테드 터너는 기자들에게 이렇게 고백했다. "CNN에 대한 제대로 된 사업계획서 한 장 없이 내가 소유한 모든 회사를 걸고 CNN을 시작했다."

휴즈, 머독, 터너는 사업과 행복의 차원에서 위험과 보상의 상관곡선의 최고 상층부를 장악하고 있는 인물들이다. 이들은 모두 비즈니스를 할 때마다 자기가 가진 모든 것을 기꺼이 내걸었다. 이 점에서 그들은 여느 기업가들과 다르다. 아무런 두려움 없이 가진 것을 모두 다 거는 상대와 대결하는 것은 결코 쉽지 않다.

마리 퀴리

마리 퀴리는 폴란드에서 태어나 프랑스로 건너온 물리학자로 두 차례의 노벨상—물리학상과 화학상—을 수상했다. 소르본 대학에서 박사학위를 준비하던 중 두 개의 새로운 원소—라듐과 폴로늄—를 발견했다. 1903년 첫 노벨상을 수상했지만 임신을 한 그녀는 그 기간 중에도 방사선의 독성에 그대로 노출되면서 연구를 계속했다. 임신 8개월에 자전거를 타고 가다가 미숙아—여자아이—를 출산하지만 아이는 죽고 만다. 가장 위대한 여성 과학자가 인생을 살아가는 방식은 이런 식이었다.

9세에 언니가 죽고 그 다음 해에 어머니의 죽음으로 엄청난 상처를 받았던 퀴리는 15세에 신경쇠약증에 걸렸다. 아버지는 사업에 손댔다가 전 재산을 탕진했다. 퀴리로서는 감당하기 힘든 시련의 시간들이 계속 이어졌다. 그녀는 1906년 달아나던 말에 남편이 치여 죽는 사고까지 겪었다. 10년 동안 공동연구를 하던 남편이었다. 남편의 죽음 이후 소르본 대학교의 첫 번째 여성 교수로 임명된 퀴리는 전기작가의 말을 빌리자면 '사내처럼' 일에 매달렸다. 퀴리는 겁 없이 일하는 여성이었다. 그래서 그녀는 지금도 가장 위대한 여성 과학자로 추앙받는다.

그녀는 시시한 사람이었으면 죽고도 남을 지긋지긋한 조건에서 일했다. 그녀의 친구 조르주 새그냐은 이렇게 말한다. "내게 그런 식으로 내 몸을 혹사하라고 했으면 난 일찌감치 도망가고 없었을 거다." 퀴리 역시 자서전에서 "하루 일과가 끝나면 끝없는 피로가 나를 무너뜨릴 것만 같았다"라고 적고 있다. 그런 탈진 상태에서도 퀴리는 자신을 둘러싸고 있는 세계를 알고 싶다는 욕구 하나로 작업을 계속했다.

아멜리아 에어하트

아멜리아 에어하트는 운전을 배우기도 전에 비행기 조종을 배웠다. 비행 강사였던 메타 키너는 그녀의 무모함에 놀라며 이런 말을 했다. "저러다 죽는 건 아닌가 하는 두려움에 떤 적이 한두 번이 아니에요. 그애는 팽팽하게 잡아당긴 전선들 사이를 날아다니면서 그 묘기를 보여주고 싶어 했지요." 비행기 조종석에 앉아 모험을 즐기던 그녀는 순식간에 조종사들 사이에서도 '약간 미친 여자애'란 소리를 듣는다. 에어하트는 자신의 행동에 대해 이렇게 말했다. "나는 다른 사람이 가본 적이 없는 곳으로 가고 싶었을 뿐이에요."

에어하트는 빠른 차와 비행기를 무척 좋아했다. 그녀는 1928년 최초로 대서양을 건너는 여성이 되었고, 1933년에는 두 번이나 대서양 횡단에 성공한 여성 조종사가 되었다. 호놀룰루에서 캘리포니아까지의 단독 비행(1935)에 성공한 최초의 여성인 동시에, 오토자이로(헬리콥터의 전신)를 탄 최초의 여성이기도 했다. 하늘의 퍼스트레이디이기도 했던 아멜리아는 겁 없는 행동을 서슴지 않은 덕분에 일곱 번이나 항공 사고를 겪었다.

에어하트는 고등학교를 세 군데나 옮겨 다닐 정도로 자유분방한 기질이었다. 그녀가 30대 중반에 들어섰을 때, 이제 가정주부로 가정에 정착하는 것이 어떠냐는 질문을 받은 적이 있다. 그녀는 "여태껏 살면서 스물여덟 가지의 직업을 경험했고 앞으로도 228가지 정도의 다양한 직업을 경험하고 싶습니다"라고 대답했다. 어떤 위험이든 마다하지 않고 도전하는 모습이 바로 진정한 그녀의 모습이었다. 멕시코시티에서 뉴올리언스까지 멕시코 만을 가로지르는 비행을 계획하고 있을 때, 동료 비행사인 윌리 포스트가 그녀에게 "너무 위험한 비행이니까 절대 나서지 마라"고 말렸다. 그러나 그녀는 472갤런의 하이 옥탄 오일을 연료통에 가득 채우고 울퉁불퉁한 활주로를 이륙하여 비행기록을 갱신했다. 그녀에게 필요한 것은 바로 이런 일들이었다.

에어하트는 1920년대 후반과 30년대 미국 남성들의 연인이었다. 남들이 할 수 없는 일들을 해내며 세계를 돌아다니는 그녀의 모습은 그 시대의 아이콘이었다. 그녀는 대서양을 횡단하는 첫 비행에 앞서 「용기」라는 제목의 시를 썼는데 첫 소절은 이렇게 시작한다.

주어진 것에만 만족하라고 강요하는 인생에서 용기는 값지다.
영혼은 알고 있다. 그게 평화도 아니고 해방도 아니란 것을.

에어하트는 1922년 10월 22일 캘리포니아의 로저스 필드 비행대회에서 처음으로 기록을 세운다. 덮개 없는 조종석에 올라앉아 무산소 비행으로 안개와 진눈깨비를 뚫고 4킬로미터까지 올라갔다. 그러더니 겁이라고는 없는 애송이 비행사가 기체를 나선형으로 급강하시키면서 땅을 향해 곧장 치달았다. 그녀가 착륙하자 경험이 많은 비행사들은 안개가 지표면까지 깔려 있었더라면 어쩔 뻔했느냐고 아우성을 쳤다.

에어하트의 마지막 비행은 가장 무모한 모험이었다. 기체의 무게를 줄이기 위해 기본적인 통신장비조차 갖추지 않았고 알코올중독자로 알려진 사람을 항법사로 채용했던 것이다. 그 일로 결국 엄청난 대가를 치르고야 말았다. 그녀는 적도 근방에서 실종되고 만다. 무명에 대항하여 만용으로 이름을 떨친 에어하트! 에어하트는 이렇게 선언했다. "관습대로 살지 않겠다. 남자들만 할 수 있다는 일에 도전하면서 살고 싶다." 그녀는 자신의 말대로 살았고 그리고 그 시대의 여성 가운데 가장 유명한 존재로 기억되었다.

하워드 휴즈

하워드 휴즈는 에어하트보다 더 대담했다. 그는 하찮은 벌레조차 무서워하는 사람이었지만, 자신의 건강에 대해 지나치게 염려하는 심기증hypochondria 환자였다. 그러나 신형 비행기 사업에 뛰어드는 것을 두려워하지 않았으며, 벤처사업에 수백만 달러를 서슴지 않고 투자했다. 그는 항공기구에 관해서나 항공역학에 대해서는 전혀 알지 못하면서 겁 없이 비행기를 탔다. 그는 한 달에 한 번꼴로 자신의 목숨과 재산을 담보로 모험을 했으며 비행기 추락 사고로 수 차례 목숨을 잃을 뻔했다. 그는 일곱 번의 대형 추락 사고에서 살아남았지만 마지막 사고에서 정신적·육체적·정서적인 파괴를 겪게 되었다. 사고 전에는 단순히 괴팍한 괴짜였지만 사고 후에는 진통제에 의존하다가 결국 약물의 노예가 되었다.

1928년 휴즈는 영화제작 사업에 뛰어들어 유명해졌다. 영화에 대한 경험이 전혀 없었던 그였지만 자신의 꿈을 실현하는 일에는 물불 가리지 않고 덤벼들었다. 휴즈는 항공 비행에 관한 가장 위대한 영화 〈지옥의 천사들〉을 제작하기로 한다. 충동적인 휴즈가 세 번째로 큰 항공사를 인수할 당시에 제작한 이 영화는, 영화사상 가장 많은 제작비를 들인 작품이었다. 제1차 세계대전에 참전한 전투조종사들의 진정한 모습을 담아내려고 87대의 구형 전투기 구입에 50만 달러를 쏟아붓는 모험을 감행했고, 영화의 공중 전투 장면을 찍던 두 명의 조종사 가운데 한 명이 죽자 제작 기간은 1년이 더 걸렸다. 그 사이에 200만 달러의 추가 제작비가 들어갔다. 이 영화를 제작하면서 휴즈는 영화감독을 중간에 해고해버리고, 아무런 경험도 없는 자신이 그 자리에 앉아 영화를 만들었다.

〈지옥의 천사들〉을 제작하는 도중에 앨 존슨 주연의 〈재즈 싱어〉가 첫 유성영화로 출시되었다. 〈지옥의 천사들〉도 뛰어난 작품이었지만 무성영화였으므로 완벽주의자인 휴즈의 기준을 만족시키지 못했다. 이미 제작한 필름을 전부 다 폐기시킨 그는 10대의 매혹적인 신인 여배우, 진 할로를 기용해 다시 제작에 들어갔다. 새롭게 음성이 들어간 〈지옥의 천사들〉을 촬영하는 데 다시 280만 달러의 자금이 투입되었다. 이 영화는 출시되자마자 박스 오피스를 강타했으나 휴즈는 150만 달러의 손해를 보았다. 휴즈는 손해를 봐도 그만한 가치가 있다고 여겼으며 그 손실을 수업료로 생각했다.

60대로 접어든 휴즈의 인생에서 1960년대처럼 극단적인 시기도 없었다. 그의 전기작가 바렛 스틸에 따르면, 이때 그는 하루에 36만 7,579달러를 썼다고 한다. 그는 라스베이거스의 데저트 인 호텔과 골프클럽을 1,320만 달러에 인수하고 1,460만 달러에 샌즈 호텔을 인수하는 등 부동산과 호텔사업에 미친 듯이 투자했다. 언론사들의 추측에 따르면, 네바다 주의 부동산을 그의 사유지로 몽땅 사들일 계획으로 물처럼 돈을 썼다고 한다. 그의 진탕한 소비 활동은 비즈니스 연감에서도 찾아볼 수 없을 정도다. 그는 수없이 많은 텔레비전과 라디오 방송국을 사들이고, 1962년에는 피그 만 침공을 재정적으로 지원하는 한편 라스베이거스의 카지노와 호텔사업을 독점하려는 계획을 밀고 나갔다. 전혀 술과 도박을 하지 않는 사람이 그런 일을 계획했다니 기이하기 짝이 없다. 그는 결국 호텔 하라의 인수에는 실패했지만 라스베이거스의 캐스터웨이, 프런티어, 스타더스트, 실버 너겟, 보난자, 실버 슬리퍼를 몇 년 만에 다 사들인다.

이런 흥청대는 투자를 무슨 돈으로 감당했을까? TWA의 주식을 매각하여 KLAS-TV, 크룹 랜치, 리들 부동산회사, 콤스탁 광산 등 수많은 광산들과 항공사를 사들인 휴즈. 그는 또 ABC 방송, 파라다이스 리조트 아일랜드, 내셔널 에어라인, 웨스턴 에어라인, 라스베이거스의 랜드마크 호텔을 인수하려 했으나 성공하지 못했다. 상당히 멍청한 인수—날조된 금은 광산 사업들—도 했고, 우량기업—TWA 항공—을 팔아치우기도 한 그는 은광사업과 라디오와 텔레비전 방송 사업에서 엄청난 손해를 보게 되었다. 그러나 스프루스 구스 비행기 제작처럼 그를 무너뜨릴 것만 같은 일들이 성공을 거두기도 했다. 결론적으로, 들어간 비용은 엄청났지만 서류상의 이익은 거의 없었다. 휴즈 항공사는 정부의 우주항공 사업에 가장 막강한 파트너가 될 수 있었지만, 내부 경영진들과 언론의 눈에는 실패로밖에 보이지 않았다. 그러나 그것이 휴즈가 궁극적으로 바라던 목표였다.

베리 고디 주니어

모타운 레코드의 창립자인 베리 고디 주니어는 최고 수준의 위험을 즐겼던 슈퍼 히어로다. 지독한 도박광이었던 그는 빗방울이 유리창에 얼마나 빨리 떨어지는가를 놓고 1,000달러를 내기에 걸 정도였다. 아마도 그가 한 가장 큰 도박은 1971년에 제작한 영화 〈레이디, 블루스를 부르다〉일 것이다. 이 영화는 어릴 적 그의 우상이었던 빌리 홀리데이의 일생을 그렸다. 그는 모타운 레코드가 발굴한 스타이자 그의 연인이기도 했던 다이애나 로스에게 주연을 맡기려는 계획을 세웠다. 로스는 연기 수업을 받은 적이 없었지만 고디는 그녀에게 영화의 주연을 맡기려고 했다. 파라마운트 영화사의 제작진들은 고디를 '천사'—영화의 주요 투자자—로만 여길 뿐, 로스에게 주연을 맡기는 계획에는 반대였다. 그들은 연기 경험이 전혀 없는 무명의 여가수에게 모험을 하고 싶지 않았다. 그때까지 로스는 나이트 클럽 가수로 성공을 거둔 정도였고 그녀의 앨범들이 이제 막 녹음되던 시기였다.

위험을 즐기는 베리는 투자에 박차를 가했고 결국 제작사 간부들은 조건부로 그에게 항복했다. 제작이 중반 가량 진행되었을 때 투자금이 바닥났다. 여러 차례 협의 끝에 파라마운트는 필름을 폐기하기로 결정했다. 그 당시만 해도 〈포기와 베스〉 같은 영화에서도 흑인이 단독으로 주연을 맡거나 중요한 역을 맡는 일이 드물었고, 또 제작비가 50만 달러를 넘는 영화는 없었기 때문에 그들은 제작을 포기했던 것이다. 이미 이 영화의 제작비는 200만 달러에 육박하고 있었다. 제작을 취소한다는 말에 몹시 화가 난 베리는 "미친 짓이다. 우리는 지금 절반 이상이나 영화를 만들었다"라고 반발했다. 제작진은 베리에게 영화를 계속 찍고 싶다면 200만 달러를 초과하는 돈을 모두 대라고 제안했다. 베리가 다른 대안은 없냐고 묻자 파라마운트의 간부들은 "200만 달러를 가지고 오기만 하면 필름을 마음대로 가져가도 좋다"고 대안을 제시했다. 다음날 그는 모타운 레코드가 붕괴될 수도 있는 그야말로 일생을 건 최대의 도박을 하기로 한다. 파라마운트 스튜디오로 간 베리는 200만 달러 수표를 던져주고 휴즈가 했던 방식대로 제작자와 감독직을 승계받았다. 이 무슨 배짱이란 말인가! 군대 시절 성인교육센터에서 고등학교 과정을 마친 그가 메이저급 영화사의 감독이자 제작자가 되었다. 그 다음 그는, 적어도 대학은 다녀본 적이 있는 모타운의 여직원을 영화감독으로 승진시켰다. 영화의 제작과 배급 경험이 전혀 없는 베리가 제작자이고, 연기 학교에 다니거나 영화에 출연조차 해본 적이 없는 로스가 주연을 맡았으며 베리의 비서가 감독을 맡았다.

이런 식으로 배짱을 부릴 만한 사람이 과연 있을까? 그러나 베리가 행운을 향해 성큼 다가갔기 때문에 이 도박은 300만 달러를 벌어들였다. 1972년 〈레이디, 블루스를 부르다〉가 개봉되자 비평가들의 격찬이 쏟아졌고 아카데미 5개 부문에 후보로 오른다. 별명이 매직맨The Magic Man인 그는 자서전에서 이 미치광이 수준의 내기에 대해 자기성찰적인 어조로 말한다. "창조적인 사람들은 허황하고 어리석은 짓을 잘한다. 비즈니스맨은 예산만 주시하지만 창조적인 사람들은 마법을 원한다."

고디는 팝뮤직과 소울을 결합시켜 성공했다. 그의 이 절묘한 성공은 기꺼이 위험에 자신을 내맡겼기 때문에 가능했다. 그는 회고록에서 "나는 어릴 적부터 주사위, 포커, 말, 일상용품, 여자, 음악에 돈을 걸었다"고 말하면서 자신의 성공은 "내가 행운을 원했더라도 가진 돈을 잃을 줄 알았기 때문에 찾아온 것"이라고 했다. 그의 이런 태도는 마빈 게이, 스모키 로빈슨, 슈프림즈, 잭슨 파이브, 스티비 원더, 글라디 나이트, 라이오넬 리치와 같은 스타들을 키워냈다. 고디의 변호사들은 그를 가리켜 "도대체 앞뒤를 가릴 줄 모르는 도박사다. 도박하는 날을 잡아 5만 달러에서 10만 달러까지도 내기로 잃는 사람"이라고 부른 적도 있다. 이런 사고방식이 고디에게 부와 명성을 가져다주었다.

루퍼트 머독

나이나 그 어떤 난관도 미디어 바론과 폭스 방송사의 소유주인 루퍼트 머독이 세계적 커뮤니케이션을 지배하려는 호방한 기세를 꺾지 못한다. 그는 미국 내셔널 풋볼 리그 중계권을 따낸 첫해에 1억 5,000만 달러를 손해봤지만 이 엄청난 계약에 사인할 때 이미 그 점을 알고 있었다.

1982년 머독은 1,600만 달러에 〈보스턴 헤럴드〉를 사들였고 1985년에는 메트로미디어를 26억 달러에 인수함으로써 부채가 23억 달러로 어마어마하게 늘었다.

1988년 머독은 하퍼앤드로 출판사를 38억 달러에 사들였다. 1990년까지 계속해서 기업을 인수하면서 그의 채무불이행은 70억 달러에 이르렀다. 머독의 채권자들은 그의 채무액수에 경악을 금치 못했다. 만약 은행이 지불약속을 보증하는 어음 발행을 중단한다면 머독의 제국은 도미노 게임처럼 무너지고 만다. 1990년에서 1992년까지 가장 강력한 미디어 황제는 거의 파산상태였으나 2년이란 시간 동안 경영권을 갖기 위해 부채를 줄여나갔다. "사업은 전쟁이다"라는 모토로 살아온 머독은 쉽사리 파멸할 인물이 아니었다. 그가 소중하게 여기던 〈세븐틴〉, 〈뉴우먼〉, 〈미라벨라〉, 〈레이싱 포럼〉을 6억 5,000만 달러에 매각했다. 엄청난 부채더미 속에서도 그의 뿌리 깊은 모험심은 스멀스멀 빠져나와 계약서의 잉크가 채 마르기도 전에, 그전보다 훨씬 더 강도 높은 모험을 택했다는 점이 놀라울 뿐이다. 그는 이 위험스런 일들을 60대에 벌였다.

머독도 휴즈나 터너와 마찬가지로 충동적으로 도박을 하지 않으면 안 되는 사람이었다. 그의 순수 자산 가치는 엄청나다. 몇 년 전 〈포브스〉가 산정한 바로는 45억 달러에 이른다. 승부수를 던질 때의 짜릿함은 그들을 움직이게 하는 힘이다. 성공적인 승부수로 인해 그들은 승부사로 보이기도 한다. 그들의 도박이 실패로 끝났다면 신문의 머릿기사를 장식했겠지만 다음 승부를 가로막는 일은 아직 일어나지 않았다. 〈뉴욕 타임스〉의 기자가 머독의 아내에게 그의 성공에 대해 묻자 그녀는 "그가 조종사였다면 나는 절대로 그 비행기에 타지 않았을 거예요"라고 대답했다.

테드 터너

난폭한 선장(난폭한 선장은 터너의 별명이기도 하지만 그가 소유한 배의 이름이기도 하다)으로 알려진 터너는 여건만 가능했다면 휴즈, 고디, 머독보다 한층 더 위험을 즐겼을 것이다. 10대 시절에는 무모한 항해 기록을 일삼았기 때문에 뒤집기의 명수라는 별명까지 얻었지만, 기업을 하면서 보여주었던 그의 모험심에 비하면 오히려 어린애 장난 같은 느낌이다. 그의 초기 벤처기업 운영을 살펴보면 죽으려고 작정하지 않았나 싶을 정도다.

그의 가장 위험한 모험은 1979년 아일랜드에서 개최된 '파스넷' 요트 경기에서 973킬로미터를 항해한 것이다. 이 경기는 '죽음의 파스넷'이란 머릿기사로 실릴 만큼 끔찍했다. 303척의 배 가운데 70퍼센트가 시속 112킬로미터의 강풍 때문에 가라앉거나 좌초되었다. 25명이 실종되었고 160명의 사람들이 구조를 기다렸으며 15명이 사망했다. 그러나 터너는 포기할 줄 몰랐고 승리를 향한 집념으로 불타올랐다. 그는 선원들에게 포기하지 말고 결승선까지 항해하라고 독려했다. 결국 그는 경기에서 이겼지만, 자신의 안전은 물론이고 장남과 선원들, 그리고 여자친구의 목숨을 담보로 한 위험한 승리였다. 미디어계의 거물인 이 남자에게는 무엇보다 승리가 가장 중요했다.

1980년대는 터너의 승부수가 정점에 이른 시기다. 미친 듯이 기업을 확장하던 5년이란 시간 동안 터너는 재정적인 안정을 논하거나, 신중함을 거론하는 모든 논리에 무조건 도전했다. 그가 승부수를 던진 벤처기업들은 현대의 그 어떤 기업과도 겨룰 수 있을 정도로 성장했다. 그는 1억 달러의 거금을 CNN에 투자했다. 뒤이어 슈퍼스테이션 체제의 TBS(터너 방송회사Turner Broadcasting system Inc. 오락, 뉴스, 라이센싱, 스포츠, 부동산에 관여하는 회사로 타임 워너—CNN뉴스 그룹이 한 부문을 차지—와 더불어 그가 건설한 미디어 제국이다)를 비롯하여 애틀랜타 브레이브스, 애틀랜타 호크스, 그리고 크고 작은 라디오·텔레비전 방송국에 투자했다. 당시 그의 핵심 참모였던 어느 간부는 그의 모험적 사업이 "미친 남자의 정신 나간 짓에 불과하다"며 혀를 내둘렀다. 1989년 〈이코노미스트〉 6월호에는 "회계 장부상으로는 자살행위에 가까운 일들을 성공으로 소생시킨 그의 확고한 신념을 지금 애틀랜타의 기업가들은 충분히 공감하고 있다"는 기사가 실렸다.

터너는 CNN을 시작하고 18개월 동안 평균 한 달에 200만 달러 손실을 보았다. 파산 직전이었다. 그러나 그의 영원한 맞수 루퍼트 머독처럼 그도 파산의 고비를 넘기자마자 10억 달러대에 달하는 인수전을 벌이기 시작했다. 먼저 MGM 영화사를 14억 달러에 인수하고 잇달아 복합 쇼핑몰과 호텔 체인으로 알려진 애틀랜타 화이트 엘리펀트 그룹을 6,400만 달러에 매입했다. 동시에 굿 윌 게임에 2,600만 달러를, '보다 나은 세상을 위한 모임'에 50만 달러를 기부했다. 또 이혼한 전부인 제니에게 위자료로 4,000만 달러를 지급했다. 그의 표현에 따르면, 인생에서 최악의 사업결정이었던 CBS 인수에 54억 달러를 제안하기도 한다. 훗날, 이 제안이 성사되었더라면 그는 아마도 금세 파산하고 말았을 것이라고 시인했다.

이렇게 위험을 감수할 만한 가치가 있었던 것일까? 일부는 그럴 가치가 충분했고 일부는 그렇지 않았지만, 그의 승부를 통해 세상은 그 전과는 조금 다른 모습으로 변했다. 미국을 떠나 해외여행을 할 때도 우리는 CNN 채널을 볼 수 있다. CNN은 미국과 아시아, 카리브 해 연안의 국가들, 중동을 하나로 이어주는 커뮤니케이션 네트워크다. CNN은 1990년 바그다드에서 벌어졌던 '걸프전'을 버나드 쇼가 생방송으로 중계하면서부터 세계의 어디든 안방과도 같은 유비쿼터스 환경을 이끌어냈다.

터너가 세운 네트워크가 '외교행낭'으로 알려지면서부터 이라크의 후세인도 서방을 향한 대화의 통로로 CNN을 이용했다. 지난 8년 동안 대통령, 수상, 권력가들이 으뜸으로 꼽는 방송사는 단연 CNN이다. CNN은 상대방에게 선전 활동을 할 수 있는 가장 확실하고 빠른 도구다. 1997년 〈포브스〉의 기업가 자산 평가에 따르면 터너의 자산은 26억 달러에 달하는데, 이는 자신의 꿈을 향해 기꺼이 모험을 감수하는 자만이 누릴 수 있는 크나큰 혜택이다. 터너는 그의 성공을 이렇게 정리한다. "매순간 나는 갈 수 있는 데까지 가려고 애쓴다. 언덕을 오를 때도 나는 산을 바라본다. 그리고 그 위에 오를 채비를 한다."

레버리지 – 최후의 모험

휴즈, 머독, 터너는 모두 레버리지leverage의 대가였고 자신의 제국 건설에 이 효과를 능숙하게 사용했다. '레버리지'란 모험과 같은 말이다. 다시 말해 자신의 기업 확장에 다른 사람의 돈을 사용할 줄 아는 기술이다. 이 모험적 기업가들은 그들의 자산을 돈을 빌리기 위한 담보로 활용해 제국을 확장했다.

터너는 애틀랜타 브레이브스와 애틀랜타 호크스를 인수하는 데 레버리지를 이용했다. 그는 요구하는 대로 가격을 치르고 그 대신 매도

자에게 계약서에 따라 이행할 것을 요구하면서 다운 계약서(대개 협상을 할 때 제시한 가격대로 지불하겠다고 동의하면 다른 자산을 담보로 잡아 현금 없이도 매수할 수 있다. 이 효과를 이용하여 터너는 단 1센트도 들이지 않고 수억 달러 가치가 넘는 두 개의 주요 프로 스포츠 구단을 사들였다)를 작성하지 않았다. 바로 이 점이 최후의 레버리지와 최후의 모험을 통해 궁극적으로 얻으려 하는 것이었다. 터너는 여기에서 성공을 거뒀다.

터너는 왜 스포츠 팀을 사들였을까? 왜 머독은 로스앤젤레스 다저스 팀을 인수했을까? 둘 다 열광적인 스포츠 팬은 아니었지만 그렇다고 감정적인 구매를 한 것도 아니다. 두 사람에게는 닮은 점이 너무 많으며 자신의 사업을 누구보다 잘 파악하고 있었다. 스포츠 팀에는 중계방송이 필요하기 때문에, 그들은 방송을 주요 사업으로 삼았다. 스포츠 팀의 자산을 담보로 이용하여 중계방송에 최고 가격을 지불하면 그걸로 대차대조표를 맞출 수 있다는 사실을 알고 있었던 것이다.

레버리지는 양날을 지닌 칼이다. 위험을 극대화하면 잠재된 이익 역시 극대화된다. 성공하면 그 보상은 천문학적인 숫자에 이르지만, 실패하면 그 손실은 너무 참담하다. 기업을 키울 때 사용하는 부채는 제국으로의 급격한 성장을 가져다주거나 헤어날 수 없는 빚더미에 기업을 빠뜨린다. 부채를 갚을 능력이 되지 못하면 톰 모나건과 루퍼트 머독의 사례에서 보듯이 기업의 경영권을 빼앗기는 사태가 발생한다. 모나건과 머독은 자신의 기업을 살리는 데 성공했지만 그것은 행운과 끈기, 기업 내의 복잡한 상황들이 맞물려 이루어진 성과다. 용기나 경험이 부족하고 문제가 더 많았다면 그들은 자신의 제국을 완전히 상실했을 것이다.

이런 사람들은 회사를 현금으로 사들이는 일이 거의 없다. 그들이 기업을 인수할 때는 구입을 보증하는 담보를 이용한 서류상의 거래가 전부다. 휴즈는 TWA 항공사를 인수하기 위해 휴즈공구회사를 지급보증으로 내세웠다. 루퍼트 머독은 〈오스트레일리언〉을 인수하려고 두 개의 지역신문에서 자금을 조달했으며 텔레비전 방송국을 인수할 때도 이 방법을 사용했다. 〈런던 선〉, 〈뉴스 오브 더 월드〉, 〈뉴욕 포스트〉, 〈보스턴 글로브〉를 인수할 때도 오스트레일리아에 있는 회사들의 자산을 담보로 레버리지 효과를 극대화시켰다.

테드 터너는 레버리지를 사용할 때 훨씬 더 적극적이었다. 그는 자기 돈을 한 푼도 안 들이고 애틀랜타 호크스와 애틀랜타 브레이브스를 인수했다. 초반에 이룬 성공으로 용기를 얻은 그는 미래의 투자 기업에 자신의 전 재산을 걸 정도로 모험을 계속했다. 레버리지 기술은 터너의 재산을 1980년경에 1억 달러 수준으로 끌어올려 그에게 확고한 지위를 부여했다. 이런 과정을 거치면서 힘을 얻은 그는 애틀랜타 호크스와 애틀랜타 브레이브스, 슈퍼스테이션 TBS의 인수 과정에서 CNN과 MGM 영화사의 자금조달을 약속했다. 레버리지의 대가인 그는 마침내 갑부가 되었다.

레버리지에 성공하면 하룻밤 사이에 부자가 될 수 있다. 실패하면 하룻밤 사이에 깡통을 찰 수도 있다. 휴즈가 TWA의 경영권을 상실한 것도, 터너가 MGM 영화 판권들을 인수한 1980년대 중반에 파산선고를 받은 것도, 루퍼트 머독이 1990년과 1991년에 파산 직전으로 내몰린 것도 모두 레버리지 때문이다. 그런데 놀라운 사실은 그런 위험한 상황에서도 모험을 선택하는 그들의 성향이다. 그들의 성향은 한결같다. 그들은 엄청난 붕괴상태에서도 새로운 열정으로, 나이와는 상관없이 다음 도전에 모든 것을 건다. 그들이 인생 최대의 도박을 단행한 나이는 50대와 60대에 걸쳐 있다.

모험의 그늘

모든 모험이 승리로 끝나진 않는다. 도박의 궁극적인 진리도 그 점에 있다. 휴즈, 루퍼트 머독, 베리 고디 주니어, 테드 터너라 해도 모든 걸 잃을 수 있다. "아무도 가보지 못한 길을 가보고 싶다"고 한 아멜리아 에어하트도 자기의 목숨을 내놓는 대가를 치렀다. 휴즈도 죽을 고비를 수없이 넘겼고 결국 1946년 항공기 추락 사고로 거의 죽은 목숨처럼 살게 되었다.

위험을 감수할 때의 긍정적인 면

버턴 클라인은 위험 감수와 경쟁에 관한 책 『역동적 경제학』을 썼다. 그는 다음과 같은 사실을 밝혀냈다. "환경이 확실할수록 위험 감수에 따른 보상은 형편없이 줄어들고, 환경이 불확실할수록 위험을 감수하려는 의욕은 강해진다." 주변 여건이 나쁘면 위험 감수가 좀더 일반적인 현상이 되고 주변 여건이 좋으면 위험을 감수하려 하지 않는다는 의미다. 위험 보상 상관곡선에서 알 수 있듯이 재산을 축적했거나 나이가 들수록 위험 감수는 줄어든다. 이는 사람들에게만 나타나는 현상이 아니라 기업도 마찬가지다.

'혁신'의 정의 가운데 창조적 파괴도 있다. 더 나은 창조를 위해 기존의 성과를 자발적으로 파괴해야 한다는 뜻이다. 이미 존재하는 관계들을 깨뜨리지 않고는 새로운 애인을 얻을 수 없다. 기업이나 연애에서 혁신을 가져오려면 응당 치러야 하는 대가다. 미지의 새로운 것을 다루는 일에 편안함을 느끼는 사람들은 충분히 이런 위험을 감당할 수 있다. 고위험을 꺼리는 사람들은 모험적 기업가가 될 수 없다. 물론 모험 감행이 무조건 그들을 성공시키지는 않는다. 이 등식이 성립하려면 고려해야 할 요인들이 많다. 그러나 분명한 것은 클라인의 주장대로, 정치인과 관료는 결코 모험을 감행할 수 없으며 그 결과 우리를 약속의 땅으로 인도하지 못한다는 사실이다. 모험은 비전으로 가득 찬 지도자에게는 활력을 주지만 관료들의 손발은 꽁꽁 묶어놓는다.

남녀의 차이에 따른 위험 감수

이 책에 나오는 여성들은 대부분 일반적인 여성들에 비해 모험적이기는 하나 남성들과 비교하면 모든 것을 걸고 위험을 감행하지는 않았다. 예카테리나 여제, 마리 퀴리, 이사도라 덩컨, 아멜리아 에어하트, 헬레나 루빈스타인, 마가렛 대처, 베이브 디드릭슨 제어라이어스는 상당히 용감하게 살았던 여성들이다. 명성과 부를 얻기 위해 기꺼이 모험을 단행했고, 마침내 성공을 거둔 그들이 보통사람들보다 위험을 더욱 감수했던 것만은 사실이다.

essential point

위대한 사람들은 목숨을 바쳐 하고 싶은 일이 있다

위험을 감수하지 않고서는 거대한 보상을 받을 수 없다. 일찌감치 위험과 보상의 상관성을 배운 인물들에게 이 말은 촉매제다. 창조적인 비저너리들은 위험과 보상의 관계를 이긴 자가 있으면 패자가 있는, 제로섬 게임으로 본다. 그들은 모두 장밋빛으로 세상을 바라보는 끔찍한 낙관주의자들이다.

비저너리들은 흔쾌히 황금을 찾아 길을 떠난다. 거울에 비친 자신의 운명만 바라보는 사람이 있는가 하면 이미 바닥으로 내려앉아 더 이상의 추락이 보이지 않는 사람들도 있고, 광적으로 승부에 집착하는 사람이 있는가 하면 아직도 자신들의 꿈이 이끄는 곳이면 어디든 따라가려는 사람도 있다. 테스토스테론 분비가 왕성해 모험을 떠나는 사람들은 진정 축복받은 존재들이다.

인간의 행동유형은 모험가형, 안정 도모형, 능력 미달 유형의 세 가지 범주가 있다. 돈이 결코 최고의 우선순위가 되지 못하는 사람들은 모험가형이다. 창조와 혁신에 따른 성공이 그들을 이끄는 힘이 될 뿐, 결코 돈이나 안정을 추구하지는 않는다. 기회와 가능성을 발판으로 자신들의 꿈을 실현하기 때문에 보통사람들처럼 두려움이나 안전이 그들에게 발붙일 틈이 없다. 돈만 좇는 사람은 실패할 수밖에 없다. 혁신에 따른 성공에는 금전적인 보상과 행운이 저절로 굴러들어 온다는 것을 기억하라.

빌 게이츠는 돈을 위해 이 일을 하는 건 아니라고 말하면서, 자기는 지금도 치즈버그를 먹는 게 즐겁다고 말한다. 억만장자 리처드 브랜슨은 회고록에서 "한 번도 돈을 위해 어떤 사업에 뛰어든 적이 없었다고 정직하게 말할 수 있다"고 했다.

8th Key to Greatness _ TENACITY

끈기

끝까지 포기하지 않는 집념

완성을 향해 가는 힘은 끈기에서 나온다.
진 랜드럼

가장 기억에 남는 처칠의 연설은 학위 수여식에서 행한 단 한 문장이었다. 연단에 올라간 그는 "여러분은 절대, 절대, 절대, 절대, 절대, 절대로 포기하지 마십시오"라고 말하고는 자기 자리로 돌아가버렸다. 위대한 정치가는 위대한 성공에 이르는 비밀을 알고 있었던 것이다. 바로 끈기다. 히틀러의 학교 친구였던 구스틀 쿠비체크는 독재자의 성공비결을 가르쳐주었다. 그는 기자들에게 "히틀러는 단념이란 말을 몰랐다. 지치지도 않고 잠도 자지 않는다"고 했다. 히틀러는 1931년 대중들에게 "내게 불가능이란 없다. 나는 천년 제국을 구상하고 있다"고 말했다. 마오쩌둥은 1923년 30세에 공산당에서 본격적으로 활동하고 그 후 정강井岡 산으로 들어가 중국 공산당을 조직하고 이론화하여 22년 동안 투쟁했다. 그는 1949년 중화인민공화국 건립을 위한 권력의 토대를 마련한다. 이 얼마나 끈질긴 사람인가! 이 기간 동안 그는 농민군의 퇴각을 이끌었는데, 이것이 그 유명한 '대장정'이다. 마오쩌둥은 대장정 기간 동안 홍군을 이끌고 9,600킬로미터가 넘는 중국의 오지를 누비고 다녔다.

요트 대회에서 승리한 후, 테드 터너는 기자들에게 말했다. "포기란 없다. 내 배에는 수많은 깃발들이 있지만, 백기가 놓일 자리는 없다. 나는 항복을 모른다." 마야 안젤루 역시 포기라고는 모르는 성격이었다. "내 인생은 생존 그 자체다. 여러분도 수많은 패배를 경험하겠지만 절대 항복해서는 안 된다"라고 적고 있다. 아버지의 자서전을 쓴 다윈의 아들 프랜시스 다윈은 "진리의 모습을 있는 그대로 표현하려는 아버지의 강한 욕망에는 엄청난 끈기가 필요했다"고 적고 있다.

인내의 열매는 달다

성공은 인내가 낳은 자식이다. 아멜리아 에어하트는 기자들에게 "나는 최고의 비행사는 아니다. 내가 가진 거라고는 끈기뿐이다." 초반에 실패하고 쉽게 포기하는 그녀의 경쟁자들에 비해 하늘의 퍼스트레이디는 지구력이 엄청났다. 위대한 인물들도 보통사람들과 마찬가지로 커다란 실패를 겪지만 그들은 쉽사리 포기하지 않는다. 다만 대부분의 사람들이 그 사실을 잘 모르고 있을 뿐이다. 실패는 그들을 독려했으며 더욱 훌륭하게 이끌었다. 피카소의 첫 작품은 그리 뛰어나지 못했고 마이클 조던은 고교 야구 선발팀에서 탈락했다. 발자크, 도스토옙스키, 앤 라이스 같은 세계적인 작가들도 원고를 거절당했지만 결코 포기하지 않았다. 발자크가 처음 쓴 논픽션은 조롱을 받았다. 그의 첫 작품 『크롬웰』은 문학에 대한 자신의 입장을 다시 되돌아보게 해주었다. 그가 성공하기까지 무려 8년이란 세월이 걸렸다. 작가로 성공하기에 앞서 도스토옙스키나 미처너 모두 20여 년이란 시간 동안 문학과 씨름했다.

처음으로 백열등을 발명한 에디슨을 생각해보라. 당시 이름이 꽤 알려진 교수—실바누스 P. 톰슨—는 이렇게 단언했다. "그의 실패는 예정된 길이다. 전기학과 역학의 기본조차 모르는 그의 천박함을 확인시켜줄 것이다." 포기는 누구나 쉽게 할 수 있지만, 끈덕진 에디슨은 백열광을 내는 전구가 성공할 때까지 외롭고 힘든 싸움을 계속했다. 그는 기자들에게 "다른 발명가들은 몇 번 실험해보고 쉽게 포기하는 게 문제다. 나는 원하는 것을 얻을 때까지 결코 포기하지 않는다"라고 말했다.

폴 로브슨은 컬럼비아 법대에 입학하여 수년 동안 뼈를 깎는 노력 끝에 마침내 우수한 성적으로 졸업했다. 그러나 흑인이라는 이유 때문에 그 어느 곳에서도 변호사로 취직할 수 없었다. 아마 이런 좌절을 겪은 대부분의 흑인들이라면 술통에 빠져 살거나 그보다 더 심하게 추락할 수도 있었다. 하지만 로브슨은 체념 대신 브로드웨이로 가서 미국에서 가장 위대한 셰익스피어 배우가 되었다.

도미노 피자의 명성을 가져온 톰 모나건에게도 끈기가 있었다. 1970년 톰은 은행대출을 상환하지 못해 회사를 은행에 빼앗겼다. 그는 백여 가지가 넘는 소송에 걸려 있었고, 1,500명의 채권자에게 150만 달러의 부채를 지고 있었다. 은행은 그의 회사를 인수해 프랜차이즈로 만들었고, 그가 은행 빚을 갚거나 아니면 회사를 처분할 때까지 도미노 피자의 경영권도 몰수했다. 별다른 호구책도 없이 길거리로 나앉은 모나건은 회사를 구하기 위해 은행으로부터 주당 200달러를 받고 일하기로 한다. 톰은 하루 15시간씩, 일주일 내내 일했다. 하지만 은행은 1971년 3월 파산선고를 결정하고 피자가게와 맞교환하는 조건으로 톰에게 회사의 주식을 돌려준다. 그 후 그는 9년 동안 채무를 갚는 데만 전념했다. 15년 후에 세계적인 피자 회사의 소유주가 되어 디트로이트 타이거즈를 인수하게 되었다. 이것이 바로 끈기의 힘이다.

상품의 판매 담당 간부들은 모든 제품의 85퍼센트가 다섯 번의 방문이 있은 뒤에야 비로소 판매가 된다는 사실을 잘 알고 있다. 그런데 정작 상품을 팔아야 하는 대부분의 세일즈맨들이 두 번 이상 방문하지 않는다는 사실은 좀 의아스럽다. 따라서 판매의 대부분—생산품의 80퍼센트—은 20퍼센트의 구매력으로 이루어지며, 그 20퍼센트 구매력도 다섯 번의 방문으로 성사된다. 터너는 젊은 시절을 빌보드 세일즈맨으로 살면서 이런 진리를 깨달았다. 마침내 CNN을 출범시킨 그는 기자들에게 이렇게 말한다. "절대 낙담하지 말고 절대 포기하지 말라. 포기하지만 않는다면 결코 실패할 일은 없다."

1990년 루퍼트 머독은 76억 달러의 부채로 파산선고를 받았을 때 법원이 제시한 해결책을 받아들이지 않았으면 오히려 편했을 수도 있다. 그러나 그는 법원의 판결을 받아들여 끈질기게 노력했고 결국 자신의 미디어 제국의 경영권을 되찾았다. 당시 그는 새로운 텔레비전 방송국 폭스 TV를 개국하면서 또다시 맹렬한 속도로 사업을 확장하고 있었다. 그가 바닥으로 추락했을 때 수중에는 각기 다른 지역에서 발행된 열 가지 종류의 화폐가 146장이나 있었다. 이런 악몽은 레버리지를 이용해 무리하게 사업을 확장시켰기 때문에 비롯되었다. 그의 주 채권자인 시티은행은 머독의 회사를 구제할 인물로 앤 레인을 임명한다. 앤 레인은 언론과의 인터뷰에서 이렇게 말했다. "한 통의 전화가 그의 인생을 송두리째 파멸시킬 수도 있었지만 명예롭게도 그는 내가 만난 그 어떤 사람들보다 확고한 신념을 가지고 열심히 일했다." 그녀는 기자들에게 "머독이 '더 이상 못 하겠어'란 말을 할 수도 있었다"고도 덧붙였다. 이 책에 나오는 인물들과 마찬가지로, 역전의 가능성이 있는 상황에서 경기를 끝내는 사람을 머독은 도무지 이해할 수 없었다. 당시 머독은 오스트레일리아 언론의 70퍼센트 이상, 영국은 대략 3분의 1 정도, 미국 내에서는 몇몇 도시에서 영향력을 행사하고 있을 때였다. 그때 그가 좌절했다면 엄청난 재정적 여파가 세계적으로 퍼져나갔을 것이다. 불굴의 머독은 실패를 거부한 인물이다.

끈기 있는 사람들은 왜 특별한가?

끈기 있는 사람들은 이기는 것만 염두에 둘 뿐, 지는 것은 생각하지 않는다. 그들은 어떻게 이길 것인가에 집중하고 패하는 법에 대해서는 염려하지 않는다. 어떤 기회라도 긍정적인 면만을 보고 부정적인 면은 보지 않기 때문에 그들을 낙천주의자들이라고 규정한다. 승리를 향한 불굴의 의지와 자신감은 그들의 편이다. 에디슨의 유명한 명언이 있다. "귀머거리도 시간이 걸릴 뿐 들을 수 있다." 전문가들은 너무 많이 알고 있지만 자신은 전문가가 아니었다는 뜻으로 한 말이다. 이렇듯 귀머거리나 다름없었던 그는 눈에 보이지 않는 낙천성으로 마이크와 축음기, 유성영화를 찍을 수 있는 카메라를 발명하게 되었다. 낙천성의 힘을 믿는 그는 이런 말도 했다. "천재는 99퍼센트 노력과 1퍼센트 영감으로 만들어진다."

끈기 있는 사람들은 최고가 되는 길에 도사리고 있는 온갖 장애물들을 물리친다. 이 점에서 그들은 특별하다. 그들은 문제가 생기면 그것을 기회로 파악할 뿐 위기로 받아들이지 않는다. 기자들이 골다 메이어 총리에게 어떻게 2주 만에 35만 명의 이스라엘군이 4,500만 명의 아랍군을 이길 수 있었냐고 묻자, 역사상 가장 간결한 답변을 해주었다. "달리 방법이 없잖아요!" 그들은 이겨야만 했으니 이긴 것이다. 발자크와 도스토옙스키 같은 위대한 문호들이 소설을 쓰는 데도 이런 절박한 힘이 작용했다. 그들은 빚 독촉에서 벗어날 수 있는 길은 계속 글을 쓰는 것이라고 생각했다. 발자크는 형편없는 사업에 손을 대어 엄청나게 불어난 채무를 갚기 위해 12년 동안 끊임없이 글을 썼다. 도스토옙스키도 감옥행을 피하려고 단 2주 만에 『도박사』란 소설을 썼다. 끈기를 보여주는 또 다른 인물로 프랭크 로이드 라이트가 있다. 건축가인 그의 걸작, '탤리에신'은 세 번이나 화재로 불타버렸다. 불탈 때마다 그는 더 크고 웅장하게 다시 지었다. 그의 전기작가 메릴 시크리스트는 "아무도 그의 성공을 막을 수 없었다. 그가 결코 낙담하지 않았기 때문이다"라고 썼다.

끈기는 어디서 나올까?

끈기는 니체가 말하는 권력 의지, 프로메테우스적인 정신 그리고 영혼에서 나온다. 프로메테우스 정신은 패자와 승자를 가려낸다. 이것은 머리에서 나오는 것이 아니다. 가슴에서 우러나오는 것이다. 의식이 개입될 때만 적극적으로 성취해야 할 목표가 분명하게 제시되고, 어떠한 것도 그 목표를 방해하지 못한다는 것을 확신할 수 있다. 특별한 재능을 타고나지 못했지만 분명한 목표 의식과 꺾이지 않는 의지로 최고의 자리에 오른 사례가 바로 마돈나다. 마돈나는 1980년대 맨해튼 한복판에서 자신을 도와줄 사람도, 아무런 수단도 없음을 깨닫는다. 암울한 날들이 계속되면서 쓰레기통에서 나온 통조림으로 연명하는 생활을 하기도 했다. 채식주의자인 그녀에게는 견디기 힘든 일이었다. 그렇다고 백기를 들기는 싫었다. 아버지의 도움을 받아 디트로이트로 돌아갈 수도 있었지만, 마돈나는 맨해튼에 남아 연예인이 되려는 꿈을 결코 포기하지 않았다.

폴 로브슨보다 성공을 향한 내적 의지가 분명했던 사람도 없다. 그는 따돌림이나 완고한 편견에 끝까지 저항하는 법을 아버지와 형들에게서 배웠다. 아마 이 책에 나오는 인물 가운데 가장 용감하고 끈기 있는 인물은 로브슨일지도 모른다. 고등학교를 마친 그는 풋볼 선수로 뛸 수 있는 러트거스 대학에 진학한다. 제1차 세계대전 당시만 해도 미식축구 선수로 뛰는 흑인은 아무도 없었다. 그가 연습에 들어간 첫날, 팀의 동료들이 합세하여 그를 그만두게 하려고 작당한다. 그들은 병원에 실려갈 정도로 그를 두들겨패든가, 아니면 다시는 운동을 못하겠다고 할 정도로 고통을 주려는 계획을 짰다. 그들의 계획은 성공한 것처럼 보였다. 동료들에게 얻어터진 그는 코뼈가 부러지고 심한 찰과상을 입었다. 그 부상 때문에 의무실에 가는 것으로 연습 첫날을 끝마쳐야 할 지경이었다. 외상보다는 정신적인 상처가 더 깊었다. 로브슨은 집으로 돌아가 아버지에게 선수 생활을 그만두겠다고 말한다. 도망친 노예 출신으로 자수성가한 아버지는 "얘야, 포기하지 마라"고 다독거렸다. 다음날 로브슨은 그의 미래는 편견에 사로잡힌 선수들이 아니라 자신의 손에 달려 있다는 생각을 하게 된다. 〈뉴욕 타임스〉의 기사, '연습 첫날 벌어진 난투'를 보면 그를 호레이쇼 앨저풍의 인물로 그리고 있다. 이 사건에 대해 로브슨은 이렇게 말한다. "누군가가 내게 태클을 걸어와 난 바닥에 넘어졌다. 한 놈이 덮쳐 내 손을 심하게 밟았다. 아마 내 뼈를 부러뜨리려고 작정한 것 같았다. 뼈는 부러지지 않았지만 클리트(선수들이 신는 신발 밑창의 미끄럼방지 장치)로 오른손의 손톱을 하나하나 짓이겼다. 그때 난 처음으로 분노를 느꼈다!" 17세에 이미 로브슨은 190센티미터의 키에 104킬로그램의 대단한 거구였다.

난투가 벌어졌던 다음날 연습 경기에서 팀 전체가 그를 향해 달려왔다. 이 사태로 그의 미래가 결정되었다고 해도 과언이 아니다. 로브슨은 거대한 팔을 벌려 막으면서 헤라클레스처럼 무서운 힘으로 그들 가운데 세 명을 바닥에 내동댕이쳤다. 그는 방해꾼들을 옆으로 밀치고는 팀의 주장이자 주동자였던 수비수 켈리를 초인적인 힘으로 낚아 올렸다. 코치가 달려와 중재할 때까지 그를 붙잡고 놓아주지 않았다. "나는 켈리를 두 손으로 움켜잡고 머리 위로 들어올렸다. 그놈을 거세게 짓밟아 그 자리에서 두 동강이를 내고 싶었다. 나는 그렇게 할 수도 있었다." 위급 상황임을 감지한 코치가 소리쳤다. "로브슨, 넌 대표팀 선수야." 그날 이후로 로브슨은 백인 선수들의 존경을 받게 되었다. 그리고 이들은 평생의 친구가 되었다. 로브슨은 월터 캠프에 선발된 최초의 흑인선수이자 러트거스 대학 역사상 최초의 올 아메리칸 풋볼 선수다. 또한 그는 파이 베타 카파 클럽의 회원으로 졸업할 정도로 학업 성적도 뛰어났다. 이처럼 집념 어린 그에게 미래의 뉴저지 주지사를 기대할 만도 했다.

기존체제에 쉽사리 굴복할 수도 있었지만 끝끝내 저항한 또 다른 인물은 바로 카를 마르크스다. 청년 헤겔주의자였던 마르크스는 학창시절에 매우 급진적이어서 박사학위를 받고도 변변한 교수 자리를 얻지 못했다. 세상은 그에게 교훈을 가르쳐주려고만 했다. 다시 말해 당시 강단을 장악하고 있던 보수주의자들이 그의 버릇을 고쳐주고자 했던 것이다. 결국 그들은 예리한 펜을 통해 기존체제에 분노를 발산하는 거대한 프랑켄슈타인을 만들어낸 셈이 되고 말았다. 그는 「공산당 선언」과 『자본론』을 썼다. 그의 저작들은 50여 년이란 세월이 걸렸지만, 프로이센의 지도자들을 혼비백산하게 만들었다. 마르크스주의란 권력자들에게 굴복하기를 거부한 집념의 사내가 만들어낸 산물이다.

가장 집념에 찬 인물

위대한 성공에 이르기 전에 심신이 황폐해질 수는 있지만 집념에 찬 사람들에게 포기란 없다. 러시아의 예카테리나 여제는 긴 세월을 기다리면서 멍청한 남편에게서 왕관을 빼앗기까지 굴욕의 세월을 감내했다. 애거서 크리스티도 언니와 내기를 했기 때문에 첫 번째 책을 썼으며 그 책이 출판되기까지 여섯 명의 편집자를 거쳐 4년이란 긴 시간이 걸렸다. 디즈니는 마침내 성공을 이루었지만 사람들의 추앙을 받을 만한 자리에 오르기까지 무려 30년이란 세월을 파산의 위기 속에서 지냈다. 제2차 세계대전 직후 소이치로 혼다 역시 빈털터리 신세였다. 미군 폭격기로 공장이 파괴되어 파산 상태였던 그는 아무런 생계수단도 없었지만 최고의 자동차 회사를 만들겠다는 꿈만은 포기하지 않았다.

넬슨 만델라는 아파르트헤이트(남아공의 인종분리정책)를 철폐하겠다는 꿈을 위해 27년이란 세월을 감옥에서 보냈다. 그의 희생이 빛을 보게 될 때쯤, 그의 나이는 일흔을 훌쩍 넘겼다. 제임스 미처너는 자신의 꿈이 작가였음을 깨닫기 전까지 학교에서 학생들을 가르치면서 지냈다. 그는 마흔이 되어서야 그 꿈을 이룰 수 있었다. "출판사의 거절 편지는 내 삶의 곳곳에 배어 있다"고 스티븐 킹도 고백했다. 그의 아버지는 킹이 2세가 되던 해 담배를 사러 나가, 다시는 돌아오지 않았다. 1972년 그는 두 아이와 전화도, 차도 없는 트레일러에서 살았는데 휴지통에는 편집자들이 보낸 거절 편지들만 가득했다. 그때 그는 막 시작하려던 『캐리』의 초고를 휴지통에 던지면서 "나는 어리석은 꿈이나 좇는 놈이란 말인가?" 하고 스스로 반문했다. 하지만 그는 지난 20년 동안 미국에서 가장 성공한 작가의 자리를 굳건히 지키는 사람이 되었다.

예카테리나 여제

지금까지도 예카테리나 여제는 가장 오랫동안 러시아를 통치한 여황제다. 그녀는 13세에 장차 러시아의 군주가 될 표트르 대제의 손자와 정혼했다. 그러나 그녀는 자신의 역할을 러시아 황실의 왕위 계승자를 낳는 존재로 과소평가하지 않았다. 그녀는 14세가 되던 해에 어머니와 함께 모스크바로 옮겨와 18년이란 세월을 쓰디쓴 외로움 속에서 보냈다. 예카테리나는 제국의 정세에 따라 인질로 잡혀 있는 자신의 처지를 누구보다 잘 알고 있었지만, 결코 절망하지 않았다. 그녀는 회고록에 이렇게 썼다. "내 안에는 뭔지 모를 확신이 있었고, 언젠가는 러시아의 황제가 될 것이라는 믿음을 단 한순간이라도 잊지 않았다." 결코 살아남지 못할 것이란 기나긴 절망 속에서도 미치지 않고 건강하게 살 수 있었던 비밀은 바로 여기에 있었다.

독일 태생이었던 예카테리나는 독일어를 입에 담은 적은 없었지만 러시아어로 말하는 데는 언제나 서툴렀다. 그녀가 왕위 계승자를 낳은 후, 아들 파벨 대공작이 그녀의 연인이었던 그리고리 오를로프와의 사이에서 난 사생아라는 소문이 돌았다. 예카테리나는 쉽게 희생당할 수 있었다. 그녀도 이 점을 누구보다 잘 알고 있었다. 그녀가 아들을 낳자마자 정적들은 보호를 구실로 아들을 빼앗아갔다. 세도가 당당했던 시어머니와 아둔한 남편, 그녀에게 적대적이던 궁정 사람들 사이에서 그녀는 수 년 동안을 참고 지내야 했다. 그녀는 끈질기게 기다리면서 앞날을 도모했다. 아주 조그만 뇌물과 특혜로 궁정 사람들을 자기편으로 끌어들였다. "야심만이 나를 지탱해주는 힘이었다. 다른 사람들 같았으면 벌써 미쳐버렸을 18년이란 세월을 보냈다. 그러고도 우울함을 견디지 못하고 죽어버렸을 20년을 더 살았다."

당시 황후였던 시어머니 옐리자베타가 죽자 그녀의 남편인 표트르 3세가 왕위를 계승하게 되었다. 그녀는 일주일 안에 살해되거나 감옥에 갇히리란 사실을 알고 있었다. 표트르 3세가 그의 정부情婦를 아내인 예카테리나 대신 왕후로 삼으려 한다는 소문이 퍼져 있었기 때문이다. 독약을 먹든, 감옥에서 썩든 그녀는 죽을 목숨이었다. 자신의 종마에 올라탄 집념의 이 여인은 1762년 6월 28일, 연인의 동생이 이끄는 황실 근위대장 앞에서 러시아의 황제는 바로 자신임을 만천하에 공표했다. 용맹스러운 그녀는 병사들에게 말했다. "누구든 나를 쏘는 자는 지금 이 순간부터 죽음이다!" 아무도 그녀를 쏘지 않았다. 그들은 무기를 버리고 여제의 부대에 합류했다. 예카테리나는 그들에게 "난 지금 내 왕관을 가지러 가야겠다"라고 말했다. 2주일 만에 표트르는 사살되고 예카테리나는 황제의 자리에 오른다.

예카테리나가 이런 중대한 문제를 직접 해결하지 못했더라면 아마 수녀원이나 감방에서 평생을 보내다가 죽음을 맞이했을 것이다. 예카테리나의 권력 유희에 담긴 심리학적인 의미는 할리우드 영화를 보는 것 같다. 남자처럼 보이기 위해 이 여성은 연대장의 군복—표트르 3세와 같은 계급을 달았다—을 입고, 기병도를 차고 한 번도 경험하지 못한 사령관의 역할을 흉내냈다. 성큼 말로 다가가 훌쩍 안장에 올라탄 그녀는—당시 여성들은 두 발을 곁 안장에 살짝 대고 탔다—그때까지 전혀 보지 못한 승마 스타일을 선보였다. 이런 여성이 34년 동안 철권정치를 펴면서 러시아를 통치했다. 당시 영국 대사였던 해리스는 그녀를 "남성적인 힘을 과시하면서도 더욱더 남성적이고 싶은 인물"로 전한다.

전기작가들은 예카테리나의 재위기간을 비만과 우아함, 위엄을 결합시켜 세상의 7분의 1일을 지배한, 왕의 정부mistress가 전제정치를 편 것으로 묘사하고 있지만, 사실 그녀는 영토를 확장하고 러시아의 국경선을 남하하여 얼지 않는 남쪽 항구를 개척한 천재적인 정치가였다. 오스만 제국과 싸워 크림 반도를 차지한 대단한 정치가였던 그녀의 통치방식은 계몽군주적인 모습이었다. 여성을 위한 학교를 처음으로 열었고 농민을 위한 의과대학을 건립했다. 박학다식한 여황제 예카테리나는 디드로의 백과사전 편찬에 재정적인 후원을 했으며, 포템킨과 볼테르를 친구로 삼았다. 그녀는 폭군, 타고난 정치가, 간사한 요부, 제국을 지배하는 마녀, 살인자, 색녀 등 다양하게 불렸지만 그 무엇보다도 계몽적이고 집념에 가득 찬 뛰어난 지도자였다.

애거서 크리스티

세계적으로 가장 많은 추리소설을 쓴 작가로 유명한 애거서 크리스티는 재료만 넣으면 탐정소설을 만들어내는 '소시지 기계'로 자신을 표현했다. "기계 속에 들어간 재료들이 날 찾아내면 다시는 글을 쓸 수 없을지도 모른다"고 했다. 크리스티는 1916년 첫 소설을 완성했지만 1920년이 되어서야 책으로 출판하게 되었다. 『스타일스 저택의 죽음』은 여섯 군데 출판사에서 거절당한 소설이었다. 그녀의 시작은 순탄하지 않아 첫 작품은 2,000부가 팔려 26파운드를 벌었다. 하지만 그 후부터 그녀가 사망할 때까지 103개국 언어로 10억 부 이상이 판매되었고 5,000만 달러 이상의 재산을 모았다.

크리스티는 1947년 조지 5세의 미망인 메리 왕후의 여든 번째 생일을 기념하여 단편 「세 마리의 눈먼 쥐」를 썼다. 5년 후 이 단편을 극장용으로 개작하여 「쥐덫」이란 제목을 붙였다. 1952년 런던 공연을 시작으로 가장 긴 기간 동안 무대에 올려진 작품이 바로 「쥐덫」이다. 홈

스쿨링으로 공부한(크리스티는 독학으로 공부했고 파리의 학교생활이 공식적인 교육의 전부다) 이 작가는 57년 동안 한 해에 한 권의 책을 꾸준히 출간했다. 그녀는 죽을 때까지 78편의 추리소설, 7편의 연애소설, 한 편의 시와 아동도서, 26편의 희곡과 150편의 단편을 썼다. 총이나 무기에 대해선 전혀 알지 못했고 진짜 살인자를 한 번도 본 적이 없었던 그녀는 사건의 피해자를 죽이는 방법으로 독극물을 선택하는데, 바로 여기서 예상 밖의 성공을 거두었다. 양차 세계대전 중에 간호사로 일하면서 약품 조제사 일을 했기 때문에 사람들을 죽일 수 있는 비소나 그 밖의 독극물에 대해 해박한 지식을 가지고 있었기 때문이다.

가장 충격적인 사건은 1926년 12월 3일에 일어난 그녀의 실종사건이다. 그녀의 차가 호수 근처에 버려져 있어서, 경찰은 그녀가 자살했을 것이라고 짐작했다. 그녀의 남편이 뻔뻔스럽게도 닐이라는 젊은 여성과 사랑에 빠졌다고 고백한 시기였기 때문이다. 우울증에 시달리던 크리스티는 12월 15일 영국 북부의 어느 온천 호텔에서 테레사 닐이란 이름으로 투숙했음이 밝혀졌다. 사실이야 어찌되었든 그녀는 기억상실증이라고 주장했기 때문에 미제의 사건으로 기록되었다.

크리스티는 상당히 직관적이고 내성적인 성격으로, 자신의 소설에서 두 명의 주인공—에르퀼 푸아로와 미스 제인 마플—을 창조해냈다. 추리소설의 여왕은 소설의 주인공들을 거실에서 게임을 즐기는 사람들로 만들어냈다. 그녀는 지나치게 부끄럼을 타는 성품이었기 때문에 이들을 주인공으로 설정해 자신의 예리한 관찰기를 풀어놓았다. 그녀의 대표작품으로는 『애크로이드 살인사건』, 『오리엔트 특급 살인』, 『나일 강의 죽음』, 『쥐덫』, 『검찰측의 증인』, 『거미줄』 등이 있다.

디즈니

디즈니는 포기를 모르는 사람이다. 그는 21세에 파산 신청을 하기 시작하여 50대 중반까지 수많은 파산을 경험했다. 그는 동생 로이를 비롯해 이사회, 할리우드 영화감독, 자신이 고용한 직원에게서 온갖 조롱과 비난을 받았지만 결코 굴복하지 않았다. 그는 여덟 번의 신경쇠약과 그의 초기 주인공인 행복한 토끼 오스왈드를 도둑맞았지만 굳건히 살아남았다. 디즈니는 "나는 어린이를 위한 영화를 만들지 않는다. 우리 안에 존재하는 아이를 위해 영화를 만든다"라는 말을 즐겨 했다.

디즈니가 이룬 혁신이 모든 산업 분야에 효력이 있는 것은 아니지만, 디즈니의 금전적 위력은 시간을 초월한 신비로운 모험을 창조해냈다. 디즈니는 작품을 제작할 때부터 시대적 배경을 무시했기 때문에 그의 작품들은 초시간적이다. 디즈니는 특정한 시대를 배경으로 삼으면 그 작품은 전문 용어로 '일회용'에 그쳐버려 가치가 떨어진다는 점을 익히 알고 있었다. 디즈니의 회사가 흑자를 보는 이유는 바로 여기에 있다. 디즈니가 만든 〈백설공주〉, 〈피노키오〉, 〈밤비〉, 〈아기 코끼리 덤보〉, 〈판타지아〉가 새로운 세대의 아이들에게 5~8년의 주기로 다시 흥행되는 이유는 시대를 초월했기 때문이다.

디즈니는 평생 동안 줄기차게 파산을 겪어야 했다. 26세에 사람들의 마음을 사로잡은 캐릭터, 행복한 토끼 오스왈드를 제작했으나 악덕 배급업자(유니버셜 사가 배급업자로, 흥행에 성공하자 디즈니의 직원들을 스카웃하고 오스왈드의 판권을 가져가버린다) 손에 농락당해 실제로는 파산 상태가 되었다. 27세에는 미키 마우스로 재기를 꿈꾸지만 영화를 보존하기 위해 자신의 자동차까지 팔아야 했다. 29세에는 다른 배급업자가 또 15만 달러라는 거금을 사기로 횡령하자 처음으로 신경쇠약에 시달렸다. 그는 자살을 시도했지만 실패한다. 31세에는 컬러 필름에 드는 막대한 비용 때문에 영화사가 도산 상태에 이르렀고 이 때 그는 두 번째 신경쇠약을 겪는다. 32세가 되던 해에 동생 로이는, 디즈니가 〈백설공주〉로 "우리를 파멸시키려 한다"며 비난했다. 〈백설공주〉 제작은 '디즈니의 미친 짓'이었다. 35세에 다시 부도 위기에 내몰린 그는 〈백설공주〉의 완성을 위해 500만 달러를 마련해야 했다. 이런 와중에 디즈니는 신경쇠약으로 고통을 겪지만, 〈백설공주〉로 오스카상을 받고 〈타임〉의 표지를 장식하면서 화려하게 재기한다. 38세에 회사가 다시 파산 상태에 이르렀고 동생 로이의 제안에 따라 간신히 회사를 살린다. 마흔이 된 디즈니는 노동자들이 파업을 일으키자 또다시 신경쇠약에 시달린다. 그는 거의 자살 지경으로 내몰렸으나 유럽 여행으로 다시 힘을 얻는다. 제2차 세계대전 중에는 미 해군이 그의 스튜디오를 몰수해 다시 그를 파산 상태로 내몰았다. 마흔이 넘어서도 그의 스튜디오가 파산 위기로 내몰린 것이 무려 세 번이나 더 있었다. 하지만 그는 디즈니랜드를 개장했고 월트 디즈니 회사와 더불어 ABC 방송을 인수하여 지불능력이 충분한 회사로 성장시켰다.

시도 때도 없는 금전적 압박을 굳건하게 버텨내지 못했더라면 〈백설공주〉나 디즈니랜드와 같은 디즈니의 생각들이 업계 전문가들이나 동생 로이에 의해 무참히 깨졌을 것이다. 디즈니는 다른 사람들이 자신의 생각을 꺾지 못하게 했으며, 또 거기에 굴복하지 않았다. 〈판타지아〉가 제작될 당시, 프랭크 로이드 라이트가 디즈니의 스튜디오를 방문한 적이 있었다. 동생 로이가 디즈니의 이 새로운 영화에 대해 그의 생각을 물었다. 건축계의 몽상가였던 라이트의 대답은 "말도 안 된다"라는 것이었다. 그러자 로이는 디즈니의 오랜 친구이자 그의 영화 배급사였던 RKO사의 휴즈에게 〈물개의 섬〉에 대한 의견을 물었다. 휴즈는 "흥행에 참패할 것"이라고 예상했다. 그러나 디즈니는 그들의 의견을 묵살했다. 현재 〈판타지아〉는 '클래식 음악과 애니메이션의 조화'라는 호평을 받고 있으며, 〈물개의 섬〉은 1948년 아카데미 단편영화 부문을 수상했다.

디즈니랜드를 세우겠다는 계획에 대해서도 디즈니는 조롱을 당했다. 동생 로이는 그의 생각이 "카니발 같다"고 했다. 디즈니가 자신이 생각하는 테마 파크는 차원이 다르다고 설명해줘도 로이는 "꿈 깨, 절대 성공할 수 없어"라고 강하게 반발했다. 다시 한 번 그는 내면에서 들리는 소리에 귀 기울이며 전문가들의 견해를 무시했다. 시장성을 의뢰한 스탠포드 조사 연구소도 그의 생각에 부정적인 태도를 보이자 디즈니의 이사회는 단 한 푼도 투자할 수 없다고 결의했다. 여기서 흥미로운 사실은 전문가가 실패하리라고 꼽은 모든 요소—단 하나의 출입구와 단일입장료, 연중 개방, 걸어다니는 디즈니 캐릭터들, 스페이스 마운틴—들이 디즈니랜드의 엄청난 성공 요인이 되었다는 점이다. 디즈니는 팜 스프링스의 저택을 매각하고 보험을 해약한 뒤 애너하임의 부지를 매입했다. 디즈니랜드 건립에 필요한 돈 1,500달러를 마련하기 위해 적에게 영혼을 파는 심정으로 텔레비전 방송국도 매각했다. 그 당시 매각한 방송사는 ABC로, 디즈니 스튜디오가 이 회사를 1995년 190억 달러에 다시 인수했다는 사실이 재미있다. 디즈니는 동생과 이사회의 말을 듣지 않았다. 그가 그들의 말을 들었더라면, 세상을 즐기기에는 지금보다 훨씬 더 열악했을 것이 분명하다.

소이치로 혼다

혼다 자동차의 창업자인 소이치로 혼다는 미시건 대학 졸업반 학생들에게 이런 말을 했다. "실패를 거듭하고 자신에 대한 성찰을 계속하면서 내가 성공에 이른 게 아닌가 싶습니다. 사실 나의 성공이란 99퍼센트의 실패에서 나온 1퍼센트의 성과입니다." 바로 이런 점 때문에 그는 위대해졌다. 이런 자기 성찰적인 태도는 내성적인 유형에서만 볼 수 있다. 그와 에디슨 모두 발명가이며 진정한 실험의 달인들이다. 그들은 교육 전문가들이 말하는 발견학습법을 이용해 시행착오를 겪으면서 철저한 검증 지점에 도달했다.

경제학자이자 저술가인 조지 길더는 혼다를 "포드 이래로 가장 위대한 엔지니어"라고 부른다. 혼다의 최종 학력이 중학교 2학년 중퇴라는 점을 감안할 때, 그에게는 뭔가 특별한 것이 있다. 1980년대 영국의 〈선데이 타임스〉는 자동차에 관한 비평에서 이렇게 말했다. "혼다의 기계부품들은 시계 속의 베어링처럼 너무도 정밀해서 공학도들도 혀를 내두를 지경이다." 혼다는 미국 자동차 명예의 전당에 오른 최초의 일본인이 되었다.

혼다가 선정된 이유는 디트로이트의 자동차 전문 엔지니어들도 이리저리 몸을 피하는 촉매엔진 문제를 해결한 공로 때문이다. 또한 그의 회사는 1970년대와 80년대에 이미 모터사이클로 세계 시장 점유율이 60퍼센트를 넘어섰다.

이 모든 것이 1946년 미군의 폭격과 잇따른 지진으로 공장이 파괴되어 곤궁에 빠졌던 한 사나이가 이뤄낸 성공이다. 집념에 찬 혼다는 주저앉지 않았다. 전후의 도쿄에는 석유조차 부족한 실정이었고, 그에게는 아무런 운송 수단도 없었다. 혁신적인 생각의 귀재인 혼다는 폐기된 GI 엔진을 그의 자전거에 달아 이동 수단으로 삼았다. 그의 친구가 '모터가 달린 자전거'를 보더니, 자기도 똑같은 걸 만들어달라고 부탁했다. 혼다는 제작 원가에 먹을거리를 살 정도의 이윤만 붙여 그 자전거를 판매했다. 그러자 다른 친구가 주문을 해오고, 또 다른 사람이, 또 다른 주문이 꼬리를 물고 이어져 마침내 오늘날의 혼다 자동차 제국이 탄생했다. 혼다는 1948년 첫 공장을 열었을 때도 아내의 패물을 저당잡히고 마련한 돈으로 필요한 부품을 조달했다. 이런 모습이 진정한 집념이다.

에스테 로더

"나는 오로지 내 꿈을 이루고야 말겠다는 생각밖에 없었다." 이 말은 미국 최대의 화장품 회사를 일궈낸 에스테 로더의 말이다. 그녀는 또 "내게는 여자로서의 사명이 있다"고 말한다. 그녀는 밤새 혼합 시약을 만들어 다음날 고객의 집 선반에 갖다놓는 고된 일과를 수 년 동안 계속한 결과 화장품업계의 여왕이 되었다. 로더는 그녀의 제국을 거리의 모퉁이 상점과 지하철에서, 친구와 고객의 집에서, 호텔 방과 미용실에서 시작했다. 끈기와 집념으로 뭉친 이 여성에게 일할 장소는 그다지 중요하지 않았다. 그녀는 자서전에 이렇게 적었다. "한 해 여름이 지나고 또다시 여름이 찾아와도 내가 만든 크림을 사람들이 칭찬하고, 여성들에게 진정한 아름다움을 안겨주는 내가 될 수 있도록 나는 다짐하고 또 다짐한다. 겨울이 되어도 다시 방문해달라는 소리를 듣도록 말이다."

에스테 로더는 뉴욕 퀸스의 유대인 지역에서 자랐지만 그녀의 집안에 대해서는 확실하게 알려진 것이 없다. 그녀는 자신의 출신보다 훨씬 더 나은 태생을 갈구했고 결국 자신의 야심을 이루었다. 이 점에서도 좌절을 모르는 그녀의 성격을 엿볼 수 있다. 시간이야 많이 걸렸겠지만 결국 그녀는 수십억 달러의 화장품 제국으로 회사를 키웠고 개인 자산만 해도 50억 달러가 넘는다. 성공의 비결을 물으면 그녀는

"제품의 질, 완벽함, 강한 욕구와 집념"이라고 대답한다. 그녀 역시 자신의 성공을 '아름다움을 창조하려는' 지나칠 정도의 노력에서 찾고 있다. 그녀는 지금 당장 성공할 수 있다는 말을 '가장 흉악한 속임수'라고 굳게 믿는다. 그녀는 늘 고민하면서 살았고 비즈니스 제국을 이루는 일에 공짜 점심 따위는 없다는 것을 잘 알고 있었다. 회고록을 보면, "웃는 날보다 우는 날이 더 많았다. 쉬지 않고 일해야 했고, 제품 하나하나에 세심한 신경을 써야 했으며, 골치 아픈 일과 근심거리로 밤잠을 설쳐야 했다"는 대목이 나온다.

화장품업계의 여왕은 간디가 말하던 원칙이 성공을 이루는 촉진제였음을 인정한다. "우리가 무엇이든 함께 나누면, 신은 우리에게 다시 되돌려줍니다." 간디의 철학에 깊이 감명받은 로더는 "하나를 구매하면 덤으로 또 하나를 선물로 드립니다"란 판매 촉진책을 내세웠다. 에스테 로더 이전의 화장품업계는 제품의 홍보를 위해 미디어에만 모든 돈을 쏟아부었다. 로더는 화장품업계 사상 가장 성공적인 프로모션 방식을 도입해 화장품업계의 판도를 바꾸었다. 지금까지도 전 세계의 에스테 로더 판매점에 적용하고 있다. 처음 그녀가 이런 홍보방식을 채택하자 라이벌이던 리츠 그룹의 찰스는 "결코 성공할 수 없는 방식이다. 아마도 전체 시장을 거저 내주려고 작정한 모양이다"라며 비웃었다. 찰스는 이제 한물간 인물이 되었지만 에스테는 아직도 여왕의 자리를 굳건히 지키고 있다.

로더는 일찌감치 리츠 그룹의 찰스나 레블론 그룹의 찰스 레브슨 같은 전문가들의 말을 귀담아듣지 않았다. 두 사람은 "그 여자를 파멸시키자"고 약속한 사이였다. 그녀가 사업을 막 시작하려 할 때 변호사가 그녀에게 말했다. "절대 하지 마십시오. 화장품업계는 실패율이 너무 높습니다. 이렇게 가능성이라고는 없는 사업에 왜 돈과 시간을 투자했나, 후회할 날이 반드시 올 겁니다." 다행히 그녀는 전문가의 충고를 무시했다. 그녀는 수십억 달러가 넘는 화장품 제국을 건설했다.

넬슨 만델라

남아프리카공화국의 전직 대통령이던 넬슨 만델라는 철창에 갇혀 산 세월이 무려 27년이나 된다. 그는 자신의 조국 남아프리카공화국의 인종분리정책을 종식시키는 데 평생을 바쳤다. 자서전에서 밝혔듯이 살아서 성공하리란 희망은 거의 없었지만, 그의 희생으로 다음 세대는 혜택을 누리리란 희망을 가졌다고 한다. 실현 가능성이 적은 꿈에 자신의 일생을 바치는 일이야말로 대단하지 않은가.

"투쟁은 나의 인생이다"라는 그의 말은 예언자적인 면모를 느끼게 해준다. 그가 지하에서 투쟁하면서 쫓기는 신세였을 때도 자유를 향해 망명할 기회는 많았다. 그는 '검은 달맞이꽃'으로 불렸고, 데이비드란 가명을 썼다. 만델라에게 조국을 떠나라는 제의가 수없이 들어왔다. "나는 남아공을 떠나지 않을 것이며 결코 굴복하지 않는다"고 그는 그 제의를 단호하게 거절했다. 그는 법률가가 되려고 교육을 받았지만, 변호사가 되기에는 너무 철학적이었다. 정치 활동가치고는 상당히 파격적인 면이 많았으며, 마틴 루터 킹 목사처럼 비폭력주의자도 아니었다. 1980년대 중반 그의 장기 투옥이 세상에 알려지자 국제적 압력에 굴복한 백인 정부는 그에게 조건부 석방을 허락했다.

만델라는 이미 생의 많은 부분을 철창 안에서 지냈다. 보통사람이라면 남은 인생을 여유 있게 보내고 싶은 마음이 간절했을 것이다. 그러나 그는 적에게 굴복하느니, 차라리 감옥에 남겠다고 결심했다. 그는 P.W. 보타 대통령에게 보내는 편지에 이렇게 썼다. "타고난 권리마저 팔 수는 없습니다. 언제 제게 권리 따위가 있기나 했습니까? 자유로운 사람만이 협상할 수 있습니다. 저는 아니지요. 그러나 때가 되면 돌아갈 겁니다." 흑인의 자유를 위해 싸우던 집념의 지도자는 5년을 더 감옥에서 지옥 같은 날들을 보냈다. 그는 일흔셋이 되던 해에 형기를 마치고 풀려났다. 진정으로 집념 어린 모습이다. 만델라는 사회적 박해가 있는 곳이라면 그 어느 곳에서나 진정한 영웅의 모습으로 남아 있다. 그는 자신의 뜻을 위해서 신념을 굽히지 않은 모범이며, 그의 삶은 인내와 승리의 기록이다.

코사어를 사용하는 템부족 추장의 아들로 태어난 만델라는 일관성 있게 협상하는 법을 부족의 추장인 아버지에게서 배웠다. 대학에 다닐 무렵 아버지는 학교를 중도에 포기하고 부족의 여자와 결혼하라고 했다. 다른 사람이 정한 규칙에 따라 살 것인지, 자신의 뜻에 따라 살 것인지 결정해야 할 시기가 온 것이다. 그는 자기 방식으로 살기로 했다. 그의 이런 결정은 부족에서 부르는 이름, 로이흘라흘라에 딱 들어맞는 행동이라고 할 수 있다. 그 후 그는 영원히 부족을 떠났다. 그가 학위를 마치는 데만 10년이 걸렸고 변호사 자격을 따는 데 또 13년의 세월이 흘렀다. 이와 같이 인내로 점철된 그의 삶이 전 세계에 알려지고 마침내 1990년 노벨 평화상을 수상하게 된다. 1년 후, 그가 그토록 사랑하던 조국에서, 자유를 되찾기는 했지만 아직도 정국이 어지러운 남아공의 대통령으로 선출된다. 만델라가 감옥에서 완전히 풀려나던 날, 그는 "아만들라Amandla!"라고 외쳤다. 코사어로 '힘'을 뜻하는 말이다.

제임스 미처너

세계적으로 가장 많은 역사소설을 쓴 미처너는 도시와 문명의 이면에 존재하는 본질을 밝히는 데 평생을 바쳤다. 미처너는 작품을 통해 자신의 정체성은 물론 다양한 문명의 정체성을 탐구했다. 1997년에 세상을 떠난 그는 53권의 책을 출간했고, 이 책들은 아무리 적게 걸려도 50년 이상 쉬지 않고 써대야 하는 엄청난 분량이다. 그의 자서전 『세계가 나의 집』은 그의 라이프 스타일과 방랑적 기질을 잘 보여준다.

미처너는 『원류』에서 종교를 포함한 다양한 문화적 유산을 조사했다. 그가 역사소설에 애정이 많고 자신만의 문화적 유산을 갖고 싶은 데는 특별한 이유가 있다. 그는 버려진 아이였고, 자신의 뿌리를 찾고 싶은 욕망이 그 누구보다 강했기 때문이다. "내게는 어린 시절이 없다. 내가 쓴 글들에도 그런 것이 드러날 것이다"라고 그도 고백한다. "나는 제멋대로 구는 낙천주의자다"라고 말하곤 했지만 미처너에게는 반골 기질이 다분했다. "나는 초등학교에서 대학까지, 학교란 학교에서 모조리 쫓겨났다." 미처너는 늘 세상에 대해 "왜?"라는 질문을 던졌으며 사물의 근원에 대해 궁금해했다. 이런 호기심이 세상의 여러 나라와 도시로 그를 이끌었으며 그곳에 관한 글을 쓸 때면 거기가 그의 집이었다. 그는 보통사람들이 옷을 갈아입듯 방랑자처럼 주소를 바꿔서라도 다른 사람들의 역사를 알고 싶어 했다. 그가 글을 쓰는 동안에는 이스라엘, 폴란드, 스페인, 알래스카, 텍사스, 콜로라도, 메릴랜드, 하와이가 그의 집이 되었다. 그는 5년 단위로 거주지를 옮기기로 마음먹고 『콜로라도』를 쓸 때에는 덴버, 『체서피크』를 쓸 때에는 메릴랜드, 1980년에는 폴란드로 갔다가 『텍사스』를 쓸 때는 오스틴, 『카리브』를 쓸 때에는 마이애미, 1992년에는 멕시코로 갔다.

미처너는 대단히 완고한 편이지만 체계적인 인물이었다. 3년에 걸쳐 자료를 준비하고 글을 썼다. 조사한 내용에 대해 글을 쓰는 동안에도 그는 또다시 새로운 조사에 착수했다. 그의 이런 집념은 작가가 되고픈 어린 시절의 열망에서 비롯되었다. 발자크, 도스토옙스키, 톨스토이, 시어도어 드라이저, 헤밍웨이와 같은 작가들의 책을 탐독하면서 글쓰기를 위한 준비를 게을리한 적이 없었다. 마흔이 되어 찾아온 죽음의 문턱에서 그는 운명과 맞대면을 했다. 그가 드디어 작가의 길로 들어서게 된 것이다. 그는 자신의 이런 변화를 '신을 체험한 일'로 표현했다.

해군에서 종군기자로 복무하고 있을 때, 그가 탄 비행기가 뉴 칼레도니아 제도에 있는 남태평양의 어느 섬에 불시착하는 사건이 벌어졌다. 미처너는 병영으로 돌아오는 즉시 아무 일도 없었다는 듯이 자리를 잡고 앉아 글을 쓰기 시작했다. "남은 생은 과거에 내가 아주 대단했던 사람인 것처럼 살려고 한다. 나의 위대한 이상에 집중하면서 살려고 한다." 그 일이 있은 후 그는 퓰리처상에 빛나는 그의 가장 유명한 희곡, 「남태평양」을 탈고했다. 마흔이 넘은 그에게 지나온 세월들은 충분한 보상을 해주었다. 영화와 연극으로 상연된 이 책의 성공으로 그는 전업작가의 길에 들어설 수 있게 되었던 것이다.

스티븐 킹

공포소설의 왕으로 불리는 스티븐 킹은 신비하고 이상한 세계에 관심이 많았다. "우리는 현실 세계에서 부딪치는 어려움을 이겨내기 위해 공포 이야기를 지어낸다." 1972년 거절 편지들로 가득 찬 트레일러 안에서 그는 술을 마시기 시작했다. 차 수리비를 낼 돈도 없었고, 전화요금도 내지 못해 전화가 끊겨 그가 쓴 소설의 진행 여부를 알 수도 없었다. 킹은 10대 시절부터 시작해 대학 4년 내내 글을 썼고 출판사에 보내기를 수 차례 거듭했지만, 대답은 한결 같았다. 어떤 편집자는 「어둠 속의 검』을 검토하고는 "아무리 술에 취해 제정신이 아니라 하더라도 이런 소설은 좋아할 수가 없다"는 편지를 보냈다.

초자연적인 방식으로 신데렐라 이야기를 재구성한 네 번째 소설에서 운명의 여신은 킹에게 관여하기 시작했다. 그전에도 정체를 잘 알 수 없는 몇몇 잡지에 글을 쓴 적이 있으며 『카발리에』라는 책도 냈지만 그는 공포소설에만 관심이 있었다. 신데렐라 이야기를 쓰게 되리라고는 상상할 수조차 없었다. 이 소설을 시작하면서 도입부를 쓴 첫 장을 쓰레기통에 내버리자, 아내 태비사가 원고를 수거해와 그에게 이 이야기를 계속 쓰라고 격려해주었다. 영력이 있는 소녀를 그린 이야기였다. 킹은 소설을 끝내고 이렇게 말했다. "세상에서 가장 비참한 사람의 이야기를 쓴 것 같다."

출판계의 관례에 따라 그는 『캐리』의 원고를 더블데이 출판사에 넘겼다. 1973년 더블데이는 그의 원고를 채택하고 400달러의 원고료를 주었다. 페이퍼백 판매 6주 만에 20만 달러어치의 책이 팔려 나갔고 1976년에는 영화로도 만들어졌다. 공포소설 거장의 인내심에 이제 보상이 주어지기 시작했다. 그는 당장 차를 구입하고 트레일러에서 벗어나 새로운 집을 구했다.

킹이 발표한 소설들은 모두 3억 5,000만 부가 넘게 팔렸다. 그는 〈뉴욕 타임스〉 베스트셀러 목록에 세 편—『파이어스타터』, 『데드 존』, 『샤이닝』—이 동시에 오른 최초의 작가다. 40세가 될 무렵 킹은 책 한 권에 500만 달러를 벌고 한 해에 1,000만 달러를 벌어들이는 작가가 되었다. 또한 바이킹 출판사와는 네 권의 책을 4,000만 달러에 계약하기도 했다. 1980년대 베스트셀러 목록에 오른 상위 25종류의 소설 가운데 일곱 권이 그의 소설이었다. 그는 현재 가장 성공한 작가가 되었다. 전미도서판매상협의회는 그에게 '미국 공포소설의 계관작가'라는 호칭을 붙여주었다. 그러나 그는 '오락적 현상' 또는 '한 사람이 만들어 내는 연예산업'이란 평가 외에는 비평가들로부터 진지한 평가를 받지 못했다.

그의 강점은 이야기 구성에 있다. 그는 우리 마음속에 본래부터 존재하는 두려움과 공포를 끌어내 이야기로 만들어내는 데 성공했다. 킹은 초자연적인 세계에서 일어난 일들을 가공해 사람들을 가장 추악한 악몽과 환상의 세계로 안내한다. 그는 자신의 재능은 자신의 영혼에 잠재된 악마적 본성을 '정화시켜서 방출하는' 기능을 한다고 고백하면서 이렇게 말한다. "내가 글을 쓰지 않았더라면 연쇄 살인범이 되었을지도 모른다." 그는 자신의 목표를 관철시킨 작가다.

집념의 어두운 측면

결코 포기할 줄 모르는 사람들은 공포장애anxiety attack에 걸릴 확률이 높다. 이들은 지칠 때까지 일하는 편이며 지쳐서 낙오되면 몇 주일 동안이나 무기력하게 지낸다. 다윈에게는 상당한 시간을 무기력하게 보낸 시기가 있었다. 마르크스, 나폴레옹, 마오쩌둥, 휴즈도 모두 집념의 희생물이다. 베이브 디드릭슨 제어라이어스도 임종을 지켜보는 친구 하나 없이 죽어갔다. 그녀가 그렇게도 유명한 운동선수였다는 사실이 이상할 정도였다.

로이 디즈니는 형에게서 신경쇠약과 지독한 피로, 초조와 조바심의 징후를 알아차리고, 그가 회복될 때까지 유럽으로 장기 휴가여행을 보냈다. 정서적인 붕괴의 위험은 이미 앞에서 다루었기 때문에, 모든 위대한 인물들은 그들의 집념에 상응하는 대가를 치른다는 점만 상기하도록 하자.

신체적으로는 대부분의 사람들보다 더 건강하지만 정서적인 건강 상태가 그들을 파멸로 이끌 수도 있다. 마리 퀴리는 두 번째 노벨상을 수상한 후에 요양소로 들어갔으며 여생을 매우 쓸쓸하게 보냈다. 그래도 그녀는 은둔적 기질이 강한 애거서 크리스티나 반사회적 성향의 휴즈에 비해 활동적이었다. 젊었을 때도 휴즈는 삶이 견디기 힘들면 어디론가 사라졌다. 몇 달 동안 아무도 그의 소재를 몰랐다. 한번은 루이지애나 주의 슈리브포트 감방에서 발견되었고 또 한번은 테니스 신발을 신고 세정기와 여러 가지 잡다한 전기용품을 넣은 치과의사용 가방을 들고 걷는 모습이 맨해튼 거리에서 발견되기도 했다. 결코 포기할 줄 모르는 사람들에게서 이런 기행이 나타난다.

끈기에서 나타나는 남녀의 차이

최고의 자리에 오르려는 여성들은 남성들의 배타적 우월주의와 자주 부딪힌다. 여성들은 그런 남성들을 상대해야 하는 또 하나의 현실적 문제점을 안고 있다. 남성 지배적인 환경에서 살아갈 수 있는 확실한 방법으로는 그들과 똑같이 경쟁적이고 호전적이며 모험을 즐기고 자신감을 가져야 한다. 남성성과 여성성을 동시에 지니는 것도 이런 전투를 치르는 또 하나의 방법이다. 정치판에서 활동한 예카테리나 여제, 골다 메이어, 마가렛 대처 같은 인물들은 이 책에 실려 있는 여성들과는 달리 남성들과 거의 동격이다.

마리 퀴리가 라듐과 방사능 물질을 발견했을 때 그녀는 박사학위 논문을 준비하고 있었다. 여성이 이런 일을 해낼 수 있다는 사실을 믿어줄 프랑스인이 아무도 없었기 때문에 남편과 공동으로 노벨상을 수상했다. 그리고 그녀의 남편은 소르본 대학교의 교수로 임명되었지만, 그녀는 그의 조수직으로 임명되었다. 1906년 남편이 죽자 프랑스인들은 그녀의 역할을 인정하고 그녀를 교수로 채용했다. 남편 피에르의 자리를 승계받은 것이었지만 정교수 자리는 주어지지 않았다. 게다가 강의와 연구소장 자리는 허용되었지만 학과장직은 허락되지 않았다. 어떤 여성도 교수직을 맡은 적이 없었다. 마리는 명문 소르본 대학에서 강의한 최초의 여성이다. 1908년이 되어서야 마침내 그녀는 정교수에 임명되었다. 남성의 세계에서 여성이 이룬 변화의 속도란 바로 이런 것이다. 피에르가 연구의 대부분을 마리가 했다고 인정했지만 아직까지 대다수의 전기문에서는 피에르와 마리의 업적을 동등하게 다루고 있다.

마리아 몬테소리는, 여성이라는 범주로 구속받는 것을 거부한 불굴의 정신을 지닌 인물이다. 세기적 전환기의 이탈리아에 팽배했던 여성에 대한 고정관념을 극복하기 위해서 그녀는 강철같은 의지를 연마해야 했다. 마리아는 기술고등학교, 공과대학을 다녔다. 이런 과정을 거쳐 의과대학에 가려고 결심했을 때도 그녀의 아버지는 딸이 주제넘게 군다고 생각했다. 틀에 박힌 행동방식의 역할을 거부한 몬테소리는 로마 의과대학장인 귀도 바첼리의 사무실을 다짜고짜 찾아가 그에게 의사가 되고 싶다고 말한다. 그녀의 당돌함에 놀란 바첼리는 부드러운 어투로 타이른다. "여태껏 이런 일이 없었을 뿐 아니라 생각해볼 수도 없단다." 분노를 참을 수 없었던 몬테소리는 사무실을 나서며 신랄한 최후통첩을 남긴다. "그래도 꼭 의사가 되고 말 겁니다."

굽힐 줄 모르는 그녀의 강인한 정신은 교황까지 감동시켰다. 그러나 그녀는 전통을 어지럽힌 대가를 치러야 했다. 중도 포기를 염두에

둔 남학생들의 조롱과 비아냥거림을 감당하려니 삶이 너무 고달펐다. 남학생들은 그러고도 모자라, 한밤중에 동강 난 해부용 시체를 가지고 아무도 없는 강의실에서 그녀 혼자 해부학 수업을 듣게 만들었다. 금방 정신이 혼미해진 몬테소리는 그만두겠다는 생각으로 해부실 문을 나섰다. 그녀는 그날의 경험을 이렇게 적고 있다. "나의 하느님, 제가 왜 이런 식으로 고통을 당해야 하나요? 이런 죽음의 계곡 한가운데를 혼자서 가야 하는 이유가 대체 뭔가요?" 그러나 그 모든 어려움을 이겨낸 몬테소리는 1896년 6월 10일 이탈리아 최초의 여의사가 되었다.

essential point

포기하지만 않는다면 결코 실패란 있을 수 없다

끈기, 인내, 집념은 성공의 필수적 요소다. 위대한 인물들의 꿈은 너무도 강해서 다른 모든 것들을 잊게 하여 그들의 삶을 지배한다. 꿈을 제대로 안착시키려면 그 꿈을 좇아가야 하며, 어떤 어려움이 있더라도 굴복해선 안 된다. 당신의 꿈을 업신여기는 사람들을 무시할 수 있는 자신감은 집념을 이루는 데 아주 중요한 장점이다. 사람들이 미쳤다고 하겠지만 당신은 이 말을 듣고 더 강해져야 한다.

목표를 달성하기 위해 힘든 길을 헤쳐나갈 때의 상처도 좋은 자산이다. 실패를 인정하되 결코 포기하지 않는 사람들이야말로 훌륭한 모범이다. 디즈니, 나폴레옹, 트웨인, 발자크, 히틀러, 퀴리, 휴즈, 헤밍웨이가 바로 그들이다. 밑바닥으로 떨어진 그런 경험이 없었다면 무슨 힘으로 그 모든 역경을 이겨내고 성공했겠는가? 우리도 눈앞에 펼쳐진 운명을 직시하고 장애를 극복해나가야 한다.

프랭크 로이드 라이트는 예순이란 나이에 파산을 겪었지만, 그래도 작업을 계속하면서 여든 이후에 본인 걸작의 3분의 1이 넘는 작품을 창조해냈다. 트웨인은 50세에 파산 선고를 받았고 에디슨은 쉰셋에 부도를 냈다. 발자크와 도스토옙스키는 감옥에 집어넣겠다는 빚쟁이들의 협박에 평생 동안 피해 다녀야 했다. 디즈니도 30년 세월 동안 파산 상태로 살았다. 하지만 아무도 포기하지 않았다. 그들의 사전에는 포기란 없었으므로 마침내 부와 명예를 거머쥐었다. 진정 위대한 인물의 특징은 바로 이런 것이다. 포기하지만 않는다면 결코 실패할 수 없다.

Eight Key to Greatness _ SUCCESS IMPRINTS OF GREATNESS

성공은 위대함의 유산

성공은 타고나는 게 아니라 학습되는 것

창조적인 사람은 타고나는 게 아니라 만들어진다는 연구 결과가 나왔다.
〈사이언스 다이제스트〉

천성인가, 학습인가

　심리학자들 대부분은 우리의 성격과 지능 등 여러 자질 가운데 50퍼센트는 선천적인 것이 아니라 획득된다는 점에 동의한다. 인생이라는 여정을 통해 우리의 존재는 형성된다. 우리는 무수히 많은 경험과 상처 속에서 사람들과의 상호작용을 통해 끊임없이 형성되고 있는 존재들이다. 유전적인 요인들이 존재의 형성에 절반에도 못 미친다면, 우리는 실패하는 환경보다 성공하는 환경으로 스스로를 옮겨 놓아야 한다.
　공격적인 행동이나 순종적인 행동, 부분을 보는 능력이나 전체를 보는 힘, 나태함이나 야망과 같은 문제는 사전에 프로그램된 것이다. 우리가 땅콩버터를 좋아하는 것은 의식적으로 단백질이 필요해서가 아니라, 무의식적으로 프로그램된 행동을 따르기 때문이다. 큰 키에 짙은 머리색의 단정한 남자를 좋아하는 것도, 날씬한 금발머리에 푸른 눈의 여자를 좋아하는 취향도 같은 맥락이다.

정식으로 성인이 되고 난 후에도 우리의 미래는 구체적으로 정해진 것이 아니라, 언제든 원하는 대로 바뀔 수 있는 유동적인 것임을 이해해야 한다. 프로이트와 그의 제자들은 사춘기 이후로 우리의 모습이 고착되어버린다고 믿고 있지만, 나를 포함한 에릭 엘릭슨과 다른 심리학자들은 이 점에 동의하지 않는다. 우리는 성공을 프로그램할 수도, 또 실패를 프로그램할 수도 있지만 미래의 성공과 실패는 우리 마음에 자리 잡고 있는 신념체계에 따라 나타나는 것이다. 중요한 것은 무엇이 우리의 신념체계를 움직이는가를 이해해야만 그 과정을 유지하거나 변형시킬 수 있다는 점이다.

우리의 존재를 바꾸는 일이 과연 간단할까? 쉽지는 않다. 많은 것들이 프로그램될수록 변경은 힘들다. 그러나 그 방법만 안다면 변화는 언제나 가능하다. 충격을 크게 받으면 언제든 변할 수 있다. 그런 상태에서 우리는 즉각적인 변화와 성장이 일어나는 엄청난 학습을 경험한다. 군대에서는 세뇌라는 말을 쓴다. 심리학자들은 '선잠 상태 hypnagogic state'—수면과 각성의 중간에서 세타파가 발생하는 '몽롱한 상태 twilight state'—라고 부르기도 한다. 콜로라도 메디컬센터의 토머스 부진스키는 이 같은 최면상태에서 "상당히 많은 일들이 아주 빠른 시간에 이루어진다"고 한다. 그러면 언제 이런 상태가 되는가? 교통사고나 부모님의 급작스런 사망, 그 밖의 위기 상황에서 정신적으로나 신체적인 외상이 클 때 우리 모두는 이런 상태를 경험한다. 또한 자신의 능력을 넘어서는 일들을 기대보다 더 잘해내고 칭찬받을 때도 이런 상태가 온다. 또 하나, 의식을 멈추고 세타파 상태—잠이 들기 바로 직전의 상태—로 스르르 미끄러져 들어갈 때 뇌파의 활동이 느려지고 마치 꿈을 꾸거나 신비한 의식의 상태에 들어온 것 같은 자신을 발견한다. 이런 조건에서는 무의식이 새로운 아이디어에 무척 개방적이어서 새로운 정보들로 무의식을 가득 채울 수 있는 것이다. 행동수정 분야의 전문가들이 잠들기 전에 자신들이 건네준 테이프를 들으라고 권하는 이유도 바로 여기에 있다.

　외상 또는 위기 상황에 빠진 자신을 발견하면, 일의 진행 방향이 자신에게 득이 될지 해롭게 작용할지 결정하는 자리에 놓이게 된다. 일리야 프리고지네 박사는 이런 상태를 '소산구조 dissipative structure'라고 부른다. 이 상태에서 어떤 분기점을 넘게 되면, 이런 경험을 통해 엄청나게 강한 사람으로 다시 태어나거나, 정신적·육체적·정서적인 면에서 거의 죽은 사람이 될 수도 있다. 이 책에 나오는 인물들은 끔찍한 충격을 성공에 이르는 도구로 사용했다. 제임스 미처너는 생과 사를 넘나드는 경험을 소설 『남태평양』에 쏟아부었고, 여동생의 비극적 죽음을 피카소는 예술적으로 발산했으며, 볼티모어에서 해고당한 오프라 윈프리는 자살을 시도했으나 미수에 그치자 그 길로 토크쇼의 경력을 쌓게 되었다. 연방준비은행과의 계약이 취소된 프레드 스미스는 페덱스를 창설했으며, 강간을 당한 마야 안젤루는 창작의 세계로 발을 들여놓았다. 트웨인, 도스토옙스키, 테슬라, 퀴리, 휴즈, 디즈니의 신경발작이나 신경쇠약도 성공의 길로 나아가는 데 도움이 되었다.

　빌헬름 라이히는 상당한 논쟁을 불러일으키는 심리학자다. 그는 우리의 경험이 무의식에 '닻을 내리고' 있다가, 외부의 위협에 대해 일종의 '방패'가 되어준다고 확신한다. 위대한 인물들에게는 바로 이런 일들이 일어났다. 경험은 인격형성기 동안 성공에 필요한 결정적인 특징들을 새겨넣으며, 이렇게 각인된 성공은 그들의 기질과 성격을 변화시켜 어떤 어려움이 닥쳐도 극복하도록 도와준다. 일탈적 혁신자들은 대부분의 경우 부모가 모사꾼이라는 점은 결코 우연이 아니다. 뛰어난 인물들에게 나타나는 유사점에는 흥미로운 부분이 상당히 많다.

내면의 프로그램을 다시 설계해보자

나는 위대한 사람들에게는 탁월한 성공 프로그램이 설계되어 있어서 성공하게 된다고 확신한다. 우리 자신을 재설계하는 일은 나이가 들수록 점점 더 어려워진다. 우리의 신념체계에 깊숙이 참호를 파버리고 나면 초기에 각인된 내용들로만 작동하기 때문에 변경은 점점 더 어려워진다. 외향적인 사람이 내성적인 성격으로 바뀌는 경우를 생각해보라. 40세 어른에게는 이런 일이 무척이나 힘들고, 또한 거의 불가능하다. 은유적으로 말하자면 우리의 인격은 붉은 물이 담아 있는 커다란 그릇과도 같다. 물의 색을 바꾸기 위해 같은 양의 파란 물을 넣어주면 보라색이 되는 정도까지 변화할 수 있다. 외향적인 사람을 내성적인 성격으로 바꾸려면 그들의 내면에 존재하는 프로그램을 변경시켜야 한다.

어린 시절의 환경과 정신적 충격, 부모의 영향이 우리의 인격을 형성한다면, 내부의 프로그램을 변경할 때도 인격이 형성되는 것과 같은 방식으로 바꿔야 한다. 성공으로 이끌어주는 최적의 장점들로 다시 프로그램해야 한다. 좀더 극단적인 예를 들자면, 수상이 될 수 있는 사람이 매춘부도 될 수 있고, 재계의 거인이 알코올중독자가 될 수도 있으며, 퓰리처상 수상자가 인생의 낙오자로, 육상경기의 영웅이 마약중독자로 될 수도 있다. 그들의 차이점은 두 존재가 세상을 인식하는 방법에 있다. 한쪽은 성공을 각인시킨 대로, 다른 쪽은 실패를 각인시킨 대로 그 결과가 나타나는 것이다.

성공과 실패는 각인된다

우리는 과거 경험을 통해 뜻밖의 결과를 얻는다. 제대로 능력을 발휘하지 못하는 사람들은 스스로 실패의 프로그램에 자신을 맞춘 것이다. 어리석고 부정적인 말은 농담이든 진담이든 듣는 사람의 내면에 깊이 새겨져 운명을 좌우한다. 아이들은 다른 사람들이 그들을 바라보는 방식으로 살아가게 된다. 그들을 바라보는 이미지가 좋으면 훌륭하게 자라지만, 이미지가 나쁘면 그 결과는 부정적이다. 어떤 경우에도 예언의 자기 실현성을 보여준다. 프로이트와 미드는 어릴 적부터 "너는 특별해", "넌 훌륭하게 자랄 거야"라는 말을 수없이 듣고 자랐다. 그들은 어릴 적부터 들었던 예언을 이룬 셈이다.

그들이 자신의 능력이나 잠재력에 대해 한 번도 의심한 적이 없다거나, 늘 확신을 가졌다는 뜻은 아니다. 그러나 그들의 이런 불안감이 눈부신 성취를 이루는 자극제가 되었다. 테드 터너는 그의 성공이 알코올중독자인 아버지로부터 언제 얻어터질지 모르는 '불안감'에서 비롯되었다고 자주 말한다.

이사도라 덩컨은 자신의 회고록에서 이렇게 말한다. "나는 비너스 자리에서 태어났다. 내가 태어날 때 어머니는 '이 아이는 평범하지 않을 거야. 이 아이에게서 광기가 느껴져'라고 말씀하셨다." 이사도라는 어머니의 예감대로 하느님, 결혼, 사회제도를 온몸으로 거부하는 현대 무용의 창시자가 되었다. "나는 반항적이고 혁명적인 사람이다"라고 말한 그녀는 겨우 10세에 학교를 그만두고 자신의 댄스 공간을 마련하는 용기를 보였다. 그녀는 내적인 비전을 이렇게 설명한다. "나의 예술은 존재를 표현하려는 노력일 뿐이다. 내 인생을 이끄는 힘은 내 안에서 나온다."

천성 대 양육

연구자들은 지능의 절반은 획득되며 나머지 절반은 선천적이라고 주장한다. 인간 행동의 특징들은 대부분 지루하고 긴 인생의 여정을 통해 얻어진 것들이다. 자기 운명의 주인이 되어야 한다는 믿음을 가지고 있었던 아인 랜드는 이렇게 적고 있다. "사람의 그 어떤 재능도 타고나는 것이 아니기 때문에 모든 능력은 획득될 수 있다. 작가도 태어나는 것이 아니라 만들어진다. 더 정확히 말하면 작가는 스스로가 만드는 것이다." 스티븐 킹도 기자들에게 말하기를, 작가는 타고나는 게 아니라 만들어지는 것이라고 했다. 넬슨 만델라는 인간은 경험에 의해서 형성되지 유전적인 유산으로 형성되는 것이 아니라고 했다. 그는 "인격 형성에 일차적인 요인은 천성보다는 양육이다"라고 말했다. 유명한 하버드의 소아과 의사인 T. 배리 브래츠리튼 박사는 신생아를 대상으로 한 연구를 통해 이 이론을 확증하고 있다. 그는 "갓 태어난 아기들은 요람에 누워서도 성공과 훌륭함을 배운다"고 말한다. 브래츠리튼은 갓난아기의 얼굴에서도 '성공'과 '좌절'을 보았다. 아기도 이렇게 생각하는 것처럼 보인다. "보세요, 나 훌륭하죠", "나는 별로예요, 보시다시피, 실패했잖아요."라고.

융의 집단무의식

프로이트의 제자였던 융은 원형에 기초한 정교한 페르소나 체계를 만들어냈다. 그는 이미 조상 세대에서 각인된 내용들이 생래적이고 본능적인 형태로 다음 세대로 전수된다고 보았다. 융은 원형이 행위를 이미 규정한다고 믿었다. 의사결정에 이르는 여성들의 감정적·정서적인 접근 방식, 위험에 대한 사려 깊고 조심스런 태도, 여성의 모성적 본능과 외부의 힘에 대항하여 가정을 지키려는 본능이 수백만 년 동안 여성의 삶을 규정해왔기 때문이라고 말했다. 융은 이것을 아니마(페르소나 내부의 여성적 요소들)와 아니무스(페르소나 내부의 남성적 요소들)라고 이름 붙였다. 그는 두 요소가 동시성—우리 안의 남성성과 여성성이 합류점을 찾는 지점—을 획득할 때 사회생활을 성공적으로 할 수 있다고 말한다.

융은 "모든 여성의 무의식 안에는 남성적 인격이 감추어져 있고, 모든 남성의 무의식 안에는 여성적 인격이 내재해 있다"라고 강조한다. 여성의 아니무스, 남성의 아니마에 접근하는 기회가 통합적인 인격을 향한 성공의 열쇠다. 예카테리나 여제, 마가렛 대처, 아인 랜드, 마돈나는 그들 안에 존재하는 아니무스를 성공적으로 다루었기 때문에 전체성(totality, 인격의 통합)을 획득하게 되었고, 남성 지배적인 사회에서 경쟁력을 얻게 되었다.

융의 동시성에 대한 입증 자료는 〈포춘〉의 기사에서 찾을 수 있다. "여성 기업가들은 같은 여성들보다 남성 기업가들과 비슷한 점이 더 많다." 컬럼비아 대학의 연구원 앤크 에어하트는 "어린 시절 남자아이처럼 구는 여자아이들은 또래 아이들보다 IQ가 높다"고 주장한다. 심리학자 나다니엘 브랜든은 또 이렇게 정리한다. "창조적인 사람들은 대부분 남성성과 여성성이 통합된 인격을 보여준다."

지능지수(IQ)

예일 대학 심리학과의 로버트 스턴버그는 『성공적인 지능』에서 이렇게 말한다. "IQ는 학교 성적은 예측할 수 있을지 몰라도 사람들의 지능을 측정하는 도구는 되지 못한다." 그는 이런 말을 하고 싶었을 것이다. 테드 터너의 IQ가 122라면 멘사MENSA에 가입하지도 못했을 것이다. 멘사에는 최소한 상위 2퍼센트에 해당하는 IQ 140이상은 되어야 가입이 가능하다. 하지만 테드 터너는 CNN으로 세상을 완전히 변화시킨 천재적인 기업가다. 이 책에 나오는 대부분의 인물들도 멘사 가입에 적합한 자격이 있다고 보기는 어렵다. 멘사는 21세기 세계의 지도자가 될 '지적인 엘리트'들의 모임이기 때문이다.

위대한 사람들은 대부분 머리가 좋긴 해도 영재 수준은 아니다. 전기작가 프랭크 설로웨이에 따르면, 다윈의 아버지나 선생님이 보기에도 그는 '상당히 평범한 아이'라고 했다. 상당수의 작가들은 에디슨이 지극히 평범한 지능을 가졌다고 한다. 그가 지닌 다른 능력들은 결코 평범하지 않지만, 그의 인지능력은 그리 자랑할 만한 것이 되지 못했다. 에디슨은 기자들에게 이런 말을 했다. "내가 학교에 다녔더라면 아무것도 이루지 못했을 것이다. 대학에서 공부한 과학자들은 배운 것밖에 볼 줄 몰라 자연의 위대한 비밀을 놓쳐버린다."

디즈니는 고등학교도 마치지 못했으며 만화가로도 자질이 없어 일주일도 버티지 못하고 그만두었다. 피카소도 교사들이 보면 상당히 우둔한 학생이어서 중학교 학업도 따라가기 힘들었다. 혼다도 공부를 지독히 싫어해서 자주 낙제를 했고, 공과대학 입학 자격은 결코 얻지 못했다. 아인슈타인도 취리히 공과대학 전기공학부 시험에서 떨어졌다. 히틀러는 미술학교 입학시험을 두 번씩이나 떨어졌다. 헬레나 루빈스타인은 고등학교에서 낙제를 했고 베이브 디드릭슨 제어라이어스는 문장도 제대로 쓸 줄 몰랐다. 이들 가운데 어느 누구도 대부분의 대학에서 요구하는 SAT(대학진학 적성검사) 최저 점수도 나오기가 힘들다.

어떤 교사들은 인지능력이 성공을 보장한다고 과대 선전하지만, 하위 인지능력만 넘어서면 지능과 위대한 성공은 무관하다. IQ로 얻을 수 있는 유일한 성공은 학교 성적과 SAT 성적이지만, 성적과 지능은 항상 상관적이지 않다. 머리가 뛰어난 사람은 멘사 모임에 초대받고 우등생 명단에 들 수 있을지 몰라도 어떤 분야의 정상에는 도달할 수는 없다. 너무 머리가 좋은 사람들은 그들이 원하는 대로 세상이 움직여지지 않았을 때 술독에 빠져 살거나 가난으로 인생을 허비한다.

빌 게이츠는 머리도 좋았지만 추진력과 일에 대한 남다른 윤리의식, 모험을 감당할 만한 능력들이 있었기 때문에 세계 최고의 부자가 되었다. 결코 IQ 때문은 아니다. 버클리 대학 인성연구소(IPAR)의 프랭크 바론은 다음과 같은 점들을 발견했다. "본질적으로 창조적인 활동에는 어느 정도의 IQ가 필수적이지만, 우리가 생각하는 것보다 상당히 낮은 정도의 최소 IQ를 넘어서기만 하면 IQ수치와 성공과의 상관관계는 매우 낮아진다." 심리학자 로버트 스턴버그는 "IQ란 성공을 예측하기에는 상당히 형편없는 자료다"라고 단언한다.

하버드 대학의 하워드 가드너는 인간의 지능을 여덟 분야, 즉 언어지능, 논리·수학지능, 공간지능, 신체 운동지능, 음악지능, 대인지능, 자기이해 지능, 자연탐구 지능으로 분류했다. 디즈니, 피카소, 혼다,

로더, 터너와 같은 인물들의 성공은 IQ수치보다 이런 다중지능이 기여한 결과다. 심리학자 다니엘 골맨은 인간의 지능을 재는 척도는 IQ보다 정서라고 확신한다. 그는 이렇게 말한다. "유전자 단독으로는 인간의 행동을 결정하지 못한다. 우리가 성장하면서 경험한 환경과 기질적 성향을 어떻게 펼쳐나가느냐에 따라 삶이 달라지기 때문이다."

사회 · 경제적 영향

이 책에 나오는 인물들 중 7명(14퍼센트)은 부유하거나 특권층 출신이고 6명(12퍼센트)은 극빈층이거나 하위계층 출신이며, 나머지 37명은 중산층으로 상당히 정상적인 분포를 보이고 있다.

너무 쉽게 가는 것도 성공을 거스르는 일이다. 억만장자 H.L. 헌터의 딸 스와니는 기자들에게 "상속받은 부는 장점보다는 단점이 더 많다."라고 말한다. 그녀는 또 자신의 인격 형성에 돈이 얼마나 끔찍하게 작용했는지 잘 보여주고 있다면서 어린아이에게 너무 많은 돈을 주는 것은 실패하기 좋은 환경을 만들어주는 것과 같다고 말한다. 성공은 그 누구에게도 장애물을 뛰어넘을 수 있는 힘을 요구하며, 이런 성공을 통해 더 큰 성공으로 이끌어주는 내적인 신념체계를 장기적으로 구축해나가야 하는 것이다. 이 책에 나오는 인물 가운데 상당한 유산을 상속받은 사람들조차, 정상에 이르는 고단한 여정에서는 엄청난 고전을 겪었고 또 그것을 극복해야만 했다. 예카테리나 여제, 찰스 다윈, 루퍼트 머독, 빌 게이츠, 프레드 스미스, 휴즈와 같이 빼어난 인물들도 엄청난 불확실성과 정신적 상처, 그 밖에도 많은 문제들을 겪었다. 바로 그런 일들이 훗날 그들의 성공에 지대한 공헌을 하게 되었다.

종종 불행은 그들을 최정상에 이르게 하는 중요한 이유가 되며 역경과 내면의 한판 전쟁을 치른 그들의 저력은 마침내 그들을 성공하게 만든다.

정규 교육과 성공과의 관계

명문대 출신이라는 조건은 중요한 문을 여럿 열게 해주지만, 일단 그 문 안으로 들어서면 수많은 문제들이 성공과 실패를 결정하는 요인이 된다. 우리는 학교 교육에 성공하기만 하면 그것으로 세상을 살아가는 데 별 문제가 없다고 믿지만, 그건 사실이 아니다. 학위를 받는 것은 일생일대의 중요한 사건 가운데 일차적인 일에 지나지 않는다. 마르크스의 예를 보더라도, 그는 철학박사 학위를 받기 위해 그토록 고군분투를 했지만 오히려 정치학 분야에서 큰 족적을 남겼다. 다윈은 신학학위를 받았지만 생물학과 인류학에서 명성을 얻었다. 프로이트는 의학박사였지만 심리학에서 성공을 거두었다. 로브슨은 변호사 자격이 있었지만 배우로 성공했다. 마리아 몬테소리는 의대를 졸업했지만 교육학계에 중대한 공헌을 했다.

이 책에 나오는 48퍼센트의 여성과 37퍼센트의 남성만이 대학 졸업장이 있다. 그리고 단지 두 명만이 아이비 리그를 졸업했다. 그 이유는 무엇일까? 아이비 리그 출신들은 어떤 조직에 들어가더라도 중간층이나 중상위층 직급을 차지하는데, 그 자리는 위대한 성공을 이루는 자리와는 거리가 멀어도 한참 멀다. 창조적인 천재들은 세상과 전면전을 펼칠 수 있는 곳에서 태어나고 자란다. 에디슨, 디즈니, 휴즈, 아멜리아 에어하트와 같은 사람들을 아이비 리그에 초대한다면 그들이 승낙했을까? 그들은 아마도 거절했을 것이다. 에어하트는 기자들에게 이런 말을 했다. "실전이 대학 졸업장보다 훨씬 낫다." 그녀를 비롯한 위대한 인물들은 성공은 교실에서 얻는 것이 아니라는 점을 누구보다 더 잘 알고 있었다.

특히 과학과 기술, 경우에 따라서는 정치 분야는 정규 교육과 상극이다. 빌 게이츠의 경우가 결정적인 진실을 보여준다. 그가 하버드를 졸업했더라면 퍼스널 컴퓨터로 세상을 변화시키지 못했을 것이며, 세상에서 제일가는 부자가 되지도 못했을 것이다. 지금쯤 아버지의 법률회사에서 뛰어난 변호사가 되었거나 명문대에서 수학을 가르치고 있을 것이다.

위대함과 형제관계

몇째로 태어나느냐에 따라 부모와 다른 가족 구성원들로부터 받는 대접이 달라진다. 첫째 아이나 외동 아이는 가문을 꾸려나갈 막중한 책임을 가지도록 양육된다. 따라서 리더십과 강한 자아의식이 제대로 결합되고 고취되기만 한다면 훗날 성공에 결정적인 작용을 하게 된다.

여기 나오는 인물의 54퍼센트가 맏이이며 또 12퍼센트가 여자 형제나 남자 형제 중에 첫째로 태어났다. 10퍼센트의 남녀 차이를 보이기 때문에 여성들보다 남성에게 형제관계가 중요한 것으로 보인다. 마르크스, 테슬라, 헤밍웨이, 머독, 게이츠 모두 누나들이 있었지만 부모님이 돌아가시고 나면 자신이 가장이 되어야 한다고 생각했다. 또 다른 형성 요인으로는 형제자매의 죽음으로 맏이가 아니었어도 맏이 역할을 하는 경우다. 니콜라 테슬라는 6세에 형이 죽었는데 그 때문에 맏이 역할을 하게 되었다. 그 밖의 요인으로는 마가렛 대처처럼 맏이가 아니었어도 맏이처럼 길러지는 경우다. 대처의 아버지는 요람에 누운 대처에게 그가 마지막으로 본 딸자식이지만 아들처럼 키우겠다고 맹세하며, 장차 지도자가 될 재목으로 키우길 간절히 소망했다.

과학자들과 정치인들 사이에서도 출생 순서에 대한 리더십 논란이 터져나왔다. 제2차 세계대전에서 연합국과 동맹국의 축을 구성하는 인물인 처칠과 루스벨트, 스탈린, 히틀러, 무솔리니, 마오쩌둥, 히로히토가 모두 맏이였던 것처럼, 최초의 우주비행사 17명도 모두 맏이였다. 맏이로 태어나는 것이 중요할까? 아니다! 부모가 아이에게 미래의 지도자라는 자부심을 심어주고 아이가 자라 집안의 가계를 이어갈, 가족의 수장이 되도록 거대한 계획을 심어주는 일이 무엇보다 중요하다. 맏이에 대한 양육 방식과 맹목적인 사랑이 그들을 다른 사람들과 구별짓게 한다.

하버드 대학의 연구원인 프랭크 설로웨이는 차남과 차녀가 훨씬 더 창조적이고 반항적이라는 점을 설명하는 거대한 분량의 저서를 펴냈다. 그의 책 『반역을 위한 탄생』에서는 남녀를 불문하고 맏이들이 '우수한 경향(어떤 인류학적 집단에서든 강하고 큰 남자가 지배한다는 다윈의 말처럼)'이 있어서 정치와 기술 분야에서 맏이가 뛰어난 지도자가 되기 쉽다고 한다. 설로웨이는 과학자와 정치인들의 출생은 '이론異論의 여지없이 맏이'라는 나의 주장을 확인시켜준다. 그는 "이 점은 그들이 퍼즐 맞추기에 뛰어나다는 데서도 알 수 있다"고 말한다. 이러한 사례는 역사에서 무수히 찾아볼 수 있다. 뉴턴, 갈릴레오, 마틴 루터, 마라와 로베스피에르, 아인슈타인, 프로이트, 조너스 솔크, 라이너스 폴링, 왓슨과 크릭은 맏이다. 설로웨이는 이렇게까지 나아간다. "인격

형성에 출생 순서가 미치는 영향이 IQ의 영향보다 5배에서 10배 가량 많다." 이 말은 인성은 선천적이기보다는 학습된다는 나의 논지를 뒷받침해준다.

부모의 영향 – 맹목적 사랑과 피동성

이 책에서 다루고 있는 남성들은 상당히 강인한 어머니 밑에서 자랐고 어머니가 그들의 성장에 가장 큰 영향을 주었다. 역설적이게도 여성들은 아주 강인한 아버지를 두었고 아버지가 그들의 역할 모델이 되었다. 마가렛 대처, 마돈나, 오프라 윈프리는 모두 입을 모아 말한다. "아버지의 은혜에 감사드린다." 히틀러가 숨어 있던 지하 벙커에서 발견된 유일한 사진은 어머니의 사진이었다. 총통의 어머니는 그의 성장을 망쳐버렸다. 한 번도 쳐보지 못한 피아노 앞에 데리고 가 쳐보라고 하질 않나, 입학하지도 못할 비엔나 미술학교의 학비를 대주겠다고 하질 않나. 나폴레옹, 프로이트, 피카소의 어머니도 자식에 대한 맹목적인 사랑으로 자식을 망칠 정도였다.

맹목성

부모는 아이에게 가장 중요한 역할 모델이다. 그들은 아이가 세상을 보는 방식에 가장 강력한 영향을 미친다. 이 점은 위대한 인물들의 경우 섬뜩할 정도로 명확하게 드러난다. 부모의 영향이 그들의 인격 형성에 남과 다른 차별적인 재료가 되었던 것이다. 프랭크 로이드 라이트의 어머니는 아들을 웨일스의 신 탤리에신의 육화된 모습이라고 말해주었고 또 그것을 굳게 믿었다. 어머니의 이러한 양육태도는 위대한 건축가에게 심대한 영향을 미쳤다. 그는 믿기 어려울 정도로 거만했으며 자신은 세상의 질서나 기성의 건축은 따르지 않아도 된다고 생각했다. 프랭크의 어머니는 흑인 노예를 해방시킨 링컨의 이름을 중간 이름으로 붙이고는 아들이 링컨의 영향을 받아 자라나길 희망했다. 그러다가 자신의 처녀시절 성, 로이드까지 붙여주었다. 이 점만 보더라도 아들에 대한 어머니의 지극한 영향력을 알 수 있다.

프로이트의 어머니 역시 아들을 맹목적으로 사랑했다. 어머니는 그에게 특별한 음식을 먹이면서 다른 형제들은 소홀하게 대했다. 그녀는 딸에게는 하찮은 일만 떠맡겼다. 누나 안나의 피아노 연습이 어린 동생을 방해한다고 피아노까지 팔아버렸다. 부모님은 이 아이는 특별한 존재라는 심령술사의 말을 철석같이 믿고 프로이트에게 "너는 커서 위대한 사람이 될 운명이래"라고 말해주었다.

이사도라 덩컨은 샌프란시스코의 거리를 맘껏 돌아다닐 수 있도록 허락해주었던 자유방임적인 어머니가 그녀를 강인하게 자랄 수 있게 해주었다고 말한다. "나는 마음껏 해변을 돌아다니면서 내가 꿈꾸던 세상을 쫓아다닐 수 있었다."

애거서 크리스티도 자서전에서 그녀가 누렸던 자유로움에 대해 이렇게 말한다. "어머니께서는 사내아이들처럼 놀고 싶으면 어디서든 실컷 뛰어놀게 하셨다." 20세기 초 비행기는 조종석이 개방된 콕피트 스타일이어서 상당히 위험했는데도 크리스티의 어머니는 어린 딸에게 비행 티켓을 사주었다. 앤 라이스의 어머니도 기벽에 가까울 정도로 자식에게는 자유방임적이었다. 앤과 동생들은 온 집안의 벽이란 벽에 마음껏 그림을 그리고 색칠했다. 아주 최소한의 제약만 받고 자란 앤은 인습을 거부하고 초자연적 세계를 다룬 기발한 소설을 쓰는 작가가 되었다. 그녀의 유별난 유년시절은 별다른 행동의 제약을 모르는 괴팍한 어른의 모습을 창조해냈다고 할 수 있다. 베이브 디드릭슨 제어라이어스도 텍사스 버몬트의 거리를 제멋대로 돌아다녔던 남부 소녀였다. 집에 들어올 일이라고는 밥 먹을 때뿐이고 끼니를 거르고 놀 때가 한두 번이 아니었다. 자유로운 영혼을 지닌 그녀는 14세에 로스앤젤레스로 가 서커스단에 입단하려고 한 적도 있다. 결국 고등학교 시절 실업 농구단에서 뛰기 위해 영영 집을 떠나고 만다.

피카소는 메시아처럼 자신을 떠받드는 여자들로 둘러싸인 집안에서 자랐다. 집안 여자들의 맹목적인 태도는 그를 거만하고 자기중심적으로 만들었다. 여자들에겐 무슨 짓을 해도 괜찮다는 사고방식까지 가지게 되었다. 피카소의 어머니는 그가 어린아이일 때 이렇게 말했다. "네가 군인이 되면 장군감이란다. 신부가 된다 해도 넌 교황이 될 거야." 어린 시절의 이런 주종관계는 대단한 자부심을 형성하는데, 이 점은 쉽사리 부인할 수 없다. 꿈을 좇는 발명가 니콜라 테슬라 역시 혁신적인 발명가가 되기까지 어머니의 영향이 컸다. 그의 회고록에 이런 구절이 나온다. "어머니는 누구보다 혁신적인 분이셨다. 나는 사진처럼 정밀한 기억력과 창조적 천재성을 어머니로부터 물려받았다." 마가렛 미드도 어머니의 역할을 강조하고 있다. "어머니는 나를 위해 세상 속에 나의 자리를 확고히 만드셨다." 나폴레옹도 이런 말을 했다. "나는 어머니 손에서 자랐다. 이렇게 자랄 수 있던 것은 어머니의 은혜다." 형제들과도 잘 지내지 못하고 친구도 제대로 없었던 키 작은 코르시카인이 위대한 인물로 자라는 데는 뭔가가 있었던 것이다.

게임에 열중하다

빌 게이츠는 어릴 적부터 게임을 통해 이기고 지는 법을 제대로 배웠다. 게이츠 집에선 저녁식사 후에 퍼즐 맞추기를 하든, 탁구시합을 하든 매일 밤 의례적으로 게임을 했다. 이기기 위해 게임에 임하는 진지한 자세가 그의 뇌리에 깊이 박혔다. 이것이 오늘날의 그를 만들었다. 도미노 피자의 창업자인 톰 모나건도 게임에 관해서라면 비슷한 경험이 있다. 그는 『피자업계의 호랑이』란 자서전에서 이렇게 말했다. "나는 퍼즐 맞추기 도사였고, 최고의 탁구선수에다 구슬치기 명수였다."

대부분의 비저너리들은 게임에서 이기는 것을 유난히 좋아했다. 그들은 게임의 종류가 구슬치기가 되었든, 퍼즐이든, 블록 쌓기든 내기 당구나 축구가 되든 문제 삼지 않았다. 프랭크 로이드 라이트의 어머니는 유럽에서 추상적인 공간 문제 해결 능력을 위해 고안된 프뢰벨 블록을 사주는 투자도 아끼지 않았다. 베이브 디드릭슨 제어라이어스는 6세에 구슬치기 대회에 나가 승리한 후 승부의 세계에 발을 들여놓았다. 베이브는 누가 가장 큰 물고기를 잡는지 내기를 하지 않으면 결코 낚시에 따라나서지 않았다. 마이클 조던도 리틀리그에 출전하는 순간부터 에어 조던이란 별명을 얻을 때까지 단 한 번도 승부욕을 늦추지 않았다.

과잉보호하는 엄마들 – 창의성에는 독약이다!

아이들의 무릎에 상처가 나거나 코피가 나는 일을 결코 용납할 수 없는 어머니들은 아동기의 중요한 학습기회를 박탈하는 것이다. 아이를 보호받는 환경에 가둬버리면 아이를 보호할지는 몰라도, 아이의 정서발달에 심각한 영향을 미친다. 이렇게 되면 안전이 보호수단이 아니라 목적이 되어버린다. 안전이 일차적인 목표가 되어버리면 어느 누구도 최고의 자리에 오를 수 없다.

이 책에 나오는 인물들은 대부분 위험 감수와 실수가 허용되었으며, 이기든 지든 스스로의 힘으로 싸울 수 있도록 격려받았다. 리처드 브랜슨의 어머니에게서 가장 훌륭한 모범을 발견한다. 고등학교 중퇴 학력의 브랜슨은 상당한 위험을 감수하여 마흔이 되기 전에 10억 만장자의 대열에 들어선 걸로 유명하다. 버진 레코드와 버진 애틀란틱 항공사는 그가 기업가로 훈련된 덕분에 얻어진 것이 아니다. 경영 수업을 제대로 받지도 않고 그런 성과를 어떻게 거둘 수 있었느냐는 기자들의 질문에 그의 어머니는 이렇게 대답했다. "나는 그 아이에게 독립심을 가르쳐주려고 했어요. 그애가 8세 때 나는 차를 몰고 나가 리처드를 런던의 어느 곳에다 내려주었지요. 그리고 혼자서 집을 찾아오라고 했지요." 브랜슨의 어머니야말로 독립심과 확고한 자신감을 심어준 본보기라 할 수 있다. 그러나 얼마나 많은 어머니들이 이런 무모한 짓을 할 수 있겠는가? 대부분의 어머니들은 자녀가 혼자서 스쿨버스를 타거나 근처 슈퍼마켓에 가는 것도 삼가고 있다.

자영업에 종사하는 부모

이 책의 인물 가운데 93퍼센트가 자영업에 종사하는 부모를 두었다. 그들의 부모가 출근계를 찍고 9시에서 5시까지 틀에 박힌 생활을 하는 직장인이 아니라 독자적인 일을 하고 있었다. 따라서 부모의 그런 모습을 보고 자랐기 때문에 그들도 은연중에 독립심이 생긴 게 아닌가 짐작한다. 대상 인물들 가운데 3명—다윈, 도스토옙스키, 헤밍웨이—은 아버지가 의사였다. 6명—크리스티, 디즈니, 휴즈, 고디, 터너, 스미스—은 사업가 출신이다. 2명—게이츠와 마르크스—은 변호사 출신이다. 5명—아인슈타인, 루빈스타인, 프로이트, 캠벨, 테레사 수녀—은 영업직 출신이다. 덩컨과 피카소의 부모는 예술가였고, 테슬라, 로브슨, 라이트, 킹의 부모들은 목사였다. 그 외 인물들의 부모들은 각각 도급업자, 약사, 농부, 어부, 교사였다.

자영업 종사 부모와 창조적이고 혁신적인 인물과 어떤 상관성이 있을까? 아주 커다란 관계가 있다! 아이들은 일차적으로 부모의 역할을 보고 배우는데, 그들은 일찌감치 자신의 운명을 개척하고 성공을 위해 다른 사람에게 의존하지 않는 법을 배운다. 어릴 때부터 받은 인상이 독립심, 자아 신뢰, 자아 충족감, 굴하지 않는 자기 복원력, 강한 자아상을 만들기에 충분하다. 이들은 어린아이 때부터 인생은 자업자득이며 자신의 인생은 스스로 책임져야 한다는 생각을 배웠다. 이를테면 그들은 성공을 개인적이고 내적인 작용의 기능으로 받아들이지, 대인관계나 외부적인 요인에 따라 좌우되는 것으로 보지 않는다.

정처 없이 떠돌아다니는 생활과 잦은 여행

대부분의 인물들이 어린 시절에 끊임없이 옮겨 다녔으며 이런 경험들은 어른이 되어서도 정처 없이 옮겨 다니는 삶에 이미 깊이 각인되었다. 프랭크 로이드 라이트는 10세가 채 되기도 전에 열 개 주를 옮겨 다녔으며 마가렛 미드는 11세까지 여섯 번이나 집을 옮겨 다녔다. 미처너는 미국 전역을 히치하이킹으로 돌아다녔지만 15세에 이미 몇 주州를 돌아다닌 경험이 있다. 디즈니와 아멜리아 에어하트는 세 개 주에서 고등학교만 네 번 이상을 옮겨 다녔다. 스티븐 킹은 6세가 되기도 전에 여섯 개의 주를 옮겨 다녔고 중국공산당 주석 마오쩌둥은 10세에 가출했다가 다시 집으로 돌아와 18세에 독립하여 완전히 집을 떠나기 전까지 세 번도 넘게 옮겨 다녔다. 미처너가 장난삼아 한 히치하이킹은 자신의 뿌리를 찾으려는 어린 소년의 몸부림으로 보아야 한다. 그는 회고록 『세계가 나의 집』에서 미국의 모든 주를 다녀봤지만 11세에 이미 두 개 주를 돌아다닌 경험이 있다고 실토했다. "마흔이 될 때까지 130여 개의 주에서 일한 경험이 있다."

어린 나이에 잦은 이사와 여행을 한다는 건 무엇을 의미할까? 이런 경험들이 아이에게 새로운 세계, 미지의 세계, 이국적인 풍물들을 감당할 수 있는 힘을 준다. 아이들은 새로운 친구도 사귀어야 하고, 낯선 문화도 이해해야 하며, 새로운 말과 화법을 배워야 한다. 그들은 미심쩍고 애매한 상황에서도 편안함을 찾아야만 한다. 기업가나 혁신가가 되려면 매일 부딪히는 일이 바로 이런 상황이다. 어릴 때부터 자족감과 독립심을 배운다면 어른이 되어서도 불연속적으로 다가오는 이런 일들이 훨씬 다루기 쉬워진다. 기업가와 변화의 대가들은 끊임없이 새로운 세계와 미지의 것을 대면해야 하고 또한 재빨리 터득해야 한다. 어린 시절 많이 옮겨 다닌 인물들은 미지의 환경에 대처하는 법을 일찍부터 터득하고 있다. 따라서 그들은 낯설다거나 별난 것을 어른이 되어서도 두려워하지 않는다. 좀더 안정적인 환경에서 자란 아이들에 비해, 이들은 미지의 세계를 긍정적으로 보는 시각이 일찍부터 형성되어 있다.

라이트는 열 개 주에서 여러 학교를 다니면서 새로운 친구와 선생님, 여러 동네와 문화에 대응하는 방식을 일찍부터 익혔다. 이때 경험한 다양한 도전들은 기행을 일삼는 건축가가 되어서도 이어졌다. 미드는 어린 소녀가 감당하기에는 너무 많이 옮겨 다니면서, 새로운 것들을 경험했다. 그녀는 새로운 세계에서 삶의 보람을 느끼기 시작했고 미지의 세계는 위협적인 세계가 아니라, 역동적인 세계로 다가가는 도전임을 알았다. 이런 태도는 젊은 독신 여성의 몸으로 뉴기니와 사모아 섬을 탐사하는 데 아주 유용하게 작용했다.

아멜리아 에어하트 역시 어린 시절 이동이 잦았던 생활이 자신에게 많은 도움이 되었다고 말했다. "나는 길거리에 구르는 돌처럼 자랐다." 마야 안젤루와 폴 로브슨 역시 비슷한 경험을 공유한다. 안젤루는 로스앤젤레스에서 태어나 아칸소, 세인트루이스, 로스앤젤레스, 샌프란시스코 같은 도시들을 전전하며 자랐다. 어린 시절의 떠돌이 생활로 몸에 밴 방랑적 기질은 7개 국어로「포기와 베스」를 공연할 수 있는 기반이 되었다. 그것도 혼자서 배운 언어능력으로 이룬 일이다. 뉴저지 주의 고등학교를 다니기 전까지 네 도시를 떠돌며 생활한 덕분에 폴 로브슨도 27개 언어로「오셀로」를 공연했다. 아인슈타인은 3개국—독일, 스위스, 이탈리아—을 다니며 학교생활을 했다. 나폴레옹, 발자크, 다윈, 도스토옙스키, 터너, 스미스, 테슬라는 기숙학교에 다녔다. 피카소는 10대 후반이 되기 전에 4개 도시를 옮겨 다녔다. 이들의 이야기를 통해 어린 시절 여러 곳을 옮겨 다닌 경험들은 리더십과 창조성에 긍정적인 영향을 미치고, 변화에 잘 적응할 수 있게 한다는 점을 알 수 있다. 모든 사람들이 어린 시절에 폭넓은 여행을 많이 했다는 이유로 어떤 분야를 막론하고 변화에 강한 사람이 된다는 뜻은 아니다. 다만 떠돌아다니던 어린 시절의 경험이 무리지어 있는 낯선 사람들 앞에서 어떻게 해야 할지 스스로 터득하게 해준 것으로 보인다.

책에서 만난 신화적 영웅과 정신적 스승들

발자크는 자신이 그토록 숭배하던 나폴레옹과 훈족의 아틸라 왕을 설명하기 위해 '신화에 미친 사람mythomania'이라는 용어를 만들어냈다. 마르크스도 인류에게 과학을 가르쳐주기 위해 신들의 세계에서 불을 훔쳐낸 그리스의 신 프로메테우스를 평생의 영웅으로 삼았다. 마오쩌둥도 청년시절 대부분의 시간을 위대한 전사에 대해 연구하면서, 책을 통해 나폴레옹, 표트르 대제, 예카테리나 여제, 그리고 유럽 출신 작가들을 접하면서 그들을 영웅시했다. 20세 때는 역사의 위대한 영웅 이야기를 들춰보느라 여섯 달 동안 아무것도 하지 않고 도서관에 틀어박혀 지냈다. 조셉 캠벨도 일 년 동안 고전古典을 탐독하느라 도서관에 파묻혀 지냈다.

책과 판타지 영웅들에 대한 열광은 내면의 영웅숭배로 이어진다. 그리고 이런 마음은 평생 동안 이어진다. 어린 시절에 읽은 동화나 우화의 장면들이 내면의 열정을 부채질하여 성인이 된 후에 위대함을 이루는 도구로 작용한 것이다. 우리보다 훨씬 거대한 영웅적 존재와 자신을 동일시함으로써 위대함으로 가는 장애물들을 제거한다는 뜻이다. 나폴레옹은 2,000년 전에 그가 영웅시하던 알렉산드로스 대왕이 이집트를 정복했다는 이유로 자신도 똑같이 이집트를 정복한다. 나폴레옹과 테슬라는 모두 괴테의 『파우스트』에 나오는 초인적 책략가 메피스토펠레스에 매혹된다. 터너와 발자크는 어린 시절에 나폴레옹을 영웅시했고, 게이츠와 캠벨은 레오나르도 다 빈치를 이상적인 존재로 삼았다. 히틀러는 니체의 초인을 제5원소적 존재로 열광했다.

비저너리한 인물들은 독서를 통해 이들의 이야기를 읽고 자신의 영웅으로 선택했다. 책은 이들에게 판타지를 심어주었다. 판타지 세계에서는 강자가 약자를 정복하는 대단한 인생 여정이 펼쳐지지 않는가! 애거서 크리스티와 디즈니는 우화와 요정이야기에 열광했다. 스티븐 킹은 공포소설과 영화에 열중했다. "나는 『지킬 박사와 하이드 씨』라면 사족을 못 썼다"라고 말할 정도였는데, 그는 만화책과 H.P. 러브크래프트, 레이 브래드버리의 판타지 소설에 나오는 섬뜩하고 비술적인 세계에 사로잡혀 있었다. "초자연적인 세계에 대한 공포심은 내게 새로운 길을 열어주었다. 『비술에 관한 모든 것』, 『납골당의 비밀』, 『검은 산호초 섬에서 온 생명체』, 『화성은 천국이다』와 같은 공포소설을 좋아했다."

에디슨은 이렇게 말했다. "단 몇 권의 책만 읽을 순 없다. 나는 도서관에 있는 책을 몽땅 다 읽었다." 기자들에게도 "디트로이트 도서관의 장서들을 A열부터 읽기 시작하여 절반 정도는 읽었다"고 말했다. 조셉 캠벨도 도서관의 책들을 몽땅 읽겠다고 했고, 빌 게이츠도 그랬다. 이 인물들은 책을 통해 세계를 인식하는 방식에 강한 영향을 받았다. 책은 그들에게 피난처이자 영감의 원천이다. 많은 사람들이 판타지 영웅들을 자신의 역할 모델로 삼고 스승으로 삼았다. 아이 때 그들의 마음을 감동시킨 영웅이나 우상이 형성되면 그들의 존재는 무의식 깊숙이 스며들어 신비하고 초자연적인 힘으로 변한다. 초현실 세계로의 도피는 아이의 영혼을 변화시켜 전능한 신념체계로 무장시킨다. 이런 아이들은 어른이 되어 어떤 일을 하더라도 내적인 제약이 적은 편이다. 이들은 다른 아이들에 비해 불신과 의혹을 잠시 유보할 줄 안다. 그 때문에 그들의 시선은 머리와 가슴속에 존재하는 잠재성을 광활하게 조망하도록 항상 열려 있다.

오프라는 마이애미비치에서 열렸던 전국서적상연합회 정례모임에서 청중들을 향해 이렇게 말했다. "나는 모든 도움을 책에서 받았다." 그녀는 책이 행복한 판타지의 세계로 이끄는 도피처가 되어주었다고 말한다. 밀워키 흑인 빈민 구역에서 벌어지는 환멸스런 현실에서 탈출하고 싶을 때마다 그녀는 미친 듯이 책을 읽었다. 독서는 그녀가 알고 있는 세상 너머에 뭔가 마술 같은 세상이 펼쳐질 것이란 믿음을 심어주었다. 책이 하는 일은 바로 이런 것이다. 베리 고디 주니어는 8세 때 꿈에서도 좋아하던 조 루이스에 대한 얘기를 하고 다닌다. 그는 회고록에서 이렇게 말했다. "조 루이스는 우주에서 가장 위대한 영웅이다. 그가 헤비급 챔피언이 되는 그 순간 내 마음 깊은 곳에서 커다란 불길이 일기 시작했다. 특별한 존재가 되고 싶은 강렬한 열망이 불길처럼 타올라 나도 그런 사람이 될 수 있을 것 같았다. 조 루이스는 영웅이란 말의 의미를 처음으로 알게 해준 존재다." 10대에 들어선 고디 주니어는 키플링의 영감어린 시 〈만약〉을 만난다. 50년이 지나, 그의 자서전에 키플링의 시 전문을 실으면서 그는 이렇게 말했다. "나는 이 시를 마음으로 익혔다. 한 소절, 한 소절 떼어내어 음미하면서 이 시의 철학을 내 인생에 적용시키려고 노력했다."

　조셉 캠벨과 빌 게이츠의 어린 시절에도 이들과 비슷한 영웅섬기기가 있었다. 두 사람은 르네상스맨의 위대한 업적을 읽은 후, 그를 어린 시절의 영웅으로 삼았다. 다 빈치에 대한 어린 시절의 인상은 너무도 강렬하여 게이츠는 이 위대한 발명가의 노트를 사들이는 데 수백만 달러를 주저없이 지출했다. 이사도라 덩컨도 샌프란시스코, 뉴욕, 런던, 파리, 베를린, 아테네를 다니면서 책의 세계로 도피했는데 자신의 회고록에서 이렇게 적고 있다. "나는 월트 휘트먼과 아프로디테의 영혼의 딸이다." 그래서 덩컨은 그리스에 정착하여 아테네에 댄스 스쿨을 열게 되었다.

　인간의 존재가치와 고귀함마저 결박당한 시베리아 형무소의 수인 생활에서도 "나는 걸신들린 사람처럼 책을 읽었다"고 도스토옙스키는 고백한다. 책은 그에게 희망이라는 세계로 도피할 수 있는 유일한 수단이었다. 그는 성경에서 지적이고 정서적인 위안을 얻었다. 허무주의를 탈피할 수 있게 해준 계기도 바로 성경에서 비롯되었다. 이런 독서 경험으로 그는 세계적인 실존주의 작가로 거듭 태어나 『지하 생활자의 수기』, 『죄와 벌』, 『카라마조프 가의 형제들』과 같은 작품을 발표하기에 이르렀다. 도스토옙스키는 남은 인생을 인간을 향한 인간의 비인간성에 천착한다. 그는 형에게 이런 글을 보낸다. "지난 4년간 내 영혼과 믿음(성경을 읽는 것)에서, 나의 지성(책을 읽는 것)과 감정이 어떤 변화를 겪어왔는지 굳이 다 말하고 싶지는 않아. 쓰디쓴 현실로부터 발견한 내 안의 도피처는 이제 그 결실을 맺고 있어." 앤 라이스는 소녀 때부터 읽기 시작한 찰스 디킨스의 고전 『크리스마스 캐롤』이 주는 섬뜩한 신비주의와 스크루지의 초자연적인 특성에 매료되었다. 그녀는 비술적 세계의 비현실성과 영원한 삶이 가능한 초자연적 세계에 빠져들었다. 신비하고 초자연적인 세계에 대한 집착이 그녀의 본질이 되었다.

아인 랜드는 예카테리나 여제, 오스만 제국을 정복한 키루스 대제, 빅토르 위고의 『레미제라블』에 관심을 가지면서 영웅섬기기를 경험했다. 팝계의 피터팬 마이클 잭슨도 스스로를 피터팬과 동일시하여 2층 창문에서 피터팬처럼 날아보겠다고 시도한 적이 있다. 그는 캘리포니아에 있는 자신의 집을 네버랜드라고 불렀다. 10대 시절에도 이런 환상에 너무 열중한 나머지 기자들에게 이렇게 말했다. "있잖아요, 근데 우린 날 수 있어요. 공중에서 떠다니는 법을 모르고 어떻게 해야 하는지 생각조차 할 줄 모를 뿐이에요."

조셉 캠벨은 신화 연구와 위대한 인물들에게 신화가 끼친 영향을 탐구하느라 평생을 보냈다. 그는 신화학의 독보적 존재로 그의 연구는 나의 신념을 체계적으로 정리하는 데 상당한 도움을 주었다. 신화적 영웅과 스승은 자아 실현을 위한 우리 욕구의 내적인 선언이며 그들처럼 완벽하고 탁월한 존재가 되고 싶고, 성공하고 싶다는 내적인 표현이다. 대부분의 판타지 영웅들은 책에 나오는 주인공들로, 고독한 젊은이들의 마음을 사로잡는다. 그들은 자기 자신과 같다고 생각하는 허구적 역할 모델에 갈망한다.

어떤 인물들은 책에서 영웅을 찾지 않는다. 미처너는 오페라 애호가였다. 라이트는 알라딘과 마술램프에서 위로를 얻었고, 마돈나는 영화배우 진 할로우, 마릴린 먼로를 숭배했으며, 스티븐 킹은 공포영화와 만화책을, 크리스티와 디즈니는 요정들의 이야기를, 마오쩌둥은 무협소설 영웅들의 이야기를 좋아했다. 폴 로브슨은 흑인 영가가 그에게 끼친 영향에 대해 이렇게 말한다. "흑인 영가는 사람들의 마음 깊은 곳에서 솟아나는 자연스런 감정을 시적으로 표현한 것이며 흑인들의 절대적이고 궁극적인 진실을 담은 노래 문화다." 넬슨 만델라도 아프리카 민담에서 유사체험을 했다. "어린 시절에 들었던 민담들이 내게 마법을 걸어와 나의 상상력에 불을 지피고는 아프리카 전사들을 만나게 해주었다." 아프리카 출신 시인과의 만남에서 그가 말했다. "이분은 우리의 전승에 대해 자부심을 심어주셨다. 나는 내가 선택받은 자라고 느꼈다."

마스크를 쓴 신화

신화학의 대부 조셉 캠벨이야말로 신화적이고 영웅적인 스승으로 가장 적합한 인물이다. 그가 6세와 8세에 만난 주제를 평생을 바쳐 연구했다는 사실이 무척이나 흥미롭다. 캠벨의 아버지는 그가 6세 때 뉴욕 시내에서 와일드 웨스트 쇼를 보여주었는데, 캠벨은 그 순간 버팔로 빌과 인디언들을 좋아하게 되었다. 또한 그는 8세에 자연사 박물관을 방문했다. 레오나르도 다 빈치에 관한 책과 이 두 가지 사건은 그의 인생을 송두리째 바꾸었다. 더글러스 페어뱅크스가 출연한 영화를 보고 이 위대한 배우가 그의 영웅이 되기도 했다. 그는 유명한 배우들처럼 옷을 잘 차려입은 어른이 되고 싶었다.

"신화의 재료는 바로 우리 인생이다"라고 캠벨은 말한다. 그가 박물관에서 본 토템 기둥, 마스크, 전설은 미국의 신화적 상징이었으므로 그는 이것들을 연구하기로 결심한다. 나이가 들어서도 캠벨은 신화를 좇아 극서부 지방(로키 산맥 서쪽 연안)에서 인도로, 인도네시아에서 뉴질랜드로 간다. 그는 10대 소년이 되어 책에 빠져들었고 『서구의 몰락』, 『세계문화사 대계』, 『아시아의 빛』, 『피네건의 경야』 같은 책들을 즐겨 읽었다. 또 수Sioux족의 예언자이자 의사였던 검은 엘크 Black Elk를 흠모하게 되었다. 어른이 된 그는 세상을 돌아다녔고, 다른 문화와 그들의 신화를 이해하기 위해 산스크리트어와 일본어도 공부했다.

자신의 관심에 깊이 천착해 들어간 캠벨의 사상은 두 권의 저서 『천의 얼굴을 한 영웅』과 『신화의 힘』으로 요약된다. 『천의 얼굴을 한 영웅』은 45세에 쓴 책이다. 이 책은 빌 모이어스 해설의 PBS TV의 프로그램 대본으로 제공되었다. "우리의 상상력은 인생의 경험을 통해 진화해나간다"라는 말은 그가 한 연구의 정수다. 그가 "신화는 영혼―프로그래밍된 원형이 무의식에 깊이 박힘―의 자발적인 생성물이다"라고 말했을 때, 그는 가상의 스승이 성공에 미치는 영향에 대한 나의 가설을 입증해주었다.

위대한 인물들은 어린 시절에 책을 통해 만난 영웅들과 자신을 동일시하면서 권력과 성공을 향한 의지를 불태웠다. 그 주인공이 만화에 나오는 배트맨과 로빈, 로빈훗, 원더우먼이더라도 상관없다. 숭배의 대상이 알렉산드로스 대왕, 나폴레옹과 같은 위인이거나 슈퍼맨이라면 인생은 원하면 뭐든지 이룰 수 있는 것으로 생각한다. 마이클 잭슨은 피터팬을 발견함으로써, 라이트는 알라딘을, 이사도라는 아프로디테를, 게이츠는 다 빈치라는 영웅을 발견했기 때문에 그들에게 그와 같은 일들이 일어났다.

판타지의 세계에 빠지는 것이 어떻게 우리를 성공으로 이끌어준단 말인가? 그것이 곧바로 성공의 길로 데려가지는 않지만, 무엇이든 할 수 있다는 신념체계를 내면화하여 미래의 자아상에 긍정적인 영향을 주기 때문에 성공이 가능하다. 알렉산드로스 대왕이 서른셋의 나이로 세상을 정복했다면 나폴레옹이라고 하지 못할 이유가 있을까? 그는 서른다섯에 세상을 정복했다. 터너가 아메리칸 컵에서 승리하지 못할 이유는 무엇이며 케이블 방송을 정복하지 못할 건 또 뭔가? 자신의 영웅과 세상을 정복하는 일과는 아무런 상관이 없다. 알라딘과 마술램프가 무에서 유를 창조했다면, 프랭크 로이드 라이트를 '형태와 생태주의적 기능을 결합시킨 건축가의 신'이라고 미국의 건축계가 칭송하지 않을 이유가 없다. 현실에서 만나게 되는 환상적인 꿈들을 강한 확신이 생길 정도로 내면화하여 자기 실현을 방해하고 저지하려는 내적인 의심들을 제거함으로써 마침내 그들은 어떤 일이든 이룰 수 있었다.

시련-창조성의 어머니

연구 대상 가운데 75퍼센트의 인물들이 성년이 되기 전에 부모나 형제자매를 잃었다. 단지 통계 수치상으로 나타난 것이지만, 이런 상실을 경험하지 못한 사람들도 목숨이 위태로운 병을 앓았다거나 여러 가지 불행을 경험했다. 연구 결과에 근거해서 볼 때, 분명한 점은 최고가 되려면 나락으로 떨어지는 경험과 극한 상황에서 살아남는 방법을 배우는 것이 필수적이다.

다윈과 테레사 수녀는 8세에 부모를 잃었다. 로브슨은 4세 때 어머니가 불에 타 죽는 광경을 지켜보았다. 프레드 스미스와 톰 모나건, 이 두 사람의 기업가는 불행히도 4세에 아버지를 여의었다. 스미스는 불행이 겹쳐 기형적인 엉덩이를 타고나는 바람에, 고등학교 때까지 목발을 짚고 다녔다. 모나건은 아버지의 죽음으로 고아원에서 청소년기를 보냈다. 사생아로 태어난 미처너는 자신의 정체성을 찾는데 평생을 보냈다. 애거서 크리스티와 스티븐 킹은 상당히 어린 나이에 아버지를 잃었다. 마오쩌둥은 14세에 아버지를 잃었고 나중에는 아내와 동생이 처형되는 것을 지켜봐야 했다.

마크 트웨인은 12세가 되기 전에 아버지와 여동생, 남동생을 잃었고 마르크스도 10대 시절에 아버지를 잃었다. 마리 퀴리도 9세, 10세에 언니와 어머니를 여의었다. 프로이트는 2세에 동생을 잃었는데 이 점이 그의 지나친 성취욕에 영향을 주었다. 둘째였던 테슬라에게는 형을 집안 계단에서 떠밀어서 죽였다는 의혹이 따라다녔다. 이 비극적인 사건은 발명가의 가슴에 멍으로 남아, 지나친 성취욕을 자극했다. 마가렛 미드에게 가장 가슴 아픈 누군가를 들라면 동생인 캐서린이다. 2세의 나이로 캐서린이 죽었을 때, 언니인 마가렛은 극도로 황폐해졌다. 30년 후에 딸의 이름을 캐서린으로 지은 것은 그녀에게는 전혀 이상한 일이 아니다. 휴즈는 10대에 양친을 잃었다. 부모님이 세상을 떠났을 때 그는 천애고아였지만, 파워게임에서 결코 밀리지 않으며 친척들을 사업에서 손을 떼게 만들었다. 그는 스스로 운명을 개척하는 주인공이 되었다. 훗날의 성공은 어리석고 경박한 10대 소년이 의욕에 넘치는 사업가로 변신하여 다시 그 시기로 돌아간 것에 지나지 않는다. 위기는 다른 무엇보다 우리의 영혼을 단련시킨다. 도스토옙스키, 피카소, 미처너, 라이스, 이 네 명의 인물들은 모두 이러한 주장을 신봉했다.

도스토옙스키 – 시련과 창조

도스토옙스키가 개인적으로 받은 상처는 부모나 형제자매를 잃은 사람들보다 훨씬 더 크다. 그가 독자들의 심금을 울릴 수 있었던 이유도 바로 여기에 있다. 그가 소설로 쓴 이야기의 대부분은 그의 고통을 바탕으로 했다. 사람의 마음을 울리는 강렬한 장면들은 그의 피폐한 영혼에서 흘러나온 것이다. 간질 발작과 조울증에 시달리고 알코올중독에, 충동적인 노름꾼인 그가 그들을 주인공으로 내세우기란 어렵지 않은 일이다. 15세에 어머니를 잃었고, 17세에 살인을 저지른 아버지가 그 벌로 거세당하는 장면을 목격한 그는 정신적·육체적·정서적으로 모든 것을 잃었다. 많은 사람들이 죽음을 희롱하는 그의 모습과 5년 동안 시베리아에서의 수인생활을 연결시켜 생각하지 못한다. 정상적인 사람으로 살 기회를 도박으로 날려버렸을 때, 도스토옙스키는 프리고지네의 분기점(누군가 죽는 시련—상징적인 의미이거나 실제로—을 겪고 그전보다 훨씬 강인하게 다시 태어나는 지점)에 도달하고 뒤로 물러서는, 그리고 또 도달하고 뒤로 물러서는 행위를 반복하면서 자포자기 상태에 이른다.

프로이트는 도스토옙스키의 정신적 상처는 살인자인 아버지로 인한 무의식적인 죄의식에서 생겨난다고 믿었다. 프로이트는 감성을 강하게 자극하는 도스토옙스키의 글에서 상당한 영향을 받았고, 그를 괴롭히던 정신이상의 유래를 진단하기 위해 그의 작품을 선택했다.

엄청난 잠재력을 지녔던 젊은 시절, 고뇌하던 그는 선동죄로 구속되어 총살형을 선고받는다. 사형 집행일 아침, 근위대원이 그에게 걸어와 눈을 가리고는 마당으로 데려간다. 총기의 격철 소리를 들으면서 죽음의 고통을 기다리고 있을 때 황제의 칙사가 걸어오더니 사형이 아니라 동토의 땅 시베리아로 5년간 추방한다고 선언한다. 이 순간 도스토옙스키는 '말로 설명할 수 없는 전율'에 휩싸인다.

『죽은 자의 집』, 『지하 생활자의 수기』, 『죄와 벌』에 나오는 비극적인 인물과 허무주의는 이와 같은 극한의 경험을 하지 않고서는 나올 수 없는 작품이다. 『지하 생활자의 수기』, 『악령』, 『카라마조프 가의 형제들』에서 그리고 있는 실존주의는 자신의 운명을 직시하고, 또 그런 상황에서 살아남은 자에 의해서만 작품화될 수 있다. 도스토옙스키의 비타협적인 의지는 니체의 철학, 프로이트 심리학, 카뮈와 사르트르 같은 실존주의자들에게 커다란 영향을 주었다. 니체는 이렇게 말했다. "도스토옙스키야말로 인간의 심리가 무엇인지 내게 가르쳐준 유일한 인물이다." 어머니가 세상을 떠난 후 도스토옙스키는 말문을 닫아버렸다. 프로이트는 그의 간질 발작을 아버지의 죽음을 소망한 대가로 보았다. 시베리아에서의 피폐한 생활에서 살아남은 도스토옙스키는 다시 태어난 자신의 모습에 대해 형에게 편지를 썼다. "감옥에서의 삶은 내 안에 존재하는 많은 것들을 파괴했지만 완전히 새로운 나를 창조했어."

마치 간절히 죽음을 소망하는 사람처럼, 도스토옙스키는 자기 파멸적이었다. 최악의 방법을 통해 위안을 얻는 그를 보고 사도마조키스트(가학피학성이상성욕자)라고 생각하는 사람도 있다. 한번은 작품의 판권을 몽땅 팔아버린 돈으로 하룻저녁 룰렛 게임 한판에 모든 것을 날렸다. 그 일 이후 빚 독촉을 피해 보려는 생각으로 25일 낮과 밤을 꼬박 틀어박혀 『도박사』란 소설을 썼다. 목숨과 재앙, 이상행동과 파멸을 마음껏 가지고 놀았던 그였기에 설득력 있고 현실감 넘치는 허무주의를 그려낼 수 있었다.

피카소 – 큐비즘의 탄생

파블로 피카소의 여동생이 디프테리아에 걸려 사경을 헤맬 때, 오빠인 피카소는 하느님께 동생을 고통에서 구해달라고 빌면서 동생이 낫기만 하면 다시는 그림을 그리지 않겠다고 파우스트적인 약속을 한다. 10대 소년의 눈으로는 자비로워야 하는 하느님이 어떻게 그토록 잔인한지 이해가 되지 않았다. 그는 동생의 끔찍하고 고통스런 죽음에 대한 분노를 가슴에 깊이 새긴다. 동생을 살려야 한다는 소망과 그림을 그리고 싶다는 양가성은 내면화되었다. 그 감정은 10년의 세월이 흐른 후, 종교와 하느님, 여자와 세상에 대한 엑소시즘으로 방출된다. 큐비즘의 탄생과 피카소의 초현실주의는 다른 무엇도 아닌 동생의 죽음이 남긴 산물이다. 그는 자기만의 방식으로 양가적 죄의식을 털어내고 내면의 분노를 진정시켰다. 피카소 내면의 고뇌는 대부분 예술로 발산되었다. 작품은 그에게 이런 상처를 안겨준 체제와 세상에 대한 잠재적인 거역이기도 했다. 그는 자신을 죽음의 사신으로 여겼다. 죽음을 대하는 그의 허무주의적 태도에서 큐비즘과 초현실주의적인 예술이 탄생했다. 〈아비뇽의 처녀들〉과 〈게르니카〉는 여동생 콘치타의 죽음으로 인한 죄의식과 고통을 덜어내고픈 그의 내적 욕구가 분출된 걸작이다.

제임스 미처너 – 죽음의 위기가 작가의 길로 이끌다

역사소설의 대가인 제임스 미처너는 남태평양에 있는 섬, 뉴칼레도니아에 착륙하려는 비행기 안에서 자신의 운명과 마주친다. 당시 그는 40세로 글 쓰는 일이라고는 학교에 제출하는 과제물이 고작이었다. 기상 악화로 세 번씩이나 위험천만한 착륙을 시도하는 비행기 안에서 그와 동료들은 죽음과 대면했다. 결국 그들은 불시착했고, 또 다른 삶을 얻었다. 부대로 돌아간 미처너는 자리에 앉아 이런 글을 썼다. "이제 남은 생은 지난 시절 위대한 인생을 산 사람처럼 살려고 한다." 다음날부터「남태평양」을 쓰기 시작한 그는 1948년 퓰리처 문학상을 수상한다. 죽음을 접한 미처너는 아주 어린 소년 시절부터 꿈꾸어온 글쓰기에 강한 동기를 부여받았던 것이다. 자서전에서 미처너는 당시의 느낌을 이렇게 묘사했다. "나는 솜털이 뽀송한 젊은이에서 완연한 남자로 다시 태어났다. 활주로에서 그런 결심을 한 순간 나는 세상에서 가장 멋진 남자가 되었다."

앤 라이스 – 뱀파이어 소설을 낳은 시련

앤 라이스의 시련은 다른 사람들보다 상처의 골이 깊다. 8세와 15세에 할머니와 어머니를 잃는 시련을 겪었다. 그녀에게 상처를 준 사건들은 그녀의 무의식 속에서 좀처럼 사라지지 않고 서성대고 있었기에 글쓰기를 시도했지만 그다지 성공하지는 못했다. 30대 중반이 될 때까지 포르노그래피를 포함한 여러 분야의 일에 부지런히 뛰어들었지만 극복이 되지 않았다. 1972년 5세 딸이 백혈병으로 세상을 떠나는 비극이 그녀를 내리친다. 그녀는 엄청나게 술만 마셔댔다. 그녀는 상실감을 쓸어내려는 카타르시스 행위로『뱀파이어와의 인터뷰』를 쓰기 시작했다.

1974년에 완성된『뱀파이어와의 인터뷰』는 1976년에 출판된다. 라이스는 자신의 작품 가운데 중추가 되는 이 소설을 "딸의 죽음을 정화하는 행위"로 말하는데, 궁극적으로 추구하는 목표는 할머니와 어머니의 죽음까지도 정화하는 것이라고 했다. 그녀는 "이 책은 딸아이에게 상징적으로라도 불멸의 삶을 선물할 것이다"라고 말하면서 이렇게 덧붙였다. "뱀파이어의 파괴적 본성은 내 어머니의 죽음으로부터 시작하여 죽음과 알코올의 관계, 백혈병이 내 딸에게 주었던 고통, 그리고 딸의 죽음이 내게 준 슬픔에서 분명해졌다." 그 참담한 시련은 그녀를 글쓰기를 좋아하던 주부에서 세계적인 작가로 변모시켰다. 그녀는 불행과 성공의 이런 관계가 결코 좋은 교환조건이 아니라면서 부인하고 있지만, 그녀는 성공했고 부를 얻었다. 적어도 허구의 세계에서만이라도 사랑하는 딸을 계속 보려는 몸부림이 신비주의적이고 초자연적인 세계, 불멸의 존재, 죽었지만 살아 움직이는 존재인 뱀파이어로 다시 태어났다.

신경쇠약

연구 대상 가운데 3분의 1 이상이 일을 하는 중에 신경쇠약을 경험했다. 디즈니는 여덟 번에 걸친 신경쇠약 증세와 최소한 세 번이 넘게 자살시도를 했다. 니콜라 테슬라도 최소한 다섯 번 이상의 신경증을 경험했고 휴즈는 세 번이나 겪었다. 그 밖의 사람들에 대한 자료들은 단편적으로 흩어져 있다. 마리 퀴리는 15세와 43세에 신경쇠약에 걸렸다. 나폴레옹은 수없이 많은 정서장애를 겪어 자살을 시도한 적이 있다. 발자크, 크리스티, 다윈, 도스토옙스키, 몬테소리, 헤밍웨이, 로브슨, 트웨인도 신경쇠약을 경험했다. 프로이트 역시 연구 파트너와 헤어진 뒤 신경쇠약증에 시달리면서도 논란이 되던 연구를 인정받기 위해 고군분투했다.

혁신적인 성과를 올리고 있을 때, 상당히 많은 사람들이 정서적으로 붕괴 직전에 놓여 있거나 내적인 분노상태에 있었다. 테슬라는 교류전류와 유도전동기의 비밀의 열쇠를 발견할 당시 극심한 신경쇠약의 고통으로 신음하고 있었다. 존 오닐은 『넘치는 재능의 소유자』란 책에서 그의 고통을 이렇게 묘사하고 있다. "나는 거의 붕괴 직전 상태까지 와 있다. 내가 실패한다면 흔적도 없이 사라져 버릴 것을 알고 있다." 디즈니도 여덟 번의 신경쇠약을 겪었지만, 그럴 때마다 〈미키마우스〉, 〈백설공주〉, 〈판타지아〉, 〈피노키오〉를 만들었다. 폴 로브슨도 매카시의 정치 광풍으로 그의 경력들이 파괴되고 러시아로 망명한 직후, 급기야 극심한 피로에서 오는 신경쇠약을 겪었다.

프리고지네의 소산구조 이론

시련과 성공은 서로 어떤 관계가 있을까? 대단히 밀접한 관계에 있다! 사람의 얼굴에 나타난 운명을 응시하다 보면 영혼에 커다란 충격이 온다. 사랑과 미움, 가치와 문제에 대해 다시 평가해보게 된다. 위험하다고 느낀 것을 위험하지 않은 것으로 바꾸려 하는 점이 가장 중요하다. 최악의 인생을 극복한 후에도 인생의 두려움이 없어질 것 같지는 않다. 이런 결정적인 순간을 프리고지네는 분기점(임계지점)으로 정의한다. 이 분기점에서 죽든가, 그렇지 않으면 이 정신적 상처가 전 상태보다 더욱더 강한 존재로 다시 태어날 수 있다. 이런 변이는 팔이 부러지는 일에 비유될 수 있다. 부러진 뼈가 완치되고 나면 그 자리에 다시 골절상을 입는 일은 불가능하다. 완치되면 부러지기 전보다 훨씬 더 강해지기 때문이다. 화학자 일리야 프리고지네는 소산구조 이론으로 생물과 화학 분야에서 1977년 노벨상을 수상했다. 그의 이론은 이 같은 변형의 기원을 설명하고 이 과정이 생물학적인 체계뿐 아니라, 감정체계에서 어떻게 작용하는지를 알게 해준다.

어떤 사람이 재난을 당하면 그 사람은 프리고지네의 분기점에 도달하게 되고 이런 조건에 맞서 싸우거나 결정적인 대가를 치러야만 한다. 공포로 질려버리든가 아니면 억척스럽게 싸워 이겨야만 한다. 어떤 사람들은 용기가 없어 숨어버리거나 더 한심해진다. 그러나 또 어떤 사람들은 절망의 깊은 골짜기에서 빠져나와 세상을 향해 우뚝 서기도 한다. 디즈니 같은 사람은 시련의 충격을 창조와 혁신에 사용했다.

프리고지네는 그의 연구를 열역학 제2법칙의 허무주의와 전투하는 수단으로 사용한다. 그의 과학적 의도는 생물계는 결코 부정적이지 않고 긍정적인 힘이 작용한다는 것을 밝혀내려는 데 있다. 엔트로피—붕괴와 무질서—는 궁극적으로 임계점에 도달하게 되며, 임계지점에 이르면 계system는 사멸되거나 위기가 발생하기 전보다 더욱더 향상된 상태로 다시 태어난다는 가설을 세웠다. 그는 에너지가 충분하게 극대화되면 카오스 상태에서 네겐프로피negentropy—도약과 질서—가 나온다고 말했다. 프리고지네는 『혼돈으로부터의 질서』에서 이렇게 결론짓는다. "모든 예술적·과학적 창조는 무질서에서 질서로의 이행과정을 뜻한다. 생명은 엔트로피(혼돈)에서 나온다. 생명은 질서나 지혜가 생기는 것보다 상위의 차원인 혼돈, 대소동, 무질서에서 나온다. 따라서 창조적 사유자들은 정신적인 안정도가 낮으며, 보다 고차원으로 정신적인 것들과 연결되고 복잡해져 진화를 겪게 된다." 이를테면 여기에 나오는 인물들이 겪은 엄청난 상처는 실제로 훗날의 성공을 위해 정화작용을 한 셈이다.

프리고지네의 임계이론은 기계, 개인, 국가, 화산, 태풍, 홍수와 같은 기상이변에도 적용된다. 그렇다면 이 모든 것들이 엔트로피란 말인가? 홍수는 토양을 자극하여 미래의 식량증대에 도움을 준다. 허리케인과 태풍은 대기오염을 쓸어버려 땅을 비옥하게 해준다. 진정한 변증법적인 체계로 보면 전쟁을 치른 국가들도 혼란과 위기 전보다 월등하게 나은 모습을 창조해낸다. 제2차 세계대전의 피해가 없었다면 전후 일본과 독일이 지금처럼 지배적인 산업구조를 가질 수 있었을까? 그 나라들은 도시들이 잿더미 위에 올라섰기 때문에 강대국이 될 수 있었다. 오늘날의 중국이 이와 비슷한 경로를 밟아 질주하고 있다.

프리고지네의 소산구조 이론은 우리에게 어떤 의미가 있을까? 이것은 위기를 새로운 기회와 성장을 키워주는 것으로 이해해야 한다는 정언명제定言命題를 제시한다. 우리에게 무슨 일이 생겼는가가 중요한 것이 아니라, 우리가 그것을 어떻게 다루느냐가 더 중요하다. 이 책의 인물들은 개인적으로나 직업적으로 재앙에 가까운 상처를 입었지만, 그런 시련이 없었더라면 그렇게까지 성공하기 힘들었다. 바닥으로 떨어진 그들이 최고의 자리에 오른 것이다. 이 연구는 성공에 필수적인 강한 의욕과 동기부여를 위해서는 불행한 일이 결국 '좋은 일'이 된다는 것을 보여준다.

나폴레옹 보나파르트

1796년 나폴레옹은 3만 명의 군사를 이끌고 이탈리아와 오스트리아의 7만 연합군과 전투를 치른다. 적군의 수적인 우세로 패배가 자명한 것처럼 보였지만, 자신감에 넘치는 나폴레옹은 전통적인 군사전략을 거부하고 초인적인 힘으로 전투현장을 여기저기 돌아다니면서 군사들을 격려했다. 혁혁한 전승을 거둔 그의 겉모습은 비록 바뀌지 않았지만, 그의 내면에는 엄청난 변화가 있었다. 나폴레옹은 자신을 우월한 존재라고 믿었으며 쉽사리 죽지 않는 불사신으로 여겼다. 정치판에서나 전장에서 그의 카리스마와 재능은 어느 누구도 그를 쉽게 무너뜨릴 수 없는 존재로 여기게 했다. 그는 필생의 적이었던 웰링턴 공작을 자극하여 이렇게 천명하도록 만든다. "그 꼬맹이 코르시카 놈이 전투에서는 4만 명에 맞먹는 힘을 갖고 있다." 나폴레옹은 비록 조상이 이탈리아 출신이라고는 하나 3년 만에 프랑스의 제1총통 자리에 오른다. 그리고 5년 후 스스로 황제의 자리에 오른다. 그는 단 5년 만에 유럽의 모든 권력을 그의 발 아래 굴복시켰다.

발자크

근대소설의 아버지라 불리는 발자크는 첫 소설 『크롬웰』을 썼으나 도저히 출판할 수 없다면서 거절당한다. 비평가에게 조롱당한 발자크는 더 이상 소설가가 될 수 없을 것처럼 보였다. 그는 이렇게 말했다. "사람들이 나의 그렇고 그런 능력을 무참히 짓밟은 후에도 나는 사람들의 기억에서 지워진 존재란 사실 때문에 자책했다." 그러나 그는 프랑스 사회를 거대한 기록물로 남기는 작업에 착수한다. 이 작업은 92권의 연작들로 이루어진 『인간희곡』이다. 그의 전기작가인 그레이엄 롭은 그를 "허구의 세계를 행정서기관의 기록처럼 진지하게 다룬 최초의 작가"라고 말한다. 논픽션 작가가 되고 싶은 그의 꿈이 좌절되지만 않았어도, 소설 형식의 혁신으로 문학의 세계를 변화시키는 작가는 탄생하지 않았을 것이다. 그는 자신의 약점을 누구보다 잘 알 정도로 성찰적인 사람이었기 때문에 자신의 진로를 변경할 줄도 알았다.

마오쩌둥

17세가 되면서 마오쩌둥은 자유를 위한 투쟁에 서서히 물들기 시작했다. 그가 처음 신문을 보기 시작한 시기가 이때쯤이었고, 활자화된 단어들이 번영으로 가는 창이라 굳게 믿게 되었다. 깊은 감동을 받은 마오쩌둥은 뭔가에 끌리듯 자리에 앉아, 사설을 작성하기 시작한다. "뭔지 정확히 모르겠지만 온갖 생각이 뒤섞인 나의 첫 정치적 견해를 피력했다. 이 글을 쓰면서 대략 어느 정도는 개혁적이고 혁명적인 생각을 한 것 같다."

젊은 날의 이 경험이 그에게 엄청난 변화를 가져온 것은 분명하다. 혁명적 열정에 자극받은 그는 혁명군에 가입한다. 그는 사상 혁명을 완수하는 일에 몸과 마음을 바치기로 결심한다. 그는 동료 인민군에게 급진적 사상을 설파하는 존재로 변신한다. "나는 급진적인 사상에 관해 쓸 수 있었고, 그들(인민)이 나의 위대한 학습에 존경심을 표했다"라고 마오는 말한다. 그는 계속해서 독선적인 사람이 되어갔고, "나는 우주다"라고 말하기까지 했다. 젊은 시절의 체험과 마르크스, 엥겔스, 레닌, 다윈과 같은 영웅들의 급진적인 사상서가 그를 변화시켰다. 그는 스스로를 종교집단의 교주로 생각했으며 군사전략가로 여겼다.

아멜리아 에어하트

아멜리아 에어하트는 늘 남자들이 세운 비행기록에 도전했고 여자들에게 요구되는 수동적인 일을 한 적이 한 번도 없었다. 괴팍스럽고 공공연한 반항심에 극도의 스릴을 추구하는 모습이 그녀의 장점이었다. 위험을 즐기면서 인생을 살고 싶어 했다. 위험도가 높을수록 그녀는 활력이 넘쳤다. "너무 무모하다"는 이유로 멕시코 만 비행도전을 만류하던 윌리 포스트의 조언을 뿌리치고 비행을 감행한 에어하트는 신기록을 세웠다. 에어하트가 미국 최초의 양성적 섹스 심벌이라는 사실이 놀랍지만은 않다. 짧은 머리에 바지를 입은 그녀의 반항적인 모습은 당시의 기준으로 보면 충격이었다. 죽음도 불사하는 모험이 그녀의 인생이었고 이것의 발단은 아주 어린아이였을 때부터 서슴지 않고 시도했던 썰매타기였다.

마리아 몬테소리

교육계의 메시아 마리아 몬테소리는 의사에서 혁신적인 교육가로 변신했다. 의학계에서 그녀를 남성들과 동등한 의사로 받아들이길 거부하자, 그녀는 '저능아'에, '교육이라고는 제대로 받아보지 못한' 아이들로 가득 찬 교실로 뛰어들었다. 교사생활에서 용기를 얻은 몬테소리는 의사직을 그만두고 학교로 다시 돌아와, 학습과정을 근본적으로 바꾸게 한 몬테소리 교수법을 창안했다. "교육은 사회학적인 공학입니다"라고 한 몬테소리의 위대한 통찰은 이 책의 본질을 가장 잘 보여준다. 그녀는 이 연구가 이룬 성과—위대함은 강도 높은 노력과 근면함에서 나오는 것이지 타고나는 게 아니다—를 일찍부터 발견했다.

제임스 미처너

남태평양의 섬 뉴칼레도니아에서 거의 죽음에 이르는 추락 사고를 경험한 미처너는 늘 갈등하던 교사생활을 그만두고 베스트셀러 작가로의 변신을 꾀한다. 어린 시절부터 작가를 꿈꿔 왔지만, 비행기 사고로 죽음의 문턱을 오락가락한 그는 인생이 짧다는 생각을 했고, 더 늦기 전에 작가의 꿈을 서두르기로 한다. 일 년 동안 쓴 원고를 출판사에 보냈을 때, 그 소설은 받아들이기 어렵다는 말을 들었다. 그는 결코 꿈을 이룰 수 없을 것 같았다. 출판업자는 그가 작가가 되기는 어렵다고 말했다. 그의 에이전트도 일을 그만두며 "작가로서 미래가 안 보인다"고 말했다. 글쓰기가 어려울 것이라던 그 남자는 1948년 퓰리처상을 수상했고 43권의 베스트셀러와, 그의 작품을 바탕으로 한 영화들을 남겼다.

마야 안젤루

세계적인 명성을 얻고 있는 시인이자 작가인 마야 안젤루는 7세에 강간을 당해 6년이란 시간 동안 말문을 닫고 살았다. 법정에서 한 자신의 진술이 강간범의 죽음에 책임이 있다는 자책에서다(그녀의 삼촌이 강간범을 무참하게 살해했다). 안젤루는 죄의식을 마음속 깊이 끌어안고 선생님이 자신을 침묵의 세계에서 구해주던 11세까지 한 번도 입을 열지 않았다. 선생님은 마야의 입을 열게 하기 위해 그녀에게 셰익스피어와 포, 여러 작가들의 글을 암송하게 하는 꾀를 냈다. 책들 가운데 고전작품과 시는 안젤루가 정상생활로 돌아오는 데 촉매제와 같은 역할을 했다. 시인들과 위대한 작가들이 그녀를 깊은 수렁에서 구해주었다. 대학 문턱에도 가보지 못한 그녀가 세월이 흘러 위대한 작가에 시인이 되었다는 사실은 엄청나다. 책이야말로 스스로가 처방한 침묵의 세계에서 그녀를 치유해주었다. 그녀는 책과 시에 대한 평생 변치 않는 애정을 키워나갔다. 어린 시절의 경험은 그녀의 문학 인생에 으뜸가는 추진력이 되었다. 독학으로 작가에 시인, 영화 각본가, 교수가 된 그녀는 1993년 클린턴 대통령 취임식에서 「아침의 고동소리」라는 잊지 못할 헌시를 낭송했다.

조셉 캠벨

신화학의 아버지 조셉 캠벨은 뉴욕 자연사 박물관을 처음으로 들어갔을 때 본, 토템과 마스크가 준 놀라운 충격을 자주 얘기했다. 그는 평생 동안 이런 물건들이 표상하는 신화(그는 신화를 성공을 자극하는 힘으로 보았다)의 근원을 찾아다녔다. 그날 이후로 캠벨은 세계의 작용을 설명하는 책의 매력에 푹 빠졌다. 그때 그가 읽은 책들은 오스왈드 슈팽글러의 『서구의 몰락』, H.G. 웰스의 『세계문화사 대계』, 에드윈 아놀드의 『아시아의 빛』, 제임스 조이스의 『피네건의 경야』와 같은 책이다. 그는 카를 융을 방문했고, 인생의 위대한 비밀을 알고 싶어 인간의 의식을 설명해줄 수 있는 인도의 스승, 크리슈나무르티도 찾아 나선다. 이런 탐문 과정을 통해 『천의 얼굴을 한 영웅』을 내게 되는데, 이 책은 조지 루카스 감독의 〈스타워즈〉에 많은 영향을 주었다.

그는 이런 말을 했다. "모든 사람들은 신화를 찾아야 한다. 신화는 내재된 욕구의 가장 근본이다. 오직 신화만이 삶을 의미 있게 하고, 체계적인 삶을 살게 한다." 캠벨은 신화적 표상과 여타의 체험들은 인생이 주는 더 큰 의미의 상징이라고 확신했다. 영겁의 세월에서 나온 제의와 의례는 성년 남성의 통과의례다. 용기를 배우면서 소년에서 남자로 변신한다고 캠벨은 말했다. "우리가 가지고 있는 모든 이미지들은 마스크에서 본 이미지들이며 신화는 은유적이다"라고 말하면서 이렇게 덧붙였다. "우리는 죽음과 부활을 경험해야 한다. 우리가 가진 유아적 잔재들을 죽임으로써 책임감에 넘치고 활동적이며 스스로를 보호할 수 있는 성년 남자로 다시 태어나야 한다."

캠벨의 삶은 자연과 인간의 진실을 밝히는 데 있었다. 이 책에 나오는 인물 가운데 가장 박식한 그는 자기 실현의 길을 찾으라고 은근히 충고하면서 "그곳이 어디이든 진정한 행복을 따라가라"고 충고한다. 그는 진정한 행복을 위해서라면 지구 끝까지라도 찾아갈 사람이다. 신화적 변용에 대한 연구의 진실은 "신화는 귀 기울여 듣는 자를 영웅으로 만들어주며, 또 삶을 이해할 수 있는 모델을 제시하는 것"이다. 이 말은 상당히 심오한 뜻을 함축하고 있다. 이 책의 인물들이 인생을 살아가는 바로 그런 모습이다.

베리 고디 주니어

감수성이 풍부한 8세의 소년 베리 고디 주니어는 자신의 영웅, 조 루이스가 히틀러의 게르만 우월주의를 체화한 막스 슈멜링에게 밀리다가, 결국 그를 녹아웃시키는 장면을 라디오 중계방송으로 들으면서, 멋진 삶을 살겠다는 결심을 한다. 조 루이스의 헤비급 타이틀 매치 승리를 통해 베리는 디트로이트 빈민촌의 흑인 소년에서 희망을 가지고 살아가는 소년으로 변모했다. 세계가 제2차 세계대전의 전운 속으로 빨려 들어갈 무렵, 루이스는 베리에게 희망을 열어주었다. 엄청난 에너지의 소유자였던 베리는 10대에 이미 권투선수가 되는 바람에 첫사랑이던 음악의 세계로 입문하는 데 약간의 시간이 지체되었다. 그가 음악의 세계로 복귀하여 소울 뮤직의 황제가 되기 전에 프로 권투시합을 15차례나 가졌던 것이다. 권투의 세계에서 제대로 발산하지 못하던 엄청난 승부욕은 모타운 레코드를 최고의 자리에 올려놓는 힘이 되었다. 무엇보다 그의 변신은 라디오를 벗 삼아 지내던 외로운 흑인 소년이 "갈색 폭탄(조 루이스)이 세계챔피언이 되었습니다"라는 말을 듣는 순간 일어난 일이다.

마이클 조던

노스캐롤라이나 대학 일학년 재학 중에 마이클 조던은 미몽에서 깨어나게 되었다. 농구를 그만두고 싶어 집으로 갔지만, 부코치의 손에 이끌려 다시 팀으로 돌아왔다. 조지타운 대학과의 NCAA 결승전이 있었던 1982년, 그의 농구 인생을 바꾼 일대 사건이 일어났다. 동점으로 끌고 가던 경기 막바지 몇 초를 남겨둔 조던은 자기 손에 공이 있음을 알게 된다. 그는 인생을 바꿀 슛을 날린다. 슛은 네트를 맞고 들어갔다. 그 슛 덕분에 노스캐롤라이나 대학은 전미 대학 우승을 차지한다. 학생들은 조던을 향해 "슈퍼맨, 슈퍼맨"이라 환호했다.

그 일이 있은 뒤, 에어 조던은 우승을 점칠 수 없는 경기를 하다가 그의 손에 공이 있으면 슛을 감행한다. 내심 그는 슛이 적중하리란 것을 잘 알았기 때문이다. 그는 꼭 해낼 것이라고 생각한 적은 없지만, 그래도 할 수 있다는 것을 알고 있다. "힘은 그것을 가지려는 자를 따른다"는 니체의 말처럼 운동화 끈을 졸라맬 때마다 그는 그 힘을 보여준다. 바로 그 힘이 그를 농구 역사상 팬들이 가장 열광하는 선수로 만들어주었다. 대학 농구 시절, 그가 날린 슛 한 방은 그의 아이콘이 되었다. 그는 기자들에게 말했다. "그 슛을 쏘고 나서 내게는 두려움이 없어졌다."

essential point
위대함은 노력을 통해 획득되는 것이지 타고나는 것이 아니다

『감성적 지능』의 저자 다니엘 골맨은 말한다. "감성적 학습은 평생교육이며, 논리적 지능만큼 중요하다." 골맨은 감정적 지능을 자기 인식, 감정의 조율, 동기부여, 공감, 사교성으로 본다. 학습은 인생의 경험을 통해서 이루어진다. 그 기나긴 여정이 사람의 운명을 결정할 뿐, 천성은 아니다.

이 책의 의도는 위대함은 노력을 통해 획득되는 것이지 타고나는 것이 아니라는 걸 말하려는 데 있다. 위대함은 IQ의 역할과 사회·경제적 지위, 돈, 심지어 공식적인 학력도 아니다. 성공 프로그램을 제대로 작동시킨다는 것은 그것을 우리의 머릿속에 깊이 새겨넣고 성취하며 사는 것을 말한다.

위대함에 이르는 중심적인 요인으로 출생 순서, 떠돌이 생활, 맹목적인 어머니의 양육방식, 자영업을 하는 아버지, 책과 판타지 세계에서 만나는 영웅과 멘토, 시련의 순간들이 있다. 이 핵심 요소들은 그들의 장점을 잘 발달시키는 데 있다.

- **출생 순서** : 맏이가 좋다. 자라면서 책임감과 리더십으로 서서히 무장되기 때문이다.
- **정처 없이 떠돌아다니는 생활** : 잦은 여행과 이사는 자기 충족감, 유연한 적응력, 독립심을 길러준다.
- **맹목적인 부모** : 관대하고 방임적인 부모들은 자신감과 자아 존중감을 키워준다.
- **자영업을 하는 아버지** : 출퇴근하는 직장인은 독립심을 저해하는 반면, 자기 사업을 경영하는 아버지는 스스로 충족하는 삶의 모습을 제시해준다.
- **판타지 세계의 영웅과 스승들** : 책에서 만나는 영웅들은 소중한 존재다. 그들은 영웅적 역할 모델을 머릿속에 그리게 하여 정신을 무장시킨다.

- **시련과 상처** : 주변 사람들의 죽음은 창조성을 자극한다. 바닥으로 떨어지는 시련은 최고가 되기 위한 단련이다.

Eight Key to Greatness _ CREATIVE GENIUS AND GREATNESS

창조적 천재와 위대함

인생은 생각하는 사람에게는 희극이지만
느끼려는 사람에게는 비극이다.
호레이스 월폴

그들은 위대함을 획득한 것일까?

이 책의 인물들은 분명 직업적인 위대함은 획득했지만, 인격적인 위대함은 성취하지 못했다. 연구 대상이 된 모든 인물들은 자기 분야의 전문가들로부터 비난의 화살을 받았지만 그들 대부분이 최고의 자리에 올랐다. 그들은 세상에 변화를 가져왔다. 심지어 나폴레옹 같은 전제군주도 「나폴레옹 법전」이라는 긍정적인 유산을 남겼다. 이 법전은 근대유럽에 법치의 미래를 형성하는 기초가 되었다. 프로이트의 공헌도 최근 들어 의문시되고 있기는 하지만, 자아와 무의식에 관한 프로이트적 담론에 의지하지 않고는 신문에 나온 기사를 읽기란 불가능하다. 지구촌을 여행할 때면 테드 터너의 유비쿼터스 환경이 제공하는 CNN의 위력에 새삼 놀란다. 마이클 조던은 NBA 경기의 질을 향상시켰고 마가렛 대처는 대처리즘을 낳았다. 예카테리나 여제는 러시아의 영토를 확장시켰으며 스티븐 킹은 공포소설로 대중을 열광시키고 베리 고디 주니어는 팝과 소울 뮤직을 결합시켰다.

그들의 인생은 성공적이었을까?

그들의 삶이 성공적인가를 결정하는 문제는 성공을 정의하는 개인에게 달려 있다. 우리가 부와 명성에 가치를 둔다면 그들은 분명히 성공했다. 우리가 성공의 가치를 일과 가족, 친구들 사이의 균형 있는 삶에 둔다면 그들의 인생은 너무나 비참했다.

대부분의 인물들은 자기 분야의 진보에 상당한 공헌을 했다. 아인슈타인은 우주·시간·에너지에 새로운 차원의 인식을 제공했고, 디즈니랜드와 미키 마우스 없는 세상은 참으로 재미없을 것이다. 에디슨의 전구는 가정과 공장을 밝혔고, 테슬라의 에너지 동력장치는 세상을 움직이는 성장 엔진이 되었다. 그러나 이런 성공 뒤에는 부정적인 면이 있음을 잊지 말아야 한다. 아인슈타인의 상대성이론은 값싼 원자 에너지와 동시에 인류를 전멸시킬 수 있는 잠재적 가능성을 제공했다. 테슬라의 동력기가 에디슨의 직류전기 발전소를 붕괴시킨 것처럼, 에디슨의 전구는 가정을 밝히는 동시에 가스램프 산업을 붕괴시켰다. 대가 없는 성공은 없다. 성공은 항상 어떤 값을 치렀느냐에 따라 평가되어야 한다.

한 가지 변함없는 진리는 "진정한 행복을 쫓아가라"고 한 조셉 캠벨의 격언이다. 그들은 열정을 가지고 자신의 행복을 따라갔고 결핍된 부분—가족과의 유대, 여유, 재미—에 대해 제대로 생각할 시간조차 없었다. 그들 대부분은 자신을 좋은 남편과 아내, 또는 윗사람이 아니었다고 인정할 것이다. 그들은 자신의 욕구가 너무 강해서 스스로에게 두려움을 느끼기도 했다. 그들은 가족과 친구와 건강과 모든 관계들을 희생하면서까지 지나친 성취와 자기 실현 욕구들을 이루었다. 결국 이런 내면적 열정이 그들을 규정하고, 조증으로 몰고 가는 연료가 되었다. 만약 그들이 가던 길을 멈춰서서 자기 자신과 주변 사람들에게 자신이 지금 무슨 일을 하고 있는지 생각해보았다면, 그들 스스로 자신에게 깜짝 놀랐을 것이다.

명예, 부 그리고 행태

이들은 무모하고 힘든 꿈을 실현하여 성공을 이루었고, 대부분은 부와 명예를 누린 상태에서 죽었다. 과연 성공의 정의는 무엇일까? 돈과 평판일까? 이에 관한 조사를 살펴보면, 단지 25퍼센트의 사람만이 돈을 최고의 성공으로 꼽았다. 최고의 성공지수로 인생에 대한 만족감을 꼽았고, 자기 삶을 통제할 수 있는 장악력을 2위에, 행복한 결혼과 원만한 인간관계를 3위로 꼽았다. 연구 대상의 대부분은 1순위와 2순위 성공지수에서는 상당히 좋은 성과를 거두었지만, 3순위 성공지수에서는 형편없는 실패자였다. 최고의 자리에 오르기 위한 값비싼 대가다. 두 명의 주인을 섬길 수는 없다. 최고가 되기 위한 대가를 기꺼이 치르겠다면, 일찍부터 넘쳐흐르는 성취욕과 자기 실현 욕구로 무장한 인격을 만들어야 한다. 이 책의 인물들은 성공을 위해 이에 상응하는 대가를 지불했고, 다른 사람에 비해 상당히 높은 값을 치렀다. 세상에서 가장 부유했던 휴즈였지만 자신조차 제대로 통제할 수 없는 사람으로 살아갔다. 마르크스는 명성을 안고 죽었지만, 정치적 혁명을 추종하느라 그의 현실적 삶은 지옥과 같았다.

일탈자들 일색

이 인물들을 하나로 묶어주는 끈은 그들이 남다르다는 점이다. 그들은 천편일률적인 방식을 거부하고 각자의 북소리에 맞춰 행군한다. 최고의 자리에 오른 그들의 인격은 그야말로 독특하다. 그런데 그들의 독특함 뒤에는 유전적이라기보다는 행태적이라고 할 만한 유사성이 숨어 있다. 이 장에서는 그들의 체격, 사회·경제적 지위, 가정환경, 가계, 학력과 같은 유사점을 밝히려 한다. 세상을 보는 눈과 세상을 대하는 방법에서 가장 많은 유사성을 찾을 수 있다. 그들은 두려움과 안전만을 추구하지 않았고, 기회와 가능성의 눈으로 세상을 보았다.

세부적인 것들로 진땀 흘리지 않는 비저너리들

위대한 기업가와 혁신적인 지도자들은 세세한 일로 끙끙대기보다 거대한 밑그림에 엄청난 에너지를 모은다. 샘 월튼이 J. C. 페니(미국 3대 백화점의 하나)의 점장으로 일할 때, 그는 상사에게 자기는 소매점 일을 제대로 해낼 수 없다고 말했다. 왜 그런 말을 했을까? 서류작업이 그의 적성에 맞지 않아서다. 서류작업이 맞지 않다고 하던 그는 세계에서 가장 큰 규모의 소매 체인점, 월마트를 창업했다.

디즈니는 캔자스에서 만화가로 첫 일자리를 구했는데, 능력이 모자란다는 이유로 해고됐다. 그러나 그는 계속해서 미키 마우스, 플루토, 도널드 덕, 구피와 같은 세계적인 캐릭터를 창조해낸다. 그는 이미 만화와 애니메이션에서 필요한 창조성과 예술성은 아무런 상관이 없다는 점을 알고 있었기 때문에 디즈니 왕국에서 '예술성'이란 단어를 거부했다. 만화의 본질은 바로 상업성인데, 전통에 매인 사람들은 그의 이런 목적을 용납하지 않았다.

마오쩌둥은 인도의 정치지도자 네루에게 이렇게 말했다. "원자 폭탄은 두렵지 않소. 1,000만, 2,000만, 아니 3억 명의 인구가 죽는다 해도 견딜 수 있소. 인구는 다시 교체될 수 있기 때문이오. 혁명을 위해서라면 목숨도 희생할 수 있소." 제대로 된 정규 교육을 받지는 못했지만 대단한 독서광이었던 마오쩌둥은, 부분보다는 전체가 중요하다는 총체적 사고를 하고 있었다. 그는 갔던 길을 두 번 다시 지나가지 않으며 항상 새로운 것, 시도해보지 않은 것들에 대한 호기심과 탐구심을 지녔다. 이는 프로메테우스적인 인격의 특징이다. 테드 터너는 CNN 출범에 대한 아무런 사업계획 없이 그 일을 시작했으며, 프랭크 로이드 라이트 역시 자신의 걸작 건축물을 창조할 때 세부적인 것들에 신경쓰지 않았다.

성공으로 가는 길

인격의 모든 차원은 연속성을 보인다. 보통사람들은 인격의 모든 차원을 두루 거치는 일이 거의 없지만, 창조적 융통성이 있는 사람들은 다차원적인 인격의 세계를 자주 드나든다. 이들은 상황에 따라 인격적 한계를 성공적으로 극복하려 한다. 정말 싫어하는 일에 도전한다든가, 평소의 모습과 다른 사람이 된다든가, 카를 융이 말하는 동시성의 상태—반대되는 성에 접근하거나 친해지는 방법을 통해—에 적응하면서 총체적 인간으로 성장할 기회를 최적화시킨다.

장점을 최적화시키면 잘한다는 소리는 들을 수 있겠지만 위대한 존재가 되려면 당신의 약점을 무너뜨려야 한다. 상당히 진부하게 들리겠지만 이것은 진리다. 장점은 스스로를 돌보지만 약점은 우리를 파멸시킬 수 있다. 당신이 자신의 약점을 지배할 수만 있다면 보통사람의 차원을 벗어나게 되며, 세상은 이미 당신 손 안에 있게 된다. 모든 인격은 부족함과 지나침의 연속선상에 놓여 있다. 따라서 외향적·내성적인 성격, 또는 A유형과 B유형과 같은 분류는 당신의 인격을 규정해주지는 못한다. 아마 이런 분류들의 어디쯤엔가 당신이 놓여 있을 것이다. 아니면 얼마나 내성적이고 외향적인지, 또 A유형에 얼마나 지배되고 있는가라는 문제일 뿐이다. 보통사람은 병리학적인 수준의 부끄럼(하워드 휴즈와 같이 지나치게 내성적인 성격)과 뻔뻔한 입심(마가렛 미드와 같은 지나친 외향성) 사이에 놓여 있다.

또 다른 차원의 문제들, 예를 들면 의사결정을 할 때에는 감정적인 결정유형(테레사 수녀와 같이 극단적인 감정주도형)과 엄격한 논리지향형(빌 게이츠처럼 지나치게 생각에 의존하는 유형) 사이에 놓여 있다. 위대한 인물은 상황에 따라 그러한 성격 유형 가운데 하나를 선택할 수 있으며, 그런 점이 천재의 특징이다. 평범한 사람들은 자신의 취향과 선호에 갇혀 있지만, 창조적 천재는 융통성 있는 적응력을 보인다. 심각하게 부끄럼을 타는 휴즈도 국회 청문회에서 믿기 어려울 정도로 강렬한 연설을 토해내 정적을 무너뜨린다. 정말 싫어하는 일을 용기내서 한 결과다. 엄청나게 사람을 좋아하는 마가렛 미드였지만, 자신이 속한 사회를 떠나 뉴기니의 야생세계에서 홀로 지냈던 생활은 그녀를 성공으로 이끌어주었다. 위대한 존재들은 보다 다양하고 성숙한 인격의 차원에 적응해 살아가기 때문에, 단일한 차원에 갇혀 허우적대는 사람들보다 많은 일들을 한다.

나라는 존재와 내가 아니라는 존재를 결합시키는 일이야말로 나를 위대하게 하는 진짜 열쇠다. 상황과 요구가 맞아떨어지는 곳으로 능숙하게 옮겨갈 때마다 위대함은 성취된다. 실천보다 말이 쉬운 관계로 너무 단순화되는 경향이 있을 수도 있다. 외향적인 사람들은 외부에서 힘을 얻는다. 외향적인 조셉 캠벨이 학교를 잠시 쉬고 4년 동안 그리스 고전을 읽으면서 산 속에 은거할 수 있었던 근거도 바로 여기에 있다. 지극히 내성적이고 수줍음 많던 히틀러가 100만 청중 앞에서 연설하려는 것은 쉽지 않았지만, 그것을 감행한 그는 마침내 독일을 접수했다. 마르크스, 휴즈, 아인 랜드, 테레사 수녀와 같이 내성적인 사람들이 상당히 훌륭한 연사였다는 점을 잊지 말자.

아니마와 아니무스

다양한 인격과 성, 심지어 이념적 차원을 넘나들며 변신을 하는 사람들이 많다. 소포클레스는 이러한 변신의 효과를 상당히 설득력 있게 말한다. "여성이 남성과 동등해진다면 여성은 남성에 비해 우월해질 것이다." 그는 또 여성적 힘에 근육질적인 남성성을 보탠다면 최고를 겨루는 경기장에 여성을 무장시켜 내보내야 할 것이라고 말했다. 융은 이런 여성은 그가 말하는 아니무스의 세계에 접근할 수 있다고 말한다. 아니무스란 '모든 여성의 원형적 경험 안에는 남성성이 존재하는' 무의식 세계를 말한다. 남성 안에 존재하는 여성적 원형 아니마에는 '모든 남성들의 원형적 경험 안에서 여성성을 찾을 수 있다'고 한다. 결론적으로, 모든 여성의 무의식 속에는 감추어진 남성성이 존재하고, 모든 남성의 무의식에는 감추어진 여성성이 존재한다.

비범한 사람들은 아니마와 아니무스, 이 두 세계를 적극적으로 활용한다. 그들은 명령에 따라 서로 다른 성적 특징을 활용하여 인격의 연속성이 지닌 다양한 세계를 작동시킬 수도 있고, 필요하다면 자신의 가장 큰 약점을 공격할 수도 있다. 최대의 약점을 굴복시킬 수만 있다면 모든 일은 누워서 떡먹기다. 서로 다른 성적인 특성을 활용하여 자신의 약점을 무너뜨리는 데 성공해 최고가 된 역사적인 사례가 있다. 나폴레옹, 히틀러, 마오쩌둥은 양심의 가책 없이 대량살상을 서슴지 않고 자행했으나 시를 쓰거나 그림을 그리기도 했다. 전장에서는 피도 눈물도 없이 잔혹하게 사람을 죽이는 살인기계였지만 그림을 그리거나 시를 지을 때면 지독하게 예민하고 감성적인 사람으로 변했다. 마성을 지닌 피카소나 전기에 미친 테슬라조차 틈만 나면 소네트 창작에 열중했다. 그런 면이 있기 때문에 여성들에게는 매력적인 존재였다. 발자크, 테슬라, 프랭크 로이드 라이트, 마틴 루터 킹은 멋진 옷을 차려입고 여성들의 찬사를 한 몸에 받았다. 그들의 차림새는 가장 화려하기로 소문난, 여성복을 디자인하는 남성 디자이너들 사이에서조차 질투심을 불러일으켰다. 발자크의 연인은 그를 '여자들보다 더 여성적인 인물'로 묘사한다. 조셉 캠벨, 프로이트, 마틴 루터 킹, 하워드 휴즈는 수시로 여성적인 면과 남성적인 면을 오갔다.

여성들에게는 대개 필요하다고 판단되면, 남성적인 면을 주저 없이 활용하는 재주가 있다. 예카테리나 여제는 "나에게는 무모할 정도로 호방한 면이 있다"라고 적었다. 어리석은 남편이 그녀를 감옥에 가두려 할 때에도 그 시대의 남자들처럼 연대장의 군복을 입고 칼까지 찬 완전군장으로 군마에 올라탔다. 온갖 종류의 심리학적이고 성적인 근거를 들이댄다 하더라도 자기를 존중하는 마음이 없다면 그 당시에 감히 다리를 벌린 자세로 말을 탈 엄두를 내지 못했을 것이다. 적과 교전하는 자리에서 어떤 남자도 '전형적인' 여자를 따르지 않을 것이라는 점을 예카테리나는 동물적으로 알고 있었던 것이다. 그녀의 양성적 행동은 성적인 고정관념을 제거시켜 남편과 권력 투쟁을 시도하려는 그녀에게 자칫 방해가 될 수도 있었다. 그러나 남성 지배적인 환경에서 살아가는 여성이라면 예카테리나와 마가렛 대처의 모범을 따르도록 해야 한다. 대처의 확고한 신념은 그녀에게 '철의 여인'이란 이름을 붙여주었다.

대처는 어린 시절 아버지로부터 리더는 남달라야 한다는 가르침을 받았고, 커서는 하키 팀 주장으로 뛰었다. 한번은 불굴의 투지를 자랑하는 대처와 미국의 레이건 대통령이 집무실에 함께 있었는데, 레이건은 "영국 최고의 남성은 대처 수상이다"라고 말한 바 있다. 런던의 신문은 훗날 이 얘기를 "대처의 몸에는 여성 세포가 하나도 없다"고 보도했다. 골다 메이어에게도 양성적 역할이 필요했다. 초기에는 여성으로서 불가피한 한계도 보였지만 위험을 감수해야 하는 상황이 되면 이스라엘의 그 어떤 남성 각료들보다 용감했다. 사막을 가로질러 압둘라 왕을 만나러 간 남성은 단 한 사람도 없었다. 그러나 골다 메이어는 그 일을 해냈다. 다윗 벤 구리온은 언론에 "현 내각에서 골다만이 유일한 남성이다"라고 말했다. 그는 도대체 무슨 말을 한 것일까? 물론 메이어는 여자였지만 남자, 여자를 떠나 이스라엘의 생존을 위해 배짱과 만용을 부릴 수 있는 유일한 인물이란 뜻이다.

에디슨, 테슬라, 라이트, 휴즈는 병적일 정도로 수줍음이 많았지만 자기 자신과 자기들이 만든 상품을 홍보하는 기자회견에서는 화려하고 허식에 찬 모습을 보여준 것으로 유명하다. 그 가운데 휴즈의 대인기피가 가장 심했지만 사실 그는 언론 플레이의 달인이었다. 억만장자이면서 은둔자였던 그는 1947년 한 해에는 대중들에게 거의 모습을 보이지 않는데, 상원의원 부르스터는 휴즈가 개발한 스프루스 구스를 정치적 목적으로 이용하려고 했다. 부르스터는 휴즈를 국회청문회에 소환해놓고, 그를 불참자로 만들려는 계획을 세우고는 좋아서 흥분했다. "휴즈의 보트는 결코 날 수 없다"는 그의 말에는 정부가 지불한 2,000만 달러 가운데 휴즈가 디자인 비용으로 유용한 부분이 있다는 뜻을 내포하고 있었다. 평소에도 과묵했던 휴즈는 협박에 굴하지 않고 기자회견을 자청했다. "만약 내가 만든 비행기가 실패라고 판명되면 이 나라를 떠나 다시는 돌아오지 않겠소." 그는 그럴 생각이 전혀 없었으며 애초부터 그가 제작한 비행기가 날 수 없다는 점을 알고 있었기 때문에, 그 말에는 실질적인 의미가 전혀 없었다. 그는 청문회장을 뜨겁게 달구어놓고는 LA로 돌아가버렸다. 그는 비행기 문제를 언론의 집중포화 속으로 날려버렸고 확고한 은둔자의 모습을 보여주어 세인의 기억 속에 영원히 억만장자로 남았다. 몇 년이 지나 클리포드 어빙이 자신의 일생을 기만하는 전기를 발행하자, 그 진위를 밝히기 위해 은거생활을 접고 다시 한 번 대중 앞에 서기도 했다.

"여성 기업인들은 보통 여성들보다 남성 기업인에 더 가깝다"라는 기사가 〈포춘〉에 실렸다. 심리학자 나다니엘 브랜든은 이렇게 적고 있다. "가장 창조적인 사람들은 남성성과 여성성을 통합한 양성적 인격을 보인다." 무슨 뜻일까? 개인의 창조적인 면을 가장 잘 실현하려면 여성들은 남성성을 활용하여 남성 지배적인 환경에서 활동해야 하며, 남성들은 여성 지배적인 환경에서나 교육 환경에서 여성성을 활용해야 한다. 성공하려면 내성적인 사람은 외향적이 되어야 하며 외향적인 사람들은 내성적이 되어야 하고, 너무 조심성이 많은 사람들은 위험을 감수하는 모험을 해야 하며, 숫자에 얽매이는 근시안들은 새로운 기회를 계획할 필요가 있다. 감정에 충실한 유형은 깊이 생각하는 자세를, 너무 철저한 논리주의자들은 감수성을 익혀야만 한다. 인생이라는 숲에서 살아가려면 나무를 다루는 법을 알아야 한다. 시카고 대학의 미하이 칙센트미하이 교수는 91명의 창조적 천재들을 대상으로 연구한 결과, 그들이 이중적인 역할을 해냈음을 발견했다. "창조적인 개인은 자기가 타고난 성의 힘을 활용할 뿐 아니라, 상대방 성의 힘도 활용했다"고 결론지었다. 그는 이렇게 적고 있다.

창조적인 사람들에게 나타나는 통합 가능한 가장 대표적인 이중성은, 한편으로는 개방적이고 수용적인 태도와 다른 한편으로는 강하게 밀어붙이는 추진력을 들 수 있다. 외향적인 사람들이 세상의 잃어버린 새로운 차원을 발견한 것처럼 내성적인 사람이 되어 세계를 경험한다면, 우리의 삶은 더욱 풍족해질 것이다. 자기 존재와 반대편에 있는 세상을 계속해서 탐색해보자.

양성적 특징

칙센트미하이 교수는 "창조적인 개인은 엄격한 성 역할 구분을 탈피하여 양성적인 경향을 보인다"라고 말했다. 양성적인 경향은 저명한 여성들, 특히 이 책에 나오는 여성들에게 상당히 널리 퍼져 있는 편이다. 아멜리아 에어하트는 다른 사람들보다 양성적인 경향이 두드러졌다. 치마 입기를 극도로 혐오했고 화장기 없는 얼굴에 짧은 머리, 남자들도 가기 힘든 곳을 가려고 시도했기 때문이다. 인류학자 마가렛 미드, 기업가 헬레나 루빈스타인, 교육자 마리아 몬테소리, 무용가 이사도라 덩컨, 육상선수 베이브 디드릭슨 제어라이어스는 남성적인 면을 부각시켜 남성이 절대적 우위를 차지하던 분야에서 최고의 자리에 오른 인물들이다. 대부분의 남성들보다 더 잘할 수 없다면 대다수의 남성들보다 더 형편없는 존재가 된다는 강한 다짐으로 이들은 모두 두려움 없이 진취적이고 경쟁적인 여성이 되었다.

미드는 20대 초반에 이미 세상과 동떨어진 정글로 혼자 들어갔다. 에어하트는 세상을 향해 "나는 다만 아무도 가보지 못한 곳을 가보고 싶다"고 말했다. 몬테소리는 그 어떤 여성도 해내지 못한 영역에 발을 들여놓았다. 고등학교 재학 당시에 여학생은 아무도 신청하지 않는 과학 수업을 들었으며 대학에서는 공학을 전공했고, 이탈리아 최초로 의대를 졸업한 여성이 되었다. 연구의 대상이 된 여성들은 단 한 사람도 빠지지 않고 집안일을 돌보는 환경이나 한 곳에 정착하는 판에 박힌 일상을 거부하고 세계를 무대로 돌아다니며 세상과 투쟁하는 무사가 되었다. 그들은 세상을 돌아다녔지만 늘 혼자였다. 덩컨은 베를린, 아테네, 상트페테르부르크, 런던에 자신의 댄스 스쿨을 세웠고 미드는 인도네시아 정글을 홀로 돌아다녔으며, 루빈스타인은 자신이 만든 제품으로 3개 대륙에 미의 제국을 건설했고, 몬테소리는 미국에서부터 인도에 이르기까지 교육 메시지를 전파하여 '방랑하는 교육자'로 알려졌다.

무엇이 그들을 계획대로 움직이게 했나?

9장에서 살펴보았듯이, 이들은 내재적(내부) 요인과 외재적(외부) 요인으로 생겨난 강한 욕구, 자아, 의지, 행동상의 특징들로 프로그램되어 있다. 일찍이 이런 프로그램으로 무장한 그들이 결코 타협하지 않는, 불굴의 의지를 지닌 인격의 소유자로 성장했음은 결코 부인할 수 없는 사실이다. 결국 그들은 위대함을 위해 프로그램된 인물들이다. 프로그램만이 유일한 이유는 아니다. 그들에게는 시대의 요구와 그들의 목표를 충족시킬 자질이 있었다. 자신감, 매력, 끈기, 승부에 대한 강한 욕구, 위험을 즐기는 성향들은 절대 한계를 모르지만, 다양한 경로를 택한 그들의 욕구 사이에 대단한 유사성이 있다는 점은 놀랍다. 타이밍도 적절했지만 그들은 기회를 찾아 기꺼이 어디라도 떠났다. 다른 사람들이 어리석은 자의 황금이라 해도 그들은 황금을 찾아 나선다. 걸출한 성공을 이룬 사람들의 삶은 우리가 인격이라고 부르는 여덟 가지 특징들로 귀결된다. 그렇다면 내재된 인격적 요인들과 외부적으로 표현된 모습들을 살펴보자.

분야별 차이점

이 책에 나오는 인물들은 6가지 다양한 직업군에서 채택되었고, 이들을 다시 9개의 범주로 나누었다. 93퍼센트가 자영업 출신의 아버지를 두었고 위험을 감수하는 성향이며 88퍼센트가 지나칠 정도로 활동적이다. 만 21세가 되기 전에 부모와 형제자매를 잃은 경험이 75퍼센트로 A유형 성격과 거의 비슷한 분포로 나타난다. 38퍼센트만이 규칙적인 종교 활동을 하며 46퍼센트가 대학을 졸업했다.

예술가들과 정치인들은 지나친 활동성을 보이지만 사업가들은 A유형 성격이 많다는 점에 주목하라. 몬테소리, 미드, 테레사 수녀, 마틴 루터 킹 목사와 같이 인권을 위해 노력한 인물들이 가장 영적이라는 사실은 그리 놀랍지 않다. 정치인들이 어린 나이에 인생의 위기와 시련—부모나 형제자매의 죽음—을 가장 많이 겪은 것으로 나타났다. 스포츠 분야에는 두 명의 인물이 있는데, 그들은 맏이로 태어난 것도 아니고 종교적인 성향이 강한 것도 아니며 어린 나이에 가족문제의 비극을 경험한 것도 아니다. 하지만 그들은 강한 모험적 성향을 지닌 A유형의 성격이다. 남성들이 정신적인 상처와 시련을 더 많이 겪었으며 위험을 감수하는 조증 성격에 A유형의 성향이 강하다. 여성들은 외향적이고 종교적인 성향이 강하다.

맏이로 태어난 것은 휴머니티 분야에서는 상당히 중요한 역할을 하지만, 비즈니스나 과학 분야에서는 약간의 이점만 있는 것으로 나타났다. 대학 졸업과 종교생활의 중요도에서는 놀라운 결과를 발견할 수 있다. 두 개의 범주에서 나타난 결과는 일반적인 인구 분포와 약간 다르다. 고등학교도 마치지 못한 경우가 20퍼센트로 나타난 것은 좀 놀랍다. 에디슨, 프랭크 로이드 라이트, 애거서 크리스티, 휴즈, 소이치로 혼다가 여기에 해당되는 사람들이다. 그들은 모두 특정 분야에 대해서는 상당히 많이 공부했지만 정규 교육은 극도로 혐오했다.

정치적 지향

이들 인물 중에서 예카테리나 여제, 나폴레옹, 마르크스, 히틀러, 마오쩌둥, 넬슨 만델라, 마가렛 대처를 제외하고는 대부분의 인물들이 정치에 무관심하다. 니콜라 테슬라, 프랭크 로이드 라이트, 이사도라 덩컨, 아인슈타인, 몬테소리, 폴 로브슨, 아인 랜드, 디즈니, 조셉 캠벨, 테레사 수녀를 포함한 상당수의 인물들은 맹렬한 평화주의자였다.

몇몇 인물들은 공산당의 정식 당원이었다. 공산당 선언을 작성하고 변증법적 유물론을 기초한 마르크스는 그들의 리더였다. 공산주의를 신봉한 인물로는 이사도라 덩컨, 마오쩌둥, 로브슨, 만델라를 들 수 있다. 만델라는 지배계급의 속박을 풀자는 만국 공통의 언어로, 세계의 노동자들을 결집시키려 한 마르크스에 상당히 동조했다. 레닌 역시 젊은 날 그의 우상이었다. 덩컨과 로브슨은 러시아로 가서 공산주의 지지자로 돌아섰다.

성적 욕망과 성공과의 관계

리비도는 성공의 절대적인 요소다. 리비도는 의욕—위대함에 이르는 여덟 가지 비결 가운데 한 요소—을 이루는 소중한 부분이기 때문에 인물들의 일생을 이러한 각도로 보는 것도 중요하다. 리비도에 관한 연구는 평전과 전기에 대한 연구, 정기 간행물을 통한 연구와 같은 2차적인 자료에 기초했다. 성적 기호와 같이 예민한 사안에 대해서는 세 가지 서로 다른 자료를 통해 검증되지 않는 한, 그 인물의 성적 취향에 대한 결론은 유보했다. 대부분의 경우는 덩컨, 크리스티, 테슬라, 미드, 로브슨의 경우처럼 본인이 직접 쓴 자서전 또는 마오쩌둥, 휴즈, 고디, 라이스처럼 주변 인물과 아내, 주치의, 연인이 쓴 전기에 근거했다. 다른 자료들은 정기 간행물이나 그 밖의 출처를 통해 수집했다.

이 연구를 통해 위대한 지도자들에게는 사람들이 따르고, 그들도 사람들을 유혹하는 타고난 소질이 있음을 알게 되었다. 연구 대상의 대부분이 사생활에서나 일터에서나 비정상적일 정도로 활발한 성생활을 했다. 점잖고 차분한 작가 애거서 크리스티의 소설에서는 근친상간과 강간, 또 다른 성적인 주제들로 가득 차 있다. 예카테리나 여제, 발자크, 프로이트, 마오쩌둥, 덩컨, 미드, 휴즈, 로브슨, 헤밍웨이, 앤 라이스의 소설과 삶에서는 성적인 집착을 엿볼 수 있다. 프로이트와 앤 라이스가 쓴 모든 글들은 성적인 것에 대한 천착에 가깝다. 그러나 그들이 상당히 금욕적이고 엄격한 삶을 살았다는 점은 아이러니하다. 휴즈의 전기작가 말에 따르면, 그가 제작한 여러 편의 영화들은 성적 자극을 위한 수음 도구에 지나지 않았다고 한다. 발자크, 헤밍웨이, 크리스티에게는 그들의 소설이 성적인 욕망을 잠재적으로 방출하는 도구였다.

발자크는 "흥청거리는 주연酒宴과 열정은 내가 책을 만드는 형식이다"라고 말한다. 그는 왕성한 육체적·성적 활동이 소설을 생산하는 결정적인 요소라고 보았고, 50세가 될 때까지 결혼하지 않고 그런 생활을 계속했다. 그래서 전기작가인 롭은 사실주의 소설의 아버지이자 결혼 적령기에 들어선 건강한 청년의 파리 생활을 '광란의 파티에서 미친 듯이 노는' 모습으로 그리고 있다. 발자크가 사제복을 입고 있는 동안 주목할 만한 소설들을 썼다는 사실은 심리학적인 측면에서 아주 중요한 의미가 있다. 그가 사제복을 입는 이유는 울적한 기분과 에너지가 육체적인 열정으로 낭비되는 것을 막으려는 자구책이었다.

앤 라이스는 익명으로 포르노그래피 소설을 여러 편 발표했다. 비의적인 세계의 여왕은 "나는 아주 어릴 적부터 성적인 환상을 가지고 있었다. "모든 것을 지극히 감각적이고 에로틱한 눈으로 보면서 살아왔다"고 말하면서 성에 대한 강한 애착을 토로했다. 헤밍웨이의 아들은 아버지의 전기를 쓰면서 이런 말을 했다. "아버지가 느낀 왕성한 성욕은 오히려 훌륭한 문학작품을 쓰는 데 방해가 되었다." 헤밍웨이가 새로운 작품을 쓰려면 새로운 애정행각이 필요하다고 한 스콧 피츠제럴드의 말처럼, 그의 바람기를 잠재울 수는 없었다. 나폴레옹, 발자크, 마오, 혼다, 로브슨, 고디, 터너도 상당한 바람둥이였다. 이들에게 그런 모습은 그리 이상해 보이지 않는다.

『생각하라, 그러면 부자가 된다』에서 나폴레온 힐은 이렇게 적고 있다. "성적 에너지는 모든 천재들에게 창조적 에너지로 나타난다. 나는 강한 성적 욕망을 품지 않은 지도자, 건축가, 예술가를 지금껏 보지 못했고 앞으로도 만나지 못할 것 같다." 세상의 모든 법칙에는 예외가 있겠지만, 이 책에서 다루는 인물들 가운데 다윈, 프로이트, 테슬라, 캠벨 그리고 디즈니가 바로 그 예외다. 이들은 성적인 욕구의 발산이 창조적 활동에 방해가 된다고 믿었다. 테슬라는 여자와 창조적 활동과는 서로 상극이라 여겨, 결혼이나 섹스는 말할 것도 없고 데이트조차 거부했다. 성적인 매력과 거리가 있었던 인물로는 몬테소리, 루빈스타인, 테레사 수녀, 대처 수상, 제어라이어스를 들 수 있다. 이들은 프로이트가 모든 사람들은 자신의 성적 에너지를 일의 세계에 투사한다고 말한 것처럼, 성적 에너지를 일로 승화시켰다.

대부분의 인물—80퍼센트—들은 대단한 성적 욕망의 소유자들이다. 휴즈는 할리우드의 햇병아리 배우들을 유혹하기로 유명했고, 마오쩌둥은 기분에 따라 거느린 첩만도 3,000여 명이 넘는다. 그는 먹고 마시는 주연에다 내연관계로 치닫는 생활을 즐겼다. 베리 고디 주니어도 다섯 명의 여성들 사이에서 여덟 명의 자식을 낳았지만 고작 두 명의 여자와 결혼했다. 그는 금발이라면 사족을 못 쓸 정도로 좋아했고, 그의 전 부인 레이노마의 말에 따르면, 신혼여행을 간 첫날밤에도 모타운의 금발 아가씨와 지냈다고 한다. 그들 중 3분의 1 정도가 음란증—병리학적으로 지나치게 강한 성적 욕망—이라 할 만하며 예카테리나 여제와 덩컨 같은 여성은 색광이라 할 만하다. 이들 중 대략 10명 정도, 약 25퍼센트가 끝없는 성욕을 자랑한다.

이른바 평범하다는 사람들도 어느 정도는 성에 대해 도발적이다. 아인 랜드가 그런 예인데, 그녀는 자신의 부하직원과 사랑에 빠질 결심을 했다. 그의 이름은 나다니엘 브랜든으로, 그녀보다 25세 연하였다. 아인 랜드는 나다니엘의 아내 바바라 브랜든, 랜드를 잘 이해하는 남편 프랭크 오코너를 불러 회의를 소집했다. 다른 사람의 추종을 불허할 정도로 인생을 논리적으로 접근한다고 장담하던 그녀였지만 자신의 관계에 대한 객관적인 의견을 듣고 싶어서였다. 그녀는 그 관계를 순전히 육체적인 욕구로만 보았기 때문에 감정적·금전적인 판단은 분리한 채 육체적인 욕구로만 접근해야 한다고 주장했다. 이혼은 경제적으로 보나 감정적으로 보나 비이성적인 처사라고 생각했다. 이 회의에서 남편이 공원으로 산책을 나가는 동안 일주일에 한 번 정도

애정행각을 벌이기로 전원이 합의했다. 젊은 연인이 맨해튼의 아파트로 일주일에 한 번 찾아오면, 그 사이 남편은 산책을 나가고 두 사람은 서로의 육체를 탐닉하며 강한 성적 욕망을 나누었다. 이 둘의 관계는 브랜든이 두 번째 부인이 될 젊은 여성에게 마음을 빼앗기기까지 무려 15년이나 지속되었다. 평론가들은 랜드가 소설 『아틀라스』의 여주인공 대그니 태거트가 되는 환상에 젖어 아틀라스의 지도자 존 골트와 사랑에 빠졌다고 했다.

종교적 지향

38퍼센트만이 조직적인 신앙생활을 했으며 하나의 믿음이나 교리를 고수했다. 조셉 캠벨이나 폴 로브슨은 상당히 영적인 인물들이지만 대체로 여성들이 남성에 비해 영적인 성향이 더 강하다. 그들 중 특히 도스토옙스키, 몬테소리, 테레사 수녀, 마틴 루터 킹은 종교에 헌신적이었다.

무신론자

마르크스, 다윈, 마리 퀴리, 프로이트, 덩컨, 랜드는 자타가 공인하는 무신론자들이다. 초월적 신은 존재하지 않는다는 확고한 믿음에 관한 한 마르크스와 랜드는 가장 독보적인 목소리를 낸다. "종교는 민중의 아편이다"라는 마르크스의 유명한 말은 공산주의와 무신론자들의 집회에서 가장 많이 들리는 구호다. 랜드는 경건하고 종교적인 부모 밑에서 자랐지만 이미 11세에 무신론자가 되었고, 어른이 되어서는 종교조직을 적으로 간주했다. 프로이트 역시 종교적인 분위기에서 성장했으나, 종교를 '환영幻影'으로 여겼다. 마리 퀴리는 독실한 부모 밑에서 자랐으나 자신은 "신앙심이 깊은 사람이 되고 싶었지만 그렇게 되지 못했다"고 고백했다. 크리스츠 칼리지를 다녔고 장차 목사가 되기로 했던 다윈의 신앙관은 가장 충격적이다. 그는 자서전에서 밝힌 바와 같이, '시골목사로 부임하기 위해' 교회의 승인을 기다리던 중에 비글호에 올랐다. 그는 자서전에서 이렇게 밝혔다.

> 나는 그리스도교가 신의 계시라는 진리에 점점 불신을 가지게 되었다. 무신론적인 생각이 아주 느린 속도로 내 안에 서서히 파고들었고, 어느 순간 나를 압도했다. ……내 결론이 옳다는 것에 대해 단 한순간도 의심을 하지 않았다. 나는 정말 어떻게 사람들이 그리스도교가 진리라는 믿음을 가질 수 있는지 이해할 수 없었다.

불가지론자

불가지론자들은 30퍼센트를 차지하며 아무도 초월적 신의 존재에 대해 알 수 없다는 입장이다. 이런 믿음을 가진 사람들로는 나폴레옹, 트웨인, 에디슨, 프로이트, 아인슈타인, 히틀러, 혼다, 에어하트, 터너, 라이스, 게이츠가 있다. 가톨릭 신자인 빌 게이츠의 부인은 기자들에게 이런 말을 했다. "빌은 그런 문제에 신경쓸 시간이 없어요." 그리고 남편의 종교관을 이렇게 설명한다. "시간이라는 자원을 활용하는 면으로 볼 때, 종교는 상당히 비효율적이에요. 일요일 아침 교회에 가지 않으면 훨씬 더 많은 일을 할 수 있지요."

종교적인 신심이 두터운 사람들

45퍼센트는 신의 존재를 믿었는데 그 가운데 기독교가 대다수다. 마오쩌둥, 혼다, 캠벨, 테슬라는 불교도들이다. 불가에서는 신을 세계의 바깥에 존재하면서 세상을 조정하는 존재가 아니라, 자기 안에 있는 존재로 본다. 미처너는 퀘이커 교도로 자랐지만 커서는 불교에 매력을 느꼈다. 로브슨, 디즈니, 휴즈는 원리주의자(제1차 세계대전 이후에 일어난 미국의 신교파의 일종으로, 진화론을 배격하고 창조설을 극단적으로 받아들인다)였다. 애거서 크리스티와 대처는 영국 성공회 신자이며 스티븐 킹은 감리교도. 테레사 수녀는 가톨릭이며 그녀와 마틴 루터 킹 목사는 자신의 삶을 종교에 투신한 인물들이다. 마가렛 미드는 꽤나 흥미로운 인물이다. 그녀는 불가지론자인 부모 밑에서 자랐으나 11세에 자신의 삶의 일부로 종교를 받아들이기로 결심한다. 그리고 결혼도 목사와 한다. 아인슈타인은 이스라엘의 건국과 유대국가의 문제에 깊숙이 개입했지만 구약성서의 내용을 교조적으로 믿은 적은 없었다. 나폴레옹은 유럽 최고 가톨릭 국가의 통치자가 되기 위해 가톨릭교회 앞에 서약하기는 했지만, 세인트헬레나 섬의 유배 기간 동안 불가지론적 입장을 시인했다.

성공한 그들은 정말 행복했을까?

사회에서 성공을 보는 관점에 따르면, 이들은 성공했을지는 몰라도 자신이 행복하다고는 믿지 않았다. 미국에서 실시한 여론 조사에서, 상위 3위의 성공 척도 가운데 1위는 25퍼센트를 차지한 돈이었다. 돈과 명예를 성공의 필수조건으로 본다면 그들은 최고의 자리에 오르고도 남는다.

이들은 상당한 추진력으로 엄청난 성취를 이루려 했으며, 그 결과 자신의 꿈과 목표를 이루었다. 그들 대부분은 황당하고 전혀 실현가능성이 없던 목표까지도 이루는 성공을 거두었다. 하지만 가족과 개인의 생활을 희생하면서 거둔 성공이었다.

고독한 은둔자

마이클 잭슨은 자서전 『문워크』에서 이렇게 말한다. "나는 세상에서 가장 외로운 사람일 것이다." 그는 수백만 팬들을 열광하게 하여 그들의 우상이 되었다. 비슷한 상황이 마이클 조던에게도 벌어졌다. 조던은 추수감사절이나 크리스마스 만찬을 호텔방에서 혼자 즐겼는데, 이는 무차별적인 언론의 추격과 팬들의 극성에 시달리며 외식하는 것보다 그게 낫다는 판단에서였다. 대중문화의 대표적 아이콘이 된 이 두 사람은 결국 과거 베이브 루스나 엘비스 프레슬리, 비틀스가 그랬던 것처럼 고독하고 은둔적인 삶을 산다.

나폴레옹은 자신의 고독을 이렇게 피력했다.

사람들에 둘러싸여 있어도 항상 나는 고독했다. 방으로 돌아와 그따위 날카로운 감정과 우울한 생각을 벗어던지는 나 자신을 그려본다. 지금 나는 어디로 가고 있는 것일까? 죽음을 향해. ……어떤 광포함이 나를 이토록 미치게 만드는가? 도대체 내가 세상에서 할 수 있는 일이란 무엇인가? ……내겐 아무런 즐거움도 없는데, 아무런 득이 될 수 없는 날들을 내가 왜 견뎌야 하는가?

발자크, 도스토옙스키, 퀴리, 테슬라, 마오, 크리스티, 휴즈, 미처너, 스미스, 디즈니, 히틀러, 라이스, 스티븐 킹은 사람들과의 관계를 꺼려했다. 그들은 단호하게 사람들과의 교제를 거부했다. 휴즈와 같이 심한 경우에는 세상과 완전히 단절하면서 방에서 나오지 않기도 했다. 발자크도 끝내야 할 중요한 책이 있으면 은신할 수 있는 공간에 틀어박혀 나오지 않았다. 그는 조증의 성격과 불행한 자신에 대해 "천재들의 유일한 선택은 죽음뿐이다. 이렇게 끔찍한 옷차림에 질려버리고 말겠다"는 식으로 묘사했다. 도스토옙스키는 이렇게 말했다. "내게는 비사교적이고, 말도 잘 못하고, 사람들 앞에 나서지 않는다는 평판이 나 있다." 자신의 작품에 대해서도 "내 소설 『백치』에 대한 나의 불만은 경멸로 가득 찬 수준이다"라고 지독한 혐오감을 보였다. 마오쩌둥의 주치의에 따르면 "친구도, 사랑하는 사람도, 심지어 아내와 자식조차도 마오를 좋아하지 않았다"고 한다.

이들은 자신의 성공에 대해 호되고 무서운 대가를 치른다. "아무도 가보지 못한 곳을 가보고 싶다"던 에어하트는 강한 욕망 때문에 자신의 목숨을 바쳤다. 다윈의 이단적 주장은 그의 아내와 가족들 그리고 친구들의 믿음을 저버리는 것이었다. 마리 퀴리의 전기작가는 퀴리의 친구였던 루터폴더가 "그녀를 보면 정말 비참하다는 생각이 듭니다"라고 했던 말을 인용한다. 헤밍웨이는 자신과의 싸움을 자살로 마무리한다. 엥겔스는 자신의 절친했던 친구 마르크스의 장례식에서 이런 말을 한다. "우리 시대에 마르크스만큼 증오의 대상이 되고 그토록 많은 비난을 받은 사람은 없습니다." 엥겔스의 도움이 없었다면 그와 그의 가족은 굶어 죽었을 것이다. 친구의 도움이 있었지만 마르크스는 지독한 가난과 싸우면서 정치적 활동에 평생을 바치는 희생을 치렀다.

자기 파괴적인 본능

그들에게는 가장 무서운 적이 도사리고 있다. 죽고 싶다는 강한 열망이다. 자기 성찰적인 면이 강했던 나폴레옹은 이렇게 적고 있다. "어떤 광포한 힘이 나를 파멸로 끌고 가는가?" 발자크, 트웨인, 에디슨, 테슬라, 라이트, 덩컨, 휴즈, 고디, 터너는 이미 자신이 벌린 일에서 돈과 에너지를 비축해둬야 했지만 새로운 사업에 무모하게 덤벼들어 돈과 정력을 탕진했다. 도스토옙스키, 테슬라, 스미스는 일생일대의 소중한 돈을 도박으로 날려버리는데, 그런 일이 단 한 번도 아니고 여러 번 반복되었다고 한다. 여러 관점으로 볼 때 자신을 벼랑 끝으로 몰고 가는 태도는 위대한 성공에 공헌한 점도 많지만 자기 파멸의 길로 인도한다. 마오쩌둥은 목숨을 위태롭게 할 만큼 수영을 즐기곤 했는데 그의 이런 행동은 동료들을 격분시켰다.

불시에 당한 남편의 죽음과 젊은 조교와의 불명예스런 스캔들로 두 번째 노벨상을 수상할 당시, 마리 퀴리는 거의 제정신이 아니었다. 방사능 때문에 심신이 쇠약해져 자살을 시도하기도 했다. 꿈을 이루려고 너무 성급하게 몰아붙인 연구 방식이 퀴리를 위태롭게 만들었다.

하워드 휴즈와 아멜리아 에어하트는 자동차와 비행기 사고를 여러 번 당했는데, 대부분의 사고는 피하려고 했더라면 피할 수 있는 것이었다. 물불을 가리지 않고 덤비는 성격 때문에 연료가 떨어지는 줄도 모르고 어리석게도 운행 실수를 저지른 것이 사고의 이유였다. 나병으로 죽어가는 사람들과 같이 살면서 전염성의 질병으로 고생한 테레사 수녀는 '빈민굴의 성녀'라는 칭호를 얻었다. 마이클 조던은 시카고의 아이젠하워 익스프레스에서 자신의 스포츠 카 마제라티를 시속 280킬로미터로 몰면서 짜릿한 흥분을 느꼈다. 라이트, 혼다, 고디는 치명적인 정면충돌 사고를 입을 뻔했다. 테슬라는 100만 볼트의 전류를 자기 몸으로 흘려보내는 기행으로 '전기를 만드는 마법사'로 알려졌다. 자신이 발명한 교류전류가 안전하다는 점을 입증하기 위해 친구와 조수들에게 놀라움을 선사한 것이다. 골다 메이어는 팔레스타인 내전 당시 자신의 브래지어 속에 수류탄을 몰래 숨기기도 했다.

디즈니 스튜디오의 존립을 위태롭게 하는 창조적인 새로운 사업에 뛰어들 때마다 디즈니는 지불문제에 대한 해결책을 찾아야 했다. 그럴 때마다 그는 자신의 경력과 건강을 위협하는 신경쇠약을 대가로 치렀다. 그의 삶은 재정적인 면에서나 정서적으로 단말마적인 고통으로 점철되었고 지나친 과음과 하루 세 갑의 담배가 그를 죽음으로 이끌었다. 에디슨, 휴즈, 스미스, 터너는 사업적인 결정을 할 때 마치 죽으려고 작정한 사람 같았다. 그들은 위험이 자신을 매장시킬 만하면 그것을 기회라고 여겼다. 자신의 한계를 넘는 모험을 하는 문제는 정말 힘든 결정이었지만, 결국 그들에게 부와 명성을 가져다준 것은 그런 결단이었다. 상황이 안정적으로 굴러가기만 하면 더욱더 자신들을 전멸시킬지도 모를 새로운 시도를 준비했다. 레버리지 효과는 그들에게 신적인 존재나 다름없었다. 그들은 은행계좌를 검토하듯 이것을 이용했다. 터너 가족의 친구가 이런 말을 했다. "터너는 점점 더 큰 주사위를 던진다."

나이와 성공

이 연구의 대상이 된 여성들의 평균적인 성공 나이는 38세이고, 남성들의 평균 연령은 35세였다. 운동선수 마이클 조던과 베이브 제어라이어스는 최소 연령으로 세상에 자신의 이름을 날렸다. 그 당시 둘 다 19세였다. 넬슨 만델라는 가장 고령으로, 74세에 노벨 평화상을 수상했다. 골다 메이어도 결코 젊다고 할 수 없는 일흔의 나이에 이스라엘 수상에 당선되었다. 테레사 수녀는 교황의 윤허로 사랑의 선교회가 인가를 받기 전에 이미 55세였다.

〈표-7〉 위대한 인물들의 성공 연령

- 18명의 여성 : 평균 성공연령 38.1세   - 31명의 남성 : 평균성공연령 35세

인물	성공 내용	성공 연령
마야 안젤루	「새장 속의 새가 왜 우는지 나는 알지요」(1970)	42
메리 케이 애쉬	Mary Kay MLM 런칭(1963)	52
오노레 드 발자크	「인간희극」(1831)	32
나폴레옹 보나파르트	로디 전투(1793), 프랑스 황제 취임(1799)	24/30
조셉 캠벨	「천의 얼굴을 한 영웅」(1949)	45
예카테리나 여제	러시아 황제 취임(1762)	33
마리 퀴리	라듐 발견, 박사학위 취득과 노벨상 수상(1903)	36
찰스 다윈	「종의 기원」(1859), 「인간의 계보」(1871)	50/62
월트 디즈니	〈미키 마우스〉(1928), 디즈니랜드(1955)	27/54
이사도라 덩컨	파리, 런던, 베를린 순회공연(1902)	24
표트르 도스토옙스키	「가난한 사람들」(1846), 「카라마조프가의 형제들」(1880)	25/45
아멜리아 에어하트	대서양 횡단(1928)	31
토머스 에디슨	백열등 발명(1879)	32
알베르트 아인슈타인	특수상대성이론(1905)	26
지그문트 프로이트	「꿈의 해석」(1899)	43
빌 게이츠	IBM 컴퓨터의 운영체계 개발(1981)	26
베리 고디 주니어	슈프림즈의 빅히트(1964)	36
어니스트 헤밍웨이	「무기여 잘 있거라」(1929), 「노인과 바다」(1953)	30/54
아돌프 히틀러	독일제국 총통 취임(1933)	44
소이치로 혼다	슈퍼 커브 모터사이클 개발(1958)	52
하워드 휴즈	〈지옥의 천사들〉 아카데미상 수상(1931)	26
마이클 잭슨	〈스릴러〉, 〈빌리 진〉, 문워크(1984)	26
마이클 조던	노스캐롤라이나 대학시절, 전미 대학농구 우승(1982)	19
빌 리어	최초로 자동차 라디오 개발(1924), 리어 제트기(1963)	22/60
마틴 루터 킹 목사	남부 그리스도교 지도회의(SCLC) 결성(1957), 노벨 평화상 수상(1960)	33/35

에스테 로더	에스테 로더 화장품 미국 내 출시(1947)	52
마돈나	워너 레코드와 계약(1983)	25
넬슨 만델라	노벨 평화상 수상(1993), 남아프리카 공화국 대통령 취임(1994)	74/75
카를 마르크스	『자본론』(1869)	59
마가렛 미드	『사모아 섬의 성년』(1928)	29
골다 메이어	이스라엘 수상 취임(1969)	70
제임스 미처너	『남태평양』(1947)	40
톰 모나건	도미노 피자 미국 내 가정배달 시스템 구축(1980)	43
마리아 몬테소리	어린이집 프로젝트- 몬테소리 교육론(1907)	37
루퍼트 머독	일간지 〈오스트레일리언〉 런칭(1964)	33
파블로 피카소	〈아비뇽의 처녀들〉(1907)	26
아인 랜드	『마천루』(1942), 『아틀라스』(1957)	38/52
앤 라이스	『뱀파이어와의 인터뷰』(1976)	35
헬레나 루빈스타인	미의 제국(1908)	36
폴 로브슨	유진 오닐 작 『황제 존스』로 브로드웨이 연극 무대의 스타가 됨(1924)	26
프레드 스미스	페덱스 출범(1973)	29
니콜라 테슬라	교류전류 발전소 건설을 위해 웨스팅하우스와 계약 체결(1886)	30
마가렛 대처	영국 수상 선출(1979)	54
테레사 수녀	자비의 선교 수녀회 발족(1965)	55
테드 터너	WTBS 슈퍼 스테이션 개국(1976), CNN 개국(1980)	38/42
마크 트웨인	『캘러베러스 카운티의 명물, 뛰어오르는 개구리』(1867), 『허클베리 핀의 모험』(1884)	28/50
오프라 윈프리	「오프라 윈프리 쇼」(1983)	29
프랭크 로이드 라이트	탤리에신(1911), 구겐하임 미술관(1961)	42/92
베이브 D. 제어라이어스	전미 농구선수(1929), 올림픽 기록(1932)	19/22

분야별로 성공의 나이를 살펴보면 스포츠계가 단 두 명의 인물—조던과 제어라이어스—밖에 없다곤 하지만 가장 어리다. 예술 분야가 그 다음으로 연령이 낮아 평균 31세다. 가장 나이가 많은 분야는 정치로 평균 연령이 51세다. 기업가는 36세, 과학자는 32세, 인권 분야는 37세로 나타났다.

젊은 나이에 성공을 거두었다고 하더라도 많은 사람들이 그들의 역작을 인생의 노년기에 내놓았다. 가장 놀라운 인물은 프랭크 로이드 라이트로 그의 걸작 가운데 3분의 1이 80대 이후에 세워졌다. 구겐하임 미술관과 마린 군청사는 아흔이 넘어 제작된 것이다. 피카소는 90대에도 그림을 그렸으며, 〈오줌 누는 여인〉은 84세에 그린 작품이다. 그의 위대한 작품 〈게르니카〉는 56세에 제작되었다. 디즈니는 50대 중반이 될 때까지 디즈니랜드를 열지 못했고, 도스토옙스키는 그의 위대한 걸작 『카라마조프 가의 형제들』을 59세가 될 때 비로소 완성했으며, 같은 나이에 마르크스는 『자본론』을 완성했다. 미처너는 아흔이 될 때까지 글을 썼다. 〈표-7〉에는 위대한 인물들과 그들이 성공을 이룬 나이를 예시해두었다.

장수는 대부분의 사람들이 희망하는 것이다. 이번 연구는 목표를 향해 지극히 열심인 사람들이 누리는 혜택이 바로 장수임을 보여준다. 사람들은 대부분 위험 감수와 의욕이 넘치는 성격, 과거의 정신적 충격들이 장수의 적이라고 믿는다. 지독한 근면함과 성실한 자세, 심지어 위험 감수조차도 장수와 상관관계가 있는 것으로 나타났다. 프랭크 로이드 라이트는 평생 열정적인 삶을 살았지만 93세가 될 때까지 매일 거르지 않고 열심히 작업을 했다. 헬레나 루빈스타인은 90세에 세계 일주를 감행했으며 아흔 넷의 나이로 세상을 뜰 때까지 매일 일했다. 벼랑 끝에 서서 위태롭고 모험적인 삶을 살았던 피카소도 90대에 들어서까지 매일 그림을 그렸다.

예언적 존재

이들 비저너리에게는 세계를 분석하고 정복할 만한 철학이 있다. 그들은 독특한 여과장치를 통해 세계를 보기 때문에 자기 실현적 인물이 될 만한 자격이 충분하다. 지나치게 비관적이어서 세상에 대해 적대적인 냉소주의를 보이는 관료주의자들과 비교해보면, 이들이 세계에 접근하는 방법은 유머 감각을 동반한 철학으로 무장한 것 같다.

피카소는 철학자이자 유머가 가득 찬 인물로 볼 수도 있다. 그는 50대로 접어드는 시점에 쓴 기념비적인 저술에서 이렇게 자신을 묘사했다. "나는 내 안에서 들리는 소리를 계시적으로 받아들인다. 나는 사물의 현재와 과거, 미래를 본다. 백과사전에는 피카소를 재미 삼아 그림을 그리며 조각에까지 손댄 스페인의 시인으로 기록할 것이다." 이 말은 상당히 예언적인 것으로 드러났다. 흔히 피카소는 그의 예술작품을 통해 20세기의 정신을 증언했다는 평가를 받기 때문이다. 먼저 그의 철학을 으뜸으로 친다면, 그의 예술작품들은 철학적 관념을 드러내는 매개체에 불과하다. 분노는 피카소의 작품 전반에 걸쳐 퍼져 있지만 그는 이것을 허무적으로 해석했다. 그가 실존주의자가 아니었다면 큐비즘과 초현실주의 예술을 창조할 힘이 대체 어디에서 나왔겠는가. 그는 자신의 역할을 20세기 정신을 고집스럽게 표현하는 존재로 보았다. 그는 "그림은 자신을 제대로 보는 한 사람만 있다면 다시 살아난다. 사람들이 보는 것은 그림을 둘러싼 소문에 불과하다"고 말한다. 사람들은 피카소가 그린 〈거트루드 스타인의 초상〉을 보고 그 그림이 그녀를 닮지 않았다고 했다. 피카소는 "그래도 그 그림은 그녀를 그린 것이다"라고 응수했다. 왜냐하면 그는 물리적인 그녀의 존재를 그린 것이 아니라, 그녀의 무의식적인 존재를 그렸기 때문이다.

예카테리나 여제도 비전을 가진 철학자였다. 지식의 진보를 위한 디드로의 백과사전 편찬에 재정적인 후원을 했는데, 당시 백과전서를 편찬하는 일은 시대를 뛰어넘는 위험한 생각이었다. 예카테리나는 프랑스 혁명을 겪은 1788년 당시로서는 이상하게 보일 수도 있는 나폴레옹의 출현을 예견했다.

카이사르는 언제 온다는 말인가? 아, 한 치의 의심도 없이 그가 온다는 사실을 믿을 수만 있다면! 혁명의 파고가 전 유럽을 장악하면 유럽의 미몽을 깨우칠 또 하나의 칭기즈칸이 도래할 것이다. 그것이 바로 유럽의 운명이다. 너는 그에게 의지할 수 있다. 프랑스가 혁명에서 살아남는다면, 그 어느 때보다 강력한 국가가 될 것이다. 유럽이 필요로 하는 것은 강력한 남자, 동시대의 그 어떤 존재보다 위대한 존재, 모든 시대를 통틀어 가장 위대한 존재다. 그는 벌써 이 세상에 태어났을까? 그가 나타나기는 할까? 모든 일이 그의 손에 달려 있다.

나폴레옹은 1769년 코르시카 섬에서 이미 태어났고, 예카테리나가 이 글을 쓸 당시 파리의 군관학교에 다니고 있었다. 장차 프랑스의 황제가 될 나폴레옹은 군사 장교가 되려는 꿈을 키우며 이런 글을 적는다. "요새가 포위되면 화력을 한 지점에 집중시켜야 한다. 방어벽이 뚫리면 균형은 깨진다. 남은 병력들은 아무 쓸모가 없어지고 진지는 빼앗기게 된다."

러시아 혁명 발생 50년 전에 이미 혁명의 도래를 내다보았다는 의미에서 도스토옙스키는 상당히 예언적 존재다. 그는 이렇게 적고 있다. "여태껏 경험해보지 못한 혼란을 겪게 될 것이다. 러시아는 암흑으로 뒤덮이며 세상은 낡은 신을 위해 눈물 흘릴 것이다." 혁명이 발발하기도 전에 그는 무신론적 이념을 포함한 공산주의 혁명을 예언했다.

조셉 캠벨은 1995년 8월에 방영된 PBS TV 특별 프로그램에서 빌 모이어스에게 이런 말을 한다. "어느 누구도 자신이 의도한 삶을 살지 못한다. 인생은 신의 의지에 따라 신비한 질서를 가지고 변화되기도 하고 실현되기도 한다. 우리 모두는 내적 욕구의 근본이 되는 신화를 찾아야만 한다. 오직 신화만이 우리의 삶을 의미 있고 체계적으로 만든다." 그는 이런 충고로 끝을 맺었다. "당신을 어디로 데려가든지 간에 진정한 행복을 따라가십시오. 우리 모두는 내적 진실의 신화적 재현이기 때문입니다. 또한 우리의 일, 이 세상의 경험들은 더 큰 신화적 의미를 띠는 상징에 불과합니다." 조셉 캠벨 자신은 이미 40년 전에 보았다고 하지만, 앞에서 언급한 영웅숭배를 타당하게 해준다는 의미에서 이 말은 진정한 예언이다.

결론

결론적으로 말하자면, 이같이 경이로운 존재들은 자신의 내적인 꿈을 좇아 성공의 정점에 이른 특별한 사람들이다. 그들은 특별한 사람들이긴 하지만, 그들을 보통사람들과 구분짓게 하는 것은 바로 의지다. 그들은 모두 전통을 무시하고 운명이 이끄는 대로 내면의 비전을 따랐기 때문에 부와 명성을 가질 수 있었다. 그들의 유별난 성격이 남들이 생각하지도 못한 혁신적인 비전으로 이끌기도 했다. 그러나 많은 사람들이 자신의 꿈을 이루기 위해 가족, 결혼생활, 친구를 버려야 했다.

위대한 인물에게는 자기를 성찰하는 비상한 능력이 있다. 그들은 본래 타고난 성적 특징은 그대로 유지하면서 이성異性의 성적 특성을 활용하는 능력이 있다. 예카테리나 여제, 마리 퀴리, 몬테소리, 마가렛 대처는 강인한 여성성은 살리면서 위험을 감수하려는 강한 성향, 남성적인 투지력, 독단적인 면을 가지고 있다. 반대로 나폴레옹, 테슬라, 조셉 캠벨 같은 인물들은 여러 면에서 여성적인 특징을 지녔는데, 여성스러운 감수성, 직관, 열정, 보호본능과 같은 여성들만의 능력을 대단히 잘 활용했다.

대부분의 인물들은 과대망상적인 면이 있었고 사회는 그들을 자기파괴적이고 반사회적인 인물로 간주했다. 그럼에도 그들은 세상을 변화시켰으며 자신들이 찾아냈던 것보다 더 많은 것들을 남겼다. 대부분 자기가 가졌던 것보다 더 많은 것을 주었고, 자신이 발견한 것보다 더 많은 것을 자기 분야에 남겼다. 혁신적이었다는 표현에 걸맞게 천재적인 기업가들과 비저너리들의 운명은 바로 그런 것이다.

가장 위대한, 그리고 최고로 위대한 인물

빌 게이츠는 세계에서 가장 부자다. 그의 순자산은 이미 480억 달러를 넘어섰다. 그는 또 가장 똑똑한 인물로 꼽히기도 한다. 에스테 로더는 화장품으로 일군 미의 제국에서 50억 달러를 벌어들인 가장 부유한 여성이다. 가장 가난한 인물로는 마르크스, 도스토옙스키, 수녀원에 입회하면서 청빈의 서약을 한 테레사 수녀가 있다. 가장 많은 권력을 누렸던 인물로는 나폴레옹, 마오쩌둥, 예카테리나 여제를 들 수 있다.

가장 영향력 있는 인물로는 마르크스, 다윈, 아인 랜드를 꼽을 수 있다. 그들은 그들보다 오랫동안 역사에 살아남아 인류에 영향을 미치는 이념과 사상의 체계를 만들었다. 마르크스주의는 「공산당 선언」의 결과였고, 진화론과 자연도태설은 『종의 기원』에서 비롯되었으며, 아인 랜드의 객관주의 철학은 자유주의 정당의 모태가 되었다.

위대한 인물들은 거의 대부분 매력적이고 뛰어난 소통능력을 지녔다. 그러나 나폴레옹, 히틀러, 테레사 수녀는 누구보다도 카리스마가 넘친다. 가장 투지력에 넘치는 인물로는 마이클 조던과 베이브 디드릭슨 제어라이어스가 있다. 발자크와 마돈나는 가장 의욕적인 인물이며, 아인슈타인, 테슬라, 프로이트, 퀴리는 가장 직관적인 인물들이다. 가장 위태로운 삶을 즐겼던 인물로는 테슬라, 휴즈, 베리 고디 주니어, 아멜리아 에어하트가 있다. 이 책의 인물들 대부분이 엄청난 모험을 감행했고, 가족과 친구들 눈에는 죽으려고 기를 쓰는 것처럼 보였을 수도 있지만 이 사람들이야말로 최고의 모험가다.

옷에 대해 호사스러운 취향을 꼽으라면 마크 트웨인, 테슬라, 프랭크 로이드 라이트가 유명하다. 에스테 로더는 파리에서 유행하는 풍의 옷을 가장 우아하게 소화한 인물이다. 가장 별난 인물로는 강박적·충동적 행동들로 그로테스크하게 보였던 테슬라와 남자가 되기를 소망한 앤 라이스를 들 수 있다. 20세기 가장 악명 높은 증오의 대상으로는 단연코 히틀러다. 제2차 세계대전을 유발한 전범이자 600만 유대인을 죽음으로 몰아넣은 인종말살정책의 주범이기 때문이다. 마오쩌둥은 중국에서 가장 칭송을 받는 인물이지만, 역설적이게도 히틀러가 죽인 사람보다 더 많은 동포를 죽였다는 혐의에서 자유로울 수

〈표-8〉 가장 위대한, 그리고 최고로 위대한 인물

범주	남성	여성
최고의 부자	빌 게이츠(480억 달러)	에스테 로더(50억 달러)
가장 가난한 사람	카를 마르크스	테레사 수녀
가장 유명한 사람	찰스 다윈/아인슈타인	마리 퀴리
최고의 권력가	나폴레옹/마오쩌둥	예카테리나 여제
가장 별난 사람	니콜라 테슬라	앤 라이스
가장 급진적인 인물	카를 마르크스/폴 로브슨	이사도라 덩컨
가장 증오하는 인물	히틀러/카를 마르크스	베이브 D. 제어라이어스/ 아인 랜드
최고의 멋쟁이	니콜라 테슬라	에스테 로더
가장 강직한 인물	마크 트웨인	마가렛 대처
가장 영향력 있는 인물	카를 마르크스/찰스 다윈	아인 랜드
가장 헌신적인 인물	마틴 루터 킹	테레사 수녀
가장 장수한 인물	프랭크 로이드 라이트(93)	헬레나 루빈스타인(94)
가장 카리스마적인 인물	아돌프 히틀러	테레사 수녀
가장 투지력에 넘치는 인물	마이클 조던	베이브 D. 제어라이어스
가장 자신감에 찬 인물	프랭크 로이드 라이트	마가렛 미드
가장 의욕에 넘친 인물	오노레 드 발자크	마돈나
가장 박식한 인물	조셉 캠벨	이사도라 덩컨
가장 행복했던 인물	지그문트 프로이트	예카테리나 여제
가장 불행하고 고독했던 인물	마오쩌둥	애거서 크리스티
가장 직관이 뛰어난 인물	아인슈타인/니콜라 테슬라/ 프로이트	마리 퀴리
가장 위대한 모험가	니콜라 테슬라/하워드 휴즈/ 베리 고디 주니어	아멜리아 에어하트
가장 똑똑한 인물	빌 게이츠	마가렛 미드

없다. 19세기에는 마르크스가 가장 혐오스런 대상이었다. 베이브 디드릭슨 제어라이어스와 아인 랜드는 가장 혐오스런 여성으로 꼽힌다. 그들은 정상으로 가는 길에서 만나는 사람들을 격분케 한 것으로 유명하다. 가장 자신감에 넘치는 인물로는 프랭크 로이드 라이트와 마가렛 미드를 들 수 있다. 두 사람은 거만하기까지 했다.

내 견해로는 마틴 루터 킹과 테레사 수녀가 가장 존경받을 인물이며 가장 급진적인 인물은 마르크스와 이사도라 덩컨이다. 가장 불행했던 인물은 마오쩌둥과 애거서 크리스티였다.

위대한 인물이 되려면 특별한 기질이 필요한가?

앞에서 살펴본 자료처럼 위대함은 타고나는 것이 아니라 학습되는 것이다. 누구든지 강철 같은 의지에 제대로 된 조건만 주어진다면 어떤 분야에서든 최고의 자리에 도달하게 된다. 달리 말하면, 위대함이란 생득적인 재능이 아니라 삶의 태도라고 할 수 있다. 유전적인 우수함이 아니라 자기 긍정, IQ보다는 열등함을 만회하려는 노력, 아이비리그 교육이 아니라 끈기와 집념, 물질적인 상승만을 추구하기보다 기꺼이 위태로운 모험을 택하는 도전정신이라 할 수 있다. 본질적으로 위대함은 유전적인 요인이라기보다 행동양식에 가깝다.

당신은 위대한 인물이 되기 위한 성향을 가지고 있는가?

단지 인구의 2퍼센트만이 위대해질 수 있다고 한다. 대부분의 사람들은 능력이 부족한 것이 아니라 성취에 대한 내적인 욕구가 상당히 희박해 세상을 변화시키려는 체질이 아니기 때문이다. 이를테면 걸출한 혁신주의자들은 자기만의 독특한 방식으로 세상을 보기 때문에 보통사람들과 구별된다. 다음의 자가진단은 위대한 인물이 되는 데 필요한 기질과 그것의 결과를 스스로 볼 수 있도록 몇 가지 통찰력을 제공해줄 것이다. 그러나 자가진단 지수가 성공을 보장하지는 않는다. 다만 불가능한 것을 이루어내고 성공의 정점에 이른 사람들과 자신을 비교하여 스스로 점수를 매기면서 성공에 대한 기질을 분석하는 몇 가지 지침을 알려줄 것이다.

자가진단을 끝내기 전에 위대함을 정의하는 일이 필요하다. 이 훈련의 목적은 어떤 직업에서든 위대함의 경향은 있기 마련이며, 적어도 10년 이상 그 직업 세계에서 일하면서 자기 분야에 괄목할 만한 변화를 이끌어내려는 데 있다. 이를테면 의미 있는 방식으로 세계를 변화시키라는 뜻이다. 정치가라면 나폴레옹을, 인권 분야에서는 테레사 수녀를, 작가라면 헤밍웨이를, 과학자라면 아인슈타인을 꿈꾸라는 뜻이다. 또 다른 최고가 되는 길은 오프라 같은 연예인, 마이클 조던 같은 운동선수, 빌 게이츠 같은 기업가처럼 부와 명성을 얻으라는 말이다.

각 항의 특징들을 보면서 스스로 등급을 매겨보자. 어떤 행동에 대한 근접도가 낮으면 1점이고 근접도가 높으면 5점이다. 정답과 오답은 없으며 점수의 높고 낮음은 아무런 상관이 없다. 이 진단법은 한 사람이 삶을 혁신하면서 얼마나 행복할 수 있는지에 관한 성향을 제시하는 것 뿐이다. 어떤 사람들은 세상을 변화시키려는 의욕이 강할 수도 있고 어떤 사람은 주말 낚시나 골프로 시간을 보내는 게 더 좋을 수도 있다.

위대함에 대한 자가 진단

지시사항: 각 항목의 특징에 대해 스스로 1에서 5까지 등급을 매기고 총점을 낼 것. 진단 결과는 맨 마지막에 있음.

의사소통 능력

1. 풍부하고 유창한 어휘 능력
2. 탁월한 자기 표현력
3. 당신의 지도를 따르도록 다른 사람을 격려하는 능력
4. 철학적 논리를 갖춘 대화 능력
5. 논픽션 책을 탐독하는 성향

세계관

1. 항상 상황의 본질을 파악하려고 하고 큰 그림을 본다.
2. 수량적인 것보다는 질적인 차원에 관심이 많다.
3. 호기심이 상당하다.
4. 결코 안전과 안정을 추구한 적이 없으며 늘 기회와 가능성을 모색한다.
5. 대체로 사물에 대해 장기적인 관점을 가지려고 한다.

창의성

1. 상상력이 풍부하다.
2. 다른 사람의 제안에 주의력이 머무는 시간이 짧다.
3. 끊임없이 새로운 지식에 대한 뿌리 깊은 갈망이 있다.
4. 틀에 박힌 계산보다 추상적, 사고력이 필요한 수학적 계산을 선호한다.
5. 관습에 얽매이기를 싫어한다.

라이프 스타일

1. 고난이도 위험을 감수한다.
2. 자발적인 모험을 즐긴다.
3. 상당히 지능적인 유희를 즐긴다.
4. 엉뚱하다는 말을 자주 듣는다.
5. 먹고, 말하고, 생각하는 속도가 빠르다.

자기에 관한 이미지

1. 틀에 박힌 일상을 쉽게 지루해한다.
2. 독립적인 일을 선호한다.
3. 일의 결과를 예측할 수 없어도 마음이 편안하다.
4. 여러 가지 일을 동시다발적으로 하는 것을 즐긴다.
5. 새로운 일에 대한 자신의 능력을 믿는다.
6. 강한 자아의식—"내가"라는 말을 자주 쓴다.
7. 낙관적이고 긍정적인 사고가 몸에 배어 있다.
8. 새로운 모험을 단행할 때 확인하려는 욕구가 거의 없다.
9. 역동적인 환경에 대해 유연하다.
10. 논란이 될 만한 사안에 대해서 솔직한 답변을 한다.

비판적 사고

1. 완벽하다는 말보다 남다르다는 말을 더 좋아한다.
2. 질문을 많이 한다.
3. 복잡한 일을 단순하게 줄여야 한다는 강박관념이 있다.
4. 사람들에게서 비슷한 점과 차이점을 탐색한다.
5. 일렬로 정돈된 것과 무능력한 것을 참지 못한다.

자기 충족감

1. 색다른 아이디어를 행동으로 옮길 때 다른 사람의 지원이 필요없다.
2. 지나치게 성취지향적이다.
3. 관심사가 다양하다.
4. 새로운 개념을 재빨리 파악한다.
5. 지시사항을 듣지 않고도 일을 빨리 끝낸다.

평가 – 위대함의 지수

175~200=확실한 보장

150~174=좋은 기회를 노려라, 기회는 많다.

120~149=가능성이 있다.

120 이하=인생을 즐겨라.

| 감사의 말 |

연구 대상으로 삼은 창조적 천재들을 포함하여 수 년 동안 이 연구를 도와준 놀란 부시넬, 조 키난, 졸턴 키스, 찰스 뮨크 등에게 감사한다. 그들은 모두 기업가형 비저너리였다. 나는 보통사람들과 기업가형 천재들 사이를 가르는 거대한 세계가 존재함을 증명했다. 연구 자료 조사를 위해 인터내셔널 칼리지의 학생인 챈탈 덴, 에이미 게스도르프, 카렌 보이치지악의 도움이 컸다. 참고자료에 관해서는 인터내셔널 칼리지와 네이플 공립도서관 사서들, 특별히 해리엇 프로토의 도움을 많이 받았다. 스포츠 심리학자 마릴린 바르코는 기대 이상의 성과를 올리는 선수들의 지나친 경쟁심에 대해 귀중한 정보를 제공해주었다.